中国税务师行业发展报告 2017

ZHONGGUO SHUIWUSHI HANGYE FAZHAN BAOGAO 2017

首都经济贸易大学财政税务学院
中国税收筹划研究会
主　编

首都经济贸易大学出版社
Capital University of Economics and Business Press
·北　京·

图书在版编目（CIP）数据

中国税务师行业发展报告．2017/首都经济贸易大学财政税务学院，中国税收筹划研究会主编．--北京：首都经济贸易大学出版社，2018.7
ISBN 978-7-5638-2833-3

Ⅰ.①中… Ⅱ.①首… ②中… Ⅲ.①税收管理—研究报告—中国—2017 Ⅳ.①F812.423

中国版本图书馆CIP数据核字（2018）第148375号

中国税务师行业发展报告（2017）
首都经济贸易大学财政税务学院
中国税收筹划研究会
主编

责任编辑 王 猛
封面设计 砚祥志远·激光照排 TEL：010-65976003
出版发行 首都经济贸易大学出版社
地 址 北京市朝阳区红庙（邮编100026）
电 话 （010）65976483 65065761 65071505（传真）
网 址 http：//www.sjmcb.com
E-mail publish@cueb.edu.cn
经 销 全国新华书店
照 排 北京砚祥志远激光照排技术有限公司
印 刷 人民日报印刷厂
开 本 710毫米×1000毫米 1/16
字 数 436千字
印 张 24.75
版 次 2018年7月第1版 2018年7月第1次印刷
书 号 ISBN 978-7-5638-2833-3/F·1568
定 价 78.00元

序 言

郝如玉

随着国家深化“放管服”、优化营商环境改革的深入推进，税务师行业蓬勃发展，不断拓宽业务范围，向涉税服务法治化、市场化、专业化、信息化、国际化的方向迈进。

党的十九大确定了“深化税收制度改革、健全地方税体系”的任务，为新时代背景下推进税收法治建设、深化财税体制改革明确了目标，也为税务师行业的进一步发展指明了方向。税收法律制度是中国特色社会主义法治体系的重要内容。加强税收法治建设是全面深化依法治国实践的必然要求，是促进国家治理体系和治理能力现代化的重要组成部分，也是税务师行业发展的根本性动力。

2017 年，由首都经济贸易大学、国家法官学院、国家税务总局税收科研所联合设立的国家税收法律研究基地——我国税收法律研究领域第一个获批省部级研究基地的研究机构，正式揭牌成立。税收法律研究基地为在税收法律研究、高校人才培养、税务师行业经验交流等方面加强合作，共同推动税收法律的发展与应用搭建了一个良好的平台，将经济学、法学、管理学有机地融合在一起，推动实现税收立法、执法和司法的统一。税收法律研究基地的设立是最高人民法院、国家税务总局、全国人民代表大会财政经济委员会三个最高层次的税收立法、执法、司法机构深度合作的体现，是坚持税收法定原则，促进依法治国的巨大进展。党确立了税收法定原则，这是在理念上的巨大进步；近年来我国落实税收法定原则的进展突飞猛进，这是依法治国方略的重大进展。国家税收法律研究基地把对税收法定原则的研究，作为一个重要的理论和实践课题，从立法、执法、司法等不同的视角，从税制改革、税收征管、税法研究等不同的层面进行更深入的研究，坚持理论联系实际，有效回应社会关切，充分挖掘、运用司法

作者简介：郝如玉，全国人大财经委副主任委员，首都经济贸易大学副校长，中税协副会长，中国税收筹划研究会会长，教授、博士生导师。

大数据，切实加强税收法律研究，推进新时代税收法治建设，致力于促进国家治理体系和治理能力现代化。

设立税收法律研究基地的目的在于推动税收立法、执法、司法的统一，有利于税收法律研究与推广，是税务师行业把握相关政策的着力点之一。深入开展税收法律研究，推进税收法治建设，要充分回应时代需求，坚持理论联系实际，深刻把握新时代下，我国社会主要矛盾发生变化的时代背景，坚持问题导向原则，深入研究新情况、新需求，着力研究解决税收法治领域面临的前沿性、深层次问题，促进国家治理体系和治理能力现代化；要推动完善立法，加强司法、执法，促进守法，加强各学科的密切配合，形成有效合力；要推动实现税务、市监、银行、海关、住建、环境等相关部门的信息互联互通、数据共享，提高税务数据的准确性、真实性、时效性，尤其要充分挖掘和运用司法大数据，加强分析研判，为深入开展税收法律研究、完善管理决策、促进社会治理提供强有力的支持；要大力加强普法宣传工作，着力提高全社会的依法纳税意识，为税收法治建设营造良好根基。税收法治建设的推进，将为税务师行业的蓬勃生长提供一片沃土。

我国税务师行业萌芽于20世纪80年代中期，90年代初步创立，21世纪初至今，经过十多年的迅猛发展，已经成为国家税收事业不可或缺的社会型力量，税务师的地位发生了由“涉税中介”到“涉税主体”的转变。税务师在我国税收征纳关系中受到的重视程度也越来越高。首先，税务师是税务机关与纳税人之间的纽带与桥梁，对税务机关完成征管工作、提高征管水平有着重要的协助作用，是维护国家和纳税人的权益，建立和谐、融洽的征纳关系的重要支撑。其次，税务师在为纳税人提供涉税鉴证服务、涉税非鉴证服务、控制涉税风险上具有不可替代的专业作用。再次，税务师在涉税服务上负有连带责任，如果税务师出现失误致使纳税人不能按规定缴纳税款，或者纳税人无法按时履行其纳税义务，税务师将面临承担连带责任的风险。这些都对税务师的专业性提出了高要求。

新时代背景下，税务师行业迎来了新的发展机遇与挑战，对税务师行业提出了更高的要求。税务师行业应当抓住“一带一路”与“互联网+税务”等新发展动力，转变思维方式，及时准确把握当前税收相关政策，了解国际税收制度变化，适应日新月异的执业环境，加强职业道德建设，创新管理方式与人才培养模式，利用大数据时代的信息优势与便利办税理念，推进涉税软件的开发，建立健全监管制度，不断更新涉税服务模式，提高监管水平，防范和正确处理涉税服务中面临的各类风险、问题，提升税务师的专业胜任能力和为纳税人涉税服务的水平，使税务师行业沿着法治化、专业化、市场化、信息化、国际化的方向持续、健康、有序地发展，促进社会主义事业的高速发展和依法治国方略的稳步落实。

《中国税务师行业发展报告（2017）》由国家税收法律研究基地——中国税收筹划研究会和首都经济贸易大学财政税务学院共同主编，资料翔实、内容丰富、结构紧凑、逻辑严谨，可读性颇强，是具有参考价值的年度性发展报告。全书从税务师行业发展概述、税务师事务所行业现状分析、税务师的服务范围与行业转型升级、税务师执业风险与防范、新环境下税务师行业的发展思路等方面对税务师行业的发展状况做了详细的介绍，同时收录了当前税收领域从业人员在互联网+税务、税收筹划、税收法庭等方面思想碰撞与经验交流的精彩论述，对税务师行业与高校相关学科的进一步发展具有借鉴意义。

全方位转型升级　行业发展新篇章

（代序）

李林军

税务师行业是一个高速发展的行业，潜力无限、空间广阔、前景美好。

2017年，是税务师行业转型升级、加快发展的关键一年。在供给侧结构性改革进一步落实，“放管服”改革进一步深化，税制和征管改革不断推进的背景下，税务师行业按照党中央、国务院的战略部署和国家税务总局党组的要求，以行业党建为引领，以转型升级为主线，以落实《涉税专业服务监管办法（试行）》为契机，重点推进税务师考试、业务转型和拓展、事务所组织体系和治理机制建设、法制和规则建设、人才培训体系建设、诚信体系建设、互联网+涉税服务建设和国际化战略等发展改革。新时代，我国经济发展已由高速增长转向高质量发展。推动高质量发展，是税务师行业当前和今后一个时期确定发展思路、制定发展规划的根本要求。

一、领会中央新精神

2017年，中国共产党第十九次全国代表大会隆重召开，习近平同志代表第十八届中央委员会在大会所作的报告《决胜全面建成小康社会，夺取新时代中国特色社会主义伟大胜利》思想深刻、内涵丰富、意义非凡。这份报告深刻回答了新时代坚持和发展中国特色社会主义的一系列重大理论和实践问题，描绘了决胜全面建成小康社会、夺取新时代中国特色社会主义伟大胜利的宏伟蓝图，进一步指明了党和国家事业的前进方向，是当前和今后一个时期党和国家事业的总设计、总定向、总指引。学习贯彻党的十九大精神，首要的是学习领会好党的十九大报告和习近平新时代中国特色社会主义思想，坚决维护习近平总书记在党中央和全党的核心地位，坚

作者简介：李林军，中税协副会长兼秘书长。

决维护党中央权威和集中统一领导。

二、行业政策新变化

一年来，国家有关政府部门非常重视行业的转型发展，发布了系列相关公告和文件引导行业转型升级。2017年5月，国家税务总局发布《涉税专业服务监管办法（试行）》（2017年第13号），并陆续下发《税务师事务所行政登记规程（试行）》（2017年第31号）、《涉税专业服务信息公告与推送办法（试行）》（2017年第42号）、《涉税专业服务信用评价管理办法（试行）》（2017年第48号）、《采集涉税专业服务基本信息和业务信息有关事项的公告》（2017年第49号）、《税务师事务所行政登记有关问题的公告》（2018年第4号）等，这些公告的发布，标志着国家将全面开放涉税专业服务市场，更加重视建立事中事后的监管制度，优化服务措施，提高监管水平；同时充分体现了国家对涉税专业服务行业发展的重视，也为税务师行业的转型发展提供了依据和目标。

国家人力资源和社会保障部发布的《国家职业资格目录》，将税务师职业资格列入其中；税务师职业资格考试报名人数、科次均创新高；中税协按照税务总局13号公告要求，组织拟制涉税专业服务业务规范（准则、规则）；筹备组建税务代理人分会；依托五个税务师事务所探索建立了税务师行业专项业务培训基地；与澳洲会计师公会签署战略合作协议；法规库（手机版）、税务师事务所合作共赢平台上线……这些新动向都为行业的持续健康高质量发展奠定了良好的基础。

三、加强党建统领

党的建设是行业发展的基础。国家税务总局党建工作领导小组、中国税务师行业党委印发《关于进一步深化税务师行业党的建设工作的实施意见》（税总党建组发〔2017〕3号）（以下简称《实施意见》），对进一步深化税务师行业党的建设工作提出明确要求。税务师行业结合行业实际，深入贯彻落实《实施意见》，严格履行从严治党主体责任，行业党委积极推进“两学一做”学习教育常态化、制度化；注重抓好行业新的社会阶层人士统战工作，积极组织同心服务团开展各类专业和非专业公益活动，履行社会责任，扩大社会影响；行业广泛开展了“促进发展年”主题活动，推动党建与发展高度融合。

四、适应市场导向

转型升级关乎行业的生存和发展。行业以落实《涉税专业服务监管办法（试行）》（2017 年第 13 号）等系列公告为契机，加快推进税务师事务所市场化、规范化建设；加快制定新业务准则规则，建立和完善行业执业标准体系；加强行业自律管理创新，加快行业诚信体系、综合评价体系的建设，落实职业道德规范；加强对税务师事务所业务质量的抽查，加大对违规执业的处理力度；行业主动适应市场导向，创新行业管理体制，把握发展主动权，扶持税务师事务所做强做大、做专做精，实现又好又快发展。

五、培养专业人才

人才是税务师行业发展的核心竞争力。行业继续推进落实中税协、地方税协、税务师事务所三级培训教育机制，探索建立培养领军人才、高端人才和业务骨干以及从业人员（税务师）的立体式人才培养模式。在充分发挥扬州、西部、大连三个培训基地作用的基础上，积极探索在有条件的税务师事务所建立专项业务培训示范基地的新模式；根据行业新的主营业务，制定新的培训计划和培训内容，加强教学管理，创新培训手段，全面提高队伍整体素质，努力增强专业服务本领，不断提升综合竞争能力。税务师资格考试也是行业培养后备人才的重要抓手。2017 年，税务师资格考试报名考生共 22.6 万人，报考科次 58.8 万科，分别增长 28.3% 以上；在全国 37 个考区（含香港）的 104 个城市设置了 263 个考点，共计 2 782 个考场。行业总结以前年度税务师考试成功的经验，创新考试方式，为行业后备人才队伍的培养和壮大奠定良好的基础；扩大专家队伍，建立题库；加强税法知识和税务师考试进校园等宣传工作，探索分类分级考试和执业税务师评级制度，吸引更多优秀人才加入到税务师行业中来，为行业转型升级和健康发展提供人才保证。

六、推进智能互联

信息化建设是税务师行业发展的新契机。全行业顺应“互联网＋”社会发展新要求，坚持技术创新，加快行业信息化建设步伐，整合全行业信息、技术、客户、人才等资源，建立互联网平台和服务系统，推进税务师行业互联网生态系统建设，促进税务师事务所依托互联网实现合作共赢。一些大型税务师事务所进一步探索互联网＋涉税专业服务新模式，运用网络思维和路径，提高涉税专业服务的质量和效益，满足客户不断提升的涉税专业服务新需求，拓展涉税服务新空间，形成一大批有影响力的涉税服务平台和产品，打造“互联网＋涉税服务”的优质品牌，为税务师行业依托互联网+创新发展进行了有益探索。

七、促进法制建设

党的十八届三中全会提出“落实税收法定原则”，税收法制建设是行业发展的根本。全行业参与税收立法和税收政策调整工作，开展营改增课题研究，积极建言献策；继续推动税务师行业立法；举全行业之力，认真做好涉税专业服务业务规范（准则、规则）拟制工作，促进业务法制化、规范化。

八、实施国际战略

中税协加强与相关国际组织的联系，支持税务师事务所在境外建立分所，充分利用税务师事务所合作共赢平台、“一带一路”税收合作论坛等，帮助税务师事务所拓展国际服务网络和市场，为“走出去”企业提供跨境涉税服务，努力培养国际税收人才，积极服务国家“一带一路”建设。

九、强化信用管理

行业积极配合税务机关，督促税务师事务所落实行政登记、实名制、信息采集、信用积分、公示推送等办法；推进职业道德教育和行业诚信记录、税务师事务所综合评价体系的实施，加强自律管理，提升行业的公信力。

在新的一年里，全国税务师行业要全面贯彻党的十九大和党的十九届一中、二中、三中全会以及全国两会精神，以习近平新时代中国特色社会主义思想为指引，服务党和国家改革发展大局，服务新时代税收现代化，服务行业转型升级，统筹推进税务师行业“1+6”发展战略，不断加强党对行业发展的统领，大力推进行业发展市场化、法制化、专业化、智能化、国际化、信用化，为推动税务师行业在新时代实现高质量发展而努力奋斗！

前　言

2017年是深入进行税制改革的一年，在国家税务总局和中国注册税务师协会的领导下，全面实施"营改增"和推进绿色税收，我国税务师行业获得蓬勃发展。目前，我国取得税务师从业资格的人数已经超过14万，2017年度税务师职业资格考试报考人数达到22.6万人，报考科次为58.8万，均创历史新高。全行业有税务师事务所近6 000家，从业人员13万余人。在涉税专业服务市场开放的背景下，税务师行业优势明显，并呈高速发展的态势。

本书由首都经济贸易大学财政税务学院和中国税收筹划研究会共同编写，由首都经济贸易大学财政税务学院院长姚东旭、书记李红霞和丁芸教授负责相关编写组织工作。本书主要分为两个部分：第一部分系统全面地介绍了我国的税务师行业，从税务师行业发展概述（由首都经济贸易大学丁芸教授、中国社会科学院宁晴晴编写）、税务师事务所行业现状分析（由首都经济贸易大学丁芸教授、中国社会科学院陈佳琪编写）、税务师的服务范围与行业转型升级（由首都经济贸易大学丁芸教授、王东方编写）、税务师执业风险与防范（由首都经济贸易大学丁芸教授、王东方编写）、新环境下税务师行业的发展思路（由首都经济贸易大学丁芸教授、陈曲编写）等若干方面进行阐述，让广大读者能更加全面客观地了解税务师行业。第二部分收录了中国税收筹划研究会第十一届年会以"涉税服务、税务法庭及'互联网＋税务'论坛"为主题的论文，共计35篇。这些论文从各个不同角度对互联网＋税务、税收筹划与我国税收法制建设等问题进行深入探讨研究，引人深思。

本书参考借鉴了大量的资料，已尽可能地标出文献来源，作者在此表示感谢。但由于作者水平有限，经验不足，书中疏漏、错误之处在所难免，恳请读者批评指正。

目　录

2017年税务师行业发展报告

第一章　税务师行业发展概述 …… 3
　第一节　税务师概述 …… 3
　第二节　我国税务师行业发展历程 …… 7
　第三节　税务师行业政策环境分析 …… 10
　第四节　税务师行业经营情况 …… 12
第二章　税务师事务所行业现状分析 …… 14
　第一节　税务师事务所基本情况 …… 14
　第二节　税务师事务所行业经济环境分析 …… 19
　第三节　税务师事务所行业社会环境分析 …… 22
　第四节　等级税务师事务所认定情况 …… 23
　第五节　税务师事务所百强情况分析 …… 24
第三章　税务师的服务范围与行业转型升级 …… 30
　第一节　涉税专业服务 …… 30
　第二节　涉税专业服务机构的监管 …… 32
　第三节　税务师行业转型升级的基本战略 …… 39
第四章　税务师执业风险与防范 …… 43
　第一节　税务师执业风险 …… 43
　第二节　税务师执业风险的防范 …… 45
第五章　新环境下税务师行业的发展思路 …… 47
　第一节　当前税务师行业面临的机遇和挑战 …… 47
　第二节　发达国家税务师行业的经验及借鉴 …… 49
　第三节　我国税务师行业发展的新思路 …… 51

中国税收筹划研究会第十一届年会论文集

一、互联网 + 税务 …… 57
1 大数据下涉税服务面临的挑战 …… 57
2 互联网 + 时代下应用型本科院校税收筹划课程教学改革探讨 …… 65
3 "互联网 +" 视角下企业涉税管理信息化研究 …… 72
4 "互联网 + 税务" 实施问题与路径选择 …… 83
5 "互联网 + 税务" 背景下涉税服务的发展与应对 …… 92
6 互联网科技潮背景下涉税服务所面临的挑战与应对 …… 98
7 加强互联网 + 在我国离境退税政策中的应用 …… 107
8 "互联网 +" 规范提升税收治理能力的思考 …… 115
9 大数据背景下中小企业融资与税收征管问题研究 …… 122
10 区块链技术在税收治理中的机遇与挑战 …… 134
二、税收筹划 …… 147
1 "营改增" 背景下 PL 汽车 4S 店的税务筹划 …… 147
2 BEPS – CBCR 计划背景下我国税收征管存在的问题及解决对策 …… 154
3 我国房产税制改革研究 …… 167
4 电子发票在我国税收征管中的应用现状及展望探析 …… 174
5 试析 "走出去" 企业的税务筹划 …… 182
6 我国教育税收管理制度改革的路径选择 …… 190
7 非上市公司股权激励员工持股平台税收政策完善 …… 201
8 服务税收学人才供求与税收筹划课程建设 …… 208
9 针对所得税经济性重复课税的征纳博弈行为及税制改革构想 …… 217
10 共享经济的税收治理问题研究 …… 231
11 营改增后房地产企业税收筹划分析 …… 247
12 浅析新形势下的税收筹划风险 …… 255
13 企业并购所得税筹划案例分析 …… 263
14 纳税人与税务机关的税收筹划博弈分析 …… 275
15 试析 "营改增" 后建筑业的税收筹划 …… 284
16 高校纳税筹划成本及其控制途径 …… 291

17 基于理性经济人视角的税收筹划研究 …… 297
18 高新技术企业的税收筹划研究 …… 308
19 PPP 项目税收筹划探析 …… 316
三、税收法庭 …… 323
1 我国税收领域实施事先裁定制度的思考 …… 323
2 我国税务法庭相关问题研究 …… 341
3 关于我国设立税务法庭问题的探讨
——基于国际经验借鉴的视角 …… 348
4 对一起税务行政诉讼案件的几点思考 …… 357
5 税务法庭建设的国际经验与借鉴 …… 363
6 借助司法力量解决税款“执行难”的思考 …… 375

2017年
税务师行业发展报告

第一章　税务师行业发展概述

第一节　税务师概述

一、税务师

税务师是国家设立的职业资格制度，纳入全国专业技术人员职业资格证书制度统一规划。如果某人通过税务师职业资格考试并取得职业资格证书，则表明其已具备从事涉税专业服务的职业能力和水平。中国税务师协会具体承担税务师职业资格考试的评价与管理工作。

税务师行业是随着社会主义市场经济的建立而发展的新兴行业，是社会主义市场经济发展的必然产物。在中国经济蓬勃向上的同时，一方面由于经济运行到一定阶段所产生的内在要求，另一方面因为与世界经济接轨的客观需要，政府管理经济的模式发生了深刻的转变，宏观调控成为主导，而且，各行业自律性组织——行业协会及其中介机构得到了更多建设。其中，税务师行业因为有助于政府建立市场经济体制，尤其是有利于健全服务市场体系，保障新税制实施，加快税收征管改革，不断适应改革开放，所以得到国家的重视。在此基础上，中国税务咨询协会经过多年的实践，于2002年被国家正式命名为“中国注册税务师协会”，并与“中国注册会计师协会”分业管理，这是中国税务师行业发展的一个新的里程碑。

2017年10月30日，中共中国注册税务师行业委员会第十二次（扩大）会议传达了党的十九大精神，强调要全面、系统、联系地领会党的十九大精神，结合行业党建和发展实际，进一步掌握税收现代化的精神实质，以其指导行业现代化的实践发展。

税收事业的大发展，离不开政府的大力支持和税务师行业工作者的广泛参与。税务师行业按照客观公正、优质服务的原则，初步理顺了各方面的关系，在市场经济环境中努力改变观念，平等竞争。税务代理业务由单一到综合，正向税收全面代理、税务高端咨询、税务顾问等高层次业务发展。

二、税务师行业的特征

（一）主体资格的特定性

在涉税服务法律关系中，涉税服务行为发生的主体资格是特定的。这包含两个方面的内容。首先，代理人必须是经批准具有税务代理执业资格的税务师和税务师事务所。其次，被代理人一方必须是负有纳税义务或扣缴税款义务的纳税人或扣缴义务人。主体资格的特定性是税务师职业的法定要求。

（二）代理活动的公正性

税务师是与征纳双方都不存在利益关系的第三方涉税服务中介。税务师在开展相关业务的过程中应站在客观、公正的立场上，以税法为依据，以服务为宗旨，既要保障纳税人的合法权益，又不能损害国家的利益。公正性是税务师职业的根本要求，是税务师行业得以存续发展的重要前提。

（三）法律的约束性

税务师从事的涉税专业服务和法律服务、会计审计服务一样，是负有法律责任的契约行为。税务师与委托人之间需要签订具有法律约束力的业务约定书，在执业过程中，其行为受到税收及相关法律的约束。

（四）执业活动的知识性和专业性

税务师从事的涉税服务是知识密集型和实践密集型的专业活动。首先，执业的税务师要具备丰富的知识，不局限于税法、法律、财会、金融等从业知识；其次，执业的税务师要具有一定的实践经验，有综合的分析能力，其执业过程和程序都是专业的、规范的，体现出涉税服务的专业性。

（五）执业内容的确定性

税务师承接业务的范围是由国家以法律、行政法规和行政规章的形式确定的，税务师不得从事超过规定的涉税服务活动，税务师不得代理应由税务机关行使的行政职权。在具体的业务中，税务师要以业务约定书中确定的服务的目的、范围、期限为依据开展业务。

（六）税收法律责任的不转嫁性

税务代理关系的建立并不影响纳税人、扣缴义务人对其本身所固有的税收法律责任的承担。在代理过程中产生的税收法律责任，无论缘于纳税人、扣缴义务人，还是税务师，其承担者均应为纳税人或扣缴义务人。但是这种法律责任的不转嫁性，并不意味着税务师在执业过程中可以对纳税人、扣缴义务人的权益不负责任，不承担任何代理过错。委托方可以通过民事诉讼程序向代理人提出赔偿要求。

（七）执业的有偿服务性

税务师行业是伴随着市场经济的发展而产生发展起来的，既直接服务于纳税人和扣缴义务人，又间接服务于税务机关，服务于社会，它同样以获得收益为目标。税务师在执业的过程中付出了体力劳动和脑力劳动，应该获得相应的报酬。

三、税务师的执业准则

税务师和税务师事务所提供涉税服务，应遵循以下原则。

（一）合法原则

税务师事务所必须是依法成立的税务师事务所；从事涉税服务的税务师必须是经过全国统一税务师资格考试的合格涉税服务人员；提供涉税服务的过程和结果应当符合法律规定，不得损害国家税收利益和其他相关主体的合法权益。合法原则是税务师执业的重要原则。

（二）合理原则

合理原则又称客观公正原则，是指税务师提供的涉税服务应当符合税法立法目的，合乎事理常规。税务师不得为纳税人筹划虚假交易或其他不当行为。税务师在实施涉税服务的过程中，要公正、客观地为纳税人、扣缴义务人代办涉税事宜，不得偏袒或迁就。

（三）独立原则

税务师在其权限内能够独立地行使自身的职责，不受其他组织机构和个人团体的干预。税务师从事的具体代理活动不受纳税人和扣缴义务人控制，也不受税务机关左右，其严格地按照税法的规定，根据自身的专业知识和执业素质独立地处理受托业务。

（四）胜任原则

税务师在承接业务和执业中，应当审慎评价委托人的业务要求和自身的专业能力，合理利用其他专家的工作，妥善处理在自身专业能力范围内的业务委托。合理的人员配备能够达到事半功倍的效果，既能够节约业务成本，又能够为委托人提供优质的服务。

（五）责任原则

税务师在执业过程中应当本着为委托人负责的态度实施服务程序，控制执业风险，承担执业责任。此外，税务师对委托人的企业信息及相关的资料负有保密的责任，应当依照法律规定和约定履行保密义务。

四、税务师提供服务的主要程序

（一）业务承接

税务师应当按照中国税务师协会（简称“中税协”）发布的《税务师业务承接规则》的要求承接涉税服务业务。在签订业务约定书之前，税务师应当与委托人沟通，了解委托背景、目的、目标等特定事项的具体内容。在进行充分的沟通和讨论之后，税务师应当按《涉税业务约定规则》的要求起草业务约定书。业务约定书包括但不限于以下内容：委托背景、委托人的需求，服务目标、服务团队、服务程序、服务成果体现形式、提交方式和时间，业务收费，权利和义务，法律责任。

（二）业务计划

涉税服务的业务计划有4点要求：第一，业务计划应当根据服务目标，按照《税务师业务计划规则》制定，业务简单、风险较小的服务项目，可以简化。第二，税务师应在对委托原因、背景、目标充分理解的基础上，制订业务计划。第三，税务师应当将服务总目标分解成若干阶段，然后确定各阶段的子目标，再据此细化各阶段工作事项。第四，在项目计划形成后，税务师应当与委托人进行沟通，得到委托人确认后实施。

（三）业务实施

业务实施应以委托人目标实现为导向，根据委托目标，确定相关法律法规收集范围，分析实现委托人目标应具备的法定条件，分析委托人现有条件与法定条件的差异和差异原因，提出消除差异的方法和建议。在业务实施前，项目组成员应当就业务约定书和业务计划的内容开展讨论，使项目成员都能了解项目目标和各自所承担的任务和责任。项目启动后，项目负责人应当按项目计划对项目的进展、成本、质量、风险进行控制。

需要强调的是，税务师发现委托人提供的资料和陈述严重偏离业务约定书内容，对委托目标实现有重大影响时，税务师应当与委托人讨论修改委托目标和业务约定书的其他内容，如不能达成共识，则终止项目。

（四）业务报告

在项目结束时，税务师需要根据项目制定相应的业务报告，业务报告的基本要求包括：

（1）应向委托人告知涉税服务业务报告的起草原因和所要达到的具体目的。

（2）业务报告的内容和要素要完整，目录要清晰；在具体分析表述中，论述的内容要与大小标题结构相对应。

（3）业务报告除了写明分析过程和业务结论外，还应列明相应的依据（委托人的事实和法律法规）。涉及的法律法规可以作为业务报告的附件。

（4）在报告中，针对业务约定书确定的目标，税务师要明确告诉委托人结论和建议。

（5）在报告中，税务师要告知委托人在使用业务报告时应注意的事项，以避免委托人不当使用业务报告给税务师事务所带来风险。

第二节　我国税务师行业发展历程

我国税务师行业的发展与市场的需求、行政部门的支持和引导密切相关。如今，税务师行业已经成为继注册会计师、律师之后的第三大经济鉴证类专业服务行业。我国税务师行业的发展可以分为萌芽阶段、初创阶段、发展阶段和转变阶段。

一、税务师行业萌芽阶段

我国税务师起源于20世纪80年代出现的以税务咨询为主要业务的税

务代理行业。1983 年和 1984 年我国进行了两步“利改税”，国营企业上缴利润改为上缴所得税。一方面，企业有了自主独立的利润，就需要调节利益的分配。另一方面，随着我国税收体制的不断丰富和发展，企业需要能够掌握运用国家税收政策、法律法规的中介机构。在多种因素的推动下，税务代理这种独立公正的服务中介机构应运而生。1984 年，中国税务协会成立，其职能范围覆盖经济、税务咨询、税收信息服务等。1985 年，全国第一家税务咨询事务所在新疆创办。20 世纪 80 年代中期，国内最早的民间税务咨询和代理组织的协调机构由武汉、重庆、广州三市发起成立，随着其他城市的涉税服务组织的加入，该机构于 1998 年发展成“七城市税务咨询联合会”。

在萌芽阶段，税务代理的主要业务是提供税务咨询服务，具体包括接受专项咨询委托业务、接受企业委托税务顾问业务和电话税务咨询服务。这一阶段成立的组织和机构推进了涉税专业服务行业的发展，但是对税务咨询的探索并没有上升到制度层面。

二、税务师行业初创阶段

1990 年纳税人自行申报纳税制度的确立为我国税务师行业的发展带来了契机，被认为是我国税务师行业初创期的开端。在税务师行业的初创阶段，被更为广泛使用的概念是税务代理行业。1992 年，我国在《中华人民共和国税收管理法》中首次以法律形式明确了税务代理人从事税务代理业务，这对我国税务师行业的发展具有重大意义。1994 年，全面性的、结构性的税制改革使得我国税制体系更加复杂，增加了纳税人对税务专业服务的需求。为顺应市场的需求，国家税务总局下发了《税务代理实行办法》，对税务代理人资格认定、权利与义务、代理业务范围、代理关系、代理机构以及税务代理责任等一系列事项做出了规定，这是我国税务代理制度正式形成的标志，是我国税务师行业发展史上具有里程碑意义的事件。

为了规范和促进税务师行业的发展，我国从 1995 年起对税务师这个职业进行了一系列认定和规范。1995 年，中国税务咨询协会成立，成为我国税务师的行业自律组织。1996 年，人事部、国家税务总局联合颁布《税务师资格制度暂行规定》，标志着我国的税务师制度正式形成。1998—1999 年，人事部和国家税务总局成立“税务师管理中心”，并颁布了一系列的法规来完善、规范我国的税务师行业，这对我国税务师行业的健康发展起到了十分积极的作用。

在这个阶段，我国税务师行业初具雏形，初步形成具有法律意义的客观公正、自愿平等、操作规范、权责对等的税务代理服务机制。但是，这个阶段同样存在一些问题，如：政企划分不清，难以保证其独立性；税务制度不完善，不利于行业的持续发展；税务代理业公众认知度偏低，地区发展不均衡，人员素质不高，阻碍行业的进一步发展。

三、税务师行业发展阶段

我国的税务师行业在21 世纪进入蓬勃发展的阶段，各方面有了显著的提高和突破。2000 年，国务院对经济鉴证类中介实施了统一的管理，国家税务总局2001 年颁布了《税务代理业务流程（试行）》，这些举措提高了税务师的执业质量，为税务师行业的健康发展提供了更为具体的制度保障。2003 年，中国注册税务师协会成立，标志着协会的工作迈上了新的起点，代替原咨询协会对税务师行业进行管理。2004—2009 年，国家税务总局先后出台《关于开展税务代理行业专项检查的紧急通知》《税务师管理暂行办法》《关于印发税务师职业基本准则的通知》等文件，进一步规范税务师的执业行为，加强行业的自律管理，促进税务师行业健康有序的发展。2012 年4 月20 日，《税务师行业“十二五”时期发展指导意见》正式出台，体现了我国对税务师行业发展的重视和希望，同时标志着我国的税务师行业进入了一个崭新的发展时期。

经过多年的快速发展，税务师行业已经成为国家税收事业不可或缺的社会管理力量，成为维护国家税收利益和纳税人合法权益、提高管理水平和征纳效率、降低征管成本、规避税收风险不可替代的专业力量，是联系纳税人和税务机关的桥梁和纽带，也是对税务机关执法的重要补充和完善。随着市场经济发展的不断深入、现代纳税体系建设和税收法律法规的不断完善，我国税务师行业又迎来新一轮转变。

四、税务师行业转变阶段

我国税务师行业的转变主要是市场地位的转变和行业的转型升级。自2013 年11 月12 日中国共产党第十八届中央委员会第三次全体会议通过《中共中央关于全面深化改革若干重大问题的决定》以来，税务师行业经历了转型升级。2014 年7 月22 日，国务院发布了《关于取消和调整一批行政审批项目等事项的决定》，取消了税务师的行政许可。2015 年11 月6 日，人力资源和社会保障部、国家税务总局发布了《税务师执业资格制度暂行规定》和《税务师执业资格考试实施办法》。由此，税务师的准入类考试资格调整为水平评价类职业资格。

2016 年，国家税务总局发布《建立税务机关、涉税专业服务社会组织及其行业协会和纳税人三方沟通机制的通知》，该文件是新时期指导涉税专业服务社会组织发展、构建税收共治格局的重要指导文件。中税协先后发布《税务师职业资格证书登记服务办法（试行）》《行业诚信记录管理办法（试行）》《税务师事务所综合评价办法（试行）》为税务师行业加强自律管理、规范服务和转型升级提供了较为完善的制度保证。

2017 年 9 月 1 日起施行的《涉税专业服务监管办法（试行）》（国家税务总局公告 2017 年第 13 号公告），标志着税务机关将全面开放涉税专业服务市场，着重建立健全监管制度，优化服务措施，提高监管水平。同时，13 号公告也为涉税服务行业提供了行为指南，有利于引导涉税服务行业健康有序发展，提升专业胜任能力和涉税服务的水平等。

税务师行业在 20 世纪 80 年代中期萌芽，在 90 年代初创，在 21 世纪初发展，又经过十多年的快速发展，已经成为国家税收事业重要的社会型管理力量。在这一发展时期，税务师的地位也发生了由“涉税中介”到“涉税主体”的转变。一方面，税务师在作为联系征纳双方的桥梁和代纳税人行使某些义务之外，也代纳税人行使权利，如享受税收优惠、税法知悉、要求公平纳税等权利。另一方面，税务师承担连带责任，如果税务师出现失误致使纳税人不能按规定缴纳税款且纳税人无法履行其纳税义务，税务师就要承担连带责任。这也表明税务师在我国税收征纳关系中的地位在逐渐提高。

税务师行业的发展在经济新常态和监管新动态下取得了良好的成绩。一是行业发展持续向好。税务师行业作为涉税专业服务的主力军，经过近几十年发展，已经拥有超过 14 万人的税务师队伍。二是市场信心不断增强。2017 年度税务师职业资格考试报考人数达到 226 233 人，报考科次为 588 284科，均创历史新高。三是行业影响力显著提升。2017 年 9 月，全国有近十万人报名参加中税协举办的“全国税法知识竞赛”，全社会掀起了学习税法、重视涉税专业服务的高潮。

第三节　税务师行业政策环境分析

一、行业发展相关政策

2017 年，涉税专业服务市场进一步开放，倒逼行业加快转型升级步伐。政府机关和行业协会都非常重视行业的发展与转型，发布了相关通知和意见引导行业的升级，详见表 1－1。

表 1－1　2017 年与行业发展相关新政策梳理

发布机构	政策名称	政策作用
国家税务总局	《涉税专业服务监管办法（试行）》国家税务总局公告 2017 年第 13 号	为税务师事务所等涉税专业服务机构在接受委托，利用自身专业知识和技能，就涉税事项向委托人提供涉税服务提供了制度保障
	《关于进一步深化税务师行业党的建设工作的实施意见》税总党组发〔2017〕3 号、《深化税务师行业党的建设工作实施方案》税总党建组办发〔2017〕8 号	贯彻了全面从严治党的要求，对健全管理体制和工作机制、推进党的组织和党的工作有效覆盖、激发行业党组织和党员活力、加强对行业党建工作的组织领导提出了“四个进一步”的明确任务和具体要求，是指导行业党的建设工作的重要文件
	《涉税专业服务信息公告与推送办法（试行）》国家税务总局公告 2017 年第 42 号	加强涉税专业服务信息的运用管理，发挥涉税专业服务机构在优化纳税服务、提高征管效能等方面的积极作用
	《涉税专业服务信用评价管理办法（试行）》国家税务总局公告 2017 年第 48 号	加强涉税专业服务信用管理，促进涉税专业服务机构及其从事涉税服务人员依法诚信执业，提高税法遵从度
	《国家税务总局关于采集涉税专业服务基本信息和业务信息有关事项的公告》国家税务总局公告 2017 年第 49 号	优化营商环境、推进“放管服”改革的系列部署，进一步规范涉税专业服务行为，维护国家税收利益和纳税人合法权益

二、税务师事务所相关政策

2017 年，和事务所息息相关的新政策主要是关于事务所评级认定和评价管理的制度，详见表 1－2。

表 1－2　2017 年与税务师事务所相关新政策梳理

发布机构	政策名称	政策作用
国家税务总局	《税务师事务所行政登记规程（试行）》国家税务总局公告 2017 年第 31 号	规范税务师事务所行政登记，促进税务师行业健康发展
中税协	《等级税务师事务所认定办法（2017 年修订）》	进一步规范税务师事务所的管理、认定、评级和评价机制，建立较为全面和综合的税务师事务所评价体系

第四节　税务师行业经营情况

2017 年度税务师行业的经营收入为 169.69 亿元，相比于 2016 年度的 159.64 亿元增长了 6.3%。2017 年事务所已达到 5 546 家，从业人数 98 869人，其中税务师 42 515 人。随着市场经济的发展，税务师行业也在不断转型升级，以适应经济形势的变化。

一、行业收入总体情况

图 1－1 反映了 2011—2017 年我国税务师行业经营收入的变化。从 2011 年度开始，我国税务师行业收入总额持续增长，平均年增长率为 12.22%。

图 1－1　2011—2017 年税务师行业经营收入和行业收入增长率

二、地区收入情况

（一）地区间收入规模差距较大

从图 1－2 中可以看出，我国 36 个地区之间的收入差距悬殊，经营收入较多的地区与经营收入较少的地区之间对比十分明显。从图 1－2 可以看出，2016 年税务师行业经营收入最多的 5 个地区分别为北京、广东、江苏、浙江和上海，这 5 个地区的行业经营收入均超过了 13 亿元，收入总额合计为 92. 42 亿元，占全行业经营收入总额的 57. 89%。

（二）地区间收入增长率分化明显

2016 年度，不仅税务师行业经营收入在各地区之间千差万别，而且行业收入增长情况地区分化同样十分明显。从图 1－2 可以看出，全国 36 个地区中，有 24 个地区的收入是正增长，还有 12 个地区的收入是负增长。其中，收入增长幅度最大的三个地区是厦门、四川和贵州，收入降低幅度最大的三个地区为青海、西藏和吉林。由于行业经营收入增长率是 2016 年度的经营收入和 2015 年度的经营收入相比较得来的，所以基数较小的地区波动率就比较大。

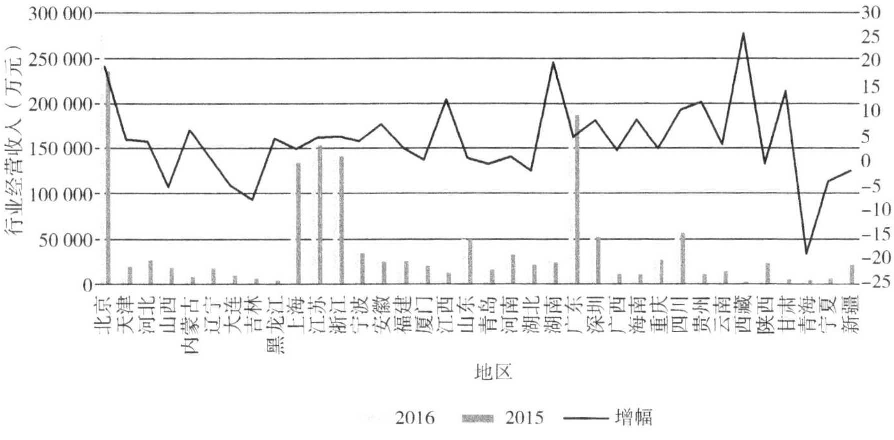

图 1－2　2016 年和 2015 年各地区经营收入

第二章 税务师事务所行业现状分析

税务师事务所是专职从事税务代理的工作机构，在国外一些经济发达国家或地区，实行税务代理制度已有很多年历史。我国的税务师事务所是伴随着改革开放发展起来的新型服务行业，我国的税务师行业与其他国家相比尚处在发展的初级阶段。税务师事务所在我国发展时间不长，属于新兴行业，未来其发展空间依然巨大。

第一节 税务师事务所基本情况

根据中税协公布的统计数据，现将税务师行业基础数据统计表列示如下。

一、税务师事务所数量变化情况

截至2017年12月31日，全国从事经营的税务师事务所共5 560户，比上年增长1.33%；全年税务师事务所收入总额为169.69亿元，比2016年增加6.3%。2007—2017年度全国税务师事务所数量及其增长速度如图2－1所示。税务师行业基础数据统计表如表2－1所示。

图2－1 2007—2017年度全国税务师事务所数量及其增长速度

表 2－1　税务师行业基础数据统计表

序号	地区	事务所（户）			从业人员（人）			执业税务师（人）			收入总额（万元）		
		2015	2016	增幅（%）	2015	2016	增幅（%）	2015	2016	增幅（%）	2015	2016	增幅（%）
1	北京	502	514	2.39	8 824	8 673	－1.71	3 906	4 019	2.89	235 356.11	279 792.44	18.88
2	天津	115	113	－1.74	1 874	1 830	－2.35	773	782	1.16	20 238.87	21 104.93	4.28
3	河北	190	193	1.58	3 625	3 444	－4.99	1 318	1 377	4.48	27 089.92	28 175.32	4.01
4	山西	105	103	－1.90	1 670	1 530	－8.38	797	792	－0.63	19 652.57	18 599.32	－5.36
5	内蒙古	138	135	－2.17	1 397	1 376	－1.50	732	714	－2.46	9 315.11	9 904.77	6.33
6	辽宁	171	175	2.34	2 166	2 112	－2.49	1 097	1 102	0.46	18 467.36	18 541.48	0.40
7	大连	74	72	－2.70	1 110	1 065	－4.05	549	536	－2.37	11 057.59	10 486.75	－5.16
8	吉林	90	88	－2.22	1 147	1 035	－9.76	554	538	－2.89	7 076.79	6 511.32	－7.99
9	黑龙江	68	64	－5.88	760	795	4.61	397	399	0.50	4 397.59	4 608.90	4.81
10	上海	139	139	0.00	3 006	2 891	－3.83	1 046	1 030	－1.53	134 943.61	138 246.76	2.45
11	江苏	325	326	0.31	7 193	7 015	－2.47	2 793	2 850	2.04	153 509.77	160 729.14	4.70
12	浙江	236	232	－1.69	7 863	7 869	0.08	2 212	2 245	1.49	141 691.85	148 601.77	4.88
13	宁波	52	53	1.92	2 174	2 148	－1.20	486	480	－1.23	35 796.51	37 242.47	4.04
14	安徽	175	172	－1.71	2 746	2 803	2.08	1 316	1 327	0.84	25 599.40	27 563.12	7.67
15	福建	154	154	0.00	2 939	2 882	－1.94	1 275	1 300	1.96	26 656.88	27 379.71	2.71
16	厦门	66	66	0.00	1 579	1 459	－7.60	563	605	7.46	21 203.90	21 237.06	0.16
17	江西	121	123	1.65	1 605	1 532	－4.55	672	683	1.64	13 263.81	14 920.94	12.49
18	山东	339	334	－1.47	6 195	5 703	－7.94	2 622	2 565	－2.17	50 525.57	50 727.36	0.40

续表

序号	地区	事务所（户）			从业人员（人）			执业税务师（人）			收入总额（万元）		
		2015	2016	增幅（%）	2015	2016	增幅（%）	2015	2016	增幅（%）	2015	2016	增幅（%）
19	青岛	78	76	-2.56	1 199	1 168	-2.59	599	593	-1.00	16 609.46	16 488.97	-0.73
20	河南	244	23	-4.51	3 916	3 746	-4.34	1 698	1 692	-0.35	33 818.36	34 115.07	0.88
21	湖北	192	189	-1.56	2 703	2 607	-3.55	1 357	1 326	-2.28	22 571.80	22 133.54	-1.94
22	湖南	141	135	-4.26	1 910	1 882	-1.47	973	1 002	2.98	25 081.18	30 089.69	19.97
23	广东	618	623	0.81	14 041	13 841	-1.42	5 603	5 461	0.68	187 638.02	196 858.52	4.91
24	深圳	179	180	0.56	3 538	3 452	-2.43	1 329	1 362	2.48	53 089.19	57 490.47	8.29
25	广西	109	109	0.00	1 809	1 796	-0.72	790	813	2.91	12 972.25	13 264.21	2.25
26	海南	55	53	-3.64	900	933	3.67	372	383	2.96	11 804.66	12 808.92	8.51
27	重庆	136	136	0.00	1 854	1 933	4.26	882	919	4.20	27 641.10	28 282.30	2.32
28	四川	236	234	-0.85	4 732	4 806	1.56	1 987	2 100	5.69	57 312.28	63 269.33	10.39
29	贵州	55	57	3.64	912	879	-3.62	374	395	5.61	11 838.42	13 258.20	11.99
30	云南	86	85	-1.16	1 514	1 510	-0.26	745	770	3.36	15 074.05	15 546.43	3.13
31	西藏	19	19	0.00	239	220	-7.95	102	97	-4.90	3 445.08	4 347.58	26.20
32	陕西	110	109	-0.91	2 166	2 064	-4.71	715	735	2.80	23 694.56	23 540.27	-0.65
33	甘肃	81	81	0.00	887	885	-0.23	427	430	0.70	6 584.76	7 535.03	14.43
34	青海	8	8	0.00	286	256	-10.49	78	74	-5.13	5 383.46	4 366.57	-18.89
35	宁夏	25	25	0.00	458	448	-2.18	150	153	2.00	7 584.54	7 279.22	-4.03
36	新疆	79	79	0.00	1 224	1 287	5.15	549	555	1.09	21 850.74	21 386.32	-2.13
总计		5 511	5 487	-0.44	102 161	99 875	-2.24	41 838	42 384	1.31	1 499 837.13	1 596 434.19	6.44

资料来源：中国税务师协会公布的统计数据。

自2014年7月《国务院关于取消和调整一批行政审批事项的决定》（国发〔2014〕27号，以下简称“27号文”）等一系列文件颁布以来，税务师行业发生了很大的变化，面临着新的冲击和挑战，税务师行业发展进入了战略调整机遇期。

由表2-1可以看出，2016年全国税务师事务所超过百户的地区有22个，与2015年持平，依次是：北京514户、天津113户、河北193户、山西103户、内蒙古135户、辽宁175户、上海139户、江苏326户、浙江232户、安徽172户、福建154户、江西123户、山东334户、河南233户、湖北189户、湖南135户、广东623户、深圳180户、广西109户、重庆136户、四川234户、陕西109户。上述22个地区税务师事务所共有4 661户，占全国总数的84.95%。从区域分布情况看，北京、浙江、江苏、山东、广东的税务师事务所数量依旧占据较大的比例，税务师事务所主要集中在华东、中南和华北等经济较为发达的地区。

与2015年相比，2016年税务师事务所数量及从业人员数量有所下降，但税务师事务所的执业税务师人数及事务所收入总额却有所增长。在新常态背景下的行业战略调整期中，2016年全国税务师事务所进行了资源整合，虽然事务所及从业人员数量有所减少，但体现税务师行业质量的执业税务师人数及税务师事务所年度收入都有所增长，体现了税务师行业的结构性调整。

二、税务师和从业人员

（一）税务师

等级税务师事务所2016年税务师合计17 965人，占全国税务师行业2016年税务师42 384人的42.39%。具体数据如表2-2所示。

表2-2　2016年度税务师人数

序号	名称	人数	比例（%）
1	A级事务所	6 438	15.19
2	2A级事务所	2 200	5.19
3	3A级事务所	2 945	6.95
4	4A级事务所	1 495	3.53
5	5A级事务所	4 887	11.53
6	非等级事务所	24 419	57.61
合计		42 384	100.00

如表2－2所示，5个等级事务所的税务师人数在总人数中是占据少量比重的，分别为15.19%、5.19%、6.95%、3.53%、11.53%，而非等级事务所中的税务师人数则占据较大的比重，为57.61%，由此可以看出，我国一半以上的税务师在非等级事务所中工作。而在等级事务所中，A级事务所与5A级事务所税务师人数最多，尤其是5A级事务所2016年的税务师人数增长了37.82%。

中税协组织的全国税务师职业资格考试为事务所培养了一大批税务师生力军。2017年11月11日至12日，中税协组织了2017年度全国税务师职业资格考试。全国共设立37个考区（包括香港），在104个城市设立了260个考点，共计2 782个考场，报考22.6万余人，共计58万余科次，均增长28%以上，创历史新高。应届大学生报名应试人员较2016年有较大增加，税务师行业队伍越来越年轻化。

（二）从业人员

2016年，等级税务师事务所从业人员合计46 403人，占全国税务师行业99 875人的46.46%。具体数据如表2－3所示。

表2－3　税务师事务所从业人员比较

序号	名称	人数	比例（%）
1	A级事务所	15 833	15.85
2	2A级事务所	5 579	5.59
3	3A级事务所	7 429	7.44
4	4A级事务所	5 023	5.03
5	5A级事务所	12 539	12.55
6	非等级事务所	53 472	53.54
合计		99 875	100.00

从表2－3可以看出，就从业人员与执业税务师数量相比，各等级事务所的从业人员虽几乎都有所下降，但是其数量仍远远大于执业税务师的数量。就等级事务所与非等级事务所相比，非等级事务所的从业人数远远大于等级事务所从业人数之和。税务师事务所执业税务师、从业人员人数比较如图2－2所示。

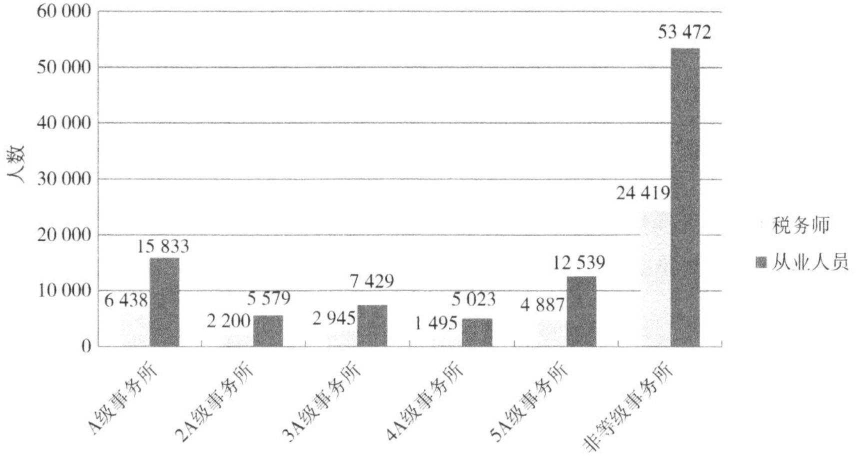

图2-2　执业税务师、从业人员人数比较图

第二节　税务师事务所行业经济环境分析

在经济新常态和财税体制持续深化改革的背景下，中国税务师行业积极适应经济新常态和税收新动态，进行行业转型升级，取得了新成绩，行业发展持续向好。

一、全国税收收入现状

2016年，全国税务部门组织税收收入115 878亿元（已扣减出口退税），比上年增长4.8%。在国内生产总值（GDP）增速下降幅度不大的情况下，2016年税收收入增幅下降较多，实施减税政策是其中一个重要原因，2016年全面推开的“营改增”试点为近年来减税规模最大的政策措施。税制改革和减税政策不仅直接降低了企业税收负担，有力支持了大众创业、万众创新，而且助推了供给侧结构性改革和企业转型升级，对稳定经济增长和增强市场活力起到了重要促进作用①。因此，税务师行业要尽快实现结构升级转型，协助企业在复杂的税收政策下降成本、避风险。

2017年，全国税务部门组织税收收入（已扣除出口退税）12.6万亿

① 国家税务总局.2016年全国税务部门组织税收收入情况［EB/OL］.（2017-12-29）. http：//www.chinatax.gov.cn/n810214/n810631/c2567420/content.html.

元，同比增长 8.7%，扭转了近年来税收增长持续放缓的状况，税收与经济增长的协调性明显增强。其中，第三产业税收占比保持领先，2017 年第三产业占税收收入的比重为 56.1%，增长 9.9%，比第二产业高 12.3 个百分点。现代服务业税收保持快速增长势头，互联网和相关服务、软件和信息技术服务行业税收分别增长 55.1% 和 36%。同时，高端制造业税收增势较强。2017 年，通用设备、通信设备、专用设备等高端制造业税收分别增长 23.5%、21.6%、20.9%①。

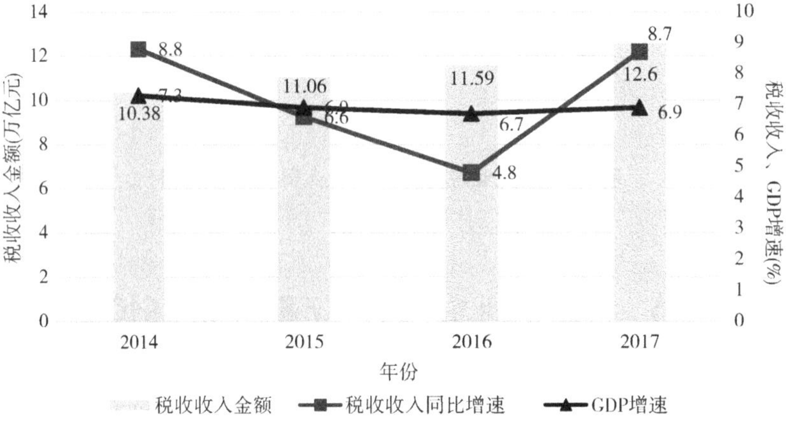

图 2-3 近年来税务部门组织税收收入情况

二、财税体制深化改革

财税体制改革是全面深化改革的重头戏。如果将这场改革比喻成一场马拉松，那么按照“2016 年基本完成改革重点工作和任务，2020 年基本建立现代财政制度”的时间、任务安排，2017 年的财税体制改革正处于半程上的关键期。2017 年的财税体制改革主调为落实推动中央与地方财政事权和支出责任划分改革，加快制订中央和地方收入划分总体方案，抓紧提出健全地方税体系方案。党的十九大提出“深化税收制度改革，完善地方税体系”，为新一轮的税制改革指明了方向。新一轮税制改革蓄势待发，改革即将进入深水区。

《中华人民共和国环境保护税法》已由中华人民共和国第十二届全国

① 国家税务总局．国家税务总局举行新闻发布会：税收与经济协调增长，精准施策优化税收营商环境［EB/OL］．［2018-2-1］．http://www.chinatax.gov.cn/n810219/n810724/c3269618/content.html.

人民代表大会常务委员会第二十五次会议于 2016 年 12 月 25 日通过，自 2018 年 1 月 1 日起施行。环境保护税（简称“环保税”）的立法是“费改税”，取消跟环境保护有关的收费，环保收费走向规范化。《中华人民共和国烟叶税法》《中华人民共和国船舶吨税法》均已由中华人民共和国第十二届全国人民代表大会常务委员会第三十一次会议于 2017 年 12 月 27 日通过，自 2018 年 7 月 1 日起施行。

环保税开征后，企业需要按期向税务局进行纳税申报，缴纳税款，税务师提供的税务专业服务可以为纳税人提供更专业的环境保护税服务。烟叶税与船舶吨税上升到法律层面后，税款的征收管理也会更加规范，为纳税人与税务师行业提供了一个更加规范的市场环境。自 2016 年至今，已经有五个税种先后公布立法征求意见稿，这意味着全国人民代表大会 2020 年全面完成税收立法的目标前进了一大步。随着税种逐步上升到法律层面，以及税收法制化的深入推进，税务师需要根据国家政策变化和市场经济发展，协助企业在财税改革中把握先机，以优质专业的服务立足于市场经济体制中。

三、“互联网 +”大数据时代

税收是经济发展的重要组成部分，在“互联网 +”大数据的浪潮下，税务师行业不可能游离于外。在“互联网 +”大数据环境下，税务师行业面临着颠覆与创新[①]。

在“互联网 +”大数据背景下，纳税人不仅可以通过税务机关的 12366 服务热线和国地税官网服务互动，还可以通过网络免费获取大量税务相关资讯。因此，税务师为客户提供的咨询要能够将税收法律法规和纳税人实际情况相结合，为纳税人提供个性化税务咨询服务和税务风险管理服务，实现税务师行业的服务结构转型。

在“互联网 +”大数据背景下，“云技术”在企业管理、财务会计领域中的广泛运用，企业管理、财务核算软件及办公无纸化的运用，对税务师行业提出了新要求，要求税务师行业与这些高科技软件紧密合作，更好地适应在“互联网 +”大数据背景下提供税务服务。

在“互联网 +”大数据背景下，税收征收机关也创新了征管手段，税务机关获取纳税人的涉税信息更加便捷，金税三期成为国家依法治税及提高纳税人税法遵从度的有力工具。纳税人希望购买一份长期的有价

① 罗联布．“互联网 +”背景下税务师行业的颠覆与创新［J］．税务师，2017（9）：71.

值、有质量的涉税服务产品。同样，在信息化浪潮中，涉税专业服务市场的全面放开与简政放权让税务师行业业务不再为“法定业务”，完全参与市场竞争，这要求税务师行业顺应“互联网+”大数据浪潮，加速品牌建设、信息化建设，提升专业能力，提供专业服务，形成核心竞争力。

第三节　税务师事务所行业社会环境分析

社会环境分析是指对行业所在社会中成员的民族特征、文化传统、价值观念、宗教信仰、风俗习惯及教育水平等因素对行业发展产生的影响进行分析。对于税务师事务所行业而言，社会公众对专业涉税服务的理解和认知度、纳税人的税收遵从度及税务师行业的诚信水平对行业的发展尤为重要。

一、对涉税服务的认知度

早期的涉税业务都是由会计师事务所承接的。社会上还有一种声音，认为涉税业务由税务师事务所承接毫无必要，没必要设立税务师，注册会计师完全可以胜任。这种声音长期存在，一定程度干扰了税务师事务所开展业务，也使得税务师行业立法呼吁了十几年，一直无法取得实质性进展。其实，从国外经验来看，有很多国家都设有类似于税务师事务所的中介机构来处理涉税业务，日本设有税理士，韩国设有税务士，名字虽然不同，但业务都是涉税业务。从业务实践来看，随着税收政策越来越复杂，需要专门的机构来开展业务，特别是复杂的、高端的业务，只有专业人才才能胜任。总之，随着社会分工越来越精细化，税务师行业立法是大势所趋①。中税协也于2017年向国务院法制办提出《加快涉税专业服务立法，健全涉税专业服务体系》的立法建议。

二、纳税人的税收遵从度

2017年，国家税务总局联合29个部门签署了《关于对纳税信用A级纳税人实施联合激励措施的合作备忘录》，对纳税信用A级纳税人实施41项守信联合激励措施，联合中国银行业监督管理委员会开展“税银互动”

① 高良昭.HP税务师事务所发展战略研究［D］.北京：北京林业大学，2016.

支持小微企业发展。2015年8月至2017年9月累计向授信企业发放贷款51万笔，并与34个部门对重大税收违法案件当事人实施28项联合惩戒措施，有效震慑了涉税违法犯罪行为。

激励和惩戒双管齐下，使得纳税人的税收遵从度不断提高。企业为了节约纳税成本，避免税务风险，会主动联系税务中介机构（如税务师事务所）为自己的企业或个人做纳税筹划及代理，给税务师行业提供了良好的发展空间。

三、税务师行业的诚信水平

税务师行业的诚信水平对行业发展起着极其重要的作用，有的税务师事务所过分迎合服务客户的需要，违背了税务师行业的专业性和公正性，成为企业偷逃税款的帮凶。这会极大地损坏税务师行业的声誉，妨碍国家征收税款。2016年年底国务院办公厅印发的《关于加强个人诚信体系建设的指导意见》，明确了14类职业人群要加快建立和完善个人信用记录形成机制，这其中就包括税务师。2017年，个人诚信体系建设掀起高潮。信用机制为税务师行业的诚信水平提供了保障，方便委托人选择合适的税务师事务所，也让税务机关能够更好地信任税务师行业。

第四节　等级税务师事务所认定情况

等级税务师事务所在2016年发生了很大的变化，根据中税协发布的信息，2016年全国税务师事务所等级认定情况如下。

截至2015年12月31日，全行业共计认定等级税务师事务所1 070家（不含授牌子所、分所），其中A级701家、2A级160家、3A级160家、4A级35家、5A级14家，占全国5 551家税务师事务所的19.28%。2015年等级事务所比2014年1 019家等级事务所净增加51家，其中，A级事务所净增加27家，2A级事务所净增加13家，3A级事务所净增加3家，4A级事务所净增加6家，5A级事务所增加2家。

截至2016年12月31日，全行业共计认定等级税务师事务所1 102家（不含授牌子所、分所），其中，A级716家、2A级177家、3A级160家、4A级30家、5A级19家，占全国5 487家税务师事务所的20.08%。2016年等级事务所比2015年1 070家等级事务所净增加32家，其中，A级事务所净增加 15 家，2A 级事务所净增加 17 家，3A 级事务所数量保持不变，4A 级事务所净减少 5 家，5A 级事务所增加 5 家。

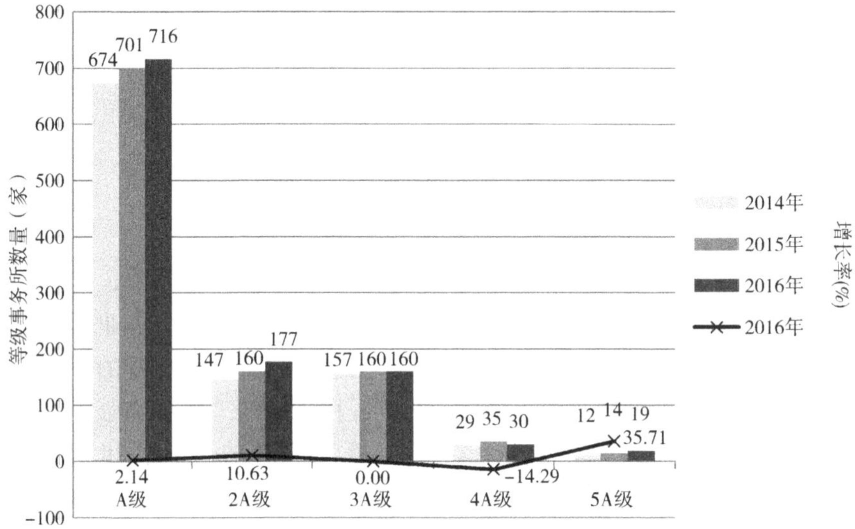

图 2－4　等级事务所数量变动情况

由图 2－4 可知，A 级、2A 级与 5A 级事务所在 2015 年与 2016 年数量都有所上升，3A 级事务所数量在 2016 年保持不变，4A 级事务所数量有所减少，主要是因为 4A 级事务所上升为 5A 级事务所。市场的放开使得税务师事务所数量增加，同时，A 级与 2A 级税务师事务所也保持着较高的增长趋势。通过税务师行业的结构调整升级，5A 级税务师事务所有着高增长的表现状态，表示税务师事务所的质量水平逐渐提高，高水平的税务师事务所越来越多，前景喜人。

第五节　税务师事务所百强情况分析

中税协根据税务师行业 2016 年度报表数据，按经营收入排序，公布了经营收入前 100 名的税务师事务所名单（以下简称“百强所”），以下将依据税务师行业 2016 年度报表中百强所的数据进行分析。

一、经营情况

2016 年度百强所经营收入合计 73.07 亿元，同比增长 20.75%，比行业收入增长率高 14. 31 个百分点，占全行业经营总收入的比重为 45. 77%，较上年度提高了近 5. 43 个百分点。百强所经营收入占全行业经营收入的比重一直保持相对稳定且逐年上升的态势①。

进入百强所的门槛（第 100 名）经营收入为 1 570. 60 万元，与 2015 年基本持平；年收入最高的税务师事务所经营收入为 6. 86 亿元，同比上升了 17. 51%。前 3 名税务师事务所与 2015 年相比没有变化，依旧是上海德勤税务师事务所有限公司、中汇（北京）税务师事务所有限公司、尤尼泰税务师事务所有限公司。新入榜的 13 家事务所中，有 2 家为集团所。

由图 2 -5 可知，2016 年税务师行业集中度较以往进一步增强，百强所经营收入占行业收入高达 45. 77%，几乎占据税务师行业的半壁江山。而收入百强所又包含了 34 家集团所，其中，北京 23 家，上海 4 家，广东 2 家，湖南、江苏、深圳、浙江、重庆各 1 家。

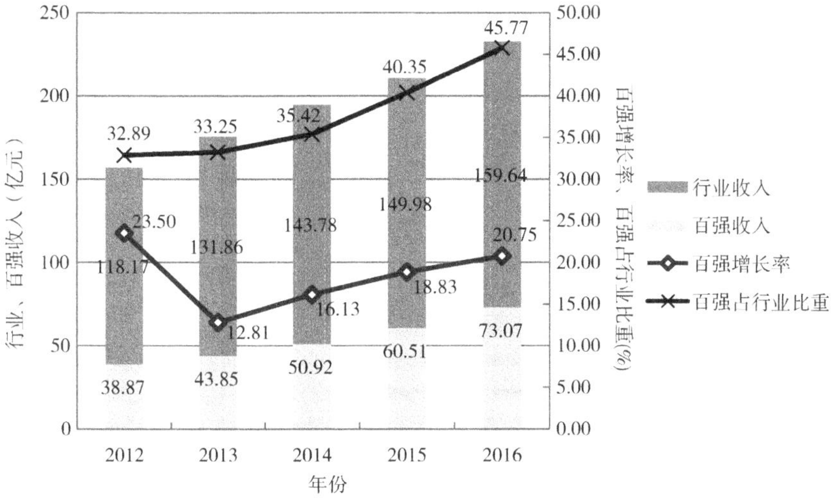

图 2 -5　2012—2016 年百强所与行业经营收入对比、增长率情况

由图 2 -6 可知，百强所的集中度又体现为集团所。经营收入过亿元的事务所有 25 家，同比上年增加 1 家，25 家事务所均为集团所，收入合计 51. 41 亿元，占百强所收入的 70. 36%，占行业收入的 32. 2%。集团所优

① 杨艳春 . 2016 年度税务师行业经营收入前百家税务师事务所整体情况分析［J］. 注册税务师，2017（10）.

势凸显，行业集中度进一步增强。

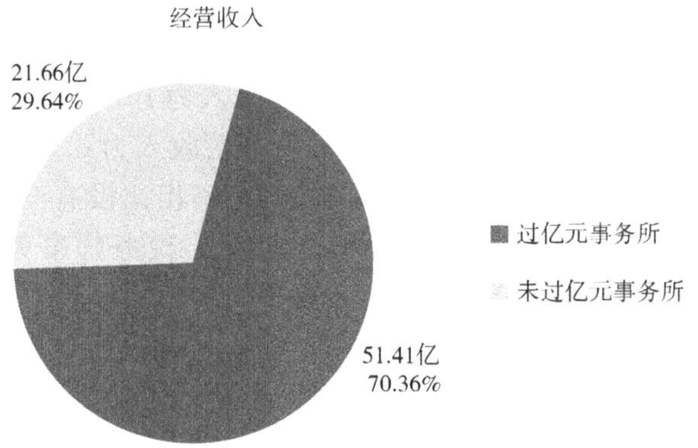

图2－6　百强所中经营收入过亿元事务所占比

二、人员情况

2016年度执业于百强所的执业税务师同比增加1 320人，增长21.32%；从业人员同比增加1 960人，增长10.24%。

通过图2－6及图2－7可以看出，近5年来，执业于百强所的执业税务师的人数、占行业的比重及增长率三项指标均呈现出逐年上升的态势。执业于百强所的从业人员人数、占行业的比重两项指标均逐年上升，并保持年均10%左右的增长率。

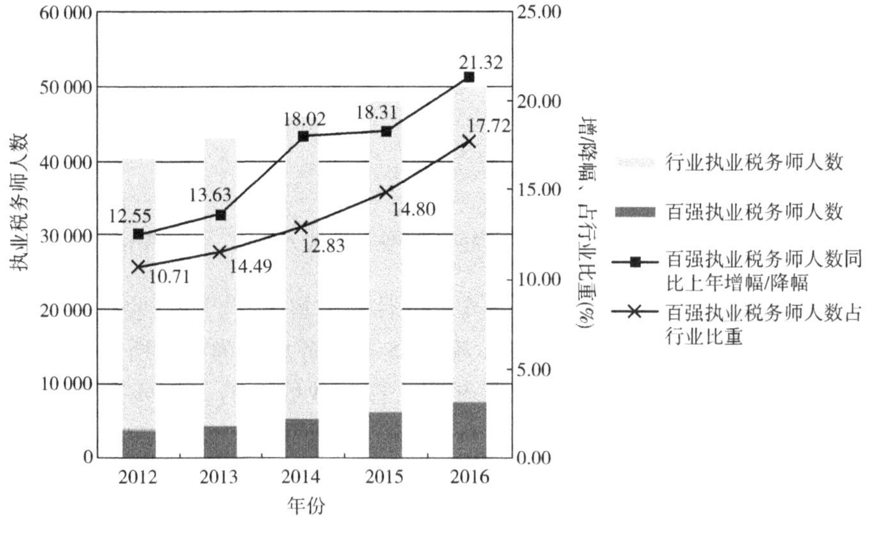

图2－7　2012—2016年百强所执业税务师情况

值得关注的是，2016 年度执业于百强所的执业税务师、从业人员占行业的比重均接近或超过 20%，由此可以看出，数量不到行业 2% 的百强所对人才有较强的吸引力。

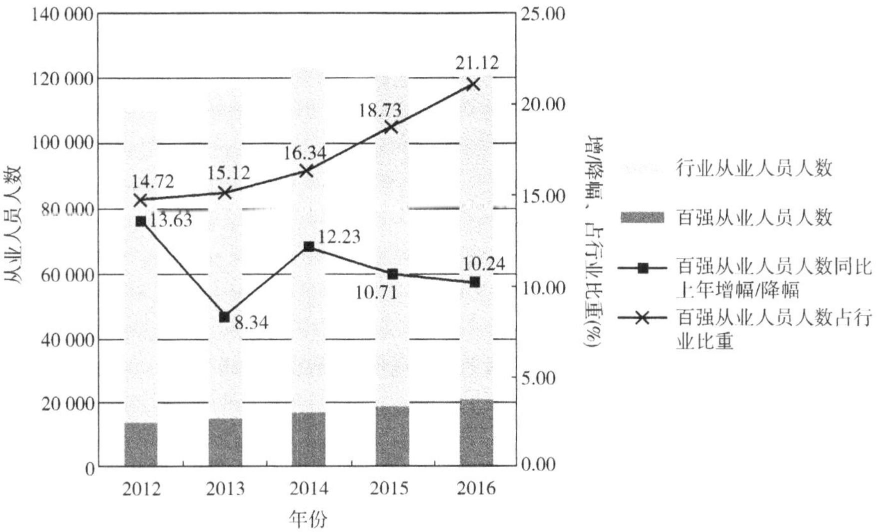

图 2－8　2012—2016 年百强所从业人员情况

三、服务业务情况

2016 年度百强所涉税鉴证业务、咨询业务收入分别占收入总额的 1/3，咨询业务已经上升为与鉴证业务同等重要的业务。

从图 2－9 可以看出，2016 年度百强所涉税鉴证业务收入 24.92 亿元，占百强所经营收入的 34.11%，同比增长 9.08%，比行业 48.82% 的比重减少 14.71 个百分点。以企业所得税汇算清缴及土地增值税清算为主的鉴证业务依然是百强所比较重要的业务范围，但依赖程度明显小于行业水平。

2016 年度百强所涉税咨询业务收入 26.74 亿元，占百强所经营收入的 36.59%，同比增长 24.79%，比行业 27.29% 的比重高 9.30 个百分点。其中：受聘税务顾问咨询业务收入 23.09 亿元，同比增长 23.68%；税收筹划业务收入 3.01 亿元，同比增长 47.89%。

2016 年度百强所代理业务收入 11.25 亿元，占百强所经营收入的 15.04%。其中，代理纳税申报收入 4.10 亿元，代理建账记账收入 4.07 亿元，代理一机多卡业务收入 1.53 亿元。

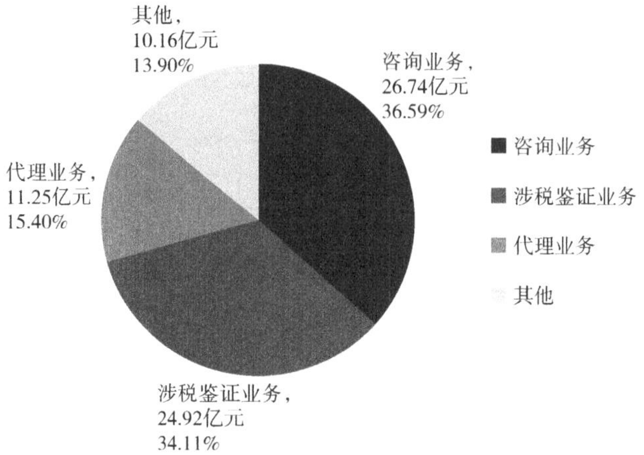

图2－9　百强所各类业务收入情况及占比

四、百强所地域分布状况

如图2－10所示，2016年度百强所分布在16个地区，其中，北京31家，浙江17家，上海12家，江苏11家，广东6家，宁波5家，四川4家，青岛3家，陕西、重庆、山东各2家，安徽、海南、湖南、厦门、深圳各1家。从整体来看，百强所地域分布情况依然主要集中在北京、浙江、上海和江苏四地，这四个地区的户数占百强所总户数的71%。

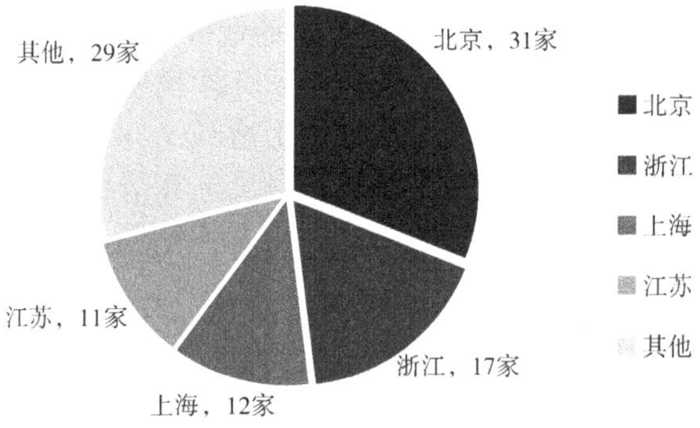

图2－10　百强所地区分布情况

2016年度，北京、上海、浙江、江苏、广东五个地区百强所的收入合计63.81亿元，占百强所收入总额的87.34%，地区分布不平衡。其中，北京 38. 62 亿元，上海 12. 32 亿元，浙江 5. 86 亿元，江苏 3. 74 亿元，广东 3. 28 亿元。

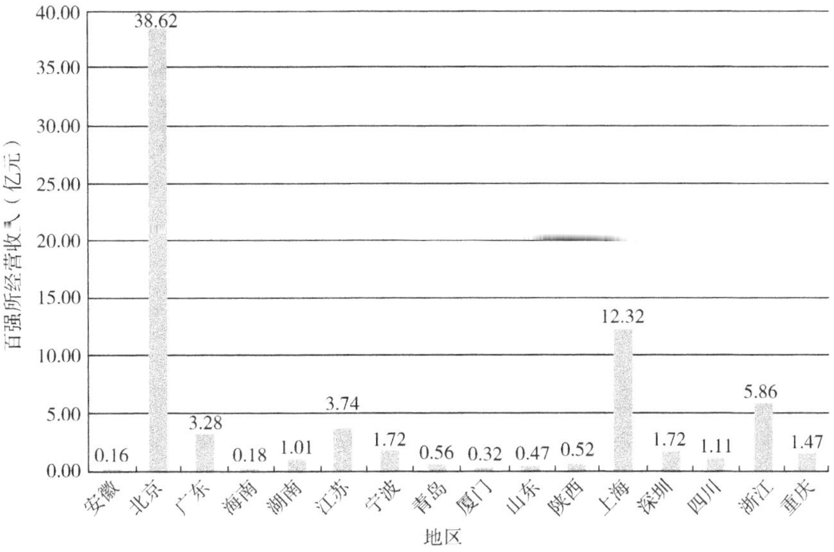

图 2 -11　16 个地区百强所经营收入情况

第三章 涉税专业服务与行业转型升级

第一节 涉税专业服务

涉税专业服务是指涉税专业服务机构接受委托，利用专业知识和技能，就涉税事项向委托人提供的税务代理等服务。涉税专业服务机构从事涉税业务，应当遵守税收法律、法规及相关税收规定，遵循涉税专业服务业务规范。

一、涉税服务的范围

涉税专业服务机构可以从事下列涉税业务。

（一）纳税申报代理

纳税申报代理，是指对纳税人、扣缴义务人提供的资料进行归集和专业判断，代理纳税人、扣缴义务人进行纳税申报准备和签署纳税申报表、扣缴税款报告表以及相关文件。

（二）一般税务咨询

一般税务咨询，是指税务是通过电话、书面、晤谈、网络咨询等方式对纳税人、扣缴义务人的日常办税事项提供税务咨询服务。税务咨询服务涉及内容广泛，咨询、服务形式多样。

税务咨询以税收方面的疑难问题为主导，具体包括：①税收法律规定方面的咨询；②税收政策运用方面的咨询；③办税实物方面的咨询；④涉税会计处理的咨询；⑤税务动态方面的咨询。

（三）专业税务顾问

税务顾问对纳税人、扣缴义务人的涉税事项提供长期的专业税务顾问服务。税务顾问所从事的税政指导工作比税务咨询更深入一步，具有服务层次高、可操作性强的特点。税务顾问在为纳税人、扣缴义务人解决税政疑难问题的过程中应当参与实际操作。对于担当税务顾问的企业，税务师在签订合同后，要全面了解企业基本情况、历年纳税档案、企业办税人员的业务素质等内容，以书面形式为企业提供一份办税指南。

（四）税收策划

税收策划，是指对纳税人、扣缴义务人的经营和投资活动提供符合税收法律、法规及相关规定的纳税计划、纳税方案。

（五）涉税鉴证

涉税鉴证，是指鉴证人接受委托，凭借自身的税收专业能力和信誉，通过执行规定的程序，按照法律、法规以及依据法律、法规制定的相关标准，对涉税事项真实性和合法性出具鉴定和证明。

（六）纳税情况审查

纳税审查，是指接受行政机关、司法机关的委托，依法对企业纳税情况进行审查，做出专业结论。纳税审查的基本内容包括：审查企业核算是否符合《企业会计准则》和分行业财务制度及会计制度，审查计税是否符合税收法规，审查纳税人有无不按纳税程序办事、违反征管制度的情况等。此外，还应关注纳税人的生产、经营、管理情况。

（七）其他税务事项代理

接受纳税人、扣缴义务人的委托，代理建账记账、发票领用、减免退税申请等税务事项。

（八）其他涉税服务

第三项至第六项涉税业务，即专业税务顾问、税收策划、涉税鉴证和纳税情况审查四项业务，应当由具有税务师事务所、会计师事务所、律师事务所资质的涉税专业服务机构从事，相关文书应由税务师、注册会计师、律师签字，并承担相应的责任。

第二节　涉税专业服务机构的监管

一、涉税专业服务机构

涉税专业服务机构是指税务师事务所和从事涉税专业服务的会计师事务所、律师事务所、代理记账机构、税务代理公司、财税类咨询公司等机构。

二、涉税专业服务机构的监管

涉税专业服务机构从事涉税业务，应当遵守税收法律、法规及相关税收规定，遵循涉税专业服务业务规范。税务机关应建立行政登记、实名制管理、业务信息采集、检查和调查、信用评价、公告与推送等制度，同时加强对税务师行业协会的监督指导，建立与其他相关行业协会的工作联系制度，推动行业协会加强自律管理，形成较为完整的涉税专业服务监管制度体系。

（一）税务师事务所行政登记管理

税务师事务所行政登记，是指税务机关对在商事登记名称中含有“税务师事务所”字样的行政相对人进行书面记载的行政行为。未经行政登记，不得使用“税务师事务所”名称，不能享有税务师事务所的合法权益。

1. 成立条件

税务师事务所采取合伙制或者有限责任制组织形式的，除国家税务总局另有规定外，应当具备下列条件：

（1）合伙人或者股东由税务师、注册会计师、律师担任，其中税务师占比应高于50%；

（2）有限责任制税务师事务所的法定代表人由股东担任；

（3）税务师、注册会计师、律师不能同时在两家以上的税务师事务所担任合伙人、股东或者从业；

（4）税务师事务所字号不得与已经进行行政登记的税务师事务所字号重复。

2. 行政登记

行政相对人办理税务师事务所行政登记，应当自取得营业执照之日起

20个工作日内向所在地省税务机关提交下列材料：

（1）《税务师事务所行政登记表》；

（2）营业执照复印件；

（3）国家税务总局规定的其他材料。

行政相对人提交材料齐全、符合法定形式的，省税务机关即时受理；材料不齐全或者不符合法定形式的，一次性告知需要补正的全部材料。

省税务机关自受理材料之日起20个工作日内办理税务师事务所行政登记。符合行政登记条件的，将税务师事务所名称、合伙人或者股东、执行事务合伙人或者法定代表人、职业资格人员等有关信息在门户网站公示，公示期不得少于5个工作日。公示期满无异议或者公示期内有异议但经调查异议不实的，予以行政登记，颁发纸质《登记证书》或者电子证书，证书编号使用统一社会信用代码。省税务机关在门户网站、电子税务局和办税服务场所对取得《登记证书》的税务师事务所的相关信息进行公告，同时将《税务师事务所行政登记表》报送国家税务总局，抄送省税务师行业协会。

不符合行政登记条件或者公示期内有异议、经调查确不符合行政登记条件的，出具《税务师事务所行政登记不予登记通知书》并公告，同时将有关材料抄送工商行政管理部门。

3. 变更登记

税务师事务所的名称、组织形式、经营场所、合伙人或者股东、执行事务合伙人或者法定代表人等事项发生变更的，应当自办理工商变更之日起20个工作日内办理变更行政登记，向所在地省税务机关提交下列材料：

（1）《税务师事务所变更/终止行政登记表》；

（2）原《登记证书》；

（3）变更后的营业执照复印件；

（4）国家税务总局规定的其他材料。

行政相对人提交材料齐全、符合法定形式的，省税务机关即时受理；材料不齐全或者不符合法定形式的，一次性告知需要补正的全部材料。

省税务机关自受理材料之日起15个工作日内办理税务师事务所变更行政登记。符合行政登记条件的，对《登记证书》记载事项发生变更的税务师事务所换发《登记证书》。省税务机关在门户网站、电子税务局和办税服务场所对税务师事务所变更情况进行公告，同时将《税务师事务所变更/终止行政登记表》报送国家税务总局，抄送省税务师行业协会。

不符合变更行政登记条件的，出具《不予登记通知书》并公告，同时将有关材料抄送工商行政管理部门。

4. 终止登记

税务师事务所注销工商登记前，应当办理终止行政登记，向所在地省税务机关提交下列材料：

（1）《税务师事务所变更/终止行政登记表》；

（2）《登记证书》。

税务师事务所注销工商登记前未办理终止行政登记的，省税务机关公告宣布行政登记失效。

行政相对人提交材料齐全、符合法定形式的，省税务机关即时受理；材料不齐全或者不符合法定形式的，一次性告知需要补正的全部材料。

终止情形属实的，予以终止行政登记。省税务机关在门户网站、电子税务局和办税服务场所对税务师事务所终止情况进行公告，同时将《税务师事务所变更/终止行政登记表》报送国家税务总局，抄送省税务师行业协会。

国家税务总局发现税务师事务所行政登记不当的，责令省税务机关纠正。税务师事务所办理商事登记后，应当向省税务机关办理行政登记。省税务机关准予行政登记的，颁发《税务师事务所行政登记证书》，并将相关资料报送国家税务总局，抄送省税务师行业协会。不予行政登记的，书面通知申请人，说明不予行政登记的理由。

从事涉税专业服务的会计师事务所和律师事务所，依法取得会计师事务所执业证书或律师事务所执业许可证，视同行政登记。

（二）涉税服务人员实名制管理

税务机关依托金税三期应用系统，建立涉税专业服务管理信息库。通过采集信息，建立对涉税专业服务机构及其从事涉税服务人员的分类管理，确立涉税专业服务机构及其从事涉税服务人员与纳税人（扣缴义务人）的代理关系，区分纳税人自有办税人员和涉税专业服务机构代理办税人员，实现对涉税专业服务机构及其从事涉税服务人员和纳税人（扣缴义务人）的全面动态实名信息管理。

（三）涉税专业服务信息采集

1. 涉税专业服务基本信息采集

涉税专业服务机构应当于首次提供涉税专业服务前，向主管税务机关报送《涉税专业服务机构（人员）基本信息采集表》。基本信息发生变更的，应当自变更之日起30日内向主管税务机关报送该表。涉税专业服务机构暂时停止提供涉税专业服务的，应当于完成或终止全部涉税专业服务协议后向主管税务机关报送该表；恢复提供涉税专业服务的，应当于恢复后首次提供涉税专业服务前向主管税务机关报送该表。

涉税专业服务机构应当于首次为委托人提供业务委托协议约定的涉税服务前，向主管税务机关报送《涉税专业服务协议要素信息采集表》。业务委托协议发生变更或者终止的，应当自变更或者终止之日起30日内向主管税务机关报送该表。《涉税专业服务协议要素信息采集表》仅采集要素信息，业务委托协议的原件由涉税专业服务机构和委托人双方留存备查。

2. 涉税专业服务业务信息采集

涉税专业服务机构应当于每年3月31日前，向主管税务机关报送《年度涉税专业服务总体情况表》。

税务师事务所、会计师事务所、律师事务所应当于完成专业税务顾问、税收策划、涉税鉴证、纳税情况审查业务的次月底前，向主管税务机关报送《专项业务报告要素信息采集表》。《专项业务报告要素信息采集表》仅采集专项业务报告要素信息，专项业务报告的原件由涉税专业服务机构和委托人双方留存备查，除税收法律、法规及国家税务总局规定报送的外，无须向税务机关报送。

3. 采集途径

涉税专业服务机构原则上应当通过网上办税系统报送涉税专业服务基本信息，因客观原因无法通过网上办税系统报送的，可在非征期内通过实体办税服务厅办理。

4. 其他事宜

涉税专业服务机构未按照要求报送基本信息、业务信息的，由主管税务机关按照《涉税专业服务监管办法（试行）》第14条规定处理。

涉税专业服务机构及其从事涉税服务人员受到税务机关处理，被暂停受理其所代理的涉税业务时，涉税专业服务机构应当及时告知其委托人。

（四）涉税专业服务信用评价管理

涉税专业服务信用管理，是指税务机关对涉税专业服务机构从事涉税专业服务情况进行信用评价，对从事涉税服务人员的执业行为进行信用记录。涉税专业服务机构信用评价采取信用积分和信用等级相结合的方式。从事涉税服务人员信用记录采取信用积分和执业负面记录相结合的方式。

1. 信用积分

税务机关依托涉税专业服务管理信息库采集信用指标信息，由全国涉税专业服务信用信息平台按照《涉税专业服务机构信用积分指标体系及积分规则》和《从事涉税服务人员个人信用积分指标体系及积分记录规则》对采集的信用信息进行计算处理，自动生成涉税专业服务机构信用积分和从事涉税服务人员信用积分。全国涉税专业服务信用信息平台由国家税务总局建设和部署。

涉税专业服务信用信息分为涉税专业服务机构信用信息和从事涉税服务人员信用信息。涉税专业服务机构信用信息包括纳税信用、委托人纳税信用、纳税人评价、税务机关评价、实名办税、业务规模、服务质量、业务信息质量、行业自律、人员信用等。从事涉税服务人员信用信息包括基本信息、执业记录、不良记录、纳税记录等。

涉税专业服务管理信息库依托金税三期应用系统，从以下渠道采集信用信息：

（1）涉税专业服务机构和从事涉税服务人员报送的信息；

（2）税务机关税收征管过程中产生的信息和涉税专业服务监管过程中产生的信息；

（3）其他行业主管部门和行业协会公开的信息。

涉税专业服务机构信用积分为评价周期内的累计积分，按月公告，下一个评价周期重新积分。评价周期为每年 1 月 1 日至 12 月 31 日。第一个评价周期信用积分的基础分为涉税专业服务机构当前纳税信用得分，以后每个评价周期的基础分为该机构上一评价周期信用积分的百分制得分。涉税专业服务机构未参加纳税信用级别评价的，第一个评价周期信用积分的基础分按照 70 分计算。

2. 信用等级

省、自治区、直辖市和计划单列市税务机关（以下简称“省税务机关”）根据信用积分和信用等级标准对管辖的涉税专业服务机构进行信用等级评价。在一个评价周期内新设立的涉税专业服务机构，不纳入信用等级评价范围。每年 4 月 30 日前完成上一个评价周期信用等级评价工作。信用等级评价结果自产生之日起，有效期为一年。

涉税专业服务机构信用（Tax Service Credit，TSC）按照从高到低顺序分为五级，分别是 TSC5 级、TSC4 级、TSC3 级、TSC2 级和 TSC1 级。涉税专业服务机构信用积分满分为 500 分，涉税专业服务机构信用等级标准如下：

（1）TSC5 级为信用积分 400 分以上的；

（2）TSC4 级为信用积分 300 分以上不满 400 分的；

（3）TSC3 级为信用积分 200 分以上不满 300 分的；

（4）TSC2 级为信用积分 100 分以上不满 200 分的；

（5）TSC1 级为信用积分不满 100 分的。

税务机关在将涉税专业服务机构和从事涉税服务人员列入涉税服务失信名录前，应当依法对其行为是否确属严重违法违规的情形进行核实，确认无误后向当事人送达告知书，告知当事人将其列入涉税服务失信名录的事实、理由和依据。当事人无异议的，列入涉税服务失信名录；当事人有异议且提出申辩理由、证据的，税务机关应当进行复核后予以确定。

3. 信用信息公告查询

税务机关应当在门户网站、电子税务局和办税服务场所公告下列信息：

（1）涉税专业服务机构信用积分；

（2）涉税服务失信名录。

纳税人可以查询涉税专业服务机构的涉税专业服务信用等级和从事涉税服务人员的信用积分；涉税专业服务机构可以查询本机构的涉税专业服务信用等级及积分明细和所属从事涉税服务人员的信用积分；从事涉税服务人员可以查询本人的信用积分明细。

涉税专业服务机构和从事涉税服务人员对信用积分、信用等级和执业负面记录有异议的，可以书面向主管税务机关提供相关资料或者证明材料，申请复核。主管税务机关对相关资料或者证明材料的完整性进行审核，审核通过后逐级提交至省税务机关，由省税务机关组织复核。省税务机关应当于 30 个工作日内完成复核工作，并将复核结果逐级传递至受理复核申请的税务机关，由受理复核申请的税务机关告知申请人。

4. 结果运用

对达到 TSC5 级的涉税专业服务机构，税务机关采取下列激励措施：

（1）开通纳税服务绿色通道，对其所代理的纳税人发票可以按照更高的纳税信用级别管理；

（2）依托信息化平台为涉税专业服务机构开展批量纳税申报、信息报送等业务提供便利化服务；

（3）在税务机关购买涉税专业服务时，同等条件下优先考虑。

对达到 TSC4 级、TSC3 级的涉税专业服务机构，税务机关实施正常管理，适时进行税收政策辅导，并视信用积分变化，选择性地提供激励措施。

对涉税专业服务信用等级为TSC2级、TSC1级的涉税专业服务机构，税务机关采取以下措施：

（1）实行分类管理，对其代理的纳税人税务事项予以重点关注；

（2）列为重点监管对象；

（3）向其委托方纳税人主管税务机关推送风险提示；

（4）涉税专业服务协议信息采集，必须由委托人、受托人双方到税务机关现场办理。

对纳入涉税服务失信名录的涉税专业服务机构和从事涉税服务人员，税务机关采取以下措施：

（1）予以公告并向社会信用平台推送；

（2）向其委托方纳税人、委托方纳税人主管税务机关进行风险提示；

（3）不予受理其所代理的涉税业务。

（五）涉税专业服务信息公告与推送

涉税专业服务信息公告与推送对加强涉税专业服务信息的运用管理，发挥涉税专业服务机构在优化纳税服务、提高征管效能等方面发挥着积极作用。税务机关运用以金税三期核心征管系统为基础、以网上办税服务系统为支撑的信息化平台，进行信息推送。涉税专业服务信息公告内容由省税务机关通过门户网站、电子税务局和办税服务场所发布，于每月10日前进行动态调整。

1. 公告内容

（1）纳入实名制管理的涉税专业服务机构名单及其信用状况公告内容：涉税专业服务机构名称、统一社会信用代码、法定代表人（或单位负责人）姓名、地址、联系电话、信用积分情况等基本信息；

（2）未经行政登记的税务师事务所名单公告内容：机构名称、统一社会信用代码、法定代表人（或单位负责人）姓名、地址、联系电话、商事登记日期等基本信息；

（3）涉税专业服务机构失信名录公告内容：涉税专业服务机构名称、统一社会信用代码、法定代表人（或单位负责人）姓名、地址、联系电话、失信行为、认定日期等基本信息；

（4）从事涉税服务人员失信名录公告内容：姓名、身份证件号码（隐去出生年、月、日号码段）、职业资格证书名称及编号、所属涉税专业服务机构名称、失信行为、认定日期等基本信息。

2. 涉税专业服务信息推送内容

（1）纳入实名制管理的涉税专业服务机构信用状况推送内容：涉税专业服务机构名称、统一社会信用代码、法定代表人（或单位负责人）姓名、地址、联系电话、信用积分情况等基本信息；

（2）未纳入实名制管理的涉税专业服务机构信息推送内容：机构名称、统一社会信用代码、法定代表人（或单位负责人）姓名、地址、联系电话、商事登记日期等基本信息；

（3）涉税专业服务机构失信名录推送内容：涉税专业服务机构名称、统一社会信用代码、法定代表人（或单位负责人）姓名、地址、联系电话、失信行为、认定日期等基本信息；

（4）从事涉税服务人员失信名录推送内容：姓名、身份证件号码（隐去出生年、月、日号码段）、职业资格证书名称及编号、所属涉税专业服务机构名称、失信行为、认定日期等基本信息；

（5）涉税专业服务风险信息推送内容：涉税专业服务机构名称、统一社会信用代码、法定代表人（或单位负责人）姓名、地址、联系电话、风险评估情况等基本信息。

第三节　税务师行业的转型升级

当前新形势下，我国经济发展进入新时代，税务代理等涉税专业服务市场需求不断增大，涉税专业服务随之迈入“新格局”。为深入贯彻落实国务院“放管服”改革部署要求，规范涉税专业服务，维护国家税收利益和纳税人合法权益，国家税务总局印发《涉税专业服务监管办法（试行）》（国家税务总局公告 2017 年第 13 号），预示着涉税专业服务市场全面开放。在特定的新格局下，税务师应加快转变观念、积极凝聚共识、牢牢把握机遇、主动迎接挑战，实现税务师行业的转型升级，促进行业持续健康发展进行。

一、认清形势变化

税务师行业要充分认清当前形势已经发生的重大而深刻的变化：

（1）政府行政审批改革改变了税务师行业的政策环境和管理模式；

（2）税务师行业监管环境发生重大改变；

（3）涉税专业服务市场开放竞争已经形成并将进一步强化；

（4）涉税服务呈现多元化发展趋势。

认清形势发展变化是行业转型发展的前提。形势变化是客观存在的，要认清形势并适应形势的发展变化，加快转变观念、谋划新的发展思路。

二、明确行业转型核心

税务师行业转型升级的核心是要确立纳税申报代理和税务咨询的主业地位，并加快向全代理服务和综合代理服务转型，探索和推动税务师行业多元化发展。

税务师事务所应尽快适应形势发展的要求，明确自身地位，正确定位自己的服务方向。税务师事务所的专业优势在众多的涉税服务机构中很明显。税务师事务所除了做好纳税申报代理、一般的税务咨询等基础业务外，应转变发展方式，调整业务结构，大力开发专业顾问、税收策划等高端业务，从市场拉业务，从政策找业务，拓宽涉税业务的广度和深度。每个事务所都应形成有自身特色的专业服务产品，并探索多元化经营方式，在确保专业服务质量的同时，培育新的业务增长点。只有这样，才能在激烈的市场竞争中屹立不倒。

三、行业转型基本战略

（一）涉税服务机构专业优势互补，实现合作共赢

随着税收法定原则的落实以及税收征管的规范化，市场对专业化、品牌化的优质涉税服务机构的需求会不断增加。律师、税务师、会计师三大行业互补性强，可以实现合作共赢。在业务层面，三大服务力量优势不同，在行业对比竞争过程中，势必出现业务分层的趋势，唯有专业水准高、品牌效应强的涉税服务机构才能把握机遇，赢得客户的青睐，得到市场的认可。

近年来，三大专业力量已经出现合作、融合的趋势。部分税务师事务所、会计师事务所已经开展了合作，一些会计师事务所、税务师事务所在积极注入专业税务律师力量，以补充涉税争议等业务的不足。华税2015年率先在国内发起跨界联合，与国内十余家优质税务师事务所实现平等合并，业务互补给合作带来巨大发展空间。

（二）加快技术更新，提高行业服务效率

改进税务师事务所涉税服务的技术方法，从经济发展需要的角度加强

对技术方法的研究与探讨，以理论指导专业实务，将现代风险导向审计理论逐步运用到涉税审计实务中来，以提高税务审计质量。同时，进行税务审计手段创新，尽快改进税务审计技术方法，从传统的定期和滞后审计转向适时或实时审计，充分利用网络技术，彻底改变税务审计手段落后的局面，以满足环境和时代对税务审计的要求，使税务审计更好地服务于社会。

充分运用电话、电脑、网络等先进的技术手段，对传统的服务项目进行改革，避免信息不灵造成的差错或遗漏，提高税务师的执业水平，提升税务师事务所信息技术运用水平，运用信息技术开发高技术含量和高附加值的服务产品。推动大事务所信息化在服务和管理中的普及应用，鼓励中小事务所实施信息化改造，提高信息化专业服务产品的供给能力，保障服务效率和质量。

（三）“互联网＋税务师行业”服务新模式

运用“互联网＋”思维，打造“互联网＋税务师”行业，推动税务师事务所进行服务升级和转型，是摆在税务师事务所面前的一项重要而迫切的任务。面对互联网时代的巨大变革，事务所要加快转型升级，适应新格局下的变化，完善管理体系，重构产品形态，运用“互联网＋”以及云计算、大数据开发新产品，建立数据库与分析平台，创新服务手段方法，拓展发展新空间，继续探索“运营＋服务＋产品”的新商业模式，完善服务新体系，为客户提供增值服务和精细化服务。

事务所要以客户为中心，以服务为驱动，实现互联网平台前端的个性化需求定制，服务过程全程可视，客户能够深度参与。同时，互联网平台能够帮助事务所在服务后端实现服务规范化、流程化和可视化。通过互联网平台增强与税务局、行业协会以及同行事务所间业务及管理经验交流，实现同业互动。用“互联网＋涉税服务”优化行业管理和业务服务，推进行业转型升级，为事务所做强做大、做专做精提供坚实保障。

（四）把握机遇，创建行业服务新模式

全面深化改革，为中国经济社会发展注入了新的活力，也为税务师行业创造了新的发展机遇。税务师行业要在全面深化改革的大背景下，谋划好创新服务的新篇章。目前，我国正在稳步推进的税制改革和征管改革，势必对我国的涉税专业服务机构带来前所未有的深刻影响，催生一大批新的税务服务领域生力军，为税务师行业的发展带来巨大机遇。改革将涉

及：①实行税源专业化管理；②推行“营改增”涉税服务；③涉税复议案件会大幅增加；④个人税务服务将全面开启；⑤电商税事亟待规范；⑥预约裁定等制度催生一批新的税务服务业务；⑦税收筹划市场逐步规范；⑧“走出去”企业面临复杂多变的国际税务环境，催生税务服务需求；⑨推行特殊经济区域涉税服务；⑩推行资本市场涉税服务；⑪推行高端税务咨询服务；⑫推行“新三板”挂牌涉税服务；⑬推行企业税务风险防控服务；⑭全面推行政府购买涉税专业服务。税务师行业要充分利用税制改革和征管改革的契机，以创新发展为出发点，积极探索和创建服务新模式，彰显行业专业性，促进行业发展①。

（五）培养复合型高端涉税服务队伍

人才是税务师行业发展的核心竞争力。目前，我国税务师执业规模同经济发展需求严重不相适应，主要体现为税务师的总体数量和质量不能满足经济社会发展需求，税务师规模增长速度不适应行业发展速度等。人才匮乏已成为税务师行业做大做强的瓶颈。加快人才培养，建立领军人才、高端人才和业务骨干以及从业人员（税务师）的立体式人才培养模式，成为推进税务师行业发展的强大动力。

首先，通过专业化培养，建立一支执业能力强、专业技能精、综合素质高的税务师专业人才队伍，为行业转型升级和健康发展提供保证。

其次，加强大数据环境下行业人才的培养，多管齐下，方能保障行业的有序发展。

最后，通过国际互访、境外培训等形式，增强国际交流，加强与国（境）外税务师组织的合作，促进税务师行业国际化发展。

---

① 樊其国．新格局下税务师行业转型升级七条道：税务师事务所发展新思维［J］．注册税务师，2017（7）：18－20.

第四章　税务师执业风险与防范

第一节　税务师执业风险

一、税务师职业风险的概念

税务师职业风险，是指税务师因工作缺欠导致委托人或第三方权益遭受损失所要承担的法律责任。税务师工作缺欠的实质就是税务师执业质量存在问题，体现在两个方面：一是工作成果中的缺欠；二是工作过程中的缺欠。

二、税务师执业风险的表现形式

（1）为委托人提供有损于国家税收利益或第三方利益的服务；

（2）出具不恰当鉴证报告；

（3）为委托人提供服务的过程、成果没有达到业务约定书的要求；

（4）税务师没有履行告知义务，致使委托人不当使用税务师服务成果。

三、影响税务师执业风险的因素

（一）委托人方面影响执业风险的因素

1. 委托人的委托意向与纳税意识

纳税意识较强的委托人，其委托意向是通过税务师的指导，着重降低纳税风险，尽可能杜绝因不通晓税法发生纳税方面的失误而导致受到处罚的损失，或者因不了解税收政策而失去获得税收权益的机会。此时，委托代理的意向与税收法律、法规和主管税务机关的要求相符，偏离度较小，委托人能够提供真实、完整的计税资料，税务师只需严格按照规范化的工作程序履行代理职责即可，其代理的执业风险一般不高。

纳税意识淡薄的委托人，其委托代理的意向是通过税务师税务代理的运作尽可能地少缴税款。这种委托代理的意向同税收法律、法规和主管税务机关的要求偏离很大，委托人甚至采用少报收入、虚列成本费用的手段来偷税，此时，税务师涉税服务的执业风险就会很高。

2. 涉税服务对象的财务核算基础

涉税服务对象的财务会计制度健全与否，财务人员业务素质的高低，是影响税务师执业风险的客观因素。例如，税务师受托代理纳税申报，其前提是委托人提供计税原始资料——会计账簿和财务报表，税务师将这些资料和数据分别整理后，形成申报纳税的资料，如果财务核算资料不能客观、全面、准确地反映生产经营情况，代理纳税申报就容易产生错误，出现少缴或多缴税款的问题，故税务师涉税服务的执业风险就很高。

（二）税务师事务所及其税务师方面影响执业风险的因素

1. 税务师的职业道德水平

税务师的职业道德水平直接影响其工作态度和代理事项最终完成的结果，如果税务师能够坚持税务代理执业准则，具有较高的职业道德水平，则会减少诱发执业风险的因素；相反，如果税务师的职业道德水平不佳，则他们的行为会损坏税务代理声誉，最终带来不可挽回的消极影响。例如，某些税务师在思想上存在片面追求收入的错误认识，法律意识淡薄，弄虚作假，严重违反职业道德；在工作中缺乏应有的敬业精神，不遵守执业准则，持有侥幸心理，故其执业风险很高。

2. 税务师的专业胜任能力

税务师的专业素质和实际操作能力是评价税务师执业风险的重要因素之一，这是对税务师具有独立执业水准的基本要求。除此之外，税务师对税收政策的深入研究、对办税经验的积累都是影响涉税服务质量的重要因素，因税务师的专业胜任能力不足而导致代理失误或未能履行涉税服务职责将会带来很大的执业风险。

3. 涉税服务机构执业质量控制程序

建立涉税服务机构的执业质量控制制度是防范税务师执业风险的有效手段。因此，涉税服务机构必须建立健全的质量控制体系，包括涉税服务的工作流程控制、工作底稿编制与审核流程、税务师与助理人员的工作分工与质量监控、税务师的后续教育和培训、税务代理档案管理等方面。总之，涉税服务机构的质量控制制度越健全，越有助于控制其执业风险。

（三）其他部门或人员方面影响执业风险的因素

（1）相关部门或人员应保证税务师执业独立性，不能出于自身职责、个人好恶或其他利益关系，干预或引导税务师执业。

（2）税务机关或人员应提供必要的税收政策、税收信息，给予办税便捷的支持，其他有关部门或人员应给予税务师收集证据资料或相关工作程序支持，以利于促进税务师执业质量的提高。

第二节　税务师执业风险的防范

一、完善相关法律、法规

法律、法规的完善对于税务师执业风险的防范起着决定性的作用。国家应尽快制定《税务师法》或相关法律、法规，对税务师资格认定和管理、涉税服务业务范围和操作流程做出明确、具体的规定。同时，随着税制改革的深化、“简政放权”的推进，只有以法律的形式将涉税专业服务机构及税务师的权利、义务、责任等问题确定下来，才能使税务师和税务师事务所执业有法可依，在开展业务的同时创新经营模式，并对税务师执业责任风险进行规避。

二、强化人才培养模式

随着税制改革的推进和国际涉税服务业务的开展，涉税服务行业的发展突飞猛进，进而对我国税务师的专业能力有了更高的要求。一方面，应大力培养综合型高素质人才，将税务会计、税务律师、信息管税、国际税收等作为我国高级人才培养的方向，打造一流的涉税服务专业人员，提高我国税务师专业水平和执业能力；另一方面，应注重税务师的后续教育，根据税务师的相关业务领域进行定向培训，并通过定期的考试考核使税务师不断提升自己的专业水平和职业能力，为纳税人提供有优势、有特色的涉税服务。

三、实现全面信息化管理

在“互联网＋”涉税服务模式的推动下，网络税务师成为一个新兴职业。涉税专业服务机构完善的内控和全面信息化管理成为规避税务师执业风险的重要内容。首先，涉税服务机构应对承接涉税服务业务的步骤、实际涉税服务的流程以及事后文书报告的编制等事项的具体做法、操作规范和对相关人员的规定做出明文规定，使其在税务师执业过程中起指导作用。其次，涉税专业服务机构应建立实现信息化监管的数据库，对税务师的涉税服务业务进行登记、流程指示和预测分析，明确有序的分工合作，调动税务师的积极性，并将责任落实到每个涉税服务人员。

四、建立道德评价机制

税务师职业道德是涉税服务行业长期稳步发展的重要因素，诚实守信是税务师在行业立足的基石，客观公正是税务师必须具备的品质，良好的专业能力是税务师生存的基础。税务师除了出色完成委托的业务，还要严格遵守独立、公正、客观等职业道德规范，这样才能避免涉税服务过程中出现的风险。

首先，我国应足够重视对税务师进入涉税服务行业之前职业道德的培养，保证税务师的基本道德素养。一方面，利用大数据时代下数据获取的便利性，要求涉税专业服务机构或者中税协对涉税服务人员的背景进行尽职调查，建立涉税服务人员的信息库；另一方面，可以定期组织税务师进行职业道德准则和规范的学习，稳固树立职业道德意识。

其次，在税务师进入涉税服务行业后，应要求中税协等相关机构建立税务师信息库，对税务师进行信用记录。信用记录主要包括客户的评价、个人违规操作记录、个人诚信纳税记录等。利用大数据的信息处理手段进行量化评分，划分税务师的信用等级。以此培养税务师的竞争和进取意识，加强执业道德文化建设①。

---

① 周沛浩．我国涉税服务风险及防范［D］．北京：首都经济贸易大学，2017.

第五章　新环境下税务师行业的发展思路

习近平总书记所作的十九大报告提出，“加快建立现代财政制度，建立权责清晰、财力协调、区域均衡的中央和地方财政关系。建立全面规范透明、标准科学、约束有力的预算制度，全面实施绩效管理。深化税收制度改革，健全地方税体系”。这标志着新一轮财税改革已进入攻坚阶段，预算改革先行，税务改革紧随其后。在全面改革的大环境下，税务师如何把握自身在改革中的位置，税务师行业如何在新的形势下发展都是值得思考的问题。市场开放程度加大，改革快速推进，这些对税务师行业来讲，既是新的挑战，也是可把握的机遇。

第一节　当前税务师行业面临的机遇和挑战

一、税务师行业发展新机遇

（一）税收制度改革

“营改增”是税收制度改革的第一步。“营改增”全面推开之际，许多以前适用营业税的纳税人难以迅速掌握增值税的计税方式。更有大量纳税人在“营改增”以后，每天都要去税务局咨询，但是收效甚微。为去除改革带来的诸多不适，纳税人迫切需要税务师提供及时精准的服务，各类企业都有着不同的专业服务需求。现在，“营改增”已经告一段落，但是税收制度改革还在不断进行，随着更多税种的变动，纳税人对税务师提供服务的需求会越来越多、要求会越来越高。

（二）专业清单

税收政策是处在不断更新中的，对于纳税人来说，税收政策的多和杂是最大的障碍。税收减免政策就是如此。以前，由于减免税政策零散分布在各种法律和文件中，不系统，不全面，但国税总局于 2015 年 10 月 29 日发布了《减免税政策代码目录》，极大地解决了这个问题。以此类推，税务师可以对政策有不同分类的总结，也可以尝试编制实操手册等方便读物，满足纳税人对学习掌握税收政策的巨大需求。

（三）政府购买服务

税务师作为纳税人与税务机关的桥梁，以前的主要客户是广大纳税人，随着政府改革向纵深发展，税务机关逐渐会内生很多服务需求。例如：《深化财税体制改革总体方案》规定，通过合同、委托等方式向社会购买政府所需的事务性管理服务；《国地税征管改革方案》规定，探索政府购买税收服务。《注册税务师行业“十二五”时期发展指导意见》（国税发〔2012〕39 号）指出，可探索通过政府购买服务方式委托税务师事务所对涉及纳税服务、税源管理、纳税信用等事项提供涉税服务的可行性①。

（四）信息化服务

信息化改变生活，“互联网 +” 模式更是被广泛应用在生活的方方面面，涉税专业服务要注重运用互联网思维，提升全行业信息化水平。自 2016 年 5 月 1 日起，税务系统推广上线了金税三期系统，实现数据共享并运用大数据进行分析，对企业税务问题的监督更加严密。这意味着，未来，税务师行业发展的巨大需求就在于信息化服务。税务师可以依托互联网技术搭建行业服务平台，对日常的税务服务制定和实施标准化的流程，并与税务局、企业进行平台联结，从而为广大纳税人提供优质而快捷的涉税服务。

二、税务师行业的新挑战

（一）市场竞争加剧

国家税务总局发布的《涉税专业服务监管办法（试行）》（国家税务总局公告 2017 年第 13 号）中明确提出涉税专业服务机构包括税务师事务所和从事涉税专业服务的会计师事务所、律师事务所、代理记账机构、税

① 王明强．新一轮财税改革给税务师行业带来的机遇与挑战［J］．中国总会计师，2017（9）：84 - 86.

务代理公司、财税类咨询公司等机构。这样的涉税专业服务市场的全面开放带来的最大挑战就是市场竞争的加大。这种竞争不仅存在于税务师行业与其他行业之间，还存在于税务师行业的内部。如果税务师行业整体不能及时发掘自身优势，加快转型的步伐，就非常容易在市场竞争中处于劣势甚至被取代或者淘汰。

（二）专业要求更高

税务师行业未来的发展趋势在于专业的比拼。当市场相对稳定时，谁能提供更加专业、高水平的服务，谁就能在未来的竞争中脱颖而出。现阶段，许多事务所靠无限压低服务费来赢得客户青睐，但在未来发展中，客户对专业水平的需求会越来越高。一些中小事务所，如果不重视人才培养，无法形成自己的执业特色，在未来竞争中将会被彻底淘汰。

（三）执业风险更大

在“放管服”的大背景下，税务机关加大了简政放权的力度，税收监管由事前审批逐渐转向事后监督。这样的转变大大加大了纳税人的办税自由度，但是由于纳税人对税收制度的掌握情况参差不齐，税收风险就会或多或少地出现在税务管理中。对于向纳税人提供服务的税务师来说，税收风险也会相应加大税务师的执业风险。这就需要税务师在服务中提高自身水平，更加小心谨慎。

第二节　发达国家税务师行业的经验及借鉴

一、日本

日本是垄断模式的代表国家。垄断模式有两大特点：①国家颁布专门的法律保障从业人员的涉税服务活动（如日本《税理士法》），政府设立专门管理机构（如日本国税厅下设的税理士审查委员会），对涉税服务实行统一管理。②设立税务师。税务师资格的取得需要通过专门管理机构统一组织考试进行认定。税务师应加入税务师行业组织（即日本的税理士会），而从事涉税服务的其他人员，如注册会计师和律师则不用加入税务师行业组织①。

日本的税理事制度提高了征纳税环节的工作效率，降低了涉税成本；完善税务监管机制起到了良好的作用，维护了税务的严肃性；推动了税收征管的社会化与专业化。日本的税理事制度已经发展得较为完善，涉税专业服务社会组织的存在，使得税务管理更加简化、务实和高效，从而使得税务机关工作人员能够集中资源投入到监管以及政策措施的研究中。

我国的税务师行业未来应当加强在税收征管环节中的作用，提高专业性、高效性，促进税务机关的职能转变。

二、英国

英国是开放型模式的代表国家。开放模式的特点有：①国家未颁布专门的法律确立涉税服务的法律地位，政府未设立专门的管理机构对涉税专业服务行业实行统一管理，行业的管理监督主要依靠行业自律。②税务师是否专门设立视国家而定。在设立税务师的国家，如英国，其资格的取得是由行业组织考核认定的。从事涉税专业服务的其他人员，如注册会计师、律师等无须在税务师行业组织注册登记。

英国非常重视税务机关与特许税务师协会的交流与合作，这体现在以下三个方面：①定期交流，英国税务海关总署与特许税务师协会每年举办联席会议，旨在对当下税收重要事项进行沟通、交换意见，还会就英国税法的修订与完善开展深入讨论；②加强反洗钱合作，税务机关也通过特许税务师协会等专业团体监督会员，建立起反洗钱机制；③规范涉税专业服务机构的活动，与特许税务师协会合作，制定行业业务标准与业务流程，提高会员的执业质量，规范涉税专业服务机构的服务行为②。

目前，我国的税务机关与税务师协会的交流沟通还更多地限于高层论坛。我们应当在今后的发展中，不断加强地区税务机关与协会的交流合作。这部分合作不仅包括高层论坛，还要更多地推进基层税务人员与基层税务机关的交流。这样，我们的纳税服务与税收监管才能更加紧密地结合在一起，更好地为国聚财、为民收税。

三、美国

美国是混合型模式的代表国家。混合型模式具有两大特点：①政府制

① 陈琍．社会化纳税服务的国际比较研究［J］．注册会计师，2009（9）．

② 国家税务总局税务中介行业考察团．英国、埃及税务中介行业考察报告［J］．税务研究，2007（9）：79－83.

定专门的行政法规，设立专门的管理机构对涉税专业服务进行管理监督；②不设立专门的税务师，从事涉税专业服务的注册会计师、律师不必在专门的管理机构注册登记，从事涉税服务的其他人员应在专门的管理机构注册登记。

美国涉税服务业发展成熟，从事涉税服务活动无门槛限制，任何人都可以从事涉税专业服务。其涉税专业机构服务质量高，保密制度严格，得到纳税人的普遍信赖。除此之外，美国还拥有强有力的涉税服务监督机构，重视纳税人权利的维护，专门设有纳税人权利维护办公室，通过畅通的纳税人意见反映渠道，促进其诉求向服务改进措施转化。美国的税务机关会给社会化有偿涉税服务留有较大的发展空间，着重进行税收法律法规和政策的宣传，督促纳税人履行纳税义务并保障其权利落到实处。美国的税务律师在税收立法过程中经常直接参与立法讨论，并且作为税务顾问提出立法建议，对国家税法建设起到了很大的作用。发达的涉税专业服务市场提高了美国税务管理机构的工作效率。

对于我国来说，税收征管的电子化、数据化还应当进一步推进，同时应当积极发挥涉税服务的作用。这不仅能降低税务部门的工作量和工作成本，也能有目的、有针对性地了解企业的实际情况，为其制定符合自身状况与需求的涉税服务项目，从而使纳税人的纳税成本最小化。

第三节　我国税务师行业发展的新思路

随着社会主义市场经济的发展，税务师行业既要应对挑战，也面临难得的发展机遇。税务师行业要转变观念，凝聚共识，迎接挑战，主动作为，加快业务转型升级，推进税务师行业持续健康发展。

一、拓展“互联网＋涉税服务”

在我国税收工作中，信息化服务已渗透到税收立法、政策制定、组织收入、征管规程、信息管税等领域与环节。税务机关推出的“金税三期”已经走在了信息化管理的前沿，那么涉税服务行业也同样应当转型升级，在大数据时代下具备应有的大数据思维，掌握信息化的技术方法。2015 年 3 月 5 日，在第十二届全国人民代表大会第三次会议上，李克强总理提出制订“互联网＋”行动计划。“互联网＋税务”不仅使税务师能够提供更加便捷高效的涉税服务，而且给税务师职业流程的重新塑造提供了机遇。

面对互联网时代的巨大变革，税务师行业需要适应当前新的市场和规则，转变思维，更新服务方式，进一步创新和优化涉税服务。这要求税务师行业准确把握当前行业政策，适应日新月异的执业环境，积极主动开拓市场业务，重视并提高行业自律能力，强化税务师职业道德意识，积极促进大数据、云计算、人工智能、物联网等新技术在“互联网+税务”发展过程中的融合应用，以提高服务的针对性和有效性，从而带动涉税服务的标准化、管理的规范化①。

二、加快人才培养

人才是税务师行业发展的核心竞争力。在涉税服务市场放开以后，涉税服务将逐步从基础的代理申报等业务转向咨询筹划等对专业水平要求较高的业务，这也就要求涉税服务机构针对不同经济类型、不同收入规模、不同行业、上市和非上市的纳税人有区别地进行服务。税务师行业要想在涉税服务市场中脱颖而出，就一定要注重人才的培养，加强人员专业素质的拓展。各个税务师事务所可以探索建立培养领军人才、高端人才和业务骨干以及从业人员（税务师）的立体式人才培养模式，根据行业新的主营业务，制订新的培训计划和培训内容，加强教学管理，创新培训手段，全面提高队伍整体素质，不断提升综合竞争能力。

三、积极发展税务咨询服务

国务院下发的《关于加快发展生产性服务业促进产业结构调整升级的指导意见》（国发〔2014〕26号）提出，引导商务咨询企业以促进产业转型升级为重点，积极发展资产评估、会计、审计、税务、勘察设计、工程咨询等专业咨询服务。税务咨询是税务师行业的三大主营业务之一，但是税务咨询业务并没有得到充分的发挥，尤其是高端税务服务市场。虽然处于成立初期或者改制阶段的企业、需要确定企业股权架构及组织结构的企业和计划或者正在实施上市的企业很多，这些企业在理论上需要一定的高端税务服务，但是企业对高端税务服务的需求只是一种隐性需求，并没有真正形成购买力。税务师行业应该借此次行业转型升级的契机，真正以客户合法的需求来定位，提供精准化的高端税务服务，真正为企业经营服务和税收管理服务。

---

① 佘家金，赵成刚．大数据时代涉税服务面临新的挑战和机遇［J］．注册税务师，2016（11）．

四、加强跨界合作

《涉税专业服务监管办法（试行）》（国家税务总局公告 2017 年第 13 号）发布之后，我们看待税务师与律师、会计师的关系不应仅局限于竞争，而应当放眼于三方联合的跨界合作。在实际工作中，涉税服务不会只涉及税收一个领域的专业知识，且客户的需求是具有多样性、连贯性的，有些需求本身就需要一揽子服务。税务师、会计师和律师各有长处，也都有弱点。税务师具有税务专业优势，会计师具有财务专业优势，律师有法律思维和实践经验。如果基于客户需求开展跨界合作，三方发展自己的优势项目，强强联合，搭建专业团队，向全程服务、高端服务、综合服务和智能化服务方向发展，起到的“化学反应”将远大于三方服务的简单相加。同时，跨界合作有利于整合各方资源，减少不必要的竞争摩擦和损耗，使各方的发展更加具有专业性、针对性。

中国税收筹划研究会
第十一届年会论文集

一、互联网＋税务

1 大数据下涉税服务面临的挑战

丁 芸

【摘要】互联网、物联网和云计算等新技术的迅猛发展，带领我们步入了全新的大数据时代。与传统数据时代相比，大数据时代具有极大的优势，无论是企业经营者，还是公共部门都可以通过运用大数据技术，为自己创造更多的价值。当前涉税服务行业的发展方向是以大数据技术为基础，构筑智能化、个性化涉税服务体系。然而，传统涉税服务已无法满足人们多样化、个性化涉税服务的需求，因此，结合大数据时代的特点对其进行优化已不可避免。本文着重对大数据背景下涉税服务面临的挑战进行分析，并提出相应的方法策略，以期提高涉税服务质量。

【关键词】大数据 涉税服务 挑战 应对措施

【作者简介】丁芸，首都经济贸易大学教授

一、大数据下涉税服务概况

我国税务师行业仍处于发展的初级阶段，税务师事务所之间竞争激烈，税务师和税务师事务所面临极大的职业道德风险。根据《全国税务师事务所服务客户数量与全国纳税户数量对比分析报告》，全国现存 4 284 家税务师事务所，全国税务师事务所代理客户数量为 135.02 万户，仅占全国纳税户 1 734.14 万户的 7.79%，整体占比较低。由此可见，税务师事务所在增加客户数量方面尚存在很大的拓展空间。同时，我国由中介机构代办纳税事宜的比例仅为 12.62%，而在西方发达国家，90% 的纳税事宜都是在政府的监管下，由社会中介机构及其他组织来完成。例如：日本有 85%

以上的纳税人通过税务中介机构代办纳税事宜；美国约有50%的公司委托代理人代理申报纳税，个人缴纳所得税近乎百分之百是委托代办的；澳大利亚的税务中介机构帮助纳税人填写大约76.2%的纳税申报表。可见，我国由中介机构代办纳税事宜的比例处于较低水平。涉税专业服务机构本应该充分发挥职能的领域一直很狭窄，发展规模受到一定程度的制约。

在我国的税收工作中，大数据已渗透到税收立法、政策制定、组织收入、征管规程、信息管税等领域与环节。大数据具有容量大、类型多、存取速度快、应用价值高的特征。2015年8月，国务院颁布了《国务院关于印发促进大数据发展行动纲要的通知》，推动大数据发展和应用。在大数据时代，涉税服务行业急需建立起智能化、数字化的涉税服务大数据信息系统。大数据技术为涉税服务带来了新的契机，通过数据信息的采集和传输，涉税服务和税务产品将会在行业之间、用户之间以及用户与政府之间产生融合，将提升涉税服务每个环节的价值，推动涉税服务的创新和变革。

税务师行业可以借助互联网技术以多种形式为客户提供涉税咨询服务，增强客户的黏性，提高品牌的认知度和忠诚度。一些事务所已经推出了微信公众号、电子刊物等多种方式的互动平台，既能满足客户的信息需求，又能给事务所起到很好的宣传作用。税务师事务所要充分利用信息数据技术，帮助涉税服务机构拓展业务，为纳税人、政府机构、社会公众提供优质的涉税专业服务。

二、大数据下涉税服务面临的挑战

在大数据背景下，当前涉税服务主要面临以下几个方面的问题。

（一）涉税信息采集问题

涉税信息是开展税收征管、涉税服务等工作的基础。互联网是税收要素开放共享的重要平台，可以利用互联网采集和应用涉税信息，打造良好的税务生态环境，有效整合内外部资源，最大限度优化资源配置，形成开放、共享、包容、创新、协调的税收发展新模式。但是，涉税信息采集存在信息不对称、信息安全等方面的问题。

随着经济发展，纳税人经营范围扩大，经营方式多样化，跨区经营现象逐渐普遍，因此，税源流动性增强，税源的隐蔽性也增强，对涉税信息采集提出了更高的要求。但是，在纳税人、税务机关、涉税第三方之间存在信息不对称，导致涉税信息采集效率低。一方面，税务机关和纳税人之间存在信息不对称。在税务申报过程中，纳税人对自身的生产经营状况最为了解，但是，出于利益最大化的考虑，纳税人只愿意披露对其自身有利的信息，隐瞒对自身不利的信息，税务机关处于信息弱势地位。一般情况下，税务人员只能根据纳税人提供的申报表等信息资料进行征收管理。税务机关也没有足够的人力和财力对所有的纳税人进行税务稽查。因此，税务机关和纳税人之间存在信息不对称的问题，在成本效益原则下，税务机关无法采集完整全面的纳税人的经营情况等涉税信息。另一方面，税务部门和涉税第三方之间存在信息不对称的问题。纳税人的生产经营活动涉及财政、银行、税务、社保、海关等部门单位，如果纳税人的信息不全，可以通过第三方的信息进行比对核查。但是，部门之间的共享通道没有全部打开，采集到的信息常常只局限于部门内使用。税务部门和涉税第三方的信息不能共享，会导致重复收集信息，加大信息收集成本，降低信息使用效率。

随着互联网技术的加强，涉税信息安全也面临着严峻的挑战。涉税信息涉及纳税人经营的各个方面，包含财务报表信息、纳税信息、价格状况等各种信息，多为纳税人的敏感信息，涉及保密问题。纳税人对于涉税信息的安全有着极高的要求。但是，在大数据背景下，涉税服务行业采集的涉税信息具有公开、透明等特点，纳税人的涉税信息很容易扩散到税务部门之外。例如，金税三期系统中纳税人平台的多数登录方式仍是传统的“用户名＋密码”的模式。这种登录方式安全系数低，很容易被黑客攻击或者破解，导致涉税信息泄露。

（二）涉税服务大数据信息系统建设问题

在大数据时代，涉税服务行业急需建立智能化、数字化的涉税服务大数据信息系统。大数据技术为涉税服务带来了新的契机，通过数据信息的采集和传输，涉税服务和税务产品将会在行业之间、用户之间以及用户与政府之间产生融合，将提升涉税服务各个环节的价值，推动涉税服务的创新和变革。当前涉税服务行业信息系统建设的主要难点在于中小型税务师事务所的信息化程度不足，由于涉税服务大数据信息系统建设初期投入大，大多数中小型税务师事务所缺乏足够的财力、技术以及相关专业人才去建设大数据信息系统。

（三）涉税服务人员专业胜任能力问题

当前，涉税服务人员对于大数据的理解和掌握仍处于较浅层面，对涉税数据重视程度不够，大多习惯于按照以往经验办事，缺乏大数据理念。

随着企业信息化管理水平的不断提高，大量企业会计核算和生产经营数据储存于企业财务核算系统、ERP 系统等内部管理信息系统，而许多涉税服务人员对企业管理信息系统缺乏了解，运用现代数据分析工具认识、说明和解决问题的能力比较欠缺。此外，涉税服务人员对于以往年度的涉税数据关注度较低，缺乏对数据的敏感性，对于涉税服务工作的规律性把握不足。

就人员素质而言，税务代理人员的素质总体上远远不能适应税务代理行业的发展和日趋激烈的市场竞争的需要。代理人员的专业素质不高，也导致税务代理局限在相对比较低的层次。据统计，截至 2014 年底，执业税务师只占全行业从业人员总数的 35% 左右。在税务代理机构中，一些从业人员达不到执业所要求的熟练程度和专业胜任能力，不能按照相关规定从事税务代理行为，从而导致执业质量存在问题。甚至有少数税务师鉴证报告质量低下，一些问题已经影响到客户和税务机关的信任度，不利于税务师行业的发展。

税务师在大数据条件下面临的职业道德挑战主要体现在是否具有专业胜任能力，即税务师事务所是否有足够的财力、技术和专业人员建立健全涉税服务大数据信息系统，税务师是否能够与时俱进，时刻把握大数据条件下从事涉税服务的特点，满足纳税人个性化涉税服务的需求，这成为税务师行业能否提供优质服务的关键因素。

三、大数据时代涉税服务的国际经验

大数据背景下，国外发达国家优化升级涉税服务，在涉税信息采集、涉税人员培养、涉税信息安全保护等方面为我们提供了大量的经验。

（一）严格保障专业胜任能力

大多数发达国家都有完善的执业准入制度，严格的考试制度、淘汰制度，完备的注册或者登记制度，以保障从业人员的规模及业务素质。许多国家规定，除通过专门考试者可以取得资格外，符合条件的律师、会计师等人员也可以从事税务代理业务，这就为税务代理行业提供了大量的从业人员。同时，对于这些从业人员，要求必须通过严格的资格考试，进行选拔认定以及必要的后续教育，以提高税务代理人员的执业能力。除此之外，世界上所有的税务代理行业都履行注册手续，其中，有些国家的税务代理行业考试和注册由其他经济鉴证类中介（主要是注册会计师和律师）的资格考试和注册代替。以美国为例，律师、注册会计师以及税务师都可以从事与税务有关的业务，但税务师是唯一由政府认可的税务专业人员。2011 年成立的美国税务代理业务发展办公室，通过制定税务代理从业者职业胜任能力标准，逐步淘汰不具备职业胜任能力的税务代理从业者，确保纳税人能够从税务代理人那里获得高品质的服务，保证税务师行业的高质量和高认可度。

国外税务师职业道德规范体系对从业者专业胜任能力的严格要求，是税务师提供高质量涉税服务的基础，是行业发展的基础，是推动税务机关对中介机构简政放权的基础，也是增强纳税人对中介机构信任的基础。

（二）涉税信息数字化程度高，安全保护措施完善

涉税信息数字化有利于利用大数据提高涉税服务质量和效率。美国政府在 20 世纪 60 年代就开始建立涉税信息数据系统，并且以法律的形式明确了工商、房产、金融、海关等第三方部门共享数据的义务。德国基层税务部门以公民的身份编码为基础建立起个人税务信息平台，并实现了电子化的纳税申报，提高了纳税人的税收遵从度。欧盟建立起成员国涉税数据共享系统，用以监督欧盟成员国之间的纳税人行为，在解决欧盟成员国所面临的国际避税问题方面成效显著。

另外，许多国家不断优化大数据信息安全保护措施，提高涉税信息的安全保障水平。

美国乔治梅森大学法学院 2012 年设立的重要基础设施保护项目取得了非对称安全理论、网络安全保障的公私合作研究、安全风险披露模型等学术研究成果。美国政府建立了严格的涉税信息安全规章制度，规范大数据信息生产者、管理者、使用者及相关机构的行为，使它们能够切实承担起保护信息安全的责任。澳大利亚建立了备份运行系统来防范发生自然灾害时数据的丢失，所有联入网络的计算机都必须安装防火墙以及正版的杀毒软件，不然会被相关部门处罚，并采取了口令保护、权限保护、电子通行证等安全保障措施。这些措施提高了涉税信息的安全保护水平，有助于防范安全危机。

四、大数据下提高我国涉税服务的建议

在大数据背景下，“互联网 + 税务”不仅使税务师能够提供更加便捷高效的涉税服务，而且给税务师执业流程的重塑提供了机遇。

（一）加快涉税服务与大数据相结合

在我国税收工作中，大数据已渗透到税收立法、政策制定、组织收

入、征管规程、信息管税等领域与环节。涉税服务不应再用以前的思维方式进行运作，应该具备大数据思维、掌握大数据的技术方法，以提升税务决策水平，促进社会经济可持续发展。2015 年 3 月 5 日，第十二届全国人民代表大会第三次会议，李克强总理提出制订“互联网＋”行动计划。随着互联网技术的迅速发展，尤其是“互联网＋”概念的提出，互联网技术在我国各行各业的运用越来越广。互联网技术给很多行业提供了便利，带来业务范围的扩大，互联网技术也给税务行业带来了更新的业务。

“互联网＋税务”不仅使税务师能够提供更加便捷高效的涉税服务，而且给税务师职业流程的重新塑造提供了机遇。面对互联网时代的巨大变革，税务师行业需要适应当前新的市场和规则，转变思维，更新服务方式，进一步创新和优化涉税服务。这要求税务师行业准确把握当前行业政策，适应日新月异的执业环境，积极主动开拓市场业务，重视并提高行业自律能力，强化税务师职业道德意识，积极促进大数据、云计算、人工智能、物联网等新技术在“互联网＋税务”发展过程中的融合应用，以提高服务的针对性和有效性，从而带动涉税服务的标准化、管理的规范化。

（二）提高执业人员专业素养

税务师的职业道德是评价税务师执业风险水平高低的重要因素之一，如果整个行业的从业人员具有较高的职业道德水平，该行业的执业风险会相应降低，也能提高委托人和税务机关对税务中介机构的信任程度。除了职业道德规范对税务师有独立、客观、公正的要求外，执业人员的专业素养也是保证鉴证业务和涉税服务质量的关键因素。税务代理作为高层次的智力劳动，需要高素质的复合型人才，尤其在目前大数据时代和经济全球化的推动下，税务师不仅要精通税法，还要熟知会计知识、审计知识、企业管理知识以及相关的法律、法规，甚至还需要掌握一定的计算机技术。因此，除了资格考试以外，还应该通过各种途径，加强对税务师的继续教育，重视信息化时代数据管税理念的培养，提高税务代理人员的实践能力，提高税务代理人员的素质，建立一支精通税法，熟悉财务、审计、管理以及通晓法律的税务代理队伍。

（三）拓展税务代理的业务范围

要提供高水平的服务，就要推行税收筹划服务，这样不仅可以提高税务代理业务的专业性，增强税务代理的行业竞争力，提高委托人对高层次业务的需求量，也可以促使从业人员对相关知识进行深入的学习。

同时，税务师应提供规避涉税风险服务。由于税务相关法律、法规不时会有变动，而有些企业的经营者和财务人员不能及时、全面了解最新的税收政策，客观上容易导致纳税人在经营过程中无意识地产生涉税风险。税务师事务所具有专业的知识，对行业政策变动了解及时、全面，企业需要聘请专业的税务师事务所来帮助其规避风险。

另外，税务代理机构的业务范围也不只局限在税收筹划和规避税收风险上，还可以提供诸如纳税信誉评估、财产评估、企业自查等服务，以此在专业能力方面提升行业竞争力，使得整个行业更加适应现代经济发展的要求。

（四）推进涉税信息有效整合

目前，涉税服务行业采集涉税信息过程中存在信息不对称现象，要解决这个问题，如果仅仅依靠传统做法，势必耗费巨大的时间和精力，对数据的分析和应用也存在不足。因此，涉税服务行业必须借助计算机技术，对数据进行导入、集中、自动关联与分类应用；同时，对公共税务服务的数据内容进行开放化管理，方便客户进行下载和查询，提升客户的满意度。此外，还可以通过实现数据公开化来让纳税人积极参与到涉税服务决策的制定过程中，借助大数据技术支持，不仅可以提高涉税服务人员的工作效率，还能准确、及时地了解纳税人税源状况，更好地为纳税人提供全面精准的涉税服务。

大数据时代下，数据信息具有透明化、公开化的特点，使得纳税人隐私保护成为不可忽视的问题。这个问题可以从三个方面解决：一是与政府部门积极协调，建立涉税服务相关法律，以此来规范涉税服务行业的发展，避免纳税人隐私的泄露。为了规范涉税服务行业的执业行为，我国应尽快出台包括《税务师法》《税务代理程序法》在内的法律法规，进一步规范约束涉税服务行业，为我国涉税服务行业的发展提供完备的法律环境。二是积极完善涉税服务大数据模式下的基础设施，以此来为纳税人的隐私保护提供硬件基础。涉税服务行业应加强网络安全系统硬件和软件平台建设，加大数据信息系统维护等方面的资金投入力度。三是积极加强涉税信息安全人才的培养，加大对工作人员涉税信息安全的培训力度，使得涉税服务人员充分认识信息安全的重要性，并通过专业技术的运用不断弥补涉税服务中出现的漏洞，不给窃取信息者以可乘之机。

参考文献：

[1] 李林军．“互联网+注税”促涉税服务转型升级［J］．注册税务师，2015（10）：9-11.
[2] 乔游．浅析“互联网+”背景下的税收风险管理［J］．税务研究，2016（5）：43-46.
[3] 雷炳毅．“互联网+税务”要解决的问题与推进思路［J］．税务研究，2016（5）.
[4] 张静．“互联网+”背景下我国税收信息化建设的思考［D］．杭州：浙江财经大学，2017.
[5] 陈璟．大数据背景下的互联网思维［J］．中国税务，2014（8）：56-57.
[6] 胡立升．“互联网+”对税收工作的挑战和对策［J］．税务研究，2015（8）.
[7] 刘磊，钟山．试析大数据时代的税收管理［J］．税务研究，2015（1）：89-92.
[8] 刘尚希，孙静．大数据思维：在税收风险管理中的应用［J］．经济研究参考，2016（9）.
[9] 王奕明．关于推进“互联网+”税务研究［J］．财政科学，2016（4）：141-146.
[10] 于璐，刘亦挺．关于建设“互联网+税务”模式的思考［J］．天津经济，2016（8）：61-64.
[11] 周蕾．信息化环境下提升税收征管能力研究［D］．广州：广东财经大学，2015.
[12] 孙懿．大数据时代对税务工作的挑战与对策［J］．学术交流，2015（6）.
[13] 林春松．税务信息系统中信息安全保障的研究［J］．电子技术与软件工程，2015（7）.
[14] 林江．我国税收征管体制改革探索与创新［J］．会计之友，2016（17）.
[15] 迈尔-舍恩伯格．大数据时代［M］．杭州：浙江人民出版社，2013.
[16] 谢波峰．大数据时代税收微观数据体系的构建［J］．税务研究，2015（1）.
[17] 刘磊，钟山．试析大数据时代的税收管理［J］．税务研究，2015（1）.
[18] 孙义成．云计算在税务信息化建设中的机遇与挑战［J］．电子世界，2013（6）.
[19] 王再堂．大数据时代税务机关网上办税安全管理问题探析［J］．税务与经济，2015（1）.
[20] 孙开，沈昱池．大数据：构建现代税收征管体系的推进器［J］．税务研究，2015（1）.

2　互联网+时代下应用型本科院校税收筹划课程教学改革探讨

黄爱玲　卢仙华

【摘要】 在互联网时代下，大学课堂教学也在悄悄发生着变化，传统的教学模式已经不能满足现在的要求，要想提升教育教学水平，提高教学质量，需要对课程进行改革。税收筹划是一门应用性和实践性比较强的课程。随着税种和税率的不断改革，以及"互联网+税务"的创新发展，如何让纳税人减轻税负，对税收进行合理筹划就显得极为重要，也对这个课程的教学提出了更高的要求。应用型本科院校应以课程教学为突破口，强化实践教学，培养学生动手能力。

本文基于"互联网+税务"的创新发展和自身的教学实践，针对目前应用型本科院校税收筹划课程教学出现的问题，从教学内容的改进、教学资源的完善、考试内容的改革等三个方面提出相应的对策。只有在实践中不断探索，才能真正提高税收筹划的教学质量，最终实现高水平的教学。

【关键词】 应用型本科院校　税收筹划　课程教学改革

【作者简介】 黄爱玲，闽南理工学院财务与会计学院院长，教授
卢仙华，闽南理工学院财务与会计学院讲师

税收筹划是一门跨经济学、管理学、会计学等多学科的新兴现代边缘学科。税收筹划课程是财务管理专业的一门专业限选课程。近年来，国家税务总局对相关税种不断改革，各个税种的税率在不断变化，对税收进行合理筹划就显得极为重要，而如何减轻纳税人的税负，也对这个课程的教学提出了更高的要求。

一、应用型本科院校税收筹划课程概述

（一）应用型本科院校的定义

应用型本科院校，是指以应用型为办学定位，以应用型教育为主的本科院校，又称为应用型本科高校、应用型本科学校、应用型大学。教育部

副部长鲁昕曾在中国发展高层论坛上表态，将扩招后的“专升本”600多所地方本科院校逐步转型，面向现代职业教育，重点培养应用型人才，如工程师、高级技工、高素质劳动者等。也可以这样说，这600多所院校将奋力从专科升级为本科，并再次转型，成为高级别的职业教育院校。从某种意义上说，应用型本科院校培养的是技术应用型人才。

（二）税收筹划课程简介

1. 税收筹划课程概述

税收筹划，是指在纳税行为发生之前，在税法允许的范围内，通过对纳税主体的经营活动或投资行为等涉税事项做出事先安排，达到少缴税和递延缴纳税款目的的一系列谋划活动。它是集税收政策、财务制度、公司法律制度于一体，融合经济学、管理学、运筹学、社会学、心理学等学科知识，研究纳税人在公司理财过程中如何实现税后利益最大化的一门新兴学科，是税务代理的延续，属纳税服务的范畴，为财务管理的新领域。

2. 税收筹划课程培养目标

本课程的培养目标是以企业会计制度和税法为理论依据，详尽、全面地介绍有关税收筹划的理论及其方法，尤其是介绍增值税、消费税、营业税、企业所得税、个人所得税等各个税种的筹划方法。通过教学，使学生能够全面掌握税收筹划的基本原理和方法，熟悉税收筹划实务，把税收筹划与现实生活中纳税人的具体经济活动联系起来，把握其中的精髓，融会贯通。

二、应用型本科院校税收筹划课程改革的必要性和教学现状

（一）应用型本科院校税收筹划课程改革的必要性

1. “互联网+税务”时代，税收筹划课程授课质量要求提高

国家税务总局根据《国务院关于积极推进“互联网+”行动的指导意见》（国发〔2015〕40号），顺应互联网发展趋势，加强纳税人和税收管理，推动税收现代化，发布“互联网+税务”行动计划，如互联网+信息公开、互联网+申报缴税、互联网+在线受理、互联网+移动开票等，将互联网的创新成果和税收工作深度融合，真正基于互联网生态圈构建税收管理新模式，拓展税收服务新领域，大大提高了服务效率。这对我们的税收筹划也提出了更多的要求，要在便利的同时提高效率，大大节约人工成本。

2. “营改增”税制改革措施施行后，对税收筹划人才要求提高

近年来，国家税务总局对相关税种不断改革，各个税种的税率也在不断发生变化。在此前提下，为减轻纳税人的税负，对税收进行合理筹划就显得极为重要，这也对课程的教学提出了更高的要求。

（二）应用型本科院校税收筹划课程教学现状

1. 教学内容不合理

教学内容不合理很大程度上与教材选取有关。目前，税收筹划教材名目繁多，质量参差不齐，知识体系和难易程度差别很大，真正适合应用型本科院校学生的税收筹划教材少之又少。而且随着税收政策的不断变化，现有税收筹划教材的内容难免滞后，难以反映最新的变化。此外，教学内容往往局限于教材内，缺乏针对性，知识面偏狭窄。学术界普遍认为，税收筹划应属于财务管理范畴，即税收筹划是讲述纳税理财技巧的一门实务性课程，而我们的教学常常停留在理论上，理论与实际脱节，教学内容不能很好地结合社会需求和培养应用型学生需要，进而不能因材施教。

2. 教学资源欠缺

教学资源是为教学的有效开展提供的素材等各种可被利用的条件，通常包括教材、案例、视频、图片、课件等，也包括教师资源、教具、基础设施等，广义上也应该涉及教育政策等内容。应用型本科院校最欠缺的应该是教师队伍和实践条件。随着近几年学校的大发展，生源人数逐渐增加，其中，民办院校师资严重紧缺，教师工作量大且重。往往一位教师需要承担多门课程，备课量大，教学质量难以得到保障。随着税收工作的发展，税收筹划近几年才开始受到重视，各院校陆陆续续开设此课程。这使得该课程教学水平参差不齐，无系统性。另外，该课程部分授课教师年轻、底子薄且流动性强，甚至有的授课教师没有接触过税法、税务会计等有关税收的课程就直接上讲台。

3. 考试内容有待完善

根据近几年考试出卷情况可知：一是税收筹划考试内容比较单一，有很大一部分试题是关于税法的计算题。原因主要在于本课程教学课时安排太多，而税法基础课课时又太少，造成税法课只能讲几个大税种，小税种几乎没有办法涉及。这就使税收筹划这门课的知识点显得很不全面，尤其是在对一个公司进行全面筹划的时候。所以我们会把 1/3 的课时用来讲小税种，如土地增值税、印花税、城建税等。二是考试题型、考试及格率等硬性规定进一步固化了考试。教师在出卷时大多循规蹈矩，考试题型和内

容千篇一律，于是学生考前突击、临时抱佛脚、及格万岁等现象在所难免。

三、应用型本科院校税收筹划课程改革的建议

（一）课程内容的改进

1. 教材选取的重要性

首先，学习税收筹划课程，必须要有较强的财务会计知识和税法基础知识，而不少同学基础比较薄弱，所以应该对教学内容进行改进。到2017年，笔者所在学校开设这门课已是第三年，三学年选用的是不同的教材，分别由蔡昌、梁俊娇、黄爱玲主编。选用蔡昌教授主编的那本，是因为它偏向于理论研究；选用梁俊娇主编的那本，是得到吉林工商学院常年教授此门课的老师的推荐，该校与我校在培养应用型人才上目标一致。2016年，我校与其他高校相关教师联合编写税收筹划教材，也就是现在使用的教材，由黄爱玲教授主编。在该教材使用一年后，学生和教师都反映教材适用性较好。其次，再好的教材也有局限性，所以应该配备参考书，我们选取计金标老师编写的第五版《税收筹划》和配套习题作为教师的参考用书。最后，从更高的要求看，教学不能局限于教材，税收筹划这门课程偏向于讲授纳税理财技巧，实施好坏直接影响纳税人的利益，所以建议教师多去企业实践，多了解税收新政策。

2. 课程授课章节的选取

在不违背大纲的情况下，教师可灵活选取授课章节，可重点讲解增值税、消费税、企业所得税、土地增值税，尤其是企业所得税和增值税。“营改增”对纳税人影响重大，筹划显得更为重要。对一些小税种，如城镇土地使用税、印花税、城建税等，也可以适当讲解。

（二）教学资源的完善

教学资源不足是所有民办高校普遍存在的问题，要想提高教学质量，教学资源迫切需要完善。

1. 建立教师培训提升机制，提升教师业务水平

由于我校是民办院校，办学时间短，教师流动性大，存在刚毕业的本科生教本科生的现象，这些年轻的教师很多时候是无法驾驭课堂的。因此，我们启用了“传帮带”机制，新教师来校先由老教师带着，先当一学期的助课老师再开始上课，给这些新教师充足的过渡期。另外，在选课的

时候特别关照这些新老师，让他们选取最拿手的课程来授课，这样不仅可减轻新教师的畏惧心理，同时也保证了教学质量。应用型本科院校有很大一部分教师是年轻教师，专业培训提升的机会非常少，建立相关的培训提升机制显得尤为重要，应鼓励青年教师深入企业实践。

2. 实践教学课时需增加

税收筹划课程实践性强，传统的教学方法，即教师采用讲授法将相关理论及案例传授给学生，实践性不强，无法充分调动学生的积极性，教学效果也无法考核。因此，建议适当增加实践课学时，实践课的案例教学可以模拟企业的实际情形，或者开展校企合作，聘请企业税收相关从业人员给学生授课。

3. 教师自身水平的提高

教师可以通过前人的经验学习授课方法，培养学生学习的兴趣。兴趣是最好的导师，兴趣作为一种非智力因素、一种内驱力，能够从学生内心激发出他们想要学习、想要获取知识的渴望。教师在讲课的过程中可以适当加入一些可以引起学生兴趣的话题，用生动的语言和丰富的表现力来活跃课堂气氛，鼓励学生发表自己的看法。在课堂教学的引入环节中，设计运用各种形式、各种手段把学生的积极性调动起来，让他们主动参与到学习过程中。

4. 灵活运用教学资源

随着“互联网+税务”的兴起，授课教师将面临更大的挑战，教师应在课堂教学中熟练运用教学媒体设备，采用启发式、情景式等教学方法引起学生的兴趣，同时，结合翻转课程、微课和慕课等新的教学形式，通过有挑战性的提问或者分组活动等激发学生的求知欲。

（三）考试内容的改革

鉴于目前税收筹划考试存在许多不合理之处，考试内容的改革势在必行。

1. 课程开设学期的选择

我校税收筹划课开设在本科实习前的最后一学期，教师需要用大量的时间去帮助学生温习之前的税法知识，还有就是此时很多学生的心思并不都在课堂上，他们更多在思考未来的工作问题，有的在准备考研、考公务员等，真正认真听课的学生少之又少。如果这门课的授课内容枯燥的话，那就更无法提起学生的兴趣了。所以，建议在税法课程开设之后，也就是本科的第四个学期开设税收筹划课程，这样系统性、连贯性强，可以提高学生的学习兴趣，增强知识掌握的牢固性。

2. 课程考核制度创新

目前我校对学生的考核方式以笔试为主，平时成绩（作业、平时考勤、课堂表现三部分构成）占 30%，期末笔试成绩占 70%，但这 30% 的考核也形同虚设，一考定成绩。笔者认为应以学生的综合素质评价作为主要目标，注重学生的全面发展，变更原有的 3∶7 的考核比例，适当弱化笔试成绩所占的份额，增加口试、课堂提问、课后作业、课程小论文等多种形式的考评方式。例如，可以把完成一次小组讨论汇报作为考核内容，选取部分章节（如个人所得税部分）让学生自己上课，积极鼓励学生拓展思路，转换固有思维方式。这样学生在完成作业的同时，还可以通过查阅文献，充分了解相关的背景知识，积累一定的理论基础和实践经验，并在总结归纳已有文献的基础上提出自己的想法。这种考核方式可以充分调动学生的学习积极性，让学生在学习理论知识的同时提高创新思维能力和综合统筹能力，一箭双雕，事半功倍。所以，我们有必要建立一个更完善的评价制度。

四、结语

人才培养模式的转变，是专科教育向本科教育转型的主要标志，也是学校教学改革的首要问题和核心问题。提高应用型本科院校税收筹划课程教学质量，应该在课程教学内容、教学资源、教师水平、考试内容等方面加以改革。教学内容要科学合理，教学资源要丰富，教师水平要不断提高，考试内容要根据学生情况不断改革。只有在教学中对这些方面不断进行深入研究、实践，不断探索、创新，才能使得税收筹划这门课程的教学质量真正得到提高和改进。要做到以市场为主体，以培养用人单位需要的税收专业人才为导向，不断调整课程内容，“学中做，做中学”。新时期，我国应用型本科院校在全面发展和素质教育思想的指引下，应致力于提高课堂教学的科学性、深刻性、丰富性、前沿性、生动性、创新性与积极性，共建一个学习效率高、氛围好、教师和学生互动良好的高质量课堂，为学生创造一个成长成才的优质环境。

参考文献：

[1] 宫义飞．能力本位下税务筹划课程实践教学体系构建［J］．财务通讯：综合，2011（11）．

[2] 姜欣．对税务筹划课程内容改革的几点思路［J］．东北财经大学学报，2009

(3).
[3] 吕秋君，郭树东，路晓鸽．应用型本科院校学科专业与地方企业契合探析［J］．黑龙江高教研究，2013（12）：63-65.
[4] 王志伟．高校会计教学效果初探：基于一项调查问卷的分析［J］．财会通讯：综合，2011（2）：44-45.
[5] 孙元宾．关于新建本科院校如何提高教学质量的几点思考［J］．湖南商学院学报，2009（11）：100-102.
[6] 傅大友．关于提高应用型本科院校教学质量的思考：基于常熟理工学院的探析［J］．常州工学院学报：社科版，2006（12）：103-107.
[7] 郭晓红．应用型本科学校税收筹划课程教学研究［J］．廊坊师范学院学报：社会科学版，2010（6）.
[8] 苑星海，张丽珠．新建本科院校教师如何进一步提高教学质量［J］．科技信息，2007（16）.
[9] 康小鹏，谢苇．新形势下应用型本科院校教学质量提高的措施探讨［J］．现代教育，2011（9）：148-149.
[10] 李晓蕾．提高新建应用型本科院校教学质量的思考［J］．文教资料，2014（25）：131-132.
[11] REIJO KNUUTINEN. Corporate Social Responsibility, Taxation and Aggressive Tax Planning［J］. Nordic Tax Journal, 2015（1）.

3 “互联网 +”视角下企业涉税管理信息化研究

蔡　磊

【摘要】本文力图引入互联网思维，借鉴国外经验，以大数据、云计算等“互联网 +”技术，促进税收征管信息化和企业涉税管理信息化建设，建立第三方涉税信息共享制度，完善社会化纳税服务等内容，就推进互联网企业与税收工作的融合进行初步探讨，形成规律性认识，提出进一步发展的思路。

【关键词】“互联网 +”　企业涉税管理　税收信息化

【作者简介】蔡磊，京东集团副总裁

以大数据、云计算、“互联网 +”技术为代表的史无前例的信息革命，将促生产力实现质的飞跃，对人类社会各个领域产生深刻影响。为提升国际竞争力，我国“十三五”规划对“互联网 +”行动计划、大数据战略做出重要部署，将其上升为国家战略。2015 年 9 月 28 日，国家税务总局印发了《“互联网 + 税务”行动计划》（税总发〔2015〕113 号），税收管理信息化和税收现代化进入新高度和新阶段。与此同时，也对企业涉税管理信息化提出了新的、更高的要求。税务机关和企业作为税收征纳双方主体，如何适应这样的要求并创新发展，这是需要研究和探讨的课题。

一、企业涉税管理信息化研究视角的确立

“互联网 +”为企业经营、国家治理、社会进步带来质的变化，对税收信息化建设产生根本性影响。正如国家税务总局局长王军所指出的那样，“不热情拥抱、主动融入‘互联网 +’，税收工作就没有希望，也没有未来，税收现代化更是无从谈起”。“互联网 + 税务”行动将极大推动税收信息化建设向更高层次和水平发展，给税务机关、企业两个征纳主体提供创新发展空间。

（一）税收信息化建设带来机遇和挑战

1. “互联网 +”促进税收信息化建设，催生税务机关和企业发展动力

互联网的发展进化，尤其是大数据、云计算的产生和发展，促使市场

主体和管理主体与互联网加速融合，运用“互联网＋”思维，整合形成管理服务的新形式、生产经营的新业态。税务机关通过更优质的纳税服务，可提高纳税人的税收遵从度，同时，纳税人也对涉税服务具有新的需求，征纳双方将形成新的税收关系。各级税务机关与企业，特别是互联网企业共同合作，围绕互联网税务应用方面的“热点”、“堵点”和“痛点”积极探索创新，提升税收管理和纳税服务水平。尤其在完成金税三期工程和推广应用电子发票后，税收信息化建设取得长足进展，为“互联网＋税务”奠定了基础，催生发展动力。

2. 面对“互联网＋”，税务机关和纳税人存在诸多不适应

首先，税收管理理念上的不适应。互联网背景下，税务管理者和纳税人若没有树立起与“互联网＋”相适应的开放包容理念、互联共享理念，将影响征纳双方的税收征管和经营方式的变革。

其次，税收管理模式上的不适应。一方面，互联网促使新兴经济业态迅速崛起，市场主体与互联网深度融合，对传统税收管理体制和模式产生冲击；另一面，作为纳税主体的企业，不知提高自身涉税管理信息化水平，在纳税遵从度上缺乏应有的自觉性。

最后，在优化纳税服务上的不适应。税收工作向社会管理服务转型，向税务部门提出了多样化、个性化的更高服务要求，而目前的纳税服务还存在较大差距。此外，经营交易的网络化、隐蔽化和产品虚拟化，给纳税人和税务部门带来较大的税收风险和信息安全风险。

（二）企业涉税管理信息化的内涵和构建价值

企业涉税管理，简言之，就是对企业涉税事务进行筹划和安排，以规避税务风险、优化纳税的行为。互联网技术与企业涉税管理深度融合，提升到信息化的新境界，也赋予企业涉税管理信息化新的内涵。一是技术的先进性。企业涉税管理信息化以互联网为依托，运用大数据、云计算信息技术，实现高质量、高效益运行。二是系统的开放融合性。企业涉税管理信息系统消除信息孤岛，打破信息壁垒，与整个税务管理信息系统互联交流，信息共享。三是目标的双重性。在“互联网＋税务”行动框架内，企业涉税管理信息化的目标不仅仅是追求企业自身利益，更要通过涉税管理活动来履行社会职责，维护社会形象，实现企业价值和社会价值最大化是最终目标。

二、国外运用互联网技术促进税收征管信息化样本解析

相对发达国家，我国互联网发展起步较晚。20 世纪 60 年代末，美国

就形成了互联网的初期形态“阿帕网”。经过半个多世纪的发展，互联网已经覆盖全球，渗入各个领域，人类社会进入信息化时代。发达国家在税收领域的信息化建设方面成果丰硕，拥有先进的管理经验和技术手段，值得我国吸收借鉴。

（一）美国

美国在全球互联网的信息化发展中起着引领作用，其税收征管信息化居世界领先位置，在税收管理的各个方面和各个环节均采用先进成熟的信息技术。美国国内收入局（IRS）就曾出现通过分析海量纳税人数据，运用数学模型识别高收入纳税人数据中的遵从信息，查出纳税不遵从的案例，每个案例涉及的偷逃税额都有上百万美元。

2011 年，美国财政部就数据挖掘应用情况发布报告做了说明。财政部内部设有 IRS、FinCEN 和 BPD 这样的从事数据挖掘活动的机构。IRS 在全国同时设立两个计算机中心作为总部，并在多个城市设立大区服务中心，为信息技术发挥最大效用提供组织管理和配套设施的保障。在美国，超过 80% 联邦税收收入通过计算机系统实现电子申报和缴纳。

（二）澳大利亚

澳大利亚国家税务局（ATO）在全国建立了两个税收数据处理中心，可与相关政府职能部门实现信息资源实时共享和自主交换，并自动识别风险。全国各地根据人口分布和交通状况联网设立办税场所，每个纳税人可以在任何一处办税场所完成所有涉税业务。这样扁平、简捷、高效的征管网络运行产生的数据，由两个税收数据处理中心进行采集、处理，反馈纳税人涉税信息。澳大利亚之所以能够全面而简便地采集涉税信息，一个关键因素是，无论企业还是自然人，每个纳税人都具有终身且唯一的税号，每个纳税人在日常生活各项事务和生产经营各项活动中，都必须提供这个号码，从而为实时采集涉税信息提供便利和保障。

（三）意大利

意大利是欧盟国家中实现税收征管信息化最晚，但取得成就最高的国家。意大利 ITIS 系统拥有 16 个子系统，而且各个系统之间、系统与外部政府相关部门之间实现了信息资源共享和自主交换，从而形成强大的海量数据集中处理中心。该中心实现了全球化、实时化、专业化的税源监控，向各地方提供信息存储和决策保障支持。ITIS 系统同时搭建了大型企业的涉税信息采集分析系统，借助该信息平台对跨国公司的涉税行为进行实时监控，同时也提供更优质的税务服务。意大利在平台搭建和技术运用方面保持先进水平，实现了涉税信息的主动采集、海量数据的集中处理，并将大数据向欧盟层面集中，在欧盟区域内实现涉税信息互通共享①。

（四）国外税收征管信息化带来的启示

总结上述内容我们可以看到，发达国家普遍建设了高效、简捷的系统平台和税收征管网络，使征纳双方相互融合、互联互通，实现流程简约化、办税便利化、数据集中化、信息共享化，均强化大数据管理思维。以上三个国家的共同特点就是实现了数据在国家层面和欧盟等区域性组织层面的集中和分析处理。这些国家的税收征管，不仅实现了对具体纳税人所有涉税信息的把控，还可以在国家层面宏观地掌握全体纳税人的涉税信息，运用大数据"整体思维"实现对税源的总体管控。此外，这些国家的税收征管均拥有先进的信息技术的支持，利用先进的信息技术主动获取第三方信息，集中处理数据，这看似平常，却是各种大数据技术支撑下的结果。

三、"互联网+税务"与互联网企业"技术联姻"实践探究

（一）"互联网+"技术服务于财税领域典型案例简析

1. 京东大数据的发展及税务大数据的探索

目前，京东的企业ERP系统已经成熟，其全品类、全价值链的电商数据在行业内具有稀缺性。京东大数据在数据、模型、技术、工具等多个层面高度整合和统一，大大提升了大数据在整个集团内融合和利用的效率，促进了对大数据的深度价值挖掘。京东大数据覆盖了电商的全部流程，从采购、库房、销售、配送到售后、客服，京东完整的价值链条体现着大数据的管理策略。京东不断探索应用大数据的税务管理模式，在很多方面都有所突破，大数据平台成为京东税务管理创新的基础。京东运用大数据提升税务管理的效率，不仅采集涉税信息、计算应纳税额、申报缴纳税费，还运用财税分析体系，监控涉税指标的异常变化，较为有力地防范财税风险。详见图1、图2、图3。

---

① 游丽君．大数据背景下深化我国税收征管改革的研究［D］．厦门：集美大学，2016.

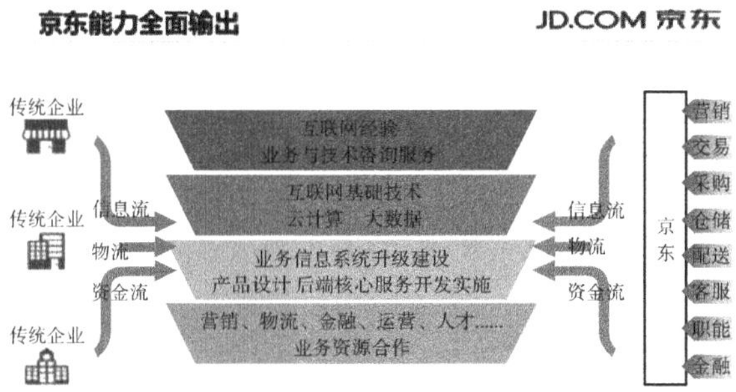
京东能力全面输出
JD.COM 京东
传统企业
传统企业
传统企业
信息流
物流
资金流
互联网经验
业务与技术咨询服务
互联网基础技术
云计算 大数据
业务信息系统升级建设
产品设计 后端核心服务开发实施
营销、物流、金融、运营、人才……
业务资源合作
信息流
物流
资金流
京
东
营销
交易
采购
仓储
配送
客服
职能
金融

图 1

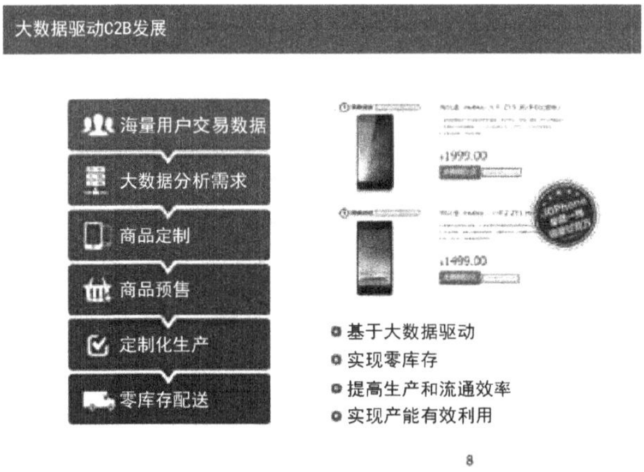
大数据驱动C2B发展
海量用户交易数据
大数据分析需求
商品定制
商品预售
定制化生产
零库存配送
¥1999.00
¥1499.00
基于大数据驱动
实现零库存
提高生产和流通效率
实现产能有效利用
8

图 2

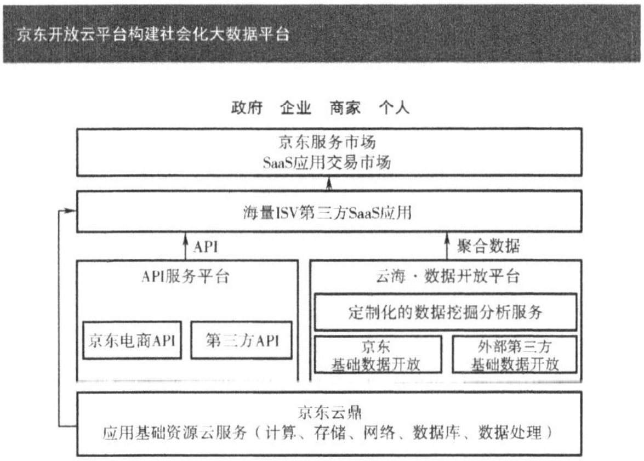
京东开放云平台构建社会化大数据平台
政府 企业 商家 个人
京东服务市场
SaaS应用交易市场
海量ISV第三方SaaS应用
API
聚合数据
API服务平台
京东电商API
第三方API
云海·数据开放平台
定制化的数据挖掘分析服务
京东
基础数据开放
外部第三方
基础数据开放
京东云鼎
应用基础资源云服务（计算、存储、网络、数据库、数据处理）

图 3

2015 年 7 月 31 日，京东集团与航天信息股份有限公司（以下简称“航信”）成功签订合资意向书，出资成立合资公司。双方利用各自在电子发票、税控系统、电子商务、大数据等方面的优势和资源，共同打造“互联网 + 税务”的创新业务平台，促进电子发票、电子税务局、电子工商的普及和发展，使“互联网 +”技术服务于财税领域并实现新突破。

2. 航信：开启“云税”新时代

随着金税三期工程和“互联网 + 税务”行动的全面推进，航信适时提出了“云税”的概念并积极开展“云税”实践模式的探索。“云税”是对金税三期的创新、拓展、丰富和提升。在“云税”新时代，企业税务管理的应用软件服务将通过云端共享，为企业税务管理提供智能化的帮助；税务管理将打通其上下游业务平台，服务商可以打造流畅的企业全流程业务云平台；归集在云端的税务大数据的价值将被深度挖掘，基于大数据的服务和产品将逐步丰富；将依托互联网技术和大数据技术，简化涉税业务工作中的各种操作，为企业提供互联网时代税收业务的最佳用户体验。

3. 百度税务专页

2016 年 4 月 21 日，国家税务总局和百度公司合作开发的百度税务专页正式上线（图 4）。百度税务专页分为涉税热点、税务互助问答平台、全国税务网站导航三大板块。涉税热点板块根据纳税人关注重点及时发布涉税热点信息；税务互助问答平台则引导纳税人和社会公众相互解答涉税问题，实现“互联网 + 众包互助”；全国税务网站导航汇聚了税务总局和各省税务部门网站服务入口。

图 4

互联网企业在与税务工作融合的创新实践中，展示出跨行业、跨领域的极强扩张渗透性。互联网创新成果与纳税服务工作深度融合，不仅范围更广、程度更深、层次更高地为税收现代化注入持久动力，也为互联网企业拓展了发展空间，助推税收管理信息化，促进经济社会信息化转型提升。这既是互联网企业发展之路，也是一种社会价值的实现。

（二）“互联网+”技术服务于税收征管的动因

“互联网+税务”就是用互联网信息技术服务于税收征管。基本路线是，充分运用互联网思维，引入云计算技术，发挥大数据优势，激发创新活力，变革税收管理方式，推进互联网与税收工作深度融合，拓展税收服务新领域，打造便捷办税新品牌，建设电子税务新生态，为互联网企业的发展提供新机遇、拓展新领域。互联网企业与税收工作融合发展有着客观和内在的动因，表现在：传统的税收征管模式已经不适应互联网时代经济发展的要求，迫切需要进行信息化改革提升，这向互联网企业提出了需求，而互联网企业的信息技术优势契合了这种需求，二者合作的优势叠加效应可为双方提供利益驱动，实现税企融合，双赢发展。在这样的因素导引下，互联网技术服务于税收征管的路子将越走越宽。

（三）企业涉税管理信息化的“创新驱动”

进入互联网时代，企业要发展，就要经历前所未有的变革大潮的洗礼，甚至要脱胎换骨、浴火重生。企业涉税管理信息化是一项必然的选择，是一个创新驱动的进程。本文认为，该进程需以理念创新驱动，即本着纳税遵从、税收筹划、防范税收风险的理念，增强企业涉税管理信息化建设的自觉性。随后，要以机制创新驱动，即引入互联网思维，对企业内部管理的组织结构、工作模式、业务程序进行改造，建立更便捷、高效的开放式的管理体制和机制。更为重要的是，以技术创新驱动，主动与互联网融合，运用大数据、云计算信息技术，建立数字化管理系统，实现与税收征管系统的网上互联和信息交流，适时采集信息、分析计税、便捷审纳、防范风险。这应当是企业涉税管理信息化建设的基本路径。

另外还须看到，在科技发展引领“互联网+”财税创新浪潮中，各种大数据软件、人工智能将成为我们常用的工具，税务机关、企业的新同事——机器人正在替代我们的工作，智慧财税正向我们走来。可以预见，“互联网+”与财税相关技术快速更迭，对追求高效财税管理的企业的启发与挑战是不言而喻的，未来企业涉税管理信息化持续性地“创新驱动”，将回应互联网发展轨迹下的税企合作新需求。

四、税企共建现代涉税管理信息化

（一）构建第三方涉税信息共享制度

长期以来，信息不对称使纳税人的第三方涉税信息脱离税收监控范围，留下监管空隙。所谓第三方涉税信息，是指征纳双方之外的其他部门、单位和个人掌握的纳税人直接或间接涉税情报数据。构建第三方涉税信息共享制度，是推行“互联网+税务”行动计划，加强税收信息化建设不可或缺的重要组成部分，是建设社会信用体系、实现国家治理能力现代化的必然要求。

1. 第三方涉税信息共享是建设税收征管大数据的重要基础

互联网和信息技术的发展，使税务机关与第三方涉税信息互联，对海量信息数据的采集、处理、共享成为可能，成为建设税收征管大数据的一个重要基础。没有第三方涉税信息，税收征管大数据是不完备的。从这个意义上说，以大数据处理技术为支撑，构建以风险识别和纳税评估为重点的第三方涉税信息的全样本共享机制，是大数据时代税收征管模式的标志性变革。

2. 完善立法，为第三方涉税信息共享提供法律依据

我国现行税收征管法对有关部门和单位支持、协助税务机关依法执行职务和建立信息共享制度做了明确规定。但从实践中看，在部门、机构之间建立第三方涉税信息共享制度还存在着很大的困难。现行法律条文规定过于笼统，对有关单位的法律责任、义务确定得不够具体和明确，没有法律上的遵从约束效力。本文认为，应在税收征管法修订案中，将第三方提供涉税信息的法定义务明确列入条文，为建立第三方涉税信息共享制度提供法律保障。

3. 整合协调，构筑涉税信息共享平台

以政府为主导，组织和协调税、企征纳双方和第三方相关部门和单位，建立涉税信息共享平台，使工商、公安、供电、银行、海关、质检、车辆、房管、财政、国地税以及电商交易、支付平台等实现网上互联互通。通过建立涉税信息共享平台，形成跨部门涉税信息交流共享机制，开展纳税人基础信息、各类交易信息、财产保有和转让信息以及纳税记录等涉税信息的交换、比对和应用，建立统一、完整的数据库，为实现有效识别税收风险奠定数据基础。

（二）发挥互联网技术优势，助推社会纳税服务信息化

我国的社会化纳税服务起步较晚，主要由中介机构、行业协会和志愿者团体等非政府组织承担。由于信息技术水平有限，无法做到与“互联网+税务”的要求相符。互联网企业发挥信息技术优势，开发涉税服务市场，建立网上纳税服务平台，可提高社会纳税服务信息化水平，为推进“互联网+税务”行动助力增效。

深圳金蝶账无忧网络科技有限公司开发的“账无忧”智能财税服务平台，一端连接小微企业，为小微企业提供便捷的财税相关服务，一端连接代账公司，规范行业秩序，建立有序生态圈。图5所示为“账无忧”的服务流程。

图5

“账无忧”的应用价值在于为客户切实解决其业务痛点问题：①提供平台化服务、智能记账、一键报税；②运用扫描、手机信息上传等方式，实现票据影像化、自动凭证生成及智能结转；③提供电子票据、电子凭证的查看处理，连接税务局一键申报；④实行智能流程、智能派工、智能监控提醒，适于不同规模的财税服务商使用；⑤提供手机App、微信、PC等多终端入口，实现顺畅的操作及视觉体验。2016年，“账无忧”吸引全国5 000余家代账公司加盟，为60万小微客户提供财税服务，后续势头强劲。

（三）税企共建税收管理信息化，助力国家治理体系现代化

税收管理信息化需要与互联网企业和信息产业建立起一种融合发展模式。互联网企业充分发挥技术优势，积极配合和参与“互联网+”财税治理创新，用互联网、大数据、云计算等技术手段，促进财税治理实现业务模式、服务方式和服务流程的重大变革。

京东集团作为一个不断创新且自我颠覆的互联网企业，发挥“互联网+”技术优势和中国最大自营电商的销售网络优势，在国家税务机关的指导下，积极参与“互联网+财税治理”创新实践。2013年6月27日，

京东商城开出中国内地第一张电子发票。京东近年来持续推行电子发票。2016 年 3 月，京东集团和航信合作建立大象慧云信息技术有限公司，产品包括电子发票、手机开发票 、发票报销、手机摇奖、发票广告、电子工商六大类，打造集电子发票增值、涉税数据开发与应用、税务信息化业务及“互联网＋税务”为一体的全新服务模式，为各类客户提供安全、便捷、稳定、高效的税收信息化服务（图 6）。

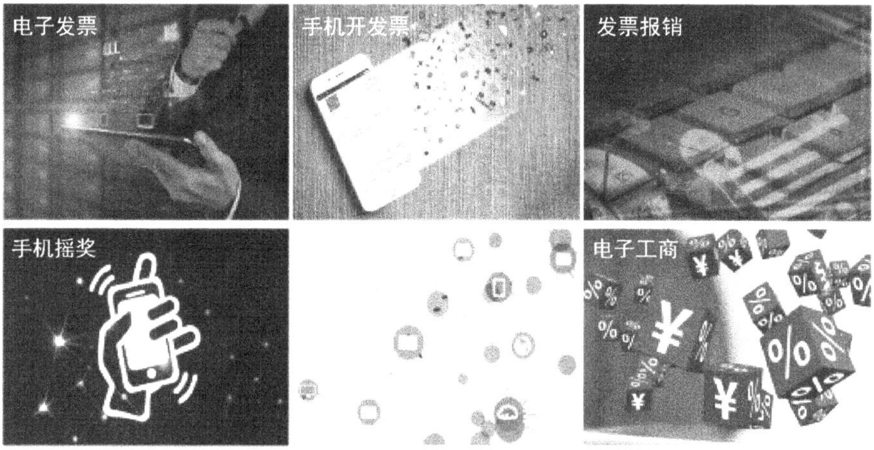

……

图 6

2016 年 6 月，京东在《“互联网＋税务”行动计划》指引下，联合大象慧云信息技术有限公司，创新研发系统建设，为入驻京东平台的好药师大药房旗舰店和罗莱公司家居旗舰店提供电子发票开具服务，京东将电子发票从自营板块推广覆盖到了入驻平台的第三方卖家，进一步规范平台交易和发票管理。2017 年 5 月 9 日，京东 POP 电子发票服务平台正式上线，促使小商家快速纳入国家税收监管之下。目前，在国家大力推行下，电子发票已经在全国各行业普遍推广应用。

电子发票作为交易信息的电子化载体，成为税收征管信息化的技术支撑和基本手段。如今，京东利用大数据建立起金融产品和服务板块、智能技术为核心的物流板块，并进军保险行业。未来，京东将以“互联网＋”财税创新支持、保障企业依法纳税，并将以大数据、云计算等技术帮助税务局进行第三方涉税信息抓取，协助税收监管信息化，提升全社会纳税遵从度，提高税收治理能力，为税收服务国家治理提供强劲支撑。

生动的实践向我们展示，推进税收管理信息化走出了一条“互联网+税务”的创新发展之路。其思想导向在于引入互联网思维，其发展活力在于实行变革创新，其基础支撑在于应用先进技术，最终目的在于提升国家税务信息化管理服务水平。这可作为进一步开展“互联网+税务”行动的基本思路，服务纳税人，服务国家战略。

4 “互联网+税务”实施问题与路径选择

徐茂中　徐　晓　陈海宇

【摘要】 随着国家“互联网+”战略的实施，互联网与税收领域进一步融合。实践中，各地在《“互联网+税务”行动计划》的指导下，也开始积极探索“互联网+税务”的具体实施方式。本文立足全国“互联网+税务”的统一规划，结合“互联网+税务”实践，尝试对“互联网+税务”的内涵、特征等进行规律性总结，并探索“互联网+税务”实施中所面临的问题及解决路径。

【关键词】“互联网+税务”　税收征管　纳税服务

【作者简介】 徐茂中，河南财经政法大学财政税务学院副教授
徐晓，河南财经政法大学财政税务学院讲师
陈海宇，河南财经政法大学财政税务学院讲师

2015年7月，国务院印发《关于积极推进“互联网+”行动的指导意见》，将推进“互联网+”列为实现中国经济提质、增效、升级的国家战略。同年9月，国税总局出台《“互联网+税务”行动计划》，从总体要求、重点行动、基础保障、组织实施等层面，对推进“互联网+税务”进行部署、规范和指导。实践中，各省持续加快“互联网+税务”行动步伐，成效逐步显现。结合“互联网+税务”实践，对“互联网+税务”的内涵、特征等进行规律性总结，并探索“互联网+税务”实施中所面临的一系列问题及解决路径，有利于“互联网+税务”的顺利推行。

一、“互联网+税务”的特征

“互联网+”战略的提出有着深刻的社会背景，其自身的发展特点同传统观念上的信息化也有较大的差别。“互联网+”对经济、社会乃至文化的影响是立体式、全方位的，这种影响必将反作用于同国民经济密切相关的税收工作，对我国的税收治理体系提出新的要求与挑战。

（一）“互联网+税务”的具体内容

整体上看，“互联网+税务”的具体内容体现在以下几个方面：

1. “互联网 + 纳税服务”

“互联网 + ”背景下，税务机关应树立用户思维，一切以纳税人为中心，纳税服务和税收管理等要围绕纳税人的实际需求开展，注重用户体验。这就要求我们落实政府优化服务模式的总体部署要求，加快多样化办税渠道的优化改造，建成集多种服务渠道于一体、热线网线无线“三线”互通的12366纳税服务平台，打造线上线下互通、前台后台贯通、内部外部联通，融合国税地税业务，标识统一、流程统一、操作统一的电子税务局，全面引领纳税服务机制创新。

2. “互联网 + 数据管理”

在“互联网 + ”时代，要树立大数据思维。在未来的税务工作中，数据将是税务部门最为核心和宝贵的资源，一切价值均通过数据体现。因此，“互联网 + 税务”需加强数据增值应用，通过对纳税人涉税数据的归集、管理、应用，建成以大数据、云计算为主要特征的税收数据管理平台，实现数据管理与税收征管主要环节融合应用。

3. “互联网 + 风险管理”

“互联网 + 税务”以增强风险管理针对性和时效性为目标，以前后台衔接管理为基础，建立风险识别、分级派发、横向分配、纵向贯通的一体化税收风险管理工作平台，有效支撑税收征管方式转变。

4. “互联网 + 行政管理”

在“互联网 + ”时代，需要运用互联网思维，加强行政管理类系统整合和衔接，为建立健全科学的绩效评价机制、完备的工作督办机制和严密的内控监督机制提供技术保障；应充分运用移动办公技术，满足税务人员的工作和管理需要，实时提供数据信息，多维度展示、多途径推送监控内容，着力促进行政管理效能提升。

5. “互联网 + 税务云”

“互联网 + ”要求运用大数据和云计算技术，构建集管理、督办、绩效、指挥、监控、展示为一体的税务云综合管理平台，打造新一代税务网络安全保障体系，为互联网 + 纳税服务、数据管理、风险管理和行政管理四大板块项目的实施提供技术保障。

可见，“互联网 + 税务”以互联网作为全面推进税收现代化的战略支撑，以纳税人的需求体验为根本，以税收工作的高效便捷为目标，将互联网技术、互联网思维与税收工作深度融合，推动组织变革和业务变革，形成创新、协调、绿色、开放、共享的税收工作新局面。

（二）“互联网＋税务”的特征

“互联网＋税务”是税收信息化的升华和提升，与传统信息化工作相比，“互联网＋税务”主要有以下特征。

1. “互联网＋税务”的技术根基更先进

新一代高速传输、海量存储和智能处理等技术的突破性进展，大幅提高了涉税信息的采集、存储、传输和计算能力，可以从根本上提升税务部门的管理能力；物联网和智能终端的应用还可以丰富纳税服务手段，拓展到传统服务方式难以企及的领域。

2. “互联网＋税务”的发展理念更新颖

在“互联网＋”时代，用户思维、极致体验、迭代创新等理念不仅要求在项目开发中更多采用快速迭代和敏捷开发的精细化的创新方式，更快响应纳税人需求，而且可以反过来推动税收业务重构和组织结构变革。这种双向互动的模式从根本上保证了税收工作和经济社会的协调发展。

3. “互联网＋税务”的制度突破更全面

首先，征管、纳税服务规范的推行统一了全国涉税业务的流程和标准，为税收信息化成本的降低提供了制度基础。其次，税收征收管理法的修订将涉及涉税信息的提供机制和网络经济、电子商务税收管理问题等内容，为相关领域工作的开展提供法律依据。最后，“互联网＋税务”的实施必将带来机构的变革和人力资源的重新调配，需要建立相应的制度予以保障。

4. “互联网＋税务”的业务变革更深入

和传统信息化工作将业务照搬复制的思路不同，“互联网＋税务”充分利用了互联网技术，是互联网与税收业务的深度融合，是互联网与税收工作的整合创新。

由此可见，“互联网＋税务”的边界比信息化要广泛和深入，一切以互联网为基础设施而开展的税收工作都将是“互联网＋税务”的有机组成部分。

二、“互联网＋税务”实施中存在的问题

在“互联网＋税务”推行过程中，税务部门依据业务特点进行创新，税收征管与纳税服务效率逐步提升，但在实践中还存在着诸多问题，阻碍“互联网＋税务”的进一步实施。其中，主要问题包括以下几个方面：

（一）统筹规划有待加强

统筹规划是信息化发展的基础，是确保各项工作有序开展、实现信息共享、业务系统互联互通的重要保障。缺少统筹规划，不仅会造成资源的浪费，而且会因多系统的轮换影响用户操作体验。当前，各省在实施“互联网+税务”的过程中，不同程度地存在着“重技术投入、轻运行管理”，“重硬件建设、轻软件应用”等问题，使得“互联网+税收治理现代化建设”的实施内容与税收业务的融合度不够，各系统数据和功能未能实现充分整合，一体化的程度远远达不到要求，顶层设计和整体规划的科学性有待进一步增强。

（二）创新引领动力不足

“互联网+税务”的构建离不开基层的创新，但零散的、不系统的创新是无法构建真正的“互联网+税务”的。目前，创新的机制没有形成，很多问题亟待解决：创新的主体是谁？从技术创新到业务变革的整个过程由哪个部门管控？创新的流程是由上至下，还是由下至上？等等。企业在利益的驱动下往往更有创新的动力，如何开放创新，让企业参与到“互联网+税务”的实施中来，也是一个重要问题。目前，我们的系统建设未能完全对社会开放，不能充分调动社会的积极性，很多优秀、富有创新能力的企业未能融入到“互联网+税务”行动中来。

（三）管理机制还需健全

系统管理机制，是维护系统生命力的重要保障。随着金税三期和增值税发票系统升级版部署、电子税务局的建设等一系列重大项目上线实施，税务信息系统规模更加庞大，系统之间关系更加复杂，系统运行风险更加集中。相比之下，我们的涉税数据管理、系统运维管理都存在一些问题。数据管理方面，数据采集的准确性、完整性有待提升，数据平台建设还不够完善，数据交换机制尚未构建，数据分析应用的深度和广度还有待加强。运维管理方面，多年来的重建设、轻运维已经成为影响系统运行效果的瓶颈，尤其是金税三期上线之后，“技术+业务+公司”的运维模式尚未确立，三方力量还没有整合，税务部门不能完全掌控核心系统的运维是不容忽视的隐患和问题。

（四）技术应用不够充分

一是对税收云平台如何搭建还处在探索阶段，信息化资源没有得到充分的集约使用，数据采集的广度和应用的深度都还远远不够。二是在税收管理、优化服务和决策支持等方面数据增值利用还不够，大量的业务数据仅应用于日常税收征管，税收管理的一些深层次的需求尚未满足。同时，政府各部门之间存在“信息孤岛”，造成信息的不对称，社会各界、互联网涉税信息未能被有效获取利用，未能建立全方位的监控、分析系统和决策支持辅助系统。

（五）人员力量相对薄弱

人力资源是一切工作得以推动的最基础的要素。“互联网+税务”建设，对整个税务干部队伍，尤其是信息技术人才队伍提出了更高的要求。当前，美国、澳大利亚等发达国家税务机关的信息化人才比例达到7%，而我国税务系统信息技术队伍规模为1.7万人，占全国税务人员比例仅为2%。“互联网+税务”的实施，不仅对人才数量上提出需求，而且在素质和能力上也提出更高的要求。目前，我国税务干部对“互联网+”的获取、认知、运用以及创造能力与日益增长的信息技术需求还存在差距，一定程度上阻碍了“互联网+税务”的推进。

（六）制度障碍亟待打破

制度建设是“互联网+税务”得以顺利实施的必要保证。目前在“互联网+税务”推行中，一些好的创意方案，往往由于存在制度障碍难以实现。例如：纳税人广泛使用的第三方支付工具还难以应用到税款的缴纳过程当中；作为纳税人身份认证和证明的CA证书在保证信息安全的同时，也成为纳税人的一项经济负担，阻碍了一部分纳税人网络办税的积极性；信息技术人才基本上均匀分布在各个税务机关，这种分散的特点，一方面保证了各层级税务机关的技术需求，另一方面却也不利于智力集中，不符合IT行业智力密集型的特点。总之，无论是人员上的障碍，还是技术上的、资金上的障碍，归根结底都是制度上的障碍。只有搞好制度建设，才能为“互联网+税务”的顺利推行提供良好的保障。

三、深入推进“互联网+税务”的基本原则与路径选择

（一）基本原则与制度保障

就实施原则而言，“互联网+税务”的推行需坚持“开放共享、创新融合、便捷惠民、安全有序”的基本原则，奉行互利共赢战略，通过

数据共享、系统互通和网络互联，推动部门合作，推进理论创新、制度创新、技术创新、业务创新等各方面创新，以纳税人需求为导向，以纳税人体验为根本，强化资源整合利用，逐步实现网上办税业务全覆盖。

就制度保障而言，应当制定与“互联网+”内在要求相一致的制度体系。在税收征管方面，要加快推进税收征收管理法的修订，明晰涉税信息提供机制，制订税务机关之间税收管辖争议、税企争议解决方案；继续优化税收征收管理规范，建立征收管理流程标准，简化不必要的办税环节；制定关于涉税信息采集、存储、传输、分析、应用的相关管理办法。在服务方面，持续优化推进全国纳税服务规范，为办税服务厅前台服务和操作提供统一的标准；规范新涌现出的服务方式，加强游离于税务机关之外的自助办税设备的管理，加强第三方服务单位的管理；借助大数据等分析技术，逐步建立基于涉税信息的征信系统，科学客观开展纳税信用级别评价，为提高纳税人纳税遵从度提供保障。在行政方面，建立与“互联网+税务”相适应的组织制度，调整优化现有组织架构，推动税务机构设置向扁平化、网络化、专业化、协同化的方向发展。

（二）深入推进“互联网+税务”的路径选择

就实施路径而言，在具体实践中，应从税收征管、纳税服务以及行政管理、数据应用等方面推进“互联网+税务”的实施。

1. 税收征管方面

一是要以增值税发票管理新系统为基础，丰富电子发票承载信息量，拓展电子发票的功能，使其逐步成为“互联网+税务”的有力抓手。二是要深入推进大数据平台的建设。一方面，要加强同其他社会服务部门的合作，构建数据共享平台，多部门、多角度、多环节、多层面掌握纳税人的实际情况；另一方面，要利用网络爬虫、HADOOP、SPARK等技术，以大数据平台的建设为基础，从情报发现、企业画像、风险预测等方面建立现代化的税收管理模式。

2. 纳税服务方面

推进“互联网+纳税服务”，一是要完善驻厅办税功能，加大标准化建设和智能化设备投入，促进办税服务厅由传统型向自助化、体验式转变。研发办税服务厅管理系统，实现对办税服务厅运行情况的实时监控和动态管理；接受纳税人咨询，辅导纳税人学习，进行体验式网上办税；完善各核心业务系统间电子信息衔接和受理、处理、反馈机制。二是拓展网上办税服务厅功能，探索增加网上银行、手机银行、第三方支付等多种税款缴纳方式，解决申报功能与税款缴纳方式不灵活的问题。逐步推行邮寄发票和出口退（免）税无纸化管理试点工作，实现网上办税与内部审批流程的有效衔接。开发菜单智能搜索、场景导航跟踪、税企互动、信息定制和在线交流等功能，为纳税人提供个性化和精准化服务。三是打造移动办税品牌。建立涵盖待办事项、政策法规、通知公告、风险预警等内容的手机信息定制目录库，通过移动终端接收相关推送信息。探索智能咨询应用，运用语音合成、语音识别、机器人技术、自然语言理解和大数据分析等多种先进技术，依托12366知识库，打造税务系统智能咨询服务平台，为纳税人提供全方位多元化智能咨询服务。四是扩展自助办税终端功能。扩大各类自助办税终端功能的研发和产品投放范围，把窗口、网上、移动端等能办理的业务同步拓展到自助终端。探索设置国税地税自助办税一体设备，在银行自助网点、专业市场等地配备自助办税终端或自建自助网点，方便纳税人就近自助办税。五是提供“互联网+”发票服务。探索移动端发票开具方式，通过App软件、自助终端、蓝牙打印机等工具处理在线申领、税控开具增值税普通发票和电子普通发票等纳税人端业务，创新发票摇奖方式，采用移动终端“扫一扫”“摇一摇”等方式，在发票验真后即时摇奖，与社会力量合作即时兑奖，奖金即时转入，调动消费者索要发票的积极性。

3. 行政管理方面

一是建设行政管理综合衔接系统，分步推行数字人事系统，并实现与绩效考核、执法考核以及12366纳税服务平台、舆情监控系统、内控机制管理系统等渠道衔接，增加工作派单、任务督办、分级处理、智能跟踪、绩效评价等功能，充分依靠信息化提高管理决策效能。二是创新移动办公方式，在信息安全的基础上，充分运用移动互联网，将税务干部的办公平台由税务专网向移动终端延伸，提升内部管理效能。三是注重建设信息宣传平台，探索构建以门户网站、微信平台、内网系统、线下实体等为支撑的信息宣传平台，运用互联网思维创新信息宣传工作方式。

4. 数据应用方面

一是完善税收数据管理平台。依托金税三期管理决策平台数据仓库和税收分析监控系统，做好国际税收管理基础数据、大企业千户集团财务数据的统一规范和采集应用，构建涵盖征管类、纳税服务类、行政管理类、外部门交换类信息和互联网涉税信息等内容的税收数据管理平台。

二是推动数据治理体系建设。利用智能分析工具，深度挖掘数据应用价值，完善涉税信息共享机制和数据质量监控体系，为税收数据管理平台提供应用基础。三是加速推进税务云平台建设。按照云支撑、云管理和云服务三层架构统筹建设，实现对“互联网+税务”四大板块的平台支撑，构建大数据分布式存储和云计算框架，实现跨部门、跨行业、跨区域相关信息资源的高效应用。四是强化信息安全保障体系。加强各应用系统的安全管理，加强用户个人信息保护、数据统一存储管理和安全保密管理。

5. 税收风险管理方面

一是开发税收风险管理工作平台。通过业务流程智能化配置，实现省局、省辖市局、县（市、区）局、税务分局之间工作提示、任务派单、实地调查等管理事项的纵向横向推送、接收、统筹、实施、督导、反馈和考核管理，为税收监控、纳税提醒、调查核实、纳税评估（税务审计、反避税调查）、税务稽查的上下联动、部门互动的一体化运行提供平台支撑。二是完善纳税信用支撑体系。建立纳税人信用信息库，进行纳税信用级别评价管理，加强纳税信用记录、风险预警、违法失信行为等信息资源在线披露，促进信用信息互动共享。三是开发移动终端税源管理助手。逐步实现税源管理、税务稽查等日常执法资料的实地采集和实时上传。通过与税收数据管理平台对接，将风险管理由税务专网向移动终端延伸，根据税收管理员、评估和稽查人员入户实地核查，纳税评估和税务稽查工作需要，增加纳税人一户式信息查询等功能。四是拓展税银服务合作公众平台功能。将企业纳税信息、纳税信用评价结果转化为企业资信，帮助解决中小企业融资难问题。建立征信互认机制，为金融机构对失信企业给予信贷限制或禁止提供资信，促使企业提升税法遵从度。

参考文献：

[1] 国家税务总局电子税务管理中心．江苏国税信息化调研报告［J］．税收经济调研，2014（11）．

[2] 胡立升．“互联网+”对税收工作的挑战与对策［J］．税收经济调研，2015（29）．

[3] 李三江．变革、挑战与应对：“互联网+”下的税收治理［J］．税务研究，2016（5）．

[4] 马化腾，等．互联网+：国家战略行动路线图［M］．北京：中信出版社，2015.

[5] 涂子沛．数据之巅：大数据革命，历史、现实与未来［M］．北京：中信出版社，2014.
[6] 迈尔－舍恩伯格，库克耶．大数据时代［M］．杭州：浙江人民出版社，2013.
[7] 赵大伟．互联网思维：独孤九剑［M］．北京：机械工业出版社，2014.

5　“互联网+税务”背景下涉税服务的发展与应对

艾　华　王　薇

【摘要】“互联网+税务”，把互联网的创新成果与经济社会各领域深度融合，拓展信息化的使用领域，提高税收征管的能力和效率，以期早日实现税收现代化。科学技术的迅猛发展，使得涉税服务面临新的机遇和挑战。本文阐述了“互联网+税务”产生的社会经济背景和建设的主要内容。互联网、云计算等现代技术的广泛使用提高了税务机关现有的纳税服务水平与能力，因此，进一步增强涉税服务中介机构的服务水平显得尤为重要。本文最后提出了加快信息化建设并提升服务质量，拓展涉税服务的领域以满足不断变化的需求，延伸服务链条从而实现可持续发展的应对措施。

【关键词】“互联网+税务”　税收征管　涉税服务

【作者简介】艾华，中南财经政法大学教授，博士生导师
王薇，中南财经政法大学博士

云计算、移动互联网等信息技术的发展，正在对全球经济社会产生巨大的影响。“互联网+”给现代涉税服务工作提供了新的技术和方法，要求人们把握其发展的基本特征，变革涉税服务的思维、技术和方法，推动涉税服务事业适应“互联网+”时代。

一、“互联网+税务”的内涵

（一）“互联网+税务”的产生

根据《国务院关于积极推进“互联网+”行动的指导意见》（国发〔2015〕40号），“互联网+”是把互联网的创新成果与经济社会各领域深度融合，推动技术进步、效率提升和组织变革，提升实体经济创新力和生产力，形成更广泛的以互联网为基础设施和创新要素的经济社会发展新形态。简言之，就是利用“互联网+传统行业”的形式产生“1+1>2”效

应。其核心概念是互联网思维、云计算和大数据。互联网思维，就是符合互联网时代本质特征的思维方式。云计算作为一种算法，通过网络提供可伸缩的廉价的分布式计算能力。大数据是指无法在可承受的时间范围内用常规软件工具进行捕捉、管理和处理的数据集合，其具有大量、高速、多样等特点。

“互联网＋税务”是把互联网的创新成果与税收工作深度融合，拓展信息化应用领域，推动效率提升和管理变革，是实现税收现代化的必由之路。“互联网＋税务”对我国税收信息化的总体要求是：紧紧围绕税收现代化目标，顺应信息技术革命的浪潮，坚定不移地走科技兴税之路，按照高标准、严要求、讲包容、持续改革的方针，坚持优化顶层设计与全面应用反馈并举、推动技术变革与规范流程表单并举、一事做好做优与事事相辅相成并举的原则，发挥出信息技术的乘法效应和聚变效应，助推税收现代化。

（二）“互联网＋税务”建设的主要内容

依据《“互联网＋税务”行动计划》（税总发〔2015〕113号），目前“互联网＋税务”建设的主要内容包括以下几个方面。

1. 技术支撑

技术支撑主要是指通过信息技术体系整合、重构和优化，建设规范统一、安全高效的开发平台和数据平台，为实现“互联网＋税务”奠定坚实的技术基础。

首先，完善标准规范。制定核心业务系统的网上办税接口规范及数据标准、移动办税应用开发规范、身份认证系统、标准接入规范，以及12366系统、知识库、法规库、自助办税终端管理系统等技术标准和接口规范。

其次，强化基础平台。针对税务机关在信息化建设中积累的大量基础设施，制定税务互联网基础支撑平台建设标准，构建两级集中的基础设施云计算平台。运用云计算技术，逐步完善基础支撑平台资源保障。加强系统集成管理，提供稳定、强大的基础支撑，为基层税务机关的创新探索提供技术保障。不断完善基础支撑平台服务资源管理，逐步建立自动化管理模式。

最后，构建多元化服务渠道。应用互联网技术，为纳税人（含自然人）和社会公众提供PC办税、移动办税、微信办税、自助办税等多元化税收服务渠道，将PC办税打造成便捷、高效、功能多样的全天候网上办税服务平台。

2. 信息服务

基于互联网扁平化和公开化的特点，加强税收信息化体系下的信息服务和智能应用。

首先，推进和完善网上涉税信息公开。优化税务门户网站界面体验，通过各种渠道，为纳税人提供多元化、全方位的税收宣传，增强税收宣传的时效性、针对性。建立全国统一的税收法规库，完善信息发布平台和发布机制，使各渠道税法宣传内容更新及时、口径统一、准确权威。

其次，监督维权。提供纳税信用等级情况互联网查询，定期通过互联网向社会公布稽查案件公告、黑名单信息、执法程序等，形成有效的监督制约机制。加强与有关部门、社会组织、国际组织的合作，扩大可共享数据范围，丰富数据共享内容，让纳税人和税务人充分感受到互联网时代数据资源共享带来的便利。整合国税局、地税局纳税人基本信息、申报信息和发票信息等数据，满足部门间信息共享需要，促进政府部门社会信用、宏观经济、税源管理等涉税信息共享。

最后，智能咨询。通过多种渠道，实现12366热线与各咨询渠道的互联互通和信息共享。扩大知识库应用范围，将12366知识库系统扩展提升为支撑各咨询渠道的统一后台支持系统，提高涉税咨询服务的准确性和权威性。探索开发智能咨询系统，应用大数据、人工智能等技术，自动回复纳税人的涉税咨询，逐步实现自动咨询服务与人工咨询服务的有机结合，提升纳税咨询服务水平。

二、"互联网+税务"背景下涉税服务面临的挑战和机遇

互联网、云计算和移动设备的广泛使用会大大提高现有税务机关的纳税服务水平与能力，在这样的情况下，如何增强涉税服务中介机构的服务水平就变得更加重要。能否在"互联网+税务"的背景下，更加开放地融入社会经济环境，开展涉税服务工作，就成为增强自身竞争能力的关键。

（一）扩大了涉税服务的广度

在过去的涉税服务业务中，税务师事务所限于服务技术和服务成本，多采用单一企业、特定业务服务的方式展开工作。而在互联网时代，信息技术在审计中的运用提高了涉税服务的有效性和效率，税务师事务所可以获得更多的数据进行工作，以此提高服务的质量。

由于可供税务师分析的数据规模、范围和类型大幅增加，涉税服务可

以把数据科学运用到工作中来，利用数据挖掘工具将检查范围扩展至全部涉税信息和数据分析。

因此，大数据时代的到来使深度挖掘成为可能，涉税服务的结果将更加有效并具有普遍性，但是这也会给税务师事务所带来很大的挑战。大数据的应用带来全新的涉税服务工具，这要求税务师不仅应具备基本的税收会计专业技能，还需要掌握新的数据分析方法和分析工具来挖掘、理解和分析大量复杂的涉税数据。

（二）延长了涉税服务的期限

传统的涉税服务是在既定的工作时间内，更多的是服务于企业已有的交易事项。伴随着涉税信息系统化、技术化的成熟，税务师事务所可以通过获得已有服务单位的已有数据对业务做出快速处理，从而为服务单位的交易行为提供持续且更为精确的服务。这样，税务师事务所的业务将不再局限于特定时段，可以在全年展开工作，并且可以有效、更早地确认潜在事项，及时修改纳税服务计划和涉税程序，提供持续涉税服务。持续涉税服务强调在企业经营事项发生前或者发生进程中立即进行指导，将涉税服务工作融入企业生产经营的全过程，对接受服务的单位各部门进行实时控制，从而有效地降低经营税务风险。

（三）拓展了涉税服务的深度

在日益激烈的涉税服务竞争环境下，应鼓励税务师事务所依托人才优势，开展多元化的专业服务，探索多元化的经营模式。税务师事务所的服务范围不应再局限于传统的鉴证与咨询服务，更应该向内部控制、资信调查、投资决策等领域延伸。大数据时代的到来，为税务师事务所延伸服务领域提供了很好的机遇。专业和高效的数据分析，以及专业的数据团队对企业决策的影响日益重要。数据分析不仅能发现问题，还能对投资或其他决策是否可行进行分析，预测未来的收益及风险情况，为企业做出科学合理的决策提供依据。虽然越来越多的企业认识到了大数据在企业治理中发挥的重大作用，但缺乏技能来了解和分析大数据的业务影响，不能把原始数据转换成高质量的决策。在日益激烈的市场竞争中，企业必将求助于专业机构进行数据分析。这给税务师事务所带来了新的机遇，可以通过提供数据分析服务参与到企业的经营管理中，通过掌握企业的核心经济信息加强与企业的紧密联系，而不再疲于与竞争对手争夺简单的税审业务。

（四）密切了涉税服务供需之间的关系

互联网改变了人们之间信息、知识沟通的方式、效率，特别是大数据的积累，实现的不仅仅是审计、鉴证智能化，更将带来服务理念、方式、产品以及整个商业模式的改变。在纳税服务领域，客户会提出新的要求，税务机关也有新的变化。作为征纳税双方的沟通者与衔接人，税务师事务所可以利用自身的数据储备与分析能力，更好地介入税务机关的征管改革之中，更好地配合纳税服务社会化的趋势。互联网增强了现代经济社会的开放性，对税务治理透明化的要求也进一步提高。互联网共享性的特征，使得税务部门通过网络平台受理的咨询甚至举报均呈明显上升趋势。同时，税务机关任何不适当的行为、税务干部任何一个不恰当的言语，经由网络催化都可能成为社会舆论关注的热点甚至攻击的对象。这些无疑增加了税收治理的压力和难度。在这种情况下，税收服务中介部门的积极介入，可以极大地缓和征纳税双方的对立关系。

三、"互联网+"涉税服务的积极应对

（一）加快信息化建设进程，提升服务质量

大数据时代对税务师事务所提出了更高的要求，传统的方法和技术已经不能满足客户的更高需求。不熟悉信息技术，对企业作业系统的参数缺乏了解和掌握，对业务数据环境、系统工具不够熟悉，将丧失驾驭大数据的能力，也无法提供高质量的涉税服务。大数据时代要求相关人员不仅仅要懂法，会看账、查账，还要学会把数据科学运用到工作中来，从信息化管理软件的模块设计，到各种数据的采集、分析，都力求用系统化的战略性眼光来加以考量。因此，税务师事务所应加强信息基础设施建设，完善应用软件的功能，推动信息化进程。税务师应通过采用新的分析方法来制订工作计划和程序，采用模型分析涉税数据来确定和评估涉税风险。这些方法不仅可以产生新的服务视角，也可以提高涉税服务各个阶段的分析质量，发现更多潜在的问题，从而提供更优质的服务。

（二）拓展涉税服务领域，满足不断变化的需求

在大数据时代，税务师事务所的鉴证服务不应该仅为企业提供相关年度或事项的鉴证报告，企业还有更大的鉴证需求，如要求税收数据质量较高，对涉税内部控制进行设计和评价等。在企业管理和数据之间存在很

大的技术空间，企业会因担心获取数据的质量及其正确性和可靠性，而向相关专业机构寻求帮助。税务师应该利用不同的技术和平台提供这些鉴证服务，满足客户的需求。鉴于企业越来越依赖数据分析做出决策，税务师事务所应该利用自己的技术专长，加强数据分析能力的培养。这样既能满足客户日益增长的需求，又能拓展业务范围，并通过提供高质量的数据分析服务来推动产业转型，向信息化、高端化和国际化发展。

（三）延伸服务链条，实现可持续性发展

在大数据时代，单一的鉴证报告或咨询报告不再是税务师事务所的终极业务，每一份报告只对应涉税服务产业链条的一部分基础工作。随着数据分析方法的发展，越来越多的数据分析方法与模型可以在数据挖掘中得到充分运用。相关服务报告提交后，税务师事务所可以持续收集与企业相关的数据，把数据运用到涉税风险分析模型中，让模型循环起来，对企业进行实时监控，为企业做出经营管理决策提供数据支持，从传统的事后监督转向事前、事中和事后全面监督，延伸涉税服务的产业链条，充分发挥专业机构在防范涉税风险方面的预防性、揭露性、抵御性功能，不断增强企业的“免疫力”。目前，在许多地方出现的“税收健康体检”做法就是类似的体现。因此，税务师事务所通过数据分析可以给出有关社会管理机构需要的各种经济社会活动预判信息，其产业链条也由此从服务企业的微观层面跃升至服务行业的中观层面乃至提升国家信用的宏观层面，进一步实现可持续发展。

参考文献：

［1］李林军．“互联网＋注税”促涉税服务转型升级［J］．注册税务师，2015（10）．
［2］王素平．涉税专业服务的春天［J］．中国税务，2016（2）．
［3］雷宇．加快构建“互联网＋”纳税服务新模式探析［J］．经济研究参考，2015（53）．
［4］刘尚希，孙静．大数据治税的理念、模式及应用［J］．经济研究参考，2016（9）．

6　互联网科技潮背景下涉税服务所面临的挑战与应对

李为人

【摘要】税务系统以纳税人及社会公众需求为导向，运用互联网思维打造专业的“互联网+税务”的涉税服务模式，大大减轻了纳税人的纳税负担，为纳税人提供了极大的便利，获得了广泛好评。在大数据时代，研究“互联网+税务”的机遇和挑战，对互联网与涉税服务的深度融合具有重要意义。本文通过大量的数据资料来展现“互联网+税务”的发展现状，理性分析了大数据时代税务工作迎来的机遇及面临的挑战，并针对文章所述的挑战，分别从强化涉税信息的安全性、创造条件提升税务机关的硬件设施、加大服务人员的培训力度、充分运用互联网思维全面建设涉税信息共享机制、转变税务机关核心能力等五个方面提出强化涉税服务的应对措施。

【关键词】“互联网+税务”　涉税信息　纳税服务　机遇与挑战

【作者简介】李为人，中国社会科学院研究生院公共政策与管理学院副院长，副教授

一、前言

在大数据时代，“互联网+”等一系列概念模式的衍生发展对于税收征管理念和模式的变革产生了巨大的影响，同时也为推动互联网创新成果与税收工作深度融合提供了技术支持。在这样的背景下，互联网技术的发展在为税务工作的开展提供众多机遇的同时，也带来了许多挑战。在涉税服务中，税务机关需要不断探索创新“互联网+税务”的涉税服务模式，极力打造一个全流程网上办理以及网络化、自动化、智能化、一体化的涉税咨询服务平台。

现实中，各个税务局的网络平台应用互联互通，构建起新型的网上办税服务体系，突破了传统纳税服务的时间、地点限制，给纳税人带来了真正的便捷高效。随着经济的不断发展，新兴事物不断出现，纳税人数量逐

年增加，涉及的各种经济业务活动也日趋复杂。互联网在税收领域的应用带来了机遇，同时也带来了挑战，我们只有认识到机遇才能更好地抓住它，才能促使互联网与税务更好地融合，为纳税人提供更好的服务，也可以促进税务机关提高征管效率。

二、大数据时代涉税服务面临的机遇

（一）税法普及效率大大提高

随着互联网技术不断深入发展，微信、微博广泛使用，各级税务机关、税务服务网络等平台相继建立。全国31个省、市、自治区，国税网站上线率100%，地税网站上线率96.77%，国税微博上线率83.87%，国税微信上线率87.10%，地税微博上线率61.29%，地税微信上线率54.84%①。这些无疑都有利于推动税收法律、政策、制度的传播。

在互联网科技浪潮下，互联网电子税务局在全国各省、市、自治区陆续上线。以国税总局网站为龙头，省级税务机关网站为主体，辐射地市级税务机关，分级负责、上下联动，发挥整体效用。纳税人可以自行从网络渠道了解相关信息，从而在一定程度上减少税法普及成本，提高税法普及效率。税务机关提供的各种服务实现网络化覆盖，如“纳税人学堂”“在线培训”“税收微课堂”等。

（二）纳税服务更加便捷

互联网时代强调多元化、个性化。面对新的形势，涉税服务机构应该紧跟时代潮流，不断进行“互联网+税务”的探索创新，全力打造“互联网+税务”服务模式，为税收现代化增添新动力、展现新作为。“互联网电子税务局”正是这个新时代的产物。截至2016年5月30日，全国31个省、市、自治区中，国税互联网电子税务局上线率为90.32%，地税互联网电子税务局上线率为90.32%②。互联网电子税务局的迅速上线，是践行“互联网+”理念和加快推进智慧税务建设的积极探索。

电子税务局上线为税收的征缴带来了诸多便利，纳税人既可以通过税务柜员机自助办税，又可以通过税务门户网站、微信、手机移动等办税，实现了办税渠道的多途径化；在税费缴纳上实现渠道多样化，不

---

① 孙懿．大数据时代对税务工作的挑战与对策［J］．学术交流，2015（6）：133－139.

② 王桃之，许鑫．加强税收内控机制，防范廉政执法风险［J］．江苏经济，2014（10）：2－3.

仅可以通过银行划转，还可以采用财付通、微信、支付宝等第三方支付手段随时支付；纳税人所有涉税事项都能够通过互联网办理，实现涉税事项的全覆盖。“互联网+纳税服务”超越时间、空间等的限制，使纳税更加便捷。

（三）税收征管体系监督智能化

涉税服务机构可利用大数据找出纳税人容易产生问题的风险点，采取相应的措施加紧防范和处理。对依靠强化征管难以有效降低的税收风险，可通过改变相应的税收法律制度来解决问题；对征管风险，可通过征管资源的优化配置来降低；根据税收征管风险程度的不同，有针对性地建立完善的税收风险应对体系，从而提高效率，降低税收征管风险。此外，金税三期工程的不断优化，增值税发票系统升级版的稳步推进，将实现利用互联网建立每张发票的电子底账，实时采集发票上的所有信息，防止发票违法行为，一定程度上可以有效避免逃避缴纳税款。

（四）为政府决策提供数据支持

互联网可以为相关部门提供实时、精确的统计分析数据，提高税收工作的针对性和有效性，除了帮助进行税源分析，还能帮助进行宏微观数据分析，并且能对税收和经济的关系做进一步分析，从而更好地预测税收走势，估算税收收入规模，增强各项工作的预见性，为政府提供优化产业结构的决策提供依据，为政府的项目建设和招商引资提供决策支持，为政府的金融与土地政策执行情况提供信息反馈，为政府的综合治税思路和措施提供依据①。

（五）提供广阔的市场空间

涉税服务是市场经济的产物，随着改革开放的不断深入，市场在资源配置中的作用越来越凸显。伴随着市场兼并重组的进行，竞争愈加激烈，“一带一路”倡议提出后，更多中国企业走出去面向国际市场，给税务服务提供了更加广阔的市场空间。

① 刘志豪．基于互联网+环境下中小型企业面临的挑战和机遇［J］．环球市场信息导报，2015（34）：28-29.

三、大数据时代涉税服务面临的挑战

（一）涉税信息安全受到影响

涉税信息是纳税人的重要信息，从企业的涉税信息中可以获得很多重要的财务信息和非财务信息，因此保证纳税人的涉税信息安全是非常重要的。互联网在税务征管方面的应用，使得涉税服务行业可以更加便利地获取涉税数据，同时，纳税人涉税信息的安全也面临较高的风险。例如，当前金税三期系统已经全面上线，但是除增值税发票升级版中运用了国家税务总局部署的身份数字认证系统外，其余各种保留的应用软件都没有纳入身份认证系统的管理。利用“用户名+密码”的方式登录网上办税系统的传统做法，在复杂的网络环境下，已不能很好满足国家对于信息安全的要求，涉税信息安全面临很大的挑战。另外，我国税务部门逐步采用云计算进行数据储存与处理，而云计算通过互联网传送数据，数据信息的安全性受到所处网络安全环境的影响，集中的云存储也很容易成为被攻击的对象，给纳税人造成经济损失。可见，如何做好纳税人涉税数据的安全工作是涉税服务发展中的重要问题。

（二）涉税服务人员专业素质亟待提高

以目前的情况来看，涉税服务人员存在的主要问题在于，对大数据的理解不够透彻，对涉税数据重视程度也不够，大多习惯于按照以往经验办事，缺乏大数据观念。当然，出现这种情况，除了与硬件有关，也与涉税人员自身的素质有关。虽然随企业信息化管理水平的不断提高，大量企业会计核算和生产经营数据存在于企业财务核算、ERP 等管理信息系统内部，但是许多涉税服务人员对企业管理信息系统缺乏全面的认识，对运用工具分析已有数据的能力不足①。此外，涉税服务人员对于过往年度的涉税数据关注程度较低，缺乏对数据的敏感性，对于涉税服务工作的规律性没有进行有效的总结。

（三）涉税服务大数据信息系统建设力度不够

在大数据时代背景下，涉税服务行业迫切需要建立起智能化、数字化的涉税服务大数据信息系统。大数据技术为涉税服务带来了发展机遇，通

① 袁显朋，赵联果．万般税事 E 网收的企业应对策略［J］．财会月刊，2015（26）：72－75.

过数据信息的采集和传输，涉税服务和税务产品将在行业之间、用户之间以及用户与政府之间发生融合，将提升涉税服务各个环节的价值，推动涉税服务的创新和变革。当前涉税服务行业信息系统建设的主要难点在于中小型税务师事务所的信息化程度不足，由于涉税服务大数据信息系统建设初期投入大，大多数中小型税务师事务所不具备足够的财力、技术以及相关专业人才去建设和维护大数据信息系统。

（四）共享协同机制欠缺制约“互联网＋税务”的发展

在“互联网＋税务”的时代，税务机关既要通过各种渠道与纳税人开展互动，提供优质纳税服务，更要与各部门互联互通，搭建涉税信息大平台。这个信息大平台既包括多个政府部门联合形成的信息平台，又要涵盖相关的非政府部门的涉税信息平台。只有搭建涉税信息大平台，实现涉税信息共享，才能促进“互联网＋税务”的深度发展。针对“纳税遵从风险”，不断完善纳税服务体系和行政事务管理系统，加强内部监督制约，达到提高纳税遵从度的目的。稳步推进增值税发票系统升级，通过互联网建立发票的电子底账，实时采集发票上的所有信息，进行存储、随时查验等，有效防范各种发票违法行为。同时，对数据的不断分析、积累必将提高税收风险管理的智能化水平，可为相关管理部门提供实时、精确的统计分析数据和坚实的数据决策支持。

（五）税务机关核心能力、管理理念相对滞后

税务机关必须与时俱进，打造“互联网＋税务”的新格局，推行“电子税务局＋风险管理”的公共服务模式。税务业务办理将从传统的纳税申报、纳税审批、税务检查、税务稽查等向“互联网＋税务”的形式转变，通过解决征纳双方信息不透明、不对称的问题，进一步与涉税各方充分交流和沟通，提升其公共服务能力。同时，税务机关利用信息大平台得到海量数据并对其进行分析挖掘，形成适应经济发展的分析能力、展望税收趋势的预测能力、监控税收及打击税法不遵从的执法能力，打开税收管理现代化的新局面。这就要求税务机关在管理理念、管理流程和组织架构等方面进行改革。

四、强化“互联网＋税务”时代涉税服务工作的对策

（一）强化涉税信息的安全性

在大数据时代，数据信息具有透明化、公开化的特点，使得如何保护

好纳税人隐私成为不可忽视的问题。建立信息安全保障系统，既需要信息技术、法律政策、管理制度等方面的有力保障，又需要相关人员化解信息系统中存在的风险。

首先，建立涉税服务相关法律，以此保障涉税信息的安全性。在法律政策保障方面，应尽快颁布《网络安全法》，从税收管理方面尽快制定《税务大数据使用与管理办法》等，实现涉税信息采集、加工、存储、传输、使用、发布、查询、更新及共享的规范化、标准化。

其次，应当强化网上办税系统硬件和系统软件平台建设，加大涉税数据信息系统维护的投入力度，建立涉税信息安全监控机制，通过工作人员用户认证与访问节点控制、MPLS/VLAN/SSL加密、防火墙、密钥交换、防篡改和入侵测试等信息技术，对违规操作进行自动预警和及时查处，防范税务信息风险。在网络层面，加强网络硬件的投入，比如增设高级别的防火墙、网闸等独立的网络设备①。在数据层面，可以使用服务器双机热备、异地备份、云等技术手段保证税收数据安全及税收业务的不间断运行。

最后，组建一支高水平的网络管理、维护专业团队，以提高网络的安全性。在涉税信息安全性人员保障方面，各级税务机关需要制定一套行之有效的信息管理规章制度（包括涉税信息保密、口令密码、机房出入和内外网强制隔离等管理制度）及奖惩制度，来提高工作人员对信息安全的重视程度。同时，制定严密的考评和计算机监管制度，确保税务部门信息系统的安全、稳定和有效运行。

（二）创造条件提升税务机关的硬件设施

为了达到“征收管理与公共服务”的目的，税收机关整体办公硬件、计算机软件及人文环境应向科学、合理、规范的方向发展。在硬件提升方面，要在“功能完善、管理有序、执法规范、整洁美观”的设计思路下建起规范化、功能齐全的办公设施和办税服务厅，为纳税人提供方便②。

一方面，应升级计算机终端，提高网络速度，不断升级扩容，随时满足纳税人的需要。另一方面，对税务应用软件要不断完善，不断升级，与旧的软件系统实现无缝衔接，用高素质的软件提供高质量的纳税服务。

---

① 林春松．税务信息系统中信息安全保障的研究［J］．电子技术与软件工程，2015（7）：221.

② 胡长胜，张雪光．“互联网＋税务”处处放光彩［J］．中国税务，2015（12）：79－80.

（三）加大服务人员的培训力度

税收大数据分析是“互联网+税务”以及税收信息化的必然选择。在新的形势下，应运用大数据思维和手段，着力提高税收大数据分析水平，推进税收治理能力现代化。大数据思维是指收集、挖掘、整合总体数据，进而运用随机采样对数据进行有效处理。

思想是行动的先导，加强数据分析，首先要解决的是思想观念问题。为此要在涉税服务行业深入普及大数据相关知识，引导涉税服务人员正确理解大数据的核心理念，培养大数据的思维方式，力争在涉税服务行业营造“用数据来说话、用数据来管理、用数据来决策、用数据来创新”的大数据文化氛围，为涉税服务大数据建设奠定坚实的思想基础。大数据思维及其运用，不仅有助于涉税服务行业工作效率的提高，更能有效推动涉税服务信息化、现代化的进程。

此外，在服务人员的培训管理方面：一要加强培训教育工作，提升税务人员综合素质，强化其“专业化”水平，同时建立考核激励制度，增强培训效果；二要建立健全科学的管理机制，提高税务干部履行岗位职责的内在动力；三要建立纳税人服务评价体系，提高税务工作人员的沟通协调能力，和谐征纳关系。

（四）充分运用互联网思维全面建设涉税信息共享机制

涉税服务行业信息系统包括税务数据库（包括税收法规政策资料库、人才库、方案库、客户档案等）、企业信息采集分析子系统、税务风险评估分析系统、税务审计查账系统、风险管理系统等。

应当建立一套完善的大数据信息系统，该信息系统不仅包含税务登记信息，申报征收发票信息，凭证、账本、财务报表等信息，也包含企业生产经营的采购、生产、物流等方面最原始、最底层的信息。综合所有信息构建模型加以分析，不仅有利于掌握每个企业的具体资料，并针对实际经营活动状况为每个企业提供个性化服务方案，从而保留客户资源，避免客户的丧失和流动，而且利于税务师事务所更好地掌握企业的税务风险点，规避代理过程中面临的各种风险，同时促进税务师事务所以此为契机，开发高端业务。这样一来，在企业和税务师事务所之间就建立了一个良好的信息化平台，不仅能促进双方各自的发展，而且为双方进一步合作奠定了基础。因此，涉税服务行业应加强大数据信息系统建设，实现纳税人、税务机关与涉税服务行业的信息共享。

2014年12月29日，国家税务总局会同最高人民法院、国家发改委、中央文明办等20个部门联合签署了《关于对重大税收违法案件当事人实施联合惩戒措施的合作备忘录》，对税务总局公布的税收违法案件当事人依法采取包括“限制融资授信”“阻止出境”“限制担任相关职务”“禁止部分高消费行为”等在内的18项惩戒措施。这标志着涉税信息共享机制已经走出了第一步。在我国的《税收征管法》和《预算法》中都有“各级政府、各有关部门和单位应该支持、协助税务机关执行职务”的规定，这些规定为各地建立部门涉税信息共享机制提供了法律依据①。

为了更好地运用涉税信息共享机制推动我国依法纳税进程，国家应该出台更具体的相关单位履行税收保障职责的法律制度，明确税收协作部门的法律责任。目前，全国各地都在积极探索和建立涉税信息共享机制，其中《安徽省人民政府关于建立涉税信息交换与共享机制的通知》和《宝鸡市涉税信息共享实施办法》等，将为全面推行涉税信息共享机制建设提供有力的技术和经验支撑。

（五）转变税务机关核心能力

早在2013年，国税总局就发布了《关于做好税务系统职能转变工作的通知》（税总发〔2013〕56号），其目标是建设职能科学、结构优化、廉洁高效、人民满意的服务型税务机关。在当前“互联网+”的大环境下，税务机关的核心能力将转变为“以自动化税务管理为前提，以不断规范的流程化管理为基础，以大数据分析和处理能力为核心”。

因此，税务机关要在管理理念上做到三个转变：①管理手段从行政命令向行政、经济、法律手段综合应用转变；②传统人工管理向信息化管理转变；③经验型管理向科学化、规律性管理转变。

参考文献：

[1] 孙懿．大数据时代对税务工作的挑战与对策［J］．学术交流，2015（6）：133－139.

[2] 王桃之，许鑫．加强税收内控机制，防范廉政执法风险［J］．江苏经济，2014（10）：2－3.

[3] 刘志豪．基于互联网＋环境下中小型企业面临的挑战和机遇［J］．环球市场信息导报，2015（34）：28－29.

① 林江．我国税收征管体制改革探索与创新［J］．会计之友，2016（17）：2－6.

[4] 袁显朋，赵联果. 万般税事 E 网收的企业应对策略 [J]. 财会月刊，2015 (26)：72 - 75.

[5] 范久红，陈婉玲. 互联网 + 政务：助推地方政府向服务型转变 [J]. 世界电信，2015 (5)：47 - 51.

[6] 林春松. 税务信息系统中信息安全保障的研究 [J]. 电子技术与软件工程，2015 (7)：221.

[7] 胡长胜，张雪光. "互联网 + 税务" 处处放光彩 [J]. 中国税务，2015 (12)：79 - 80.

[8] 林江. 我国税收征管体制改革探索与创新 [J]. 会计之友，2016 (17)：2 - 6.

7　加强互联网+在我国离境退税政策中的应用[①]

赵书博

【摘要】境外旅客购物离境退税（以下简称“离境退税”）是指一国对境外旅客在退税定点商店购买的随身携带和托运出境的退税物品按规定退还增值税的政策。2011年1月1日，我国在海南进行离境退税政策试点，在积累了一定经验后，2015年开始在全国实施，目前已经有多个城市的退税方案被备案。有些城市已将“互联网+”运用到离境退税中。本文探讨了互联网+在我国离境退税制度中的应用、不足，并提出了相应建议。

【关键词】离境退税　互联网+　经验借鉴

【作者简介】赵书博，首都经济贸易大学财税学院

一、“互联网+”在我国离境退税制度中的应用

（一）我国离境退税的发展历程

2011年1月1日，我国在海南进行离境退税政策试点。在积累了一定经验后，2014年8月9日，国务院出台《国务院关于促进旅游业改革发展的若干意见》（国发〔2014〕31号），提出“研究完善境外旅客购物离境退税政策，将实施范围扩大至全国符合条件的地区”。

为落实该项精神，经商海关总署和国家税务总局，财政部于2015年1月6日发布《关于实施境外旅客购物离境退税政策的公告》（中华人民共和国财政部公告2015年第3号）。与海南试点政策相比，公告有三个方面的调整：一是扩大了离境口岸的范围，除原来的航空口岸，新增了水运口岸和陆地口岸；二是改变了退税物品的表述方式，由海南试点时的正列举方式改为反列举方式；三是将起退点由800元下调至500元。公告的印发，标志着我国离境退税政策在全国范围内正式启动。

---

① 本文为北京社科基金研究基地项目“北京CBD产业转型升级的财税政策研究”（编号15JDJGB097）的阶段性研究成果。

配合公告的发布，2015 年 6 月 2 日，国家税务总局发布《境外旅客购物离境退税管理办法（试行）》（国家税务总局公告 2015 年第 41 号），指出自财政部公告公布之日起，财政部、海关总署和国家税务总局开始受理符合条件地区的备案，并及时发布纳入离境退税政策范围的地区名单和实施时间，目前已经有多个城市的退税方案已备案，见表 1。

表 1　我国实行离境退税的省市、实行时间及退税商店数量

实施时间	省份及城市	退税商店数量
2011 年 1 月 1 日	海南省	海口和三亚共有 5 家离境退税定点商店
2015 年 7 月 1 日	北京市、上海市	北京最初有 86 家商店，到 2016 年 6 月 15 日达到 407 家；上海首批离境退税商店有 27 家，2015 年 12 月 31 日新增 155 家，共 182 家
2016 年 1 月 1 日	天津市、辽宁省、安徽省、福建省、厦门市和四川省	天津首批认定 34 家商店；辽宁省的沈阳成为东北首个实施境外旅客购物离境退税政策的城市，13 家商业企业获批成为沈阳市首批境外旅客退税定点商店；安徽省首批 32 家离境退税商店；福建省与厦门市的离境退税商户最初有 28 家，现在有 36 家（其中厦门市有 9 家）；四川省最初参与离境退税的商店为 33 家
2016 年 4 月 1 日	江苏省、陕西省、云南省、青岛市和深圳市	江苏省南京市成为该省的首家离境退税城市，共有 11 家退税商店；陕西首批 12 家离境退税商店；云南省首批 25 家商店；青岛市首批 33 家商店；深圳市首批退税定点商店共 69 家
2016 年 7 月 1 日	黑龙江省	黑龙江省于 2016 年 7 月 1 日起在哈尔滨、黑河及绥芬河三地启动境外旅客离境退税政策，同时已经确定了省内 30 余家商场为退税指定商店
2016 年 10 月 1 日	山东省	山东省实施境外旅客购物离境退税政策
2017 年 1 月 1 日	新疆维吾尔自治区	自 2017 年 1 月 1 日起，新疆维吾尔自治区实施境外旅客购物离境退税政策
2017 年 3 月 1 日	河南省	自 2017 年 3 月 1 日起，河南省实施境外旅客购物离境退税政策

资料来源：作者根据各地税务机关发布的相关信息整理。

1. 离境退税一般规定

（1）可退税的“境外旅客”。这是指在我国境内连续居住不超过183天的外国人和港澳台同胞。

（2）可退税的“物品”。海南采用正列举的方式，列举的是可以退税的物品，没有列举的不予退税。其他省份采用反列举的方式，除被列举物品外，均可退税。

（3）享受退税的条件：①同一境外旅客同一日在同一退税商店购买的退税物品金额达到500元人民币；②退税物品尚未启用或消费；③离境日距退税物品购买日不超过90天；④所购退税物品由境外旅客本人随身携带或随行托运出境。

2. 各地离境退税政策的差异

（1）退税比例不同。在已经实行离境退税的省份中，大多数省份退税手续费为2%，有两个省例外：陕西省，1%，退税手续费最低；云南省3%，退税手续费最高。

（2）高科技手段运用程度不同。有的省份将高科技手段运用到了离境退税，从而使退税更加便捷、环保。北京已经将电子发票运用在退税领域。

（3）离境退税零售商数量不同。从表1得知，全国退税零售店有1 000家左右。地区间退税商店数量差异较大，北京、上海等地的数量明显高于其他地区，这也与各地入境旅客数量、符合条件的零售商店的数量有关。

（二）我国离境退税制度发挥的作用

离境退税运行以来，我国各地已经办理多笔退税。以北京为例，截至2016年6月15日，北京办理的离境退税商品销售额达7 680万元[①]。截至2016年7月1日，上海实施境外旅客购物离境退税政策满一周年，上海税务部门成功为6 923名境外旅客开具9 385张申请单，退税物品销售额逾亿元，目前已有4 071名旅客从上海离境并办理退税1 006.5万元，业务量位列全国首位[②]。总的来看，离境退税可给我国带来如下好处：

1. 增加需求，繁荣国内消费品市场

对外国旅客实施离境退税，相当于降低商品零售价格，可激发其购物消费欲望。同时，享受退税政策需达到一定的最低购物限额，因而可以刺

① 赵婷婷．京津免税店购物旅客可享异地退税［N］．北京青年报，2016-06-18.

② 周洪．上海离境退税一周年，退税办理破千万［EB/OL］．（2015-07-03）．http：//sh.xinhuanet.com/2016-07/05/c_135489780.htm.

激旅游者增加在我国的购物消费，无疑会对国内消费品市场产生拉动作用。

2. 扩大出口，却不会引发贸易摩擦

境外旅客在我国购物并将物品带回本国，相当于零售性质的外贸出口，减少了许多中间环节，同时也可避开各种贸易摩擦。零售价格比同类商品出口到国外的价格要高许多，因此效益更高。这不仅能扩大我国产品在国际市场上的知名度，还可促进和扩大我国产品的外贸出口。

3. 吸引游客，促进我国旅游业的快速发展

近年来我国旅游业的发展为我国国民经济做出了很大贡献，但是我国旅游购物消费水平与旅游发达国家相比还有很大差距，应继续加快发展。

（三）“互联网＋”在我国离境退税制度中的应用

1. 在离境退税中引入电子发票

北京已经将电子发票运用在退税领域。2016 年 5 月 20 日，华联新光百货（北京）有限公司为一名法国游客开具了国内首张离境退税电子发票，凭此即可办理退税，无须再提供纸质发票①，从而使退税更为方便、快捷。

2. 部分省市之间实现跨境退税

目前我国没有统一的离境退税软件，已经实行离境退税的省份所用软件都是自行开发的，只有个别省份之间（京川、京津）实现了自行联网。

（1）京川。为进一步扩大离境退税政策效应，打破地域限制瓶颈，京川两地国税局联手破题，多次协商离境退税互联互通事宜，最终通过两地共用系统实现了信息共享和资源互补，成功实现离境退税互联互通、互认互退②。

（2）京津。为实现异地退税，北京、天津两地完成了退税信息系统的对接，实现了数据的在线传输和获取，在一地购物从另一地出境的游客在北京海关电子系统调取购物单据验核后，即可在出境地机场领取退税款。

3. 运用 App 进行离境退税政策宣传

为了使广大境外旅客知晓我国的离境退税政策，上海进行了大量的宣传。在宣传中不仅采用报纸杂志、电视广播、平面广告等传统方式，更注重依托退税商店、商务、海关、税务官方网站，微博、微信、手机 App 等

---

① 陈一诺．北京开出国内首张离境退税电子发票［EB/OL］．（2016－07－03）．http：//bj. people. com. cn/n2/2016/0525/c82839－28397960. html.

② 钟华林．京川首笔跨省离境退税业务办结［N］．经济日报，2016－04－13.

新媒体[①]，取得了不错的效果。截至2016年7月1日，上海实施境外旅客购物离境退税政策满一周年，上海税务部门成功为6 923名境外旅客开具9 385张申请单，退税物品销售额逾亿元，目前已有4 071名旅客从上海离境并办理退税1 006.5万元，业务量位列全国首位[②]。

但不可否认，在“互联网+”的应用方面，我国离境退税制度还存在一些问题，需要改进。

二、我国离境退税在运用“互联网+”方面存在的不足

（一）尚未实现全国联网

目前我国已经实行离境退税的省份运用的是不同的软件，只在部分省市之间实现了联网，其余大部分并未联网，旅客不可异地退税。

（二）尚未实行自助办理退税

目前我国离境退税均需人工办理，尚未实现旅客运用电子设备自助办理。这在离境退税政策实行初期、需要办理退税的旅客数量不太多的情况下还是可行的。今后，境外旅客数量会逐渐增多，如果离境旅客都集中在机场、港口、码头的人工柜台办理退税，势必造成拥挤，旅客的旅游、购物体验将变差，有的旅客可能会嫌麻烦而不申请退税，我国离境退税政策的效果会大打折扣。

三、运用“互联网+”进行退税的经验借鉴

（一）实现区域或全国统一退税

大多数实行离境退税的国家已经实现全国统一退税，欧盟实现了全区域统一退税。在欧盟，境外旅客可以在欧盟不同成员国之间游览，离开前统一退税即可。

（二）实现“互联网+”退税

各国在退税中不断提高电子化程度，退税越来越便捷。

---

① 周洪．上海离境退税一周年，退税办理破千万［EB/OL］．（2016－07－04）．http：//sh. xinhuanet. com/2016－07/05/c_ 135489780. htm.

② 周洪．上海离境退税一周年，退税办理破千万［EB/OL］．（2016－07－05）．http：//sh. xinhuanet. com/2016－07/05/c_ 135489780. htm.

1. 新加坡率先推出“电子游客退税计划（eTRS）”

2012 年 8 月 19 日，新加坡推出该项计划[①]。该计划使旅客可以运用电子方式申请退税，完全取代纸质退税表单，不必再填写不同店铺提供的不同退税表单，退税更为便捷轻松。该计划下旅客有两种选择：①选择一张信用卡/借记卡作为凭证。境外旅客每次购物时，都向零售商出示这张卡，记录下所有购物情况。申请退税时，旅客只需到 eTRS 自助服务台刷这张卡，就能检索所有消费明细，旅客按照自助服务台的说明领取退税即可。旅客绑定信用卡/借记卡作为退税凭证时，无须使用这张卡付款，仍可以支付现金或用其他信用卡/借记卡付款。②如果旅客没有信用卡/借记卡，或者不希望使用银行卡作为凭证，则必须在购物时向零售商索取 eTRS 票据。申请退税时只要到 eTRS 自助服务台逐一扫描所有 eTRS 票据，按照自助服务台的说明领取退税即可[②]。

2. 台湾推出退税 e 化服务

中国台湾“财政部”在 2014 年 9 月成立外籍旅客退税 e 化专案小组，2015 年 1 月公开招标，并由“中华电信”得标，经过多次系统测试，最终成功建置完成，于 2016 年 5 月 1 日正式投入使用[③]。设备安装在各个退税地点，外籍旅客仅需依照多语版面板指示操作，即可完成退税流程，省去排队等候时间。

3. 澳大利亚将 App 运用到退税中

澳大利亚规定，旅客可以使用海关及边境保护部的 App 退税。运用 App，旅客可以输入以下资料：在澳大利亚旅行的详细情况；所购买的需要退还 GST 以及 WET 的物品；希望的退税方式（现金或其他）。旅客的信息被储存于 QR 代码中，离开澳大利亚之前旅客必须出示代码、所购物品以及发票。如果旅客运用 App 成功填写 TRS 申请资料，则可以在 TRS 设备前较为快速地办理退税[④]。目前 App 可以在阿德莱德、布里斯班、达尔文、黄金海岸、墨尔本、珀斯、凯恩斯、悉尼的国际机场使用，以后会逐

---

① Tourist Refund Scheme [EB/OL]. (2016 - 05 - 04). https://www.iras.gov.sg/IRASHome/GST/Consumers/Tourist - Refund - Scheme/.

② Tourist Refund Scheme [EB/OL]. (2016 - 05 - 02). https://www.iras.gov.sg/IRASHome/GST/Consumers/Tourist - Refund - Scheme/.

③ 陈昱光．外籍旅客 e 化退税 5 月上路 [N/OL]. (2016 - 04 - 12). http://www.chinatimes.com/cn/newspapers/20160421000140 - 260205.

④ Tourist Refund. Scheme [EB/OL]. (2016 - 07 - 24). https://www.sydneyairport.com.au/prepare/departures/tourist - refund - scheme.aspx.

步扩大使用范围①。

（三）加强查验防止境外旅客利用“互联网+”骗取退税

将“互联网+”运用到退税中，在方便旅客的同时，也会加大离境退税的风险。因此，已经实施该项政策的国家均加强了对离境货物的查验，一旦发现有骗取离境退税行为的旅客，坚决予以处罚。新加坡规定，对骗取离境退税的，有如下惩罚措施：①所骗取退税款三倍的罚款；②超过1万元的罚款或者被判刑入狱7年②。新加坡已经发生菲律宾旅客运用伪造的收据骗取出口退税的例子，骗税人受到惩罚，不仅被罚款，有的还被判入狱。

四、完善我国离境退税政策的建议

2015年9月30日，税务总局印发《“互联网+税务”行动计划》，提出重点推进“互联网+税务”五大板块、20项行动，其中板块（二）“办税服务”中提到的行动之一是“互联网+便捷退税”。这里的退税是针对传统的出口贸易而言的，笔者认为完全可以运用到离境退税中。为方便境外旅客离境退税，笔者建议在我国退税中更多地运用“互联网+”技术。

（一）实现全国联网

本文建议在我国已经实行离境退税的省市之间实行联网，旅客在一地入境在另一地出境也可享受退税。

（二）实现旅客自助退税

我国目前只是部分省份（如上海）在离境退税宣传中运用了App③，在退税办理中还没有运用。建议我国今后在退税中运用“互联网+”，在退税点安装自助设备，实现旅客自助退税。

（三）设立罚则并加强查验

我国现行离境退税制度中还没有旅客骗取出口退税的罚则。如果引入

---

① TRS applications How do the apps work?，http：//www. border. gov. au/trs，2016-07-24。

② Tourist Refund Scheme，https：//www. iras. gov. sg/IRASHome/GST/Consumers/Tourist-Refund-Scheme/，2016-05-04。

③ 周洪．上海离境退税一周年，退税办理破千万［EB/OL］．（2016-07-05）．http：//sh. xinhuanet. com/2016-07/05/c_ 135489780. htm.

自助退税，骗取离境退税的风险会增加，我国应该出台相应的罚则并加强境外旅客购买货物的查验。

参考文献：

[1] 赵婷婷．京津免税店购物旅客可享异地退税［N］．北京青年报，2016－06－18.
[2] 周洪．上海离境退税一周年，退税办理破千万［EB/OL］．（2015－07－03）．http：//sh. xinhuanet. com/2016－07/05/c_ 135489780. htm.
[3] 钟华林．京川首笔跨省离境退税业务办结［N］．经济日报，2016－04－13.
[4] 陈昱光．外籍旅客 e 化退税 5 月上路［N/OL］．（2016－04－12）．http：//www. chinatimes. com/cn/newspapers/20160421000140－260205.

8 “互联网+”规范提升税收治理能力的思考

丁绍庆

【摘要】“互联网+”是指把互联网的创新成果与经济社会各领域深度融合，提升创新力和生产力，形成更广泛的以互联网为基础设施和创新要素的经济社会发展新形态。《税收征管法》在总则中指出，“国家有计划地用现代信息技术装备各级税务机关，加强税收征收管理信息系统的现代化建设”，使电子税务思想在法律上得以确立。当前国务院倡导“互联网+”模式，这将是税收治理走向科学化、精细化、专业化、信息化的必由之路。如何借助现代信息技术提高税收治理质效，已成为税务系统一项十分紧迫而重要的任务。

【关键词】互联网+　税收治理　路径选择

【作者简介】丁绍庆，江西省九江市国家税务局副局长，总会计师

一、“互联网+”对于税收治理的意义

税收是确保经济效率、政治稳定、政权稳固、政府正常运行的重要工具。随着现代国家治理复杂程度越来越高，税收已不仅仅是经济领域的问题，也是政治领域、社会领域的大问题。对此，国家税务总局局长王军要求推进税务部门成为国家治理体系和治理能力现代化建设的主力军之一，在更高站位更宽视野上发挥税收职能作用，进一步增强税收在国家治理中的基础性、支柱性、保障性作用。在“互联网+”的大背景下，王军指出：没有税收信息化就没有税收现代化，税收工作不拥抱互联网是没有未来的。“互联网+”与税收治理相互作用、相辅相成，两者的结合，对于进一步发挥税收部门职能作用，促进国家治理，有着积极而深远的影响。

二、“互联网+”税收治理进程中的瓶颈

“互联网+”是一个打破传统思维框架，促进物理世界和数字世界融合，拓展网络连接，实现跨界融合的过程。“互联网+”具有跨界融合、创新驱动、重塑结构、尊重人性、开放生态等特征。“互联网+税务”不

是互联网和税务部门的简单相加，需要用全新的角度来考虑，在这一进程中，有诸多问题、挑战需要面对。

（一）“互联网＋”规范规划之瓶颈

规范标准是“互联网＋”建设和发展的基础，是确保各项工作有序开展，实现信息共享、业务系统互联互通的重要保障。当前，各地税务部门实施“互联网＋税务”的过程中，存在着看重技术投入但轻视运行管理，重视硬件建设但忽视软件运用等问题，使得“互联网＋税收”的实施内容与税收业务的融合度不够，顶层设计和整体规划的科学性不强。在完善流程中，未充分考虑地域、经济、人员素质的差异，框架标准、信息系统、业务领域之间的兼容性不够，各自为政，山头林立。

（二）“互联网＋”数据交换之瓶颈

近年来，政府各部门、企业单位都在大力发展电子数据，但是整个网络的连通还没有建立，部门之间存在的“信息孤岛”造成信息不对称，数据条块分割严重。例如，税务部门与工商、财政、海关、银行等行业管理部门乃至淘宝、京东等第三方涉税信息部门的数据难以全面共享，造成第三方信息的获取渠道少、数据质量兼容性不高，无法形成全方位的监控、分析。同时，信息系统分散建设，数据多头管理，接口标准不一，缺乏统筹规划，数据的全面性、准确性、及时性不高，难以保证税收管理、优化服务和决策支持等方面的数据增值利用。

（三）“互联网＋”税收管理之瓶颈

“互联网＋”背景下，新型的商业模式层出不穷，数据的交换、信息的获取更加便捷，税务部门在数据收集上的优势逐渐被削弱，难以深入挖掘税收大数据的“金山银库”。在互联网时代，网店、实体店的双经营模式被餐饮、住宿、销售等各类企业采用，企业的数据管理水平不断提高，而税务部门对这些数据的掌握力度不够，不能深入核心部分，导致管理处于被动状态。例如，税务部门对通过网络支付取得的收入缺乏有效的征管手段，几乎无法查证消费者和纳税人通过网络平台交易的金额，造成难于确定纳税地点、纳税环节、征税对象等。

（四）“互联网＋”数据安全之瓶颈

在大数据时代，用户信息的安全性和隐私性是制约“互联网＋税务”

发展的重要因素。如何保证数据安全？这是一个需要慎重考虑的问题。频频出现的信息泄露事件，就在警示税务部门注重信息保密。只有提高税务部门对网络攻击的防范能力，完善风险评估，才能更好地保护税务系统的各类数据。另外，登录平台的实名认证难以开展。由于与公安等户籍管理部门跨平台使用数据存在数据不兼容等问题，所以要利用现有微信平台接入“互联网＋税务”平台，前置条件就是机主的实名验证，而手机号码实名制还未完全步入正轨。

（五）“互联网＋”纳税服务之瓶颈

服务体验是“互联网＋”文化的重要本质表现，多渠道、沉浸式、线上线下融合的服务方式已成为互联网时代的新潮流。税务部门现有纳税服务受时空限制，过度依赖线下业务办理，而线下业务手续繁多，难以适应纳税人对纳税服务体验的需要。同时，随着互联互通的加速，税收工作环境日益复杂，工作节奏加倍提升，“连接人和服务”的需要不断增加，传统纳税服务以人为主、以系统为辅的应用服务模式将逐渐受制于人力资源成本。因此，积极运用“互联网＋”技术，探索智慧服务、智慧征管、智慧办公，实现从网络化向智能化的转变势在必行。

（六）“互联网＋”征管方式之瓶颈

一是随着互联网经济的日益繁荣，纳税人的公司治理结构、生产经营方式、商业经营模式、企业盈利模式等日新月异。这都给以属地管理、地域管理、经验管理、层级管理等为主要特征的传统税收征管方式带来挑战。二是“互联网＋”分布式云平台架构和一体化建设思路有效地提升了系统整合能力，使信息系统建设更关注于构建畅通稳定的沟通渠道，建设标准通用的基础设施，提高快速扩展业务的能力，建构灵活可控的技术架构。这对目前以IOE架构为主，基于内网，面向税务人员“日常操作为主＋挂接外网办税”的内外网隔离、碎片化的税务征管信息系统架构带来挑战。

三、“互联网＋”提升税收治理能力路径选择

“互联网＋”是新常态下经济增长的新引擎，必将引领税收工作新变革，推动形成税收治理新格局。随着金税三期系统的成功上线，税务部门的系统软硬件得到不断提升，基层税务部门如何把握大势、立足实际，运用“互联网＋”创新治理，实现税收治理由粗放型向精准型转变，进而全

面推进税收管理现代化，值得我们深入思考，深入践行。

（一）思想意识层面

在互联网迅猛发展并快速普及的条件下，要坚持思想先行，引导干部深刻认识互联网的革命性作用，坚持用“互联网+”思维对税收管理、纳税服务、内部管理乃至整个税收工作进行全面审视和科学重构，把税收工作的各领域、各环节与互联网有机融合。要紧紧围绕国税总局“互联网+税务”计划确定的五大板块、20项行动，在更多领域和更高层次上，充分考虑互联网的激变、倍增效应，运用“互联网+”手段解决难题，通过“互联网+”推进简政放权，深化便民办税，规范税收执法。要更加重视信息技术人才的培养和使用，不断增强干部队伍对“互联网+税务”工作模式的适应能力。

（二）法律机制层面

真实的数据是保证管理高效的首要条件，可以立法形式明确各有关部门向税务机关及时提供涉税数据的法律义务，增强数据交换共享的法律刚性，通过法律规范并推广应用数据采集、分析、储存。在省、市、县三级建立跨部门、跨区域的统一涉税信息交换平台，统一数据标准和技术规范，逐步完善社会征信体系、企业社会责任、个人社会规范等法律、法规，确保数据真实可信，方便税务机关在经济新常态下更好地掌握涉税信息，提高税收管理水平。在工作机制中，要紧扣国家税务总局提出的“全面形成线上线下融合、前台后台贯通、统一规范高效的新一代电子税务局”五年目标，在电子税务局建设中，依托互联网跨越层级和部门，实现信息共享、高效传递、协同作业，提高税务系统上下的信息传递效能和联合管理效能。

（三）数据应用层面

一是在全国范围内推行“三证合一、一证一码”的登记制度，工商、税务、质监系统统一采用社会信用代码，体现为一张证件，这有利于对纳税人的信息形成全流程的网络办理、共享机制。税务部门可在此基础上，充分地利用电子化手段，保障提取信息的便利性、数据分析的准确性。二是实现涉税数据存储大集中。尽管金税三期已成功上线，但是数据存储的方式依旧和以前的综合征管软件（Ctais）的存储模式一样，即数据暂由各省国税局统一存储，而税务平台的数据分析获取，必须打破各省之间数据存储的壁垒。应充分借助云数据强大的分析功能，真正实现内部数据一家存储。三是拓展互联网涉税信息获取渠道，加大互联网数据整合力度，建立数据之间的关联，实现对海量涉税数据的深度挖掘、重组、分析、利用，形成专门的指标分析，建立一套行之有效、统筹协调的税收数据治理机制。

（四）税源控管层面

一是应针对互联网交易的不可控性，引入电子发票的开票模式。税务部门要协调网络运营商、线上支付商，为线上纳税人安装电子税控设备，发生交易时，直接由税控设备将交易信息发送到税收征管系统。税务部门可以定期汇总纳税人的开票信息，责令纳税人进行申报和缴款，弥补网络交易监管上的盲区，有效地杜绝纳税人的偷税、漏税行为。二是在“互联网+”大数据条件下，税务部门应与工商、银行、海关、住建、规划、社保等部门联网，通过云计算数据综合分析研判，对经济税收数据进行扫描，控管税源。三是加大云计算、大数据的运用力度，采用税收弹性分析、税负分析、税收关联分析等方法，优化税收管理方式，使基层税务管理人员从纷繁复杂的企业管理工作的束缚中解脱出来，从管人制转到管事制，差异化管理纳税人，对动态经济税源进行有效严密控管。

（五）税收征管层面

一是“税收综合征管软件”全国范围上线，标志着税务部门进入了信息化时代，也因此积累了大量的涉税数据，但数据口径不规范，各省数据独立存储，形成数据壁垒。除了专票数据实现共享以外，其他涉税数据已成为“孤岛”，大量涉税数据仍旧“沉睡”，应通过“互联网+”将其唤醒，实现对海量涉税数据的深度挖掘、分析和利用。二是在“互联网+”的作用下，网络销售平台、互联网金融等新兴经济业态以其虚拟、无址、跨域、高效、隐蔽等特点，使经营地点、税源归属、征管权限、税收分配等发生重大变化，传统的税收征管模式面临极大挑战。税务部门可运用“互联网+”，实施“数据管税”，将纳税人税收、财务、经营等信息链条完全打通，全面掌握纳税人、消费者和第三方部门的信息数据，构建以信息数据为核心要素的税收征管新模式。借助“互联网+”大数据效率高、成本低的优势，为一线税管员提供“精确制导”，从以往征管强调抓大放小、集中精力管好重点税源，转变为大企业与中小型企业并重，重点税源与非重点税源并重，强化税收征管。

（六）风险管理层面

“互联网+”大数据采用云计算等技术手段，使政府信息系统和公共数据逐步互联共享，税务部门从海量数据库中获取大量有价值的涉税数据，为推动税收风险管理提供有利条件。在简政放权的大背景下，涉税事项逐步发展为纳税人对照税法和税收政策自行掌握执行、税务机关进行后续管理的方式。税务机关更多地通过大数据、涉税信息平台抓取涉税信息数据，进行比对分析、评估研判，实现涉税信息的数字化管理，对纳税人涉税情报进行智能化分析、比较、定性等，多角度对税收风险进行综合分析，精准计算税收风险指数，揭示涉税风险的发展规律，从而对不同类别、不同税收风险的纳税人采取不同的税收风险应对措施，提升风险管控能力。

（七）纳税服务层面

在“互联网+”条件下，纳税人类型、办税业务、新兴业态的多样化，必然导致纳税服务需求的多元化。一是按照“办税前台集中、信息后台共享、绩效内部提升、服务外部拓展”的思路，整合、盘活分散在各部门的信息资源，通过数据分析精准掌握纳税人的办税需求，形成“获取需求—分析需求—满足需求—绩效评估—持续改进”的流程，改善和优化网络办税体验。二是借助“互联网+”大数据，突破时间、空间、地域等限制，将申报缴税功能拓展到移动互联网，支持银行转账、POS机刷卡、网上银行转账、手机银行转账、微信支付等，搭建“实体办税厅+网上办税+移动办税终端+自助办税终端”的纳税服务平台。纳税人可自由选择网上申报、移动端申报、银税扣缴等多种申报方式，可以在家里、办公室以及路途中无纸化办理涉税事务，实现办税过程用时最短、成本最低、体验最好。

（八）权力监管层面

一是用权管理痕迹化。按照“权责明晰、过程受控、全程在案、严格追诉”的原则，税收征管信息系统在流程设计和运行过程中，要求完整保存文书、签字、电了信息等关键用权痕迹。不按规定操作，必然存在信息不完整的问题，系统会自动中止业务流转并发出警示，使整个用权过程有据可查、有信息可控、有责任可落实，既强化了用权责任，又便于监控和责任追究。二是权力操作模板化。税收征管信息系统按照“做什么、怎么做”的要求，把岗位业务分解为若干执法环节，将各环节的工作内容、工作标准、控制措施、政策依据等要素集成为若干个操作电子模板，确保从业务发起、受理到办结，每个环节都按照模板设定的程序和内容进行标准化操作，实行税收执法过程控制。三是强化跟踪督察。运用“互联网+”对执法工作进行跟踪检查，实行客观评价、考评问责；根据大数据进行分析，筛选出执法疑点事项，按比例加强督察内审，并对相关单位和人员进行风险评定，作为考核评价的重要依据。

（九）数据安全层面

数据采集、应用、社会公布等各个环节都涉及信息隐私和安全，因此“互联网+税收”建设应当加强信息安全检测系统建设，提高对网络攻击、病毒入侵的防范能力和网络泄密的检查发现能力。根据资源的重要性和涉密程度、安全风险等因素划分安全保护等级，做好网络风险评估和防范工作。既要使公共服务机关可以借助数据分析和管理提供更好的服务，也要注重保护公民的数据安全，加强信息防护意识，弥补技术短板，确定哪些可以采集哪些不能采集。有了明确的规范才能更顺畅地推行“互联网+”，只有进一步加强对数据安全的防护才能得到公众的支持。

“惟其艰难，方显勇毅；惟其磨砺，始得玉成。”“互联网+”正不断成为推动税收工作提质、增效、升级，实现税收现代化的重要驱动力量。虽然在当前“互联网+”运用中还存在诸多不容乐观的情况，但只要我们抱以踏石留印、抓铁留痕的态度，持之以恒、久久为功，就一定能让“互联网+”落地生根开花，结出“互联网+税务”的新果实！

9　大数据背景下中小企业融资与税收征管问题研究

章苳今　贾宜正

【摘要】中小企业作为我国科技创新中的主要力量，在发展中需要充足稳定的资金支持，但很多中小企业在运营发展过程中，存在融资难、融资贵的问题。本研究基于“互联网+”大数据背景，通过供应链金融联贷联保的协调机制，优化参与市场过程的中小企业供应商、核心企业零售商、金融机构以及政府税收征管部门四方博弈，获得最优的决策。本文通过数学建模的方法，得到算例结果。结论表明政府可从两方面进行调控：一是加快税务部门信息化建设，使得税务机关与纳税人之间的税收信息达到互联互通，完成信息对称、共享，实现“信息数据管税”；二是通过采集纳税人的财务信息数据，制定更优的税收政策来扶持和服务我国依然存在融资瓶颈的中小企业。

【关键词】大数据　供应链　金融区块链　信息共享

【作者简介】章苳今，澳门科技大学商学院博士研究生
贾宜正，中央财经大学财政税务学院经济学博士后

一、引言

（一）研究背景与意义

20 世纪 70 年代以来，新科技技术型中小企业如雨后春笋般涌现，它们在信息系统、微型电脑、电子打印等方面取得了极大的成功，许多中小企业在短短几年或十几年里，迅速成长为闻名于世的大公司，如惠普、微软、雅虎、索尼等知名企业。现代科技在工业技术装备和产品发展方向上有着两方面的影响：一方面，向着大型化、集中化的方向发展；另一方面，向着小型化、分散化方向发展。产品的小型化、分散化生产为中小企业的发展提供了有利条件。在我国，中小企业在国民经济发展过程中具有重要的地位和作用。中国统计年鉴数据表明，截至 2008 年底，我国中小企

业总数约450万家，占全国企业总数的88%，提供就业数量约3.4亿个，占全国就业总数的44%，贡献国内生产总值（GDP）约10.5万亿元，占全国GDP总量的35%。因此，中小企业在保障充分就业能力、维持健康的企业间市场竞争力、优化国民经济整体布局以及维护我国经济社会运行的稳定等方面发挥着重要作用。然而，中小企业存在规模较小、资产过少、区域分布不均衡、抗风险能力较弱、专业人才严重短缺等特征，因此，金融机构向其放贷时易出现信息不对称的情况，导致中小企业长期处在融资难的困境。同时，部分中小企业不能很好利用金融机构的贷款，使得金融机构更看重大型的企业或国有企业，而不愿意过多向中小企业提供融资，这就需要政府提供相应政策去协调（Jayaratne & Strahan，1996）。此外，市场与中小企业之间、企业与企业之间、税务部门与企业之间都存在信息不对称的问题，导致了税务部门在对中小企业征税的过程中出现不同情形下的税收流失：①税收征管部门无法精确掌握企业的信息，导致无法为纳税人提供最优化的纳税服务，或对企业的监管出现漏洞；②中小企业并不完全知晓自身在运营的不同时期应遵循与享受的国家政策，导致企业隐匿、少报、漏报收入甚至做假账，出现避税、逃税现象，从而造成的税收流失等（贾绍华，2015）。

在中小企业的供应链生产运作过程中，往往存在自有资金短缺的情况，难以根据市场需求实现最优生产，进而导致企业不能实现最优收益，因此中小企业具有寻求融资服务、摆脱资金约束的动机。在传统的融资模式下，具有资金约束的企业向金融机构提出融资需求，金融机构根据企业的信用状况及其偿债能力为其提供相应利率的贷款。金融机构在面临信息不对称的问题时，会要求中小企业提供担保、抵押等来降低逆向选择和道德风险。中小企业受处置成本和资产专用性程度等多种因素的影响，在清算时其价值损失相对较大，所以在贷款中所面临的抵押要求也更加严格，从而导致金融机构对中小企业信贷量不足。而税收征管部门与金融机构面临着同样的信息不对称困境。随着我国经济的迅速发展，中小企业纳税人的种类繁多，税务部门很难精准获取纳税人信息，造成税收征管过程出现困难（贾绍华，2016）。

（二）文献回顾

不仅在我国，现阶段世界各国的中小企业在发展过程当中一般都会面临融资难的瓶颈，西方发达国家很早就开始了相关问题的研究。20世纪30年代，世界经济危机爆发，英国国会议员麦克米伦（1929）提出了“麦克米伦缺口”理论，解释了许多欧洲发达国家中小企业普遍存在的金融资金短缺现象，特别是长期融资会因金融资源供给不足而形成巨大的资金配置缺口。发达国家对中小企业通常采用以下几种财税支持政策：一是政府给予中小企业直接贷款，从根本上解决融资难题；二是政府给予中小企业专项资金资助；三是政府为中小企业贷款提供担保。发达国家政府采取支持政策是为了扶持中小企业的健康发展，促进市场中的公平竞争，提高生产效率，矫正部门产业市场失灵状态，维护各方利益（青木昌彦，1998；Stiglitz & Weiss，1981）。为了减少中小企业的负担及扶持中小企业的发展，许多发达国家制定了各种中小企业免税或税收优惠政策。例如，英国政府在 1999 年降低对中小企业的公司所得税税率，降幅达到 33.3%，次年提高纳税起征点，同时下调所得税税率，降幅达到 50%，促使中小企业的税负大大降低。美国尤其重视通过税收优惠政策来鼓励和扶持中小企业的发展与技术创新等（汤志江、苗绘、史雪娜，2012）。

“麦克米伦缺口”现象实质上是在金融制度上的一种市场失灵。市场失灵是指在实行市场经济的国家中，市场对于一些领域难以发挥作用或者出现各种问题，使得市场中的资源难以达到帕累托最优的现象（维托·坦茨，2014）。因存在融资壁垒，资金的供给者并没有将金融资金有效地配置到作为资金需求者的中小企业中，供给与需求之间没有得到协调，也就没有达到帕累托最优状态（程剑鸣，2005）。目前我国中小企业融资难主要呈现以下形式：①新生企业（即初期创办企业）获得短期的资金信贷比较容易，而获长期资金信贷的概率很低；②对于发展中期的企业，特别是有实力的中小企业融资难度相对降低，但依旧无法得到公平的融资信贷；③政府财税政策调控在逐步减轻中小企业融资难度，但融资机构对于中小企业的不信任，依旧造成融资企业需要提供高质量的质押物及担保品，这无疑加重了融资难度。王霄、张捷（2003）认为，市场中信贷金融机构普遍存在的客户规模歧视是产生中小企业融资壁垒的原因之一。

（三）研究主题

现阶段，“大数据环境”带来的是全球性的数据革命。随着商业、医学、电子工业等行业信息化应用的不断深入，大数据的价值越来越得以凸显。中小企业在供应链运作中起到举足轻重的作用，如何基于“互联网+”和大数据技术，在供应链管理的背景下，通过金融产品创新，增强中小企业融资能力，降低其融资成本，保证真实的财务数据，实现供应链企业、金融机构、政府多方数据共享、互联互通，已经成为供应链稳定发展的必然要求。因此，在大数据技术支撑下，研究供应链金融（即供应链成员企业协同发展之道），既可使中小企业走出困境，实现供应链共赢，也是实现企业、市场与税收征管部门信息共享的有效途径。政府税收征管部门与金融机构、企业市场进行信息数据互联互通，可以更精准详细地掌握纳税人信息，进一步完善中小企业纳税机制，实施税费优惠减免等政策，缓解中小企业在发展中的融资困难。

本文从政府视角，以“互联网+”大数据技术为背景，通过大数据下的供应链金融协调，解决中小企业在发展过程中的融资难题。把金融机构融入供应链条中的上、下游中小企业，可实现中小企业的商业信用增级，促进配套企业与核心企业建立起长期战略协同关系，提升整个供应链的竞争能力。市场不再失灵，金融机构可收回全部贷款获得盈利，政府税收征管部门能够更好地做到信息数据化，实现“放、管、服”。

二、中小企业融资模式下的税收模型研究

（一）模型描述

本研究考虑建立一种因存在资金约束而导致融资难的中小企业依托核心企业进行信用增级，共同向金融机构申请融资的模式。这种联保联贷模式设计了一种新的对供应链整体进行协调的机制。在这种供应链机制下，为达到供应链整体利润最大化的目标，供应商、零售商与金融机构在供应链中发挥各自的功能和优势，使供应链成员、金融机构与税收征管部门各方之间实现信息共享，大大地减小了中小企业融资失败、税务部门税收流失以及金融机构无法收回贷款的风险。

在大数据技术下，金融机构须与政府税收征管部门进行合作，设立企业的代扣代缴制。依据《金融机构编码规范》，金融机构已扩大范围，不再仅限于传统的银行，还包含了支付宝、百度钱包、翼支付等第三方支付平台。金融机构范围的扩展为税务机关实施税款预扣提供了平台。届时，税收征管部门扣税更为便捷，获取数据更加真实有效。金融机构与税务部门联网，共享数据信息，依托纳税人的信用与纳税信息挂钩，可直接通过电子结算系统将税款扣除，更高效地促进纳税人遵从税法，金融机构可无风险地收回贷款本息。因此，在“互联网+”大数据环境下，依托纳税人的纳税意识以及纳税行为信息数据，可为税收征管部门带来更高的效能价值。

供应链成员联贷联保订单融资模型中的时间顺序如下（图1）：

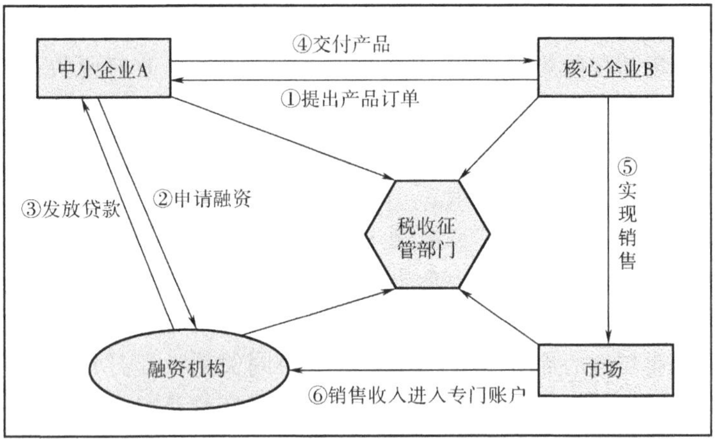

图1　中小企业融资流程图

（1）在大数据技术下，金融机构须与政府税收征管部门进行合作，设立企业的代扣代缴制。

（2）由单一的供应商（中小企业）与单一的零售商（核心企业）组成二阶段供应链条，由金融机构、供应商、零售商三方共同签订联合贷款协议，零售商承诺与供应商共同还款、共担风险，同时承诺订单货品销售后所得收入优先进入金融机构所设立的转款账户。

（3）零售商向供应商发出订单，供应商将零售商的信用订单作为金融机构审批贷款的担保物。

（4）金融机构开立专款专用的结算账户，并以符合国家政策与市场规则的利率向供应商提供贷款。

（5）供应商使用生产资金进行订单生产，并将订单制成品交付零售商投入市场实现销售。

（6）产品的销售季末，供应商、零售商与金融机构三方按照签订的合作贸易协定进行交易，销售季末的销售收入优先进入金融机构设立的结算账户，代为扣缴中小企业与核心企业的相关税收以及贷款本息和，之后的款项由供应商与零售商进行相应的利润分配。

（二）研究假设

本研究为了简化建模，基于中小企业与核心企业联贷联保的融资模式，对部分现实问题做以下假设：

（1）研究对象为单一的中小企业供应商与单一的核心企业供应商组成

的单周期供应链条，其中，中小企业供应商存在融资需求。

（2）对于整条供应链而言，产品的市场需求分布与产品定价等信息是透明且对称的。

（3）假设政府税收部门、金融机构与供应链成员之间的信息数据达到互联互通，金融机构并无破产风险，并且给企业的贷款利率是合理公平的。

（4）假设中小企业供应商与核心企业零售商都是风险中性和完全理性的，供应商的自有资金假定很小，并且所有产品的残值都为0。

（5）市场随机需求分布函数和概率密度函数分别为 $F(x)$ 和 $f(x)$，$F(x)$ 是连续可导、连续递增的函数。随机市场需求分布函数符合通用失效率递增性质，满足等式：

$$xh(x) = xf(x)/\bar{F}(x)$$

即随机 x 的失效率函数 h（x）随 x 递增（Lariviere，2006）。

（三）模型变量

本研究描述合同内的基本特征来构建数学模型，表1为模型中的变量与参数的符号及其定义。

表1　模型符号说明

c	单位产品的生产成本	r	金融机构给予供应链的短期贷款利率
w	单位产品的批发价格	Q	零售商向供应商提出的订单量
p	在销售季末单位产品的零售价	T	产品市场的销售周期
t_R	核心企业零售商应缴税率	x	在销售季末的随机市场需求
t_S	中小企业供应商应缴税率		

（四）供应链决策模型

本研究提出的供应链联贷联保融资模式，将中小企业供应商和中小企业零售商捆绑为一个整体向金融机构申请融资。

（1）核心企业零售商的最优利润函数为：

$$\prod_R(Q) = \int_0^Q [px - wQ - cQ(1 + rT)]f(x)\mathrm{d}x + \int_Q^{+\infty} [pQ - wQ - cQ(1 + rT)]f(x)\mathrm{d}x - t_R p\int_0^{+\infty} xf(x)\mathrm{d}x \tag{1}$$

给定市场的产品零售价格 p，由于零售商与供应商签订的是订单合约，因此以零售商决策最优订单量来最大化零售商的最优利润。令零售商利润函数一阶导数等于0，二阶导数小于0，可得到最优解 Q^*。

当产品市场需求函数满足均匀分布，概率密度函数 $f(x) = 1/b - a$，分布函数为 $F(x) = x - a/b - a$ 时，零售商的利润函数为：

$$\prod_R(Q) = \frac{t_R pb^2 - pQ^2}{2(b-a)} + \frac{paQ - t_R pab}{b-a} - t_R pb + [p - w - c(1 + rT)]Q$$

此时，得到最优的订购量 Q^* 为：

$$Q* = \frac{[p - w - c(1 + rT)](b - a)}{p} + a$$

（2）中小企业供应商的最优利润函数为：

$$\prod_S(Q) = \int_0^{+\infty} [wQ - cQ(1 + rT)]f(x)\mathrm{d}x + t_S w[\int_0^Q xf(x)\mathrm{d}x + \int_0^{+\infty} Qf(x)\mathrm{d}x] \quad (2)$$

当产品市场需求函数满足均匀分布，概率密度函数 $f(x) = 1/b - a$，分布函数为 $F(x) = x - a/b - a$ 时，供应商的利润函数为：

$$\Pi_S(Q) = \frac{[w - c(1 + rT) - t_S w]Q + (t_S wQ^2 - 2t_S waQ)}{2(b-a)}$$

此时，当零售商给出最优的订购量 Q^* 时，依照给出的参数价格，供应商为降低企业自身的运营及成本管理风险，选择只生产订单量的产品，那么，供应商就可以通过财务信息数据共享机制，将数据传送到税收部门，得到一个最优的税率：

$$t_S^* = [w - c(1 + rT)](b - a)/[w(b - a)]$$

这里的最优税率符合广义上的税收政策，为使得纳税人能够积极上报财务信息，提供真实数据信息，基于不同性质行业的中小企业，政府税收征管部门会给予部分税收优惠政策。

（五）供应链决策模型算例分析

在这一部分，本研究将给出理想状态下的算例分析，来说明供应链联贷联保融资模式的结果。

1. 参数数值设置

假设产品的市场需求分布满足均匀分布，并且范围在［0，100］，同时假设单位产品的零售价 $p=35$ 元，单位产品的批发价 $w=10$ 元，单位产品的生产成本 $c=6$ 元，此时是单周期的供应链运行，则销售周期 $T=1$。由于在供应链融资的合同中，离市场终端最近的核心企业零售商的销售价格 p 固定，并且与金融机构签订契约，销售收入由市场直接流入结算账户，则政府税收征管部门与金融机构可以直接结算好核心企业的应缴税率 $t_R = 15\%$。经研究计算得到表2中的算例结果。

表 2　数值算例结果

利率 r	供应商最优税率 t_S^*	零售商最优订货 Q^*	零售商最优利润 Π_R	供应商最优利润 Π_S	供应链最优利润 Π
0.86	0.01	541	2 499.6	−1 257.2	1 242.4
0.83	0.03	538	2 434.9	−1 194.6	1 240.3
0.79	0.05	534	2 370.6	−1 134.0	1 236.6
0.72	0.1	526	2 211.6	−990.6	1 220.9
0.43	0.3	491	1 601.3	−522.3	1 078.9
0.30	0.4	474	1 311.6	−342.3	969.3
0.18	0.5	457	1 032.1	−192.5	839.7
0.07	0.6	440	763.0	−69.1	693.9
−0.03	0.7	423	504.1	31.0	535.1
−0.13	0.8	406	255.6	110.8	366.4
−0.23	0.9	389	17.3	172.9	190.1

2. 模型敏感性分析

在供应链联贷联保融资模式中，供应商与零售商捆绑在一起，通过计算软件模拟了当金融机构给中小企业的贷款利率在［0.01，0.9］的范围内时，供应链成员的各方决策，以及随着贷款利率的升高政府税收征管部门给予中小企业税率的变化。

如图 2 所示，在供应链融资模型中，由核心企业给出一个最优化的订购量 Q^*，当金融机构给出的贷款利率不断增加，直至高达 0.9 时，最优订购量 Q^* 会逐渐减少，但不会降低至 0。原因在于，在竞争非常激烈的市场中，所有的供应链成员都具有自利性，但是经济全球化的背景促使生产分工更加精细化，因此，供应链条上的核心企业零售商须与供应商进行合作，并且即使金融机构给出很低的贷款利率（$r \in [0.01, 0.05]$）时，也不会给出一个很夸张不符合实际市场需求的订购量，因为量很高的订单，会导致在联贷联保融资模式下的零售商在销售季末的销售收入无法偿还银行的贷款本息，税收征管部门也无法真实核对应缴税额，具有破产以及偷税的风险。

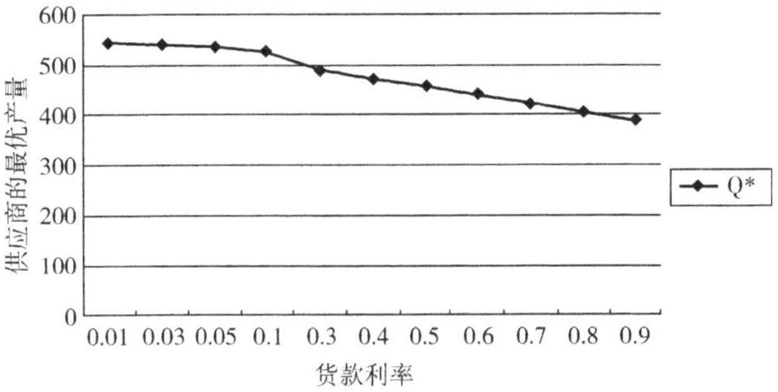

图2　金融机构贷款利率 r 与供应商的最优产量 Q^* 之间的关系

如图3所示，国家对中小企业的最优税收政策 t_S^* 与金融机构给出的贷款利率 r 之间的关系成反比。在以市场配置资源作为主要手段的前提下，中小企业在部分产业具有与大型企业、国有企业兼有的垄断性、公共物品性及尤为突出的信息不对称性，促使政府实施财税政策来扶持中小企业融资，发挥政府税收政策对于市场的调节作用，使得中小企业融资具有更高的可得性。

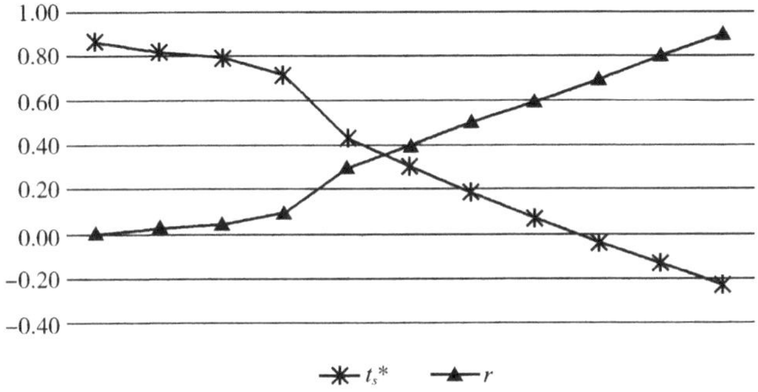

图3　最优税收政策 t_S^* 与贷款利率 r 之间的关系

政府的税收政策支持有助于缓解中小企业发展面临的资金短缺的困难。如图4所示，随着金融机构贷款利率的增加，核心企业零售商与供应链整体利润呈下降的趋势，其中，在范围（0.01，0.05）中，下降比较平缓，而当利率高于0.1时，零售商与供应链整体利润下降斜率较大。但中小企业供应商的利润函数线是逐渐向上延伸的，其中，在（0.1，0.9）的利率范围内，增加速率加快。这是由于当中小企业在融资过程中面临一个相对自身企业财务运营状态负担较为沉重的贷款利率时，政府通过各种税收政策进行了调节，对中小企业给予了税收补贴等形式的“优待”。

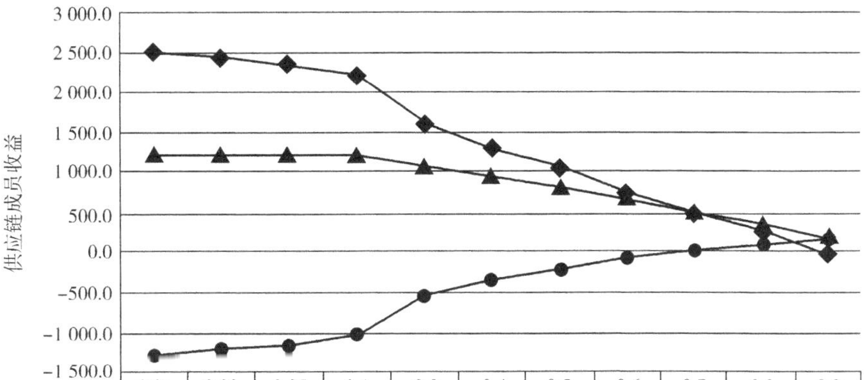

	0.01	0.03	0.05	0.1	0.3	0.4	0.5	0.6	0.7	0.8	0.9
IIR	2 499.6	2 434.9	2 370.6	2 211.6	1 601.3	1 311.6	1 032.1	763.0	504.1	255.6	17.3
IIS	−1 257.2	−1 194.6	−1 134.0	−990.6	−522.3	−342.3	−192.5	−69.1	31.0	110.8	172.9
II	1 242.4	1 240.3	1 236.6	1 220.9	1 078.9	969.3	839.7	693.9	535.1	366.4	190.1

图 4　金融机构贷款利率 r 与供应链成员收益之间的关系

三、结论

在我国，由于中小企业的数量庞大，市场经济环境错综复杂，所以中小企业融资难的问题一直没有完全解决。在现有的税收政策中，对于中小企业的监管与扶持仅依托于纳税人自身所提供的财务数据，这些没有第三方精准核查的数据缺乏准确性与可信度，导致税收征管部门推出的税收政策存在普惠性不强、立法程度不高、税收优惠力度欠缺等问题。本文提出的模型能够改善以上状况，并得到以下结论：

首先，税收大数据来自市场、企业、金融机构等各方，税务机关需要设立一套新的税收征管模式，以适应税收大数据，彻底解决征纳信息不对称、不透明的问题。

其次，合理制定有利于中小企业的税收政策。税收优惠政策在缓解中小企业融资难中起着关键的调节作用。合理制定税收扶持政策，对促进中小企业科技发展、增强市场竞争力具有重要作用，也可减轻中小企业的税收负担，优化内外部环境。

四、未来的研究与建议

在本研究中，供应链条中的中小企业与核心企业以信用捆绑的形式进行融资，并且基于“互联网＋”大数据技术的背景，供应链条中企业、政府税收征管部门与金融机构能够实现信息对称化，企业、金融机构的财务信息数据与税收部门互联互通，可得到真实可用的数据信息，达到真正的“信息管税”。

在各方信息数据互联互通的情况下，信息数据的安全又成为新的研究话题。区块链技术的发展和应用给供应链金融业务以及政府税收征管业务带来了新的机遇。区块链技术具有安全性，其数据保存和联网功能可以规避传统的网络安全障碍。在“互联网+”背景下，大数据、云计算、人工智能等都可以以区块链技术作为技术底层构架，弥补目前使用技术的诸多不足，更好地实现税收征管部门、市场、金融机构等各方之间信息数据的共享。可以运用区块链技术，将供应链上下游企业的所有交易数据安全储存在区块链中，供政府税收征管部门与金融机构查看，但企业之间无法查看。企业之间的过往交易记录也会分享在区块链中，通过区密码学，强化交易过程中的监控和掌握，有效地避免人为因素的篡改，防止伪造交易记录现象和投机行为的出现，使得税收征管部门与金融机构无须重复核查融资企业所提供的信息数据，金融机构所面临的贷款流失与税收征管部门面临的税收流失现象将不复存在。

参考文献：

[1] 贾绍华．中国税收流失问题研究［M］．2版．北京：中国财政经济出版社，2015.

[2] 贾绍华．税务管理新论［M］．北京：中国财政经济出版社，2016.

[3] 李俊生，林秀香．影响我国企业纳税行为的因素分析：来自企业和政府的纳税调查问卷及其启示［J］．财政研究，2007（1）：73－77.

[4] 杨元伟，焦瑞进．税收政策分析模型：一般均衡理论在税收政策数量分析中的应用［J］．税务研究，2000（5）：14－23.

[5] 谭荣华，焦瑞进．关于大数据在税收工作中应用的几点认识［J］．税务研究，2014（9）：3－5.

[6] 汤贡亮．中国税收发展报告，中国国际税收发展战略研究［M］．北京：中国税收出版社，2013.

[7] 程剑鸣．“麦克米伦缺口”与我国中小企业融资［J］．深圳职业技术学院学报，2005，4（2）：53－56.

[8] 贾宜正．电子商务代运营网络零售渠道外包的促销策略选择［M］．北京：中国财政经济出版社，2015.

[9] 青木昌彦．政府在东亚经济发展中的作用［M］．北京：中国经济出版社，1998.

[10] 维托·坦茨．政府与市场：变革中的政府职能［M］．北京：商务印书馆，2014.

[11] 王霄，张捷．银行信贷配给与中小企业贷款：一个内生化抵押品和企业规模的理论模型［J］．经济研究，2003（7）：68－75.

[12] 汤志江，苗绘，史雪娜，等. 政府支持中小企业融资的国际经验及借鉴 [J]. 金融理论探索，2012 (2)：13 – 16.

[13] ZHANG J J, NIE T, HUANG J Z, et al. Joint financing strategy for a cash – constrained supply chain [C] // IEEE International Conference on Industrial Engineering and Engineering Management. IEEE, 2016.

[14] CHEN Y, ZHANG J, YANG Y, et al. 3 – Party Loan Contract Based Purchase – Order Financing [C] // Seventh International Joint Conference on Computational Sciences and Optimization. IEEE, 2014：163 – 167.

[15] JAYARATNE J, STRAHAN P E. The Finance – Growth Nexus：Evidence from Bank Branch Deregulation [J]. Quarterly Journal of Economics, 1996, 111 (3)：639 – 670.

[16] STIGLITZ J E, WEISS A. Credit Rationing in Markets with Imperfect Information [J]. American Economic Review, 1981, 71 (3)：393 – 410.

10　区块链技术在税收治理中的机遇与挑战

贾宜正　章荩今

【摘要】区块链技术的出现，为进一步提升现代税收治理能力提供了契机，也对税收征管带来了机遇与挑战。本文从大数据背景下区块链技术的应用场景入手，探索提出依托区块链技术、以信息流为控制链条的“信息管税”的可行性方案，对征纳双方的信息博弈以分布式记账的形式体现，实现征纳双方信息透明对称，以此来解决当前我国征税过程中出现的一系列问题，为推进税收治理体系和治理能力现代化建设发挥应有的作用。

【关键词】财税一体化　大数据　区块链　税收治理　信息管税

【作者简介】章荩今，澳门科技大学商学院博士研究生
贾宜正，中央财经大学财政税务学院经济学博士后

自人类进入信息时代以来，摩尔定律、大数据和人工智能先后成为信息革命的三大符号。摩尔定律由戈登·摩尔提出，揭示了一种可观测的信息技术进步的速度。大数据并非传统意义上的数据积累与加和，而是发生了量变到质变的转变，它正以前所未有的速度与经济社会深度融合，日益深刻地改变着人类的生产方式、生活方式、思维方式，带来了社会效率的加速提升。

大数据技术将成为推动经济高速发展、完善政府服务与提高监管能力的重要手段。党的十八届三中全会明确提出“财政是国家治理的基础和重要支柱”；国务院《促进大数据发展行动纲要》中明确了对我国税收事业发展的要求，以及互联网技术推动下的大数据在现代经济发展中的重要地位；党的十九大报告提出推动互联网、大数据、人工智能和实体经济深度融合，以及构建决策科学、执行坚决、监督有力的权力运行机制，加强互联网内容建设，建立综合治理体系等发展方向。

因此，依托“互联网+”大数据技术提升税收征管效率，实现税收共治是目前的重要课题。而区块链技术的出现，为进一步提升现代税收治理能力提供了契机。区块链有望实现信息数字身份的建立，并使传统的纸张

密集型流程自动化，这使其有可能成为未来业务服务的灵丹妙药。除了企业，其他领域也开始针对区块链及其应用展开布局。可以预见，当区块链技术广泛应用于政府税收管理领域时，可实现征纳双方信息透明对称，降低税收流失率和税收成本，优化税收服务质量，为税收管理的现代化开辟一条全新的道路。

一、大数据背景下的区块链衍生

大数据逐渐成为国家基础性的战略资源，世界经济论坛（World Economic Forum）的研究报告称："大数据是价值堪比石油的新财富。"大数据与产业深度融合，衍生出大数据物流、大数据金融等新兴业态，成为推动数字经济发展的新能源；在政府管理方面，大数据成为提升政府治理能力的重要途径，推动政府数据开放，提高政府对社会的透明度，并能够促进跨部门的数据交换与共享，提升大数据在政府治理、宏观调控和市场监管等领域的运用效率①。

在现代经济发展过程中，大数据具有五种特征：真实（Veracity）、高速（Velocity）、大量（Volume）、多样（Variety）、低价值密度（Value）②。大数据的意义在于，通过对大量数据进行分析，实现对核心价值进行预测，大数据对处理能力要求很高。大数据已经成为企业与社会关注的重要战略资源，大数据的安全问题是未来大数据发展的重中之重。大数据在政府治理与市场经济运行中，面临着数据难以共享流通、信息数据隐私保护难等挑战。其中，信息数据难以开放共享流通、信息不对称的主要原因在于数据拥有者推进数据共享的力度不够，出现了信息孤岛、数据垄断等现象，而信息数据安全与隐私保护的困境在于，重要的国家信息基础设施和关键行业应用系统仍不健全。区块链技术的出现为大数据在政府治理与经济市场运行中的应用带来了新的机遇，可实现信息数据资产流通和隐私保护。

（一）区块链技术的本质与特征

2016 年发布的《中国区块链技术和应用发展白皮书》将区块链定义为分布式数据储存、共识机制、点对点传输、加密算法等计算机技术的

---

① 贵阳市人民政府新闻办公室：《贵阳区块链发展和应用》，2016 年 12 月 31 日。

② 《大数据仍然离不开人的赋予》，http：//www. cbdio. com/BigData/2016 - 01/02/content_4422676. htm。

新型应用模式①。区块链技术的本质是去中心化、通过集体的方式维护安全可靠数据库的技术。区块链技术将一段时间系统内的全部信息交流的数据，通过密码学技术区算法计算和记录到一个数据块，并且生成该数据块的加密性数字签名以验证信息的有效性，进而链接到下一个数据块而形成一条主链，系统中所有的结点共同来认定收到的数据块中的记录的真实性（图1）。

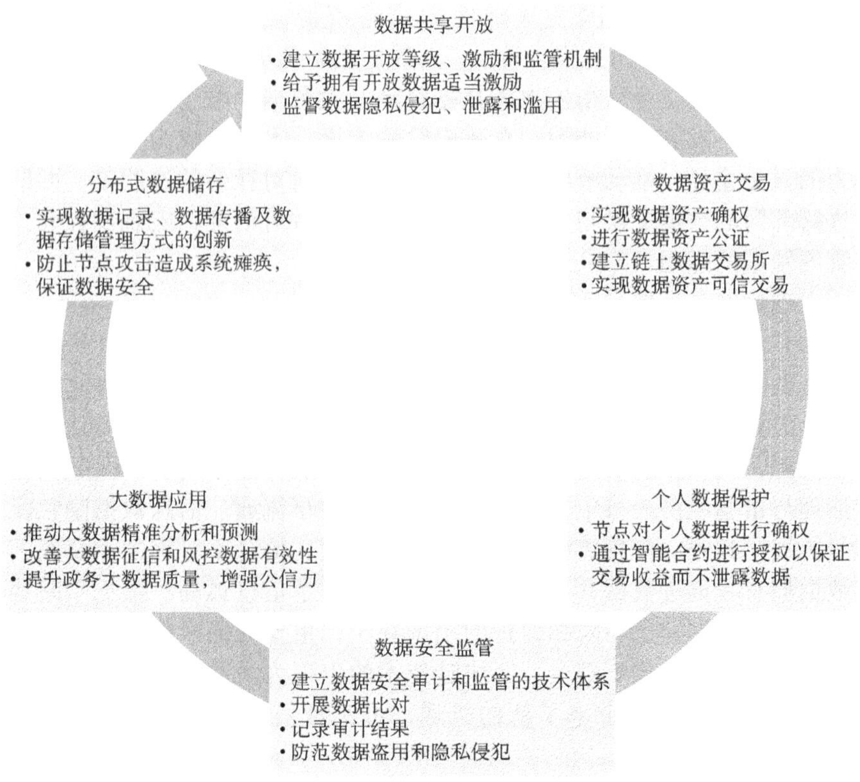

图1　区块链推动大数据的发展进程

近年来，区块链技术在不断高速发展，数据库（Database）是信息技术的核心，主要用来采集、存储和管理数据，是进行数据加工和信息传递的基础②。在这个对所有人都公开的分布式账簿系统中，每个节点区块的

① 中国区块链技术和产业发展论坛：《中国区块链技术和应用发展白皮书》，2016年10月。

② 许金叶，夏凡．区块链的产生根源及其本质［J］．会计之友，2017（13）．

数据信息都被自动加盖时间戳，任何操作记录都无法篡改或抹杀。区块链技术拥有很多独特的优势，其具有的四大特征，能有效突破长期以来税收治理过程中征纳税双方所面临的障碍。

1. 分布式存储

区块链具有“去中心化”的特点，系统中所有人的交易信息都公开透明、随时可查，不但能大幅节省管理成本，而且使任何有违诚信的欺诈舞弊行为无处藏身。在区块链系统中，无论因为何种原因出现的信息矛盾、讹误，都能及时被发现，而且系统本身也会对错误信息做出处理。尤其是在“去中心化”的系统中，任意节点之间相互的权利和义务都是均等的，且任意一个节点的损坏或者丢失都不会影响整个系统的运作，具有高度的可靠性、安全性、自治性并能够极大地降低单点错误发生的可能性。

2. 多中心化相互协作

区块链技术能够解决在信息渠道中产生冲突时，各节点需保持行为一致的问题，即“拜占庭将军问题”。“拜占庭将军问题”是指允许每一个节点的信息与其他节点信息之间保持独立性与交互性，以实现系统内的有序运行，且无须其他信息中介即可实现①。整个区块链数据系统的运作是公开且透明的，所有的数据信息公开，无须第三方监管，投射数字化的身份信息，降低了技术在应用过程中的信任风险。

3. 安全与保密性能优异

在区块链系统设计中采用隐私保护增强技术，能够让每个操作者都拥有各自的加密代码。一方面，其他人无法得知加密代码背后对应的真实身份，个人隐私有充分保障；另一方面，一旦发生黑客入侵、篡改数据等恶性事件，能够进行有效的历史追查，具有便捷的可追踪性。只有同时控制整个系统中超过51%的节点数量时，才可能发生整体数据库信息更改的行为，否则在单个节点上对数据库的修改是无效的，也无法影响其他节点上的数据信息。因此，参与系统的节点越多、计算能力越强，该系统的数据信息安全系数越高。

4. 可靠的数据库来源

区块链技术中的时间戳既能够准确记录数据文件创建的时间，又能够及时反映数据节点发生的先后顺序。就技术而言，区块链技术是用散列算法链式关联数据块，多节点验证存储，从而使数据无法被篡改的分布式数据存储技术；从应用系统角度来看，区块链系统是利用区块链数据存储技

① 钟玮，贾英姿. 区块链技术在会计中的应用展望［J］. 会计之友，2016（17）：122－125.

术和博弈论建立强化信任机制，在所有节点均不可信的网络中实现数据一致性的通信系统。

（二）区块链技术的发展和应用

在实际应用中，区块链技术通过构建 P2P 组织网络，生成时间有序、不可篡改的加密性分布式账本，形成账本共识机制，实现在整套网络信息数据系统中的去中心化信任。

区块链技术是一种极具颠覆性的技术，有能力重新配置社会分工及其运作。区块链分为三个阶段：区块链 1.0、区块链 2.0 和区块链 3.0。其中，区块链 1.0 是货币，在与现金相关的应用程序中部署加密性货币，如货币转账、汇款和数字支付系统。区块链 2.0 是合同，整个经济、市场都使用区块链技术，将从电子货币拓展至金融等领域产业。区块链 3.0 是除货币、金融和市场之外的区块链应用，特别体现在政府治理、卫生医疗、科学教育、产权保护、文化艺术和社交等领域①。

英国政府 2016 年发布报告《分布式账本技术：超越区块链》，明确提出将区块链技术首先应用于传统的金融行业，并且英国央行已经考虑发行加密数字货币，强调使用区块链技术的潜在好处。

美国国土安全部的小企业创新研究计划（SBIR）宣布向盐湖城区块链的创业公司 Evernym 拨款 79.4 万美元，以帮助其创建“区块链技术的去中心化密钥管理系统”。

我国相关部门早在 2014 年就成立了专门的区块链研究团队，2017 年 1 月召开基于区块链的数字货币研讨会，指出发行数字加密货币对于降低传统纸币发行、杜绝洗钱与逃漏税等违法行为，以及提升货币流通的控制力等方面的重要意义。

“互联网 + 税务”的优势可以概括为三个方面：一是大大提高税收征收效率，交易发生，税收入库；二是充分发挥电子发票的功能，推行嵌入式电子发票，即每实现一笔网上交易就自动开具电子发票并将信息推送到税务部门，使税务部门及时掌握开票信息及交易过程，做到及时比对；三是税务部门运用大数据分析，及时掌握税源变动信息。基于区块链技术，在税收治理领域中搭建一个信息高度透明、实现共享的大数据信息链条，能有效保护征纳税双方隐私的可信平台，从而实现“信息管税”的目标。

---

① SWAN M. Blockchain: Blueprint for a New Economy [M]. O'Reilly Media, Inc., 2015.

二、区块链技术在税收治理中的场景应用

（一）对税收治理问题的研究

2013年党的十八届三中全会以后，国家税务总局从国家治理能力现代化的角度，明确提出税收治理的目标，将税务管理提升到税收治理的层面。同年，金税三期征管应用系统在重庆市国家税务局、地方税务局成功实现单轨运行，统一了国税、地税征管系统，实现应用数据集中管理；国家税务总局提出到2020年基本实现税收现代化的目标要求。2016年，国家税务总局印发《国家税务局、地方税务局合作工作规范（3.0版）》，强调加强国税、地税之间合作，推进互联网办税、共建联合办税大厅等项目，从而减少纳税环节、方便纳税人网上办税、避免纳税人“两头跑”的问题，为纳税人提供更加便利的纳税服务，增加纳税人的满意度。《推进税务稽查随机抽查实施方案》也提出国税、地税开展联合抽查的要求。同时，金税三期在全国范围内全面上线，实现全国的大数据共享。大数据背景下，进行税务数据分析的数据源涉及社会各个行业的方方面面，而整个金税三期工程的核心就是实现全国范围内涉税数据的“大集中”。“大集中”是涉税信息收集、管理、处理、交换、流转、分配等职能整合、优化、重组的过程，实现真正意义上的统一税制、统一管理①。应坚持应用税收管理平台，切实提升税收治理程度，建立一套行之有效、统筹协调的税收治理机制。税收治理的广度因互联网的数据收集而扩大，也会进一步提升对纳税人各类经营、交易行为的监控能力。区块链技术具有独特的分布式数据储存、去中心化共治、高度信任背书带来的数据透明与信任互认等优势，不仅能够推动货币数字化支付与结算方式的创新，对于涉税工作也提出了新的要求。

在税收治理过程中，完全去中心化显然不能适应公共服务治理的需求。自区块链技术列入《国家信息化规划》后，贵州省于2016年12月31日发布了《贵阳区块链发展和应用》白皮书，第一次探索主权视角下区块链技术的应用。相比非主权区块链，主权区块链在网络中具有分散多中心化而不是去中心化的特点；在治理框架中，依托于主权经济体矿机进行总有价值交互，而不是民间网络社群共同认定的价值交互；在公共部门之间共同协作的基础上，更注重包容的共识算法和规则体系，而不是仅注重效

① 欧舸，金晓茜．浅谈税收大数据时代的金税三期工程［J］．中国管理信息化，2017（1）：136－137.

率优先的共识算法和规则体系；在数据信息方面，注重基于区块链数据的链上数据与链下数据的融合，在政府、税收机关与纳税人之间实现信息对称。对于传统征纳税而言，区块链技术应用于信息数据提高了透明度与互信度，解决了之前税收机关对纳税人信息掌握不足、不准，导致部门纳税人逃税漏税的问题；在信用合约方面，主权区块链是在国家法律框架体系下的自动化规则，而不是“代码即法律”的准则；从监管的角度，去中心化的区块链是无法被监管的，而主权区块链是可以被政府部门监管的；从激励机制方面，注重社会价值激励与物质财富激励的均衡，而不是以物质财富激励为主；在应用层面，注重各领域的融合应用，而不限于某个单一行业的应用。主权区块链概念具有自主、安全、可控的特征，更符合税收治理的需求。

（二）对税务管理问题的研究

税收流失作为困扰当今世界各国的一个重大问题，在我国经济转型时期尤为突出。严重的税收流失不仅会侵蚀税法的刚性和权威性，还会直接影响国家财政收入、政府经济决策，影响宏观调控，危害资源的合理配置等。更为重要的是有可能助长一些纳税人避税后的“优越感”，直接导致企业不能进行公平的市场竞争，这不仅会扭曲市场机制，破坏法治、公平的市场秩序，而且将使企业缺失社会诚信与商业伦理道德，从而影响我国建立和完善市场经济法律秩序①。

从税收法律的角度来看，政府必须对每个纳税人“依法治税”，现有的税收法律制度尚不完善，以致产生税收流失的制度性漏洞。从商业伦理的角度来看，政府须“以德治税”，建立良好的征纳双方的道德体系，在道德的基础上提升国民整体素质，实现自觉纳税交税。但在当前的市场经济体制下，作为市场主体的企业和个人，其一切行为的出发点和归宿往往都是为了追求经济利益最大化，以最低的成本、最少的投入、最快的速度来获取最大的利润，因此，具有自利性的部分企业会越过道德底线，抛开商业伦理的制约，选择逃税。从管理的角度来看，在产品由原材料采集、加工，直至变为商品的过程中，即行业产品的供应链角色变更的过程中，产品的上游企业——供应商、产品的加工企业——生产制造、产品转化为商品的经销商乃至投放市场终端的零售商，都有自己的社会属性，那么就需要设立一种完善的税收机制，让这些企业在税收活动中充分发挥自己应

① 贾绍华．中国税收流失问题研究［M］．2版．北京：中国财政经济出版社，2015.

尽的责任。在这一过程中，往往会产生“三大流”：上下游企业之间的物流、上下游企业之间和企业与融资机构之间的资金流和信息流。在传统的税收管理中，由于企业之间存在永恒的信息不对称，税务部门无法精确掌握纳税人在某一时期所获得的全部收入，企业容易发生偷税漏税行为以保证自身利润最大化，纳税人会有如实申报或低报实际收入以逃税的选择。各方之间的信息不透明与不对称是导致国家税收流失的原因之一。大数据在运用过程中具有广泛性、共识性，可以在政府税务部门与纳税人之间进行信息数据共享，建立数字化的税收征管机制，建立涉税信息数据的业务标准、代码体系等关联数据库，通过大数据技术对纳税人的经济行为数据、经营状况数据以及多渠道收集的税源数据进行挖掘和分析。但在这种便捷有效的税收征管模式中，存在信息数据安全性与征纳双方信息数据隐私权被侵害的风险，那么就需要运用数据信息安全性较高的数据挖掘共享技术——区块链技术。

2009 年 11 月，我国开始发放电子票据。相比传统的纸质票据，电子化票据改善了政府与企业、金融与税务机构之间存在的诸多问题。区块链技术在税收治理当中的应用，能够最大限度地克服票据的遗失与造假、发票错开与虚开等弊端。利用区块链技术互联互通的技术优势，可以建立相应的公有链或联盟链，使得电子票据能够数据透明，实现分布式储存，集合后的数据信任度高、不可随意篡改、可验证性强，具有可追踪性的特点，能够快速查验电子发票的来源与真实性。

基于政府与企业的信息不对称，大企业税收管理强调合作共赢。在监管的过程中，税务审计的目标是提高大企业的税法遵从度，通过区块链技术，使企业的纳税信息数据在数据网中透明化，实现信用互认。税务审计具体包括案头审计和现场审计两个环节。在案头审计中，应注重计算机审计手段，对接大企业的 ERP 系统，批量获取信息数据，运用区块链技术，在保证企业信息数据安全隐私和数据高度透明的基础上，分析、识别、锁定现场审计的对象；在现场审计阶段，要对企业内控机制的有效性进行测试，在测试过程中，基于区块链技术分布式网络的优势，信息数据会在各节点下相互独立，互不影响，数据储存后被遗失或者篡改的概率极低。同时，相关信息数据的更新会与其他节点同步，进而降低数据的获取成本，实现数据的高度透明，在审计阶段就杜绝篡改税收记录的行为，根据测试结果确定实质性测试的范围和内容，有针对性地开展审计查证，由税务机关投入征管力量，对不愿主动配合又涉嫌逃骗税的企业纳税人实行强制管理，进而完成整个税务审计工作。

三、财税一体化下区块链技术的应用

财税一体化管理以财税互联为中枢，其通过对企业的财、税、产、供、销等各环节的核算进行精细化管理，来提高企业对日常生产经营活动的管理能力，促进企业内外部资源的协调，提升企业的生产经营效率和管理效率，为推动企业的发展发挥重要作用。财税一体化管理简化了企业的财务管理工作，降低了财务与税收信息数据在转化中的风险，使业务、财务管理更加高效便捷①。

企业的财税风险是指因涉税行为而引发的风险，主要包括三个方面：①违反程序风险，即企业的某些涉税行为违反了税法及相关规定而受到处罚的风险；②少缴税风险，即企业的涉税行为不符合税收的法律、法规而受到处罚的风险；③多缴税风险，即企业财务核算行为适用税法不准确，多缴税款或重复交税等风险。区块链技术，凭借分布式存储、互联互通、不可篡改，以及数据公开、信息对称、高安全性等优势，可在财税管理中避免风险发生，使企业组织简单、市场策略灵活、业务流程快捷，突破以往财务、税收信息化核算相对分离的传统，简化财务管理工作，降低其税收及财务风险。企业在运营过程中可将自身的财务数据运用区块链技术共享在相关的数据系统中。从政府税务部门的角度来看，企业的财务运行数据可查，提高了政府征管审计工作的便捷性与准确性，能有效防止企业逃税漏税；从企业自身的角度来看，运用区块链技术将自身的财务数据共享在相应的系统中，可使少缴税、多缴税等问题不再发生。纳税人企业应将税务风险管理作为一项常抓不懈的工作贯穿企业管理的各个阶段，进而将财税风险控制在企业可以接受的范围内。

四、税收治理案例中区块链与大数据技术应用的比较

以税务风险控制为导向，从职能调整、流程再造、税源管理制度创新、系统升级改造、税务信息化建设等方面进行大数据的挖掘和分析，可达到信息共享、信息对称的目的。运用区块链技术可以看到每一个部门业务完成的力度与进度，大大降低工作的重复率，提升税收治理工作的绩效，实现“信息管税”的目标。本研究就江苏省地税与常州市地税基于大数据技术的税收治理调研案例进行分析，提出了相应的区块链技术应用的优化方案。

---

① 贾绍华．税务管理新论［M］．北京：中国财政经济出版社，2016.

1. 江苏省地税局：风险监控，提高税收管理精细化水平

江苏省地税局实行税源分类分级管理，进行税源专业化改革，以风险管理为导向，以还责还权纳税人为原则，在职能调整、流程再造、税源管理制度创新、大集中系统升级改造、税务信息化建设等方面均处于全国领先水平，特别在大数据的应用上具有很强的实践研究价值。江苏省地税局在数据采集、深度挖掘数据、发现数据价值、国地税合作、与其他部门及第三方之间共享信息、风险分析及风险应对等方面有很多先进做法。江苏省地税局在税源专业化管理过程中，要求各级税务机关根据税源结构及其风险特点对税源进行科学的分类，将税源管理职责在不同层级、部门和岗位间进行科学分工，以实现管理组织经营方向的专业化和员工岗位分工的专业化，从而实现管理质量和效率的提升，增强纳税遵从度，降低执法风险。江苏省地税局在税收治理方面运用大数据，不是停留在简单的数据获取层面，而是将数据进行深度的挖掘和利用，通过大数据信息比对技术进行风险识别，将风险划分为高、中、低三个级别并对应税务稽查、中等风险应对和提示提醒三种方式，最后利用大数据平台进行税收风险的后续监控。江苏省地税局以大数据思维构建税收风险防控管理系统，基础数据由政府各部门交换的第三方数据、互联网采集数据和税收征管数据组成。

江苏省地税局运用区块链技术中的密码学技术，使得税务部门与纳税人之间的税源信息、土地基本信息以及纳税人的个人信息高度透明化、不可篡改，具有历史可追溯性，将纳税人的纳税信息即时更新并与其信用挂钩，使政府部门与纳税人之间的信息有了安全保证，提高了政企之间互信度，实现了涉税数据共享的公平性、实时性和准确性。

2. 常州市地税局："以地供税"，构建地方税地理信息管理系统

国家税务总局和国土资源部于 2013 年 5 月联合下发通知，在全国开展"以地控税、以税节地"试点工作。税务部门利用国土资源部门提供的土地信息改进对土地税源的监管，国土资源部门利用税务部门提供的土地税源信息加强土地使用的管理。近年来，全国各省市地方税务局积极响应总局的号召，积极开展"以地控税、以税节地"试点工作，利用大数据技术构建信息管理平台，以信息化为支撑，着重研究地籍信息、房产信息、税源信息的综合利用，将从国土资源部门得到的与纳税人有关的各类数据，经处理和分析后与信息管理平台中的相关数据进行比对、分析，找出存在的风险点并进行实时推送，有关部门及时采取应对措施。

江苏省常州市地税局按照总局、省局关于开展"以地控税、以税节地"工作的指导意见，利用大数据技术构建常州市地方税地理信息管理系

统。地税部门与国土部门合作，将企业的地籍信息、房产信息通过国土部门的电子化地籍图和地理信息处理技术转化为地税部门所需要的土地税源信息，做到对土地税源信息的及时监控。通过常州市地方税地理信息管理系统可以直观地展示某一区域中某一纳税人的地理位置、占地面积、权证范围、税额标准等全部税源信息，税务人员可以根据平台展示直接获得企业的房屋、土地等税源信息。

信息管理系统中的风险模型可自动将关联匹配成功的土地信息和税源信息进行比对，将产生的风险可疑点推送至纳税人处自查确认，纳税人自查后仍旧存在疑点并且没有正当理由的认定为税收风险，纳入风险管理。通过运用国土部门宗地信息核查，2015 年累计增加应税土地税源登记面积 2 311.69 万平方米，增加应税房产原值 175.9 亿元。2016 年 1—9 月新增应税土地税源登记面积 1 091.57 万平方米，增加应税房产原值 210.02 亿元；累计补缴城镇土地使用税、滞纳金和罚款 14 824 万元，补缴房产税、滞纳金和罚款 9 121 万元。

在常州市地税局使用的地理信息管税系统中，也存在着一些可用区块链技术进一步完善的地方：①税源信息的隐私安全问题。其中，区块链中的密码学技术能够避免信息的泄漏问题，分散于多个节点中的数据都具有自身的高可靠性和独立性。②登记税源信息错误率问题。若在信息系统中出现登记错误的情况，可能会引起其他税源信息的失误，而应用区块链技术，使每一个节点的数据都独立，不可随意篡改，可减少单点错误，同时具有自治性与共识性。

五、区块链技术应用于税收治理中的探索与挑战

（一）区块链技术应用的探索

1. 为涉税数据共享提供新思路

涉税数据融于各种经济活动，数据共享必然存在一定的壁垒。为此，税务部门应积极推进取得多方共识的算法和规则体系，加速推进涉税信息共享法律、法规的立法，避免立法缺位导致涉税数据获取难，以及第三方数据大量融入导致数据沉淀和挖掘不足的问题。

2. 为税收信用体系建设提供新思路

区块链技术中的激励机制的使用可以更高效、更优化地分配激励措施，进而更好体现激励措施的公平性。假设在一个理想的主权区块链环境下，一名 A 级信用级别的纳税人的纳税数据会被反馈在区块链上，伴随着

数据块产生的周期，会产生一定的奖励或者税收优惠激励措施，即税务部门可按照该纳税人的纳税数据采取不同比例实施阶段性分配激励计划。这既能提高激励的效率，也能更便捷地实现税收信用的管理。

3. 为提升纳税服务效率与质量提供新手段

利用区块链技术，涉税企业在区块链上的所有交易记录均被保存下来，并且是不可篡改的，税务部门可以在征税管理的过程中更便捷地获取真实交易的信息数据，税款可以从企业银行账户自动扣除，纳税效率将大大提高。区块链去媒介的技术手段，使征纳双方均不需要涉税业务的中间机构介入，理论上税收征纳双方发生税务风险的概率将大大降低，既保障了税收在一定程度上应收尽收，也避免了纳税人重复缴纳税款的问题。数据信息的透明性与实时征缴验证可以将纳税流程变得更加简单和自动化，大幅度降低企业和税务机关的成本。

4. 为大幅度减少税收争议提供技术支持

税收争议的产生主要源于交易记录的不对称性，即纳税企业之间、政府税收部门与纳税企业之间的信息不对称性，区块链技术的使用有助于提高交易透明度，进而减少税收争议。2016 年，英国政府的《超越区块链》提出，区块链技术应用下的欧洲增值税体系可以增加透明度，“让黑市交易无处躲藏”，“用智能合约代替准税收合规经济”。因此，区块链技术的透明度和交易的可验证性是有效减少税收争议的重要支撑。区块链技术凭借数据透明、信息安全度高、用途广泛且具备较强的可塑性等优势，有望在税务治理领域实现更有价值的应用。

（二）区块链技术应用的挑战

“互联网 +” 背景下的大数据应用在很多领域都非常普遍。尤其在电子商务平台，企业能够根据消费者所点击选择商品服务的频次预测推断消费者的偏好，待消费者下次登录平台时推送消费者喜爱的商品服务类型，并在客户需求方面，通过大数据收集、发掘、分类，促使客户对平台产生信任与依赖等。

自我国发放电了票据以来，无纸化的办公在各行各业不断推进。现在电子商务的支付手段也在发生变化①，支付手段主要有信用卡支付、客户账户支付，以及电子货币支付。其中，信用卡支付与客户账户支付都是通过银行系统直接划款，交易风险系数较大；而电子货币支付，采取电子现

① 徐勤．电子商务的税收问题［J］．会计之友，2000（11）：16－17.

金与网络现金两种形式，以互联网为媒介，由第三方保险公司作担保，交易较为安全。但是这种电子货币支付会产生大量的数据与数据链，给税务部门的征管工作带来一定的难度。到目前为止，数据链的安全性，企业、政府之间的共享性和透明性仍处于一个初级阶段，并未实现信息数据的共享。因此，即使将区域链技术运用于政府税务部门，对于电子平台企业纳税的征管还是存在一定的难度。

在高速发展的信息时代，不论是政府政策的制定、商品的生产运输，还是市场终端都难免会面临信息数据暴露的风险。因此，区块链技术的使用是必然的，区块链技术可将政府税务部门与纳税企业的必要共享数据都链接在同一个数据库中，解决在传统税收模式下解决不了的信息难题。

参考文献：

[1] 许金叶，夏凡．区块链的产生根源及其本质［J］．会计之友，2017（13）．

[2] 钟玮，贾英姿．区块链技术在会计中的应用展望［J］．会计之友，2016（17）：122－125.

[3] 欧舸，金晓茜．浅谈税收大数据时代的金税三期工程［J］．中国管理信息化，2017（1）：136－137.

[4] 贾绍华．中国税收流失问题研究［M］．2版．北京：中国财政经济出版社，2015.

[5] 贾绍华，李为人．税务管理新论［M］．北京：中国财政经济出版社，2016.

[6] 徐勤．电子商务的税收问题［J］．会计之友，2000（11）：16－17.

二、税收筹划

1 “营改增”背景下PL汽车4S店的税务筹划

章 敏 李 新

【摘要】营业税和增值税作为两大主要税种，在我国的税收领域有着重要的地位。营业税改征增值税（以下简称“营改增”）工作的开展，历时较长，涉及面广，影响深远。自2012年8月起，此项改革极大促进了企业的发展。汽车4S店是人们购买汽车的主要途径，4S店的税负支出是一项重要的成本，对其财务状况和经营状况有着重要影响。依法纳税是每一个企业应尽的义务，汽车4S店如何在遵守法律规定的前提下进行税务筹划，从而达到降低税负的目的，提高企业经济效益是一个重要问题。“营改增”后，汽车4S店的税种主要是增值税和企业所得税，其中，增值税税率较高。增值税具有税基广阔，征税范围广泛，征收普遍和连续的特点。由此可见，增值税税务筹划的潜力以及可能获得的节税收益也较大，对其进行税务筹划的效果明显，汽车4S店进行增值税税务筹划势在必行。

【关键词】“营改增”　汽车4S店　税务筹划

【作者简介】章敏，湖北经济学院硕士
李新，湖北经济学院教授

2016年5月1日起，我国全面推行“营改增”试点工作，由原来的交通运输业、部分现代服务业扩展至房地产业、建筑行业、金融业、服务业等，营业税全面退出，我国税收制度得到进一步规范 。“营改增”的实施带来多重好处，具体包括：有效避免重复征税现象，降低企业税负；进一步细化产业分工，推动经济结构转变。汽车作为人们日常出行的工具，其供产销无疑也受到此次改革的影响。作为汽车销售的经营主体——汽车4S

店，如何通过税务筹划来达到降低经营成本的目的呢?

一、“营改增”的背景及主要内容

在我国现行的税收体制中，一直存在着两个流转税种——增值税、营业税。增值税主要是针对制造业，不存在重复征税；营业税针对服务业，存在严重的重复征税问题。这两种流转税在我国税收收入中占很大的比重。随着经济的快速发展，如今服务业在国内生产总值（GDP）中占比越来越大，继续征收营业税无疑会限制服务业的发展。另外，随着商品销售模式的转变，尤其是在“互联网+”的推动下，商品销售往往和服务一起配套提供给购买者，这就使得商品销售和服务很难分开交税，在某种程度上加大了商品销售单位的税负。所以，营业税改征增值税迫在眉睫。

2012年1月1日，国家选择经济发达的上海开展试点，选取上海市交通运输业和部分现代服务业作为试点对象，进行“营改增”试点。随着试点效果的显现，逐渐扩大“营改增”试点区域至北京、江苏、安徽、福建、广东、天津、浙江、湖北等8省市。2013年8月1日，营改增试点推广至全国，并将广播影视服务纳入其试点范围；2014年1月1日，又将铁路运输业和邮政业纳入试点范围，并在全国范围推广；2014年6月1日，电信业也被纳入试点范围并全面推广。随着试点地区、试点范围的逐渐扩大，“营改增”已初显成效。2015年5月1日，“营改增”试点范围扩大到建筑业、房地产业、金融业、生活服务业，并将所有企业新增不动产所含增值税纳入抵扣范围。至此，我国全面“营改增”工作拉开序幕，涉及各行各业。

“营改增”的实行，使得在我国实行二十几年的营业税彻底退出历史舞台，健全了我国的财税制度，完善了我国的税制，解决了营业税重复征税这一难题；有利于社会专业化分工，促进产业融合；有利于降低企业税收成本，增强企业发展能力；有利于优化投资、消费和出口结构，促进国民经济健康协调发展。在新形势下，逐步将增值税征税范围扩大至全部商品和服务，以增值税取代营业税，逐步实现对货物和劳务征收统一的间接税，使增值税覆盖绝大多数货物和劳务，符合国际惯例，也是深化我国税制改革的必然选择。

二、“营改增”与汽车4S店的关联

汽车4S店作为汽车销售、展示与相关后续服务的载体，在人们日常生活中占有一席之地。它的业务包括整车及零配件销售、维修与保养、代办保险服务、二手车置换、汽车价值评估服务、汽车信息咨询服务、汽车租赁、代办车牌、汽车索赔服务、检测服务等；其日常支出包括整车及零配件采购、广告策划及宣传费、场地租赁费、展览费、会议费、财务费用、差旅费、业务招待费、培训费等。依据“营改增”的规定，建筑业、房地产业、金融业、生活服务业等全部营业税纳税主体，改征增值税。这样看来，“营改增”似乎与汽车4S店没有什么关联，但汽车4S店的场地租赁费、广告策划及宣传费、差旅费、业务招待费、会议支出等都被纳入“营改增”的范围，可见“营改增”与汽车4S店息息相关。

也正是由于这种相关，本文将阐述在“营改增”这个大背景下，汽车4S店税务筹划的具体途径及要求。

三、PL汽车4S店税务筹划现状

PL汽车4S店将汽车生产、销售、服务结合，形成垂直经营模式，让客户能更为直接地享受到高品质的服务。以诚信、尊重为核心价值观，传递积极向上的品牌文化，续写品牌传奇。其业务主要包括整车销售、售后服务、索赔、原厂零件销售、保险金融服务、二手车、改装等。PL汽车4S店经过多年的发展，企业管理比较成熟，形成了一套比较完备的财务管理体制，能及时出具报表反映企业的财务状况（表1）。

表1 2014—2016年PL汽车4S店财务状况

项目	2014年	2015年	2016年
主营业务收入	30 201 701.30	72 849 202.00	149 541 070.00
主营业务成本	16 838 435.32	52 468 081.77	117 667 519.06
营业税金及附加	1 063 099.88	2 899 398.23	5 862 009.94
主营业务利润	12 300 166.10	17 481 722.00	26 011 541.00
减：营业费用	5 010 990.15	7 475 582.00	12 704 294.00
管理费用	4 506 267.00	4 337 648.00	5 337 287.00
财务费用	2 724 069.00	4 544 234.00	6 954 627.00
利润总额	58 839.95	1 124 258.00	1 015 333.00
净利润	44 129.96	843 193.50	761 499.75
净利率	0.15%	0.17%	0.33%

从表1可以看出，PL汽车4S店每年销售额都在3 000万以上，并且呈递增趋势，但并没有给4S店带来巨大的经济收益。当然，这与当前汽车行业总体发展速度放慢有一定的关联：一方面，汽车4S店的数量猛增；另一方面，其他行业的中小企业也纷纷进入该行业。汽车行业的单位销售成本极高，其库存占用了大量的资金，因此PL汽车4S店在扩大市场份额的同时，要通过其他途径来降低企业成本，从而增加利润。运用税务筹划对公司财务成本中占较大比重的税收支出加以科学规范和控制，对企业而言就变得非常重要。

四、"营改增"背景下PL汽车4S店税务筹划的方法

增值税税务筹划的方法主要有：①一般纳税人与小规模纳税人的税收筹划。选择不同类型的纳税人。②兼营、混合销售应纳税种的税收筹划。③销项税额的税收筹划。选择合理的销售方式、结算方式及销售价格，获得递延纳税利益。④进项税额的税收筹划。合理利用进项税额抵扣时间的规定，获得提前抵扣的利益；通过计算价格优惠临界点，合理选择购货对象。⑤税率的税收筹划。选择适用的税率，避免从高适用税率。⑥减免税、出口退税等税收优惠措施的使用。汽车4S店可根据其自身状况，选择合适的方法。本文将着重介绍以下几种税务筹划的方法。

（一）增值税纳税人的税务筹划

根据增值税纳税人的生产经营规模和会计核算是否健全将增值税纳税人分为一般纳税人和小规模纳税人，其征管方法、应缴税金的计算方法及税率是不同的。一般纳税人增值税的税率是17%，而小规模纳税人的税率一般是3%，所以，PL汽车4S店在进行税务登记时，可以根据自身的业务发展大小及需求等实际情况，合理进行企业分设及合并来进行纳税人类别的认定，分析并且选择对自身有利的增值税纳税人类别。此前，PL汽车4S店因为考虑到多注册公司会增加财务人员的工作量而选择作为一般纳税人来进行核算。

（二）混合销售的税务筹划

"营改增"之前，PL汽车4S店的维修、保养、美容等业务适用的税率是17%，这无形中使PL汽车4S店的适用税率上升，所以，PL汽车4S店要将业务进行划分。为了降低税负，企业可以将维修、保养、美容、保险理赔等服务与整体销售行为相区别。例如，将维修、保养、美容、保险

理赔等服务从PL汽车4S店剥离，成立一个新的小规模纳税人，这些业务的增值税适用3%的征收率，这样可以大大降低公司的税负。但是，在采用此种筹划手段时，PL汽车4S店应充分考虑这一操作方式所产生支出的大小，要与企业节税收益相比较，权衡利弊，立足长远，并考虑所经销的汽车品牌的厂家对经销企业是否有相关约束性规定等，做好协调衔接的相关工作，切不可“捡了芝麻丢了西瓜”。PL汽车4S店之所以选择按照17%税率来缴纳税款，是因为成立不久，维修、保养、美容等业务还不是很多，并未认真考虑长远的发展。

（三）期间费用的税务筹划

“营改增”之前，PL汽车4S店的人员出差、广告策划及宣传、土地租赁等外购服务取得的发票是不能抵扣进项税额的，但是“营改增”之后，这些外购服务所属的行业都被纳入增值税的征税范围。因此，PL汽车4S店人员在之后的业务活动中再取得与这些服务相关的增值税专票时，是可以用来抵扣进项税额的，这样就可以实现节税。但是，要确保PL汽车4S店人员取得真实、有效的增值税专用发票，并且在规定的时间进行认证。PL汽车4S店人员出差、广告宣传、土地租赁等取得的发票只是做报销用，所以，并没有严格限制取得的发票类型。

（四）营销业务的税务筹划

汽车4S店经常通过促销活动创造更多的收入，如购车赠礼、购车返利，这种业务经营方式导致该行业税收流失严重，面临税务风险。

1. 客户购车赠礼

客户在PL汽车4S店购买车辆时，可以得到4S店赠送的车辆装饰产品，如坐垫、挂饰、GPS等。4S店这种赠送促销，应对赠品费用做正确的税务处理。依据我国《增值税暂行条例实施细则》中的相关规定，“将自产、委托加工或者购进的货物无偿赠送给其他单位或个人，应视同销售货物进行税务处理，计提增值税销项税金”。在实际工作中，PL汽车4S店因为财务人员知识水平有限，在对礼品进行会计税务处理时，仅将其结转至主营业务成本，并未对其计提增值税销项税额。在对此类营销活动进行税务筹划时，PL汽车4S店可以采用多种促销方式，如降价促销，这样既可以通过降低价格吸引客户，又能够避免不必要的增值税税金。如果4S店采用赠送礼物的方式，则应注意向该商品的供应商索要增值税专用发票，这样在计提增值税时，可作为进项税额抵扣，从而有效减轻4S店税负。另外，如果打包销售，如附送精品、附件等，则应在合同中明确注明本合同价格包含精品、附件的价格且精品和附件发票与机动车发票分别开具。这样做，既为客户节省了购置税，企业也避免多缴纳增值税，实现双赢。

2. 客户购车返利

汽车生产商为刺激汽车 4S 店的销售，根据其销售情况给予一定的返利。根据相关规定，“商业企业向供货方收取的与商品销售量、销售额挂钩的各种返还收入，均应按照平销返利行为的有关规定缴纳增值税”。因此，汽车 4S 店在获得生产商给予的返利收入后，应按照规定对增值税进项进行转出，缴纳增值税。汽车4S 店对返利行为进行税务筹划时，在返利总额一定的条件下，可与汽车生产商沟通协商，提高与销售业绩不直接挂钩的促销费补助、广告费补助等的返利比例，降低与销售业绩相关的返利方式比例，从而降低 4S 店税收负担。在实际工作中，PL 汽车 4S 店因为各种原因而未与生产商沟通此类问题。

五、“营改增”背景下对 PL 汽车 4S 店进行税务筹划的要求

（一）管理层需要对税务筹划有正确的认识并加强对税收法律、法规的学习

税务筹划作为企业财务管理活动的重要组成部分，单凭财务部门是很难完成的，它需要管理层的重视，要贯穿于企业经营管理的全过程。因此，管理层要通过加强自身的学习，了解税务筹划对其实际经营的重要意义，积极给予支持。管理层对税务筹划的正确认识也有助于降低税务筹划的风险，避免因为自身法制观念淡薄、认识不正确而对税务筹划提出不恰当的要求。

（二）必须遵守不违反法律的原则

依法纳税是纳税人应尽的义务，依法征税是税务机关的法定职责。因此，PL 汽车 4S 店要准确把握税法，密切关注立法机构、行政机关做出的司法解释。纳税人若违反税收法律必然会受到法律制裁，因此遵守税法也就降低了税务筹划的风险，在不违法的前提下可以选择低税负方案。

（三）提高财务人员专业水平

提高财务人员业务水平，必要时可进行相关培训。无论是 PL 汽车 4S

店现有财务人员还是外聘的财务人员，务必确保他们知悉最新的各项优惠政策，必要时可以外聘专家对财务人员进行专业培训。而且，这种培训费用可以取得增值税发票。

（四）加强采购管理

PL 汽车 4S 店需要采购的项目繁多，不仅包括整车，还包括各种固定资产、零配件以及各种服务。这就需要采购部门明确分工，认真履行自己的职责。除此之外，还要将采购流程标准化，避免人为操纵采购结果；加强后期监管力度，采用数字化监控系统，提高采购的透明度。另外，对于采购的劳务，要确保采购人员取得真实的增值税专用发票。必要时，可以对这些采购人员进行培训。

除以上要求，PL 汽车 4S 店在进行税务筹划时，还需要注意加强与税务部门的沟通，充分利用中介机构判断税务筹划的可行性等。

六、结语

在“营改增”这个大环境下，PL 汽车 4S 店作为提供整车销售、零配件销售以及维修、保养、二手车等售后服务的服务型企业，应采取科学合理的方式对经营业务进行合理的会计处理和税务筹划，从而减少税收负担，降低经营成本，提高经济效益。

参考文献：

［1］吴雪莲．全面营改增后汽车 4S 店纳税筹划与规范管理探讨［J］．会计师，2016（16）：78－79.

［2］陆亚如．“营改增”试点企业如何进行增值税纳税筹划［J］．财会研究，2013（5）：45－47.

［3］李琼，杨帆．营改增对服务业的影响［J］．行政事业资产与财务，2015，19：37－38.

［4］任航．汽车销售企业税务管理研究［D］．长春：吉林财经大学，2016.

［5］吕连菊，邱茹芸．浅析“营改增”对企业财务管理的影响［J］．会计之友，2015（16）．

2 BEPS－CBCR 计划背景下我国税收征管存在的问题及解决对策

熊惠君

【摘要】自古以来，税收便是一个国家财政收入的主要来源，是国家作为“守夜人”的重要财力保障。而互联网、物联网的高度发展不仅便捷了人们的生活，还大大方便了企业的跨地域活动。不同国家的税收优惠政策不同以及国与国之间税收信息沟通的相互阻滞，使企业得以以转移定价等方式进行利润转移来避税，从而获取更高的经营收益。这不仅侵蚀了一国的税基，还造成严重的税收流失。针对这种现象，经济合作与发展组织（OECD）提出了 BEPS－CBCR 计划（Base Erosion and Profit Shifiting Country－by－Country Reporting），以求创造一个透明的国际税务信息交换机制，即使得纳税主体的所有收入在全球范围内公开透明，以解决国家税基侵蚀问题。目前，我国已经加入该行动计划，并承诺于2018 年完成首次金融账户涉税信息在国与国之间的共享。因此，本文拟对 BEPS－CBCR 计划的目的、特点、内容和操作流程及其他国家执行情况等进行研究，以我国当前税收征管现状为基点，指出税收征管方面存在的问题并提出解决对策，以促进 BEPS－CBCR 计划在我国顺利实现。

【关键词】税基侵蚀　利润转移　税收征管

【作者简介】熊惠君，江西财经大学

一、引言

经济基础决定上层建筑，生产力决定生产关系。这两句话表明随着经济、社会的发展，约束经济行为和社会行为的上层建筑——法律、经济管理等方面，都要随之改变，以适应经济基础的变化，并且可以通过生产工具和生产方式进行相应的表达。我们现在正处于一个发达且高速发展的信息经济时代，高新技术已渗透到日常生活的方方面面，如扫码支付、共享经济、在线理财、在线医疗等。这一智能化、网络化的社会发展模式，不仅是高新技术发展的产物，还是上层建筑适应经济基础发展的重要表达方

式。在互联网和物联网的发展日新月异的背景下，人们已不满足于便捷、快速地获取各类信息，高效地开展跨地域交易活动，个别人为了少缴纳或不缴纳税款，利用各国税收优惠政策的差异，通过转移定价等方式进行利润转移，以求获得更高的可支配经营收益。然而，由于国与国之间税务信息沟通会相互阻滞，例如瑞士拒绝向存款人所在国家提供存款人银行资金信息，这使得企业通过组建子公司或分公司向低税国家转移收入的避税行为十分常见，而国家税基却遭受侵蚀，税收流失严重。此外，随着经济和技术的高度发展，在线理财、P2P 和网络金融等模式使得纳税主体的收入来源变得多元化，甚至对于部分纳税主体来说，其非经营性或工资性收入来源占了其总收入的绝大部分，而这非经营性或工资性工资收入来源则容易成为脱离税务机关监管的影子经济（shadow economy）。再者，企业的离岸经济（offshore economy）等容易构成不受监管的地下经济，这一经济的规模存在以及持续扩大发展势必会造成国家税收的严重流失，不利于国家财政收入的持续增长和经济健康稳定运行。以上所述问题如果仅产生于一国国内，则可通过国内税务征管模式改革调整予以解决，而企业通过在不同国家设立子公司或分公司进行利润转移造成的国家税基侵蚀、税收流失的问题，涉及其他国家，便需要国与国之间相互沟通和配合。OECD 提出 BEPS－CBCR 计划便是出于这一目的。该计划旨在构建一个全球信息交换系统（Automatic Exchange of Information，AEOI），使得该计划内的成员国和地区能够通过该信息交换系统交换指定企业的财务信息和税务信息，以获得指定企业在全球范围内的实际收入和税收情况，反击企业避税行为。因此，本文拟从 BEPS－CBCR 计划的基本情况及其他国家执行情况等方面进行研究，以我国当前税收征管现状为基点，指出我国税收征管方面存在的问题并提出解决对策，以促进 BEPS－CBCR 计划在我国的顺利实现。

二、BEPS－CBCR 计划简介

（一）BEPS－CBCR 计划的定义及目的

BEPS－CBCR，英文全称为 Base Erosion and Profit Shifiting Country－by－Country Reporting，可译为税基侵蚀和利润转移国别报告。根据经济合作与发展组织（OECD）对 BEPS－CBCR 计划的定义可以总结得出：BEPS－CBCR 计划是指为了堵塞国际税收领域中企业通过采取税收倒置（tax inversions）或将无形资产转移到低税收管辖区域以避税或减少其母国税收负担的漏洞，由 OECD 组织的，各个国家自愿加入并签订协议，由协议内相互开放的成员国间交换跨国企业全球收入及其税收配置等财务和税收信息的协议计划。

通过定义，可以明确得出 BEPS－CBCR 计划当前实施的目的便是消除跨国企业通过设立子公司或分公司或转移定价等方式将大部分经营利润转移到低税率国家以少缴纳或不缴纳本国税收的行为，或使此类行为无效。因此，本文认为 BEPS－CBCR 计划的目的便是阻止国家税基侵蚀和防止国家税收流失。

（二）BEPS－CBCR 计划的特点

本文认为 BEPS－CBCR 计划主要有以下特点：

1. 自愿性

BEPS－CBCR 计划是由 OECD 组织的，各国自愿加入，交换其所在国指定企业财务信息和税务信息的行动计划，因此，BEPS－CBCR 计划是出于国家自主意愿进行国与国之间企业财务信息和税务信息自主交换，具有自愿性特点。

2. 选择性和交换性

BEPS－CBCR 计划中的信息交换并不是说全球范围内任何一个国家只要加入该计划便可以获得另一个国家企业的财务信息和税务信息，而是要参与该计划的国家之间签订了以下三项税收协议之一的才可以相互开放，交换企业财务信息和税务信息。该三项税收协议分别为：OECD 公约（OECD Convention）、双边税收条约（Bilateral Tax Treaties）和税务信息交换协议（TIEAs，Tax information exchange agreements）。

3. 统一性和协调性

BEPS－CBCR 计划中要求各国提交的内容分别为主文件（Master files）、本地文件（Local files）和国别报告（Country－by－Country Report）三项，具体提交内容又可细分为企业集团下在不同税收管辖区域内开展业务的子公司或分公司拥有的员工数、固有资本量、留存收益、有形资产、详细的业务活动信息等。此外，为了使得国内企业能如期交换跨国企业财务信息和税务信息，各国分别从其国内立法、税收管理、电子税务技术等方面加以改进，使得国内税务征管水平和 BEPS－CBCR 计划相协调，因此，BEPS－CBCR 计划具有交换内容的统一性和各国行动的协调性的特点。

4. 广泛性

要使得跨国企业信息透明化，阻止企业的避税行为，就要彻底打破国家间企业信息的相互阻滞，而要实现这一目的，便要求尽可能多的国家和地区加入 BEPS – CBCR 计划。截至 2016 年 6 月，包括中国在内，已有 82 个国家和地区签署了该计划，20 个国家和地区承诺加入该计划。因此，BEPS – CBCR 计划具有广泛性的特点。

5. 保密性

关于纳入 BEPS – CBCR 计划内交换的跨国企业财务信息和税务信息是否应该公开，OECD 和各国均有不同的看法，OECD 认为可以公开，而 BEPS – CBCR 计划下成员国大都认为交换国家应对交换信息进行保密。本文认为，根据 OECD 的要求，公开跨国企业的财务信息和税务信息至少在近期内不可行。因此，当前的 BEPS – CBCR 计划具有保密性的特点。

（三）BEPS – CBCR 计划的内容和操作流程

1. BEPS – CBCR 计划的内容

BEPS – CBCR 计划的内容主要包括三块，即主文件（Master Files）、本地文件（Local Files）和国别报告（Country – by – Country Report），处理要求和侧重点各有不同，如表 1 所示。

表 1　BEPS – CBCR 计划内容

	处理要求	侧重点
主文件（Master Files）	• 整个集团的“蓝图” • 对每一个相关税务机关开放 • 由母公司在纳税申报截止日前审查/更新	• 有关该集团全球业务的关键信息，包括公司业务运营的高层概况以及与企业无形资产和融资有关的全球转移定价政策
本地文件（Local Files）	• 关注具体的公司间交易 • 直接向当地税务机关提交 • 不晚于当地纳税申报填报期内完成填报	• 本地企业与关联方之间交易活动的相关信息
国别报告（Country – by – Country Report）	• 综合税务管辖权范围的信息 • 对每一个相关税务机关开放 • 在财政年度结束后最长不超过一年时间内由母公司完成报告填报	• 所有集团成员的关键财务信息

资料来源：2016 Deloitte Touche Tohmatsu Tax Services Sdn Bhd。

2. BEPS – CBCR 计划的操作流程

BEPS – CBCR 计划的实现是通过各国在全球信息交换系统（AEOI）上

相互交换指定企业的财务信息和税务信息实现的，具体操作流程如图1所示。

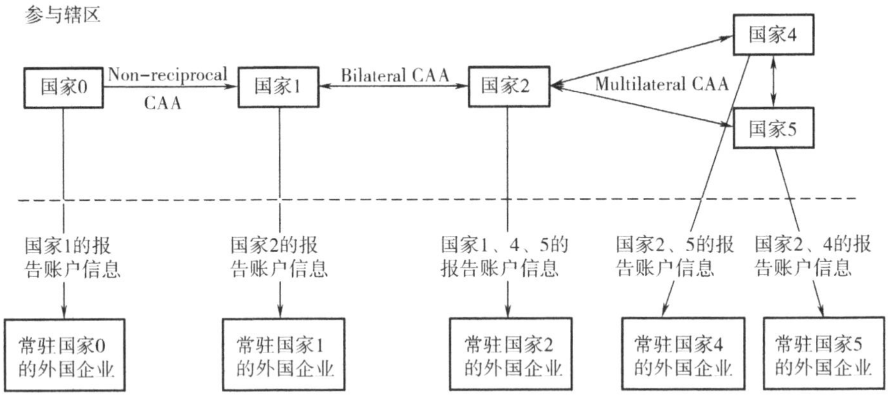

图1　BEPS－CBCR计划下各成员国信息交换

注：该图假设条件为参与国之间签订非互惠性的主管机关协议、双边或多边主管当局协议（Non－reciprocal、Bilateral or Multilateral Competent Authority Agreement，Non－reciprocal CAA或Bilatera CAA或Multilateral CAA）。

资料来源：2016 Deloitte Tohmatsu Tax Services Sdn Bhd。

图1中有五个国家，分别为国家0、国家1、国家2、国家4和国家5。其中，国家0和国家1之间签订了非互惠性的主管机关协议（Non－reciprocal CAA），国家1和国家2之间签订了双边主管当局协议（Bilatera CAA），国家2、国家4和国家5三方签订了多边主管当局协议（Multilateral CAA）。那么，根据计划下各成员国之间所签订的协议情况，每个成员国可以通过全球信息交换系统获取信息的情形分别为：国家0可以获取国家1的报告账户信息，国家1可以获取国家2的报告账户信息，国家2可以获取国家1、国家4和国家5的报告账户信息，国家4可以获取国家2和国家5的报告账户信息，国家5可以获取国家2和国家4的报告账户信息。

三、BEPS－CBCR计划在其他国家的开展情况

（一）BEPS－CBCR计划的签署概况

以首次信息交换时间为划分标准，可以将参与国家和地区分为两类：于2017年进行首次信息交换的司法管辖区和于2018年进行首次信息交换

的司法管辖区，具体如表2所示。

表2 BEPS－CBCR计划首次信息交换的国家（地区）概况

于2017年进行首次信息交换的司法管辖区		于2018年进行首次信息交换的司法管辖区	
已签署国家（地区）（53）	承诺签署国家（地区）（3）	已签署国家（地区）（29）	承诺签署国家（地区）（17）
安圭拉岛、直布罗陀、荷兰、阿根廷、希腊、纽埃岛、巴巴多斯、格陵兰、挪威、比利时、波兰、格恩西岛、百慕大、匈牙利、葡萄牙、英属维尔京群岛、冰岛、圣马力诺、保加利亚、印度、塞舌尔、开曼群岛、爱尔兰、斯洛伐克共和国、哥伦比亚、英国属地曼岛、斯洛文尼亚、克罗地亚、意大利、南非、库拉索岛、泽西岛、韩国、塞浦路斯、朝鲜、西班牙、捷克共和国、拉脱维亚、瑞典、丹麦、列支敦士登、特克斯和凯科斯群岛、爱沙尼亚、立陶宛、联合王国（英国）、法罗群岛、卢森堡、芬兰、马耳他、法国、墨西哥、德国、蒙特塞拉特	多米尼加岛、罗马尼亚、特立尼达和多巴哥	阿尔巴尼亚、日本、安道尔、马来西亚、安提瓜和巴布达、马绍尔群岛、阿鲁巴岛、毛里求斯、澳大利亚、摩纳哥、奥地利、新西兰、伯利兹、俄罗斯联邦、加拿大、圣基茨和尼维斯、智利、圣卢西亚岛、中国、圣文森特和格林纳丁斯群岛、库克群岛、萨摩亚、哥斯达黎加、圣马丁、加纳、瑞士、格林纳达、印度尼西亚、以色列	巴哈马群岛、沙特阿拉伯、巴林、新加坡、巴西、土耳其、文莱达鲁萨兰国、阿拉伯联合酋长国、香港（中国）、乌拉圭、科威特、瓦努阿图、黎巴嫩、澳门（中国）、瑙鲁、巴拿马、卡塔尔

资料来源：2016 Deloitte Touche Tohmatsu Tax Services Sdn Bhd（经整理）。

（二）BEPS－CBCR计划的国际执行概况

执行之初，各参与国和地区大都根据BEPS－CBCR计划的要求对税务管理或电子税务系统等进行跟进和调整，希望如期顺利实现企业财务信息和税务信息的跨国交换。例如：印度对其所得税法中有关数据收集和报告这一部分内容进行了修正；新西兰政府与其金融服务业协商并确定增加的遵从性负担；澳大利亚与其业界开展了协商；中国香港与业界就税务总局执行BEPS－CBCR计划立法建议进行了探讨；中国内地致力于税收数据收集和税收征管系统的构建。

总而言之，各国和地区都根据自身的具体情况，从单方面或多方面进行调整，以使其国内情况与 BEPS－CBCR 计划要求相接轨，从而为顺利实现企业税务信息的跨国交换做准备。在这一过程中，大部分国家和地区处于积极准备的状况，但也有国家和地区抱坐观态度，如美国；甚至还出现了已签署该计划的参与国的司法机关表示反对的情况，如法国。

1. 法国：反对 BEPS－CBCR 计划

2016 年 10 月 1 日，法国在官方报纸上发布第 2016－1288 号法令，在其 2016 年《金融法案》（*Finance Act*）中引入并执行 CBCR 标准。该套标准于 2016 年 1 月 1 日后的财政年度执行，仅适用于上一年度合并收入不少于 7.5 亿欧元的跨国集团。

2016 年 11 月 8 日，法国国民议会通过了第 830 号法律。这项法律中有一项关键举措便是在法国商业法典的一项新条款 L. 225－102－4 中提议采用公共 CBCR（Public CBCR）。第 830 号法律 137 条第 1 段要求合并收入超过 7.5 亿欧元的企业公开报告对其利润的征税情况。根据这一规定，企业必须年度公开报告其在每一欧盟成员国运营子公司或分公司诸如员工数量、净收入、税前收入、所得税及留存收益等内容。

参议员和众议员认为公共 CBCR 会让竞争对手轻易获得企业的工业和商业战略，不利于私营企业发展。因而，2016 年 12 月 8 日，法国宪法委员会发布第 2016－741 号决定，该决定指出第 830 号法律 137 条（即公共 CBCR）违宪。

2. 美国：抱观望态度

美国尚未加入 BEPS－CBCR 计划，其原因可以从 2016 年 9 月 28 日在马德里举行的国家财政协会（IFA）上路透社记者对美国财政部副助理秘书长（国际税务事务）罗伯特·斯塔克（Robert Stack）的采访中得出。罗伯特·斯塔克指出，BEPS－CBCR 计划需要提交一个主文件和本地文件，然而这两类文件对于美国来说在判别转移定价的合理性方面意义不大，因为美国已经有足够多的纳税申报表，足以充分获取在美投资企业的相关信息，因此，主文件和本地文件只不过是重复了这些工作，对美国来说并没有意义。同时，罗伯特·斯塔克也表示，这一观点可能也会随时间而改变，关于未来是否加入 BEPS－CBCR 计划，则取决于美国税务总局和美国财政部对其获取到的信息质量和未来需求。

3. 葡萄牙：推迟首次信息交换时间

2016 年 12 月 12 日，葡萄牙财政部长 Fernando Rocha Andrade 发布第 254/2016XXI 号命令，将 CBCR 的截止日期由 2016 财政年度延长至 2017

年5月31日。

根据葡萄牙国别报告要求标准，集团企业必须在相关财政年度结束时，以电子方式向葡萄牙税务局提供电子身份和申报实体的所辖税务所。然而，由于提供通知的电子方式尚未最终敲定，因此，葡萄牙财政部决定将CBCR的截止日期由2016财政年度延长至2017年5月31日。

4. 奥地利、德国、瑞士、新加坡等国：加紧国内调整

为了BEPS－CBCR计划的顺利开展，奥地利、德国、瑞士、新加坡等国加紧国内调整。

奥地利从国别报告的提交对象、提交时间和过失处罚等方面加紧了调整。

关于国别报告的提交对象，奥地利明确指出：一个跨国集团在上年合并收入至少7.5亿欧元以上必须提交一份国别报告，以了解其全球收入、税收和商业活动的分布情况，提交报告人员为满足以下条件之一者：①成立于奥地利的母公司；②代表母公司的奥地利常驻子公司。

其中，代表母公司的奥地利常驻子公司如果满足以下条件之一的才需要代表母公司提交国别报告：①母公司所在居民国或地区不需要提交国别报告；②母公司所在国或地区尚未签订协议；③母公司所在国存在系统性错误导致无法提交国别报告（暂停执行BEPS－CBCR计划或无法提交报告）。

关于提交时间和过失处罚，奥地利规定本地文件必须在销售年度的最后一天起的12个月内提交。如果纳税人故意不提交或故意提供不准确的报告信息，那么将对其处以高达8万欧元的罚款（重大过失为25 000欧元罚款），疏忽导致信息不正确的情况除外。此外，提交的整套文件（主文件、本地文件和国别报告）可以使用英语或德语。年度国别报告必须在销售年度结束后的15个月内提交，第一次信息交换从2016年1月1日开始计算的销售年度结束日后的18个月内完成。

最后，奥地利还规定了如果奥地利居民跨国集团的单个业务单位在上一个销售年度里收入超过5 000万欧元或佣金收入超过500万欧元，必须向税务机关提交一份主文件和本地文件，用以评价集团内部转移定价是否合理，且在收到税务局请求后30天内提交该文件给税务机关。

2016年2月26日，德国联邦委员会发布了第47/16号决定，计划在2016年推出几项与BEPS相关的措施，其中包括CBCR。2016年4月12日，德国联邦财政部颁布了一项有关执行CBCR的法律草案，该草案的内容与OECD的BEPS第13项行动建议完全相同并且打算对从纳税人那里获

得的任何 CBCR 信息采取保密措施。当前，德国规定只有对德国纳税人收入有重大影响的非常规交易（如重组）才需要提交年度转移定价报告，并且在会计年度结束后 6 个月内完成该报告的填写。

瑞士 CBCR 立法与 OECD 的 BEPS 第 13 项行动一致，但不建议采用主文件和地方文件。企业提交的 CBCR 报告在报告结束后 12 个月内用英语、德语、法语和意大利语进行归档。对不遵守规定的企业罚金将高达 25 万瑞士法郎。CBCR 于 2018 年在瑞士生效，2020 年进行首次 CBCR 信息交换。在 2018 年之前，纳税人可以自愿提交国别报告，然后在保持 CBCR 数据的机密性的同时由瑞士向其他参与国传送报告。

2016 年 10 月 10 日，新加坡税务总局就国别报告在国内发布了电子税务指南（e－Tax Guide）。该指南主要向纳税人提供以下信息：国别报告的目的、提供国别报告的职责意义、如何填写国别报告以及如何向税务局提交国别报告。

当前，国际上除了美国对 BEPS－CBCR 计划保持观望态度以及法国司法机关持反对观点之外，大部分国家还是积极配合执行的。

四、我国税收征管现状及存在的问题

我国税收征管方面存在的问题是阻碍我国顺利实现 BEPS－CBCR 计划的绊脚石，只有清楚认识我国税收征管现状及存在的问题，才能有效地解决问题，顺利实现 BEPS－CBCR 计划。

（一）税收征管制度存在缺位

经济基础决定上层建筑，上层建筑反作用于经济基础。税收征管制度这一上层建筑的具体内容必然要受制于实际的经济基础，并制约着经济基础的发展变化。在我国，《税收征管法》自 2001 年修订过后至今尚未再有任何变动，但我国的经济却发生了巨大的变化，单从这一层面上来讲，税收征管制度对经济发展形势而言存在着滞后性，甚至在某些方面存在一定的管理缺位，如电子商务方面的税收征管。

此外，我国税务专家刘锁生和王进也曾就我国现有税收征管制度存在的缺陷指出：我国对税务机关获取第三方信息的权利，以及第三方向税务机关提供涉税信息的义务尚缺乏明确的法律支持。也就是说，现行的《税收征管法》仅对税务机关获取的相关信息做了一般性规定，尚未就提供数据的义务、种类、内容、范围、时限和形式做出具体安排，甚至对不提供涉税信息的行为也未制定强制性处罚措施①。这一情况使得税务机关在信息采集方面处于不利的被动地位，加大了税收征管的难度。

（二）税收征管效率偏低

本文认为，我国税收征管效率偏低的原因主要来自三个方面：

第一，《税收征管法》内容滞后造成税收征管制度缺位，致使税务机关无法高效地获取相关税务信息，降低了税收征管效率。

第二，我国政府各部门各划领地，数据共享性差，因此，当税务部门想要获取其他部门信息时要花费更多的时间和精力，提高了行政成本，降低了税收征管效率。

第三，我国未来税制改革方向是以所得税为主体的，企业所得税必然是未来税收收入的重要组成部分。随着经济的发展，企业经营业务更加多元、业务活动更加复杂，对于企业复杂的交易活动事项定性、定量难，税务机关内部都可能存在不同口径，因此，急需既精通财务知识又通晓税务知识的复合型人才，而这类人才的缺乏也是造成税收征管效率偏低的一个原因。

（三）税收征管技术手段落后

我国税收征管技术落后这一问题在业界已达成毫无争议的共识，主要体现在以下三个方面：

第一，数据交换方式落后，跟不上大数据时代下网络技术的发展。当前涉税信息交换工作仍以手工方式为主，交换数量小、交换速度慢、更新频率低、数据准确性差。

第二，数据处理能力弱，税务部门之间存在数据隔离。信息技术的发展大大拓展了涉税数据的来源渠道，增加了税务部门可获取的税务数据种类和数量。然而，仅依靠传统的税务处理手段不能有效解决税务数据的采集、存储、分析和使用问题，急需建立功能强大的信息处理系统。我国税务部门现有的税务系统，主要用于处理单业务模块，不仅系统应用性差、运行缓慢，还使各部门和各业务单位间的数据隔离，不利于提高我国税收征管效率。

第三，缺乏有效的技术制约。这一现象主要由两点原因造成：一是税务机关对数据共享工作的重要性认识不足，造成效率低下；二是绝大部分

---

① 刘锁生，王进．大数据时代的税收征管研究［M］//第十届中国税收筹划研究会年会论文集．北京：首都经济贸易大学出版社，2017.

信息还尚未纳入信息交换范围内。

（四）政府各部门间缺乏信息共享机制

我国工商、税务等部门各划领地，数据各自收集，且相互之间信息不共享的情况由来已久，这一现象从我国各部门发布的数据常出现差异也可以反映出来。政府各部门间信息不共享，不仅会造成单个部门在执行职责过程中需要花费更多的时间和精力去获取相关信息，增加了行政成本，降低了行政效率；还会给不良企业或个人以可趁之机，借政府部门之间信息不共享、信息不对称之便，做出有害于国家和社会之事，如少缴税。

五、我国税收征管问题的解决对策

我国当前的税收征管，不仅面临提升国内税收征管水平的问题，而且面临与 BEPS – CBCR 计划的顺利执行相配合的问题。本文对我国税收征管方面存在的问题提出如下解决对策。

（一）完善《税收征管法》，构建合理的税收征管制度

前文已经明确指出，我国《税收征管法》自 2001 年修订过后至今尚未有任何变动，然而我国的经济却发生了巨大的变化。当前我国《税收征管法》对我国现有经济形势适用性存在相当大的滞后，在很多领域内限制了税务机关的执行力度。因此，要加快完善《税收征管法》，构建合理的税收征管制度，填补法律和经济之间的缝隙，使得《税收征管法》能有效地服务于经济基础。本文认为可以从以下三点进行完善：

第一，构建第三方信息配合制度，明确第三方向税务机关就以下内容承担配合义务：提供数据的种类、内容、范围、时限和形式。

第二，制定第三方不向税务机关提供涉税信息的处罚措施。由于当前《税收征管法》未明确第三方向税务机关的配合义务，使得第三方可以以法律未明确规定或信息保密为由拒绝向税务机关提供涉税信息。然而，仅仅明确第三方信息配合义务，而不能对不配合情况予以惩罚，可能造成第三方信息配合制度执行效果差，因此，有必要制定第三方不向税务机关提供涉税信息的处罚措施。

第二，强化税款追缴手段。纳税主体热衷于采取各种方式避税的原因之一是，避税节省下来的收益有时可能超过其某业务单元的经营收入，或者逃税成本小于逃税所带来的收益。本文认为，如果仅仅收集涉税信息而缺乏有力的税款追缴措施，不能算是合理的税收征管制度。因此，要强化

税款追缴手段，事前和事后对少缴纳或不缴纳应缴税款的纳税主体进行全面监管，才能有效地解决税基侵蚀和税收流失等问题。

（二）加快电子报税技术的研发和试行，强化数据采集和共享

BEPS－CBCR 计划主要是计划内的成员国和地区向全球信息交换系统（AEOI）上传指定企业的财务信息和税务信息，并与协议国家进行信息交换，从而全面掌握指定企业在全球范围内的实际收入和纳税情况，以打击本国企业避税行为，进而防止本国税基侵蚀和税收流失。这一计划的实现要求参与国家和地区有完善的电子报税技术手段，能有效地收集本国和地区企业财务和税收信息。从国际上 BEPS－CBCR 计划的执行情况来看，新加坡已在国内发布电子报税指南；葡萄牙因为尚未敲定合适的电子通知技术，将首次交换信息时间延后；而我国虽还未到承诺的首次交换信息时间，但是以我国现有的电子报税技术，恐难以如期完成目标。因此，加快电子报税技术的研发和试行、强化数据采集和共享便是要解决的当务之急。

（三）建立工商、税务等各部门联网系统，实现跨部门数据共享

工商、税务等各部门之间信息不共享：一方面，提高了各部门间的行政成本，降低了行政效率；另一方面，给纳税主体以谋求私利的空间，加大了涉税风险。因此，有必要建立政府各部门间信息共享机制，创立工商、税务等各部门联网系统，实现跨部门数据共享，使企业信息透明化。这不仅有利于与 BEPS－CBCR 计划的配合，还有利于提高纳税主体的税收遵从度，降低税收征收成本，提高税收征管效率。

（四）培养既懂税务又通晓财会的专业人才，提高税收征管效率

随着高新技术的发展，经济业务向多元化、高度专业化方向发展，纳税主体交易活动的复杂化使得交易业务涉税情况及税款征收情况定性、定量难，对于某些较为复杂的经济业务，税务机关之间甚至难以持统一口径。这一方面是由于业务的复杂度较大，另一方面也可能是我国缺少既通晓税务知识又精通财会知识的专业人才造成的。为了更好地提升税收征管效率，与国际接轨，可以和实践经验丰富的税务师事务所、会计师事务所合作，对税务人员进行定期培训或定点沟通，共同促进我国税收征管水平的提高。

参考文献：

[1] DAVID CHAMBERLAIN，张宇 . BEPS 以后的转让定价：一种全新的模式？［J］. 税务研究，2015（10）：99－102.

[2] 何杨，张慧祎 . BEPS 行动计划对政府及企业的影响分析［J］. 国际税收，2016（12）：12－15.

[3] 寇歆宇 . BEPS 背景下我国反避税管理的挑战与对策：基于转让定价视角［J］. 时代经贸，2016（11）：22－24.

[4] 李旭红．“互联网＋”背景下的税收管理创新［J］. 税务研究，2016（11）：121－124.

[5] 刘静，张亭亭，连阿凯．“互联网＋”背景下第三方涉税数据的税务应用实践［J]. 长沙大学学报，2016，30（6）：44－46.

[6] 刘奇超，何建堂，徐惠琳．论欧盟在打击 BEPS 方面的功能定位与具体行动［J]. 国际税收，2015（7）：52－55.

[7] 刘锁生，王进．大数据时代的税收征管研究［M］//第十届中国税收筹划研究会年会论文集．北京：首都经济贸易大学出版社，2017.

[8] 马伟，刘茵莹，黄宗寅．对 BEPS 行动计划应用实践的思考［J］. 国际税收，2017（3）52－56.

[9] 唐跃，王超，薛剑秋，等．“互联网＋”背景下大数据对现代税收管理的影响［J］. 税务研究，2016（10）：108－112.

[10] 赵颖璐，姚懿娜．“互联网＋”环境下的税务管理分析［J］. 经贸实践，2016（9）：170.

[11] Portugal Extends Deadline for Country－by－Country Reporting Notifications［EB/OL］. https：//tax. thomsonreuters. com/blog/checkpoint/portugal－extends－deadline－for－country－by－country－reporting－notifications.

[12] Austrian Ministry of Finance Issues Draft Transfer Pricing Documentation Legislation［EB/OL］. https：//tax. thomsonreuters. com/blog/checkpoint/Austrian－Ministry－of－Finance－Issues－Draft－Transfer－Pricing－Documentation.

[13] Germany Initiates Consultation on OECD CbCR Exchange Multilateral Agreement［EB/OL］. https：//tax. thomsonreuters. com/blog/checkpoint/germany－initiates－consultation－on－oecd－cbcr－exchange－multilateral－agreement.

[14] Switzerland Initiates Consultation on OECD CbCR Exchange Multilateral Agreement［EB/OL］. https：//tax. thomsonreuters. com/blog/checkpoint/switzerland－initiates－consultation－on－OECD－CbCR－Exchange－Multilateral－Agreement

[15] Singapore：Country－by－Country reporting－IRAS releases guide［EB/OL］. https：//tax. thomsonreuters. com/blog/checkpoint/Singapore－Country－by－Country－reporting－IRAS－releases－guide.

3　我国房产税制改革研究

陈延光

【摘要】2016年5月1日，房地产业适用税率由原来5%的营业税改为11%的增值税，这标志着“营改增”试点的全面推开。随着房地产业征收增值税，房地产税立法的呼声日益升高，也成为当前税务改革中的重要难点。房地产税立法面临的首要问题就是对房地产税的功能定位作出准确界定，它是房地产税制度设计的科学性和合理性的前提；其次是房地产税的税制要素设计应体现“普遍”和“公平”原则，房地产税税收政策的设计应尽量保证居民的基本生活需求；最后还要保证房地产税的征收管理与配套措施的可行性。

【关键词】房地产业　营改增　房产税　立法

【作者简介】陈延光，北京银行股份有限公司深圳分行

一、房地产税的功能定位

科学、合理的功能定位是房地产税立法最为关键的问题，其在功能定位方面面临三个问题：①房地产税作为新增的地方税种，能否作为地方主税种；②房产税是否有助于调节房地产市场，去除存量房，平抑房价非理性上涨；③房产税是否有对社会财富“二次分配”的调节作用。

首先，房地产税是在“营改增”导致地方税收收入大幅减少的背景下提出的新税种，其能否成为继房地产营业税后新的地方税主税种备受关注。但根据上海市房产税试点的反馈结果，其三年试点期间对个人征收的房产税总收入不超过4亿元，金额相对其他税种而言较小，难以作为地方主税种。

其次，房地产税税基的确定及更新相对于市场价格有一定的滞后，在非理性房地产市场中，房价的高速上涨足以弥补房地产税征收带来的损失，故而房地产税对于当前市场平抑房价的作用可能并不明显。另外，目前房产全国联网查询系统尚未完成，对异地房产的房地产税征收难度较大，在挤出存量房方面可能会收效甚微。

最后，房地产税属于财产税，可以在一定程度上对近几年通过房产投机积累大量财富的人群征收可观的财产税用于社会财富的“二次分配”，有助于调节社会财富的分配，缩小社会贫富差距。

二、房地产税的税制要素

（一）房地产税的征收问题

房地产税征税范围应该本着“普遍征收，公平公正”的原则来进行划定，但实际施行仍面临着巨大的困难。鉴于历史问题和特殊国情，我国商品房、两限房、经适房、军产房、集资房、回迁房、城市房、农村房、安置房等性质各异的房产理应区别对待，完全产权房、半产权房以及历史体制遗留下来的企事业单位无产权承租房也需要加以区分。从税收公平角度来看，针对廉租房、经济适用房等政策扶持性住房施行免税或税收优惠政策较易于为社会接受，借鉴仅对“高档房”征收房地产税的重庆经验也不失为一种方法。但对于普通的商品房、集资房、回迁房等房产的征税，则是一个处理难点，需要审慎对待。

从纳税人的设定来看，多地机关认为房地产税应以家庭为纳税人（纳税单位）。其理由在于：一是住房产权与产权登记人并不等同，住房产权一般由产权登记人及其家庭成员共有，住房的消费更多的是家庭行为，故而以家庭为纳税单位征收房地产税较为合理；二是以家庭为纳税单位征收房地产税同现有的户籍管理制度相匹配，便于房地产税的征管。但浙江省税务机关持反对意见，其认为：房产权属证明上不以家庭进行登记且家庭不作为普通意义上的法律单元，纳税人应确定为持有房产的单位或个人；对于夫妻共有的房产，夫妻双方均作为纳税人施行分别申报或联合申报；对于纳税人之间按比例共有的房产，则依据比例分别申报缴纳房地产税。

同时，房地产税的征收除了要整合现有税费，还面临历史遗留问题。房地产税的征收应该先解决土地 70 年使用权问题。我国房地产产权是双重产权体制，产权人享有的是房屋所有权和土地 70 年的使用权。无论从理论上来说，还是在国外的房地产税实践中，永久产权作为征税对象都是房地产税的应有之义。我国 70 年土地使用权的问题不解决，便缺乏开征房地产税的依据，难以服众。

（二）房地产税税率问题

房地产税立法的核心问题在于税率设计，这也是众多专家学者讨论最为激烈的问题之一。但众多专家学者一致认为，对房地产税的税率应在进行充分的分析评估后科学合理地设定，避免对经济社会的稳定发展造成负面影响。我国房地产相关税负众多且多为间接税，从最初的土地出让到最后的房屋出售，多种税费布满整个交易环节，部分地区房地产税费多达80余项，其中包括交易环节的营业税、土地增值税、印花税、契税、城建税及教育费附加，以及保有环节的城镇土地使用税、房产税等多个税种。考虑到我国居民实际税负压力和房地产现有多种税费的情况，房地产税的立法应该着力于减轻税负，这也同国家“营改增”税改过程中“不增加税负”的原则相一致。为了保证“不增加税负”的原则不变，新的房地产税需要对现有的房地产税费体系进行整合设计，改变现行房地产税收“重交易、轻保有”的现状，逐步将现行的房地产税种进行协调合并以消除重复征税。

但新的房地产税对个人征税是从无到有的，对企事业单位用房征税是由按原值征税改为按评估值征税，均属于增税措施，所以房地产税的税率设计应充分考虑税负变化带来的影响。为避免房地产税的征收对经济、社会产生震荡，在税率设计时，应坚持税负从低的原则，以不增加纳税人的总体税负为限。当然，不管使用何种税率，都需要给地方政府留下充足的空间。目前，在税率的设计上应考虑差别化，可根据住房的不同区域、不同性质、不同档次等条件设置不同的税率，以房地产评估值作为税基进行征税，可以采用比例税率和定额税率两种征税方式。比例税率方便易行，可由中央统一确定税率幅度，并授权地方结合自身实际确定不同税率的征收标准。定额税率则是对不同的征收标准分别设立缴税额，从而降低征税成本。但需要注意的是，我国房地产价值评估体系尚未完善，对房地产评估价值往往存在争议，以房地产评估值为税基的房地产税征收可能较易引起纠纷。

（三）房地产税税收政策

房地产税应设计比较宽泛的税前扣除和税收政策，以保障居民的基本居住需求。这些政策设计应尽可能宽泛，以体现公平与人性化。

1. 税前扣除的几种建议

调研中，各地税务机关均提出了关于税前扣除的建议。这些关于税前扣除方法的建议可以归纳为以下几种观点。

（1）按家庭成员的数量乘以每人可扣除居住面积：

河北的税务机关认为，房地产税应按家庭成员的数量乘以每人可扣除居住面积（如家庭成员每人扣除60平方米）作为家庭扣除标准。同一家庭住房应包括其在不同地域拥有的所有住房，按标准扣除后，由纳税人统一向其房地产所在地税务机关申报纳税。

北京的税务机关认为，应按面积扣除，即确定免税的人均住房面积标准，人均住房面积的确定方式，以家庭基本居住需求面积为标准。由于住房基本都是以家庭为单位共同居住的，因此，必须考虑家庭整体的基本居住需求。建议立足基本居住需求，主要依据当地的保障房标准，可做适当上调。

上海的税务机关认为，立法时应考虑较为宽泛的减免税条款，如首套房产免税、家庭人均免税面积、父母与非成年子女共同拥有房产套数优惠。

（2）按自然人第一套免税：

浙江的税务机关认为，应采取第一套住房和免税面积扣除综合的扣除方法，即：仅有一套住房免征房产税；对拥有两套以上住房的纳税人，免税面积扣除标准为人均居住面积加抚养面积，人均扣除标准为人均40～70平方米，具体由国务院确定。

（3）以上两种方法的结合：

三亚市的税务机关认为，考虑到当前社会民众对房地产税的接受能力，以及房地产市场的发展状况，税前扣除方法应尽可能宽泛，可首先按自然人第一套免税的政策进行扣除，之后，再按人均扣除标准进行扣除。这实际上是前两种方法的结合，是一种更为宽泛的税前扣除方法。

（四）纳税期限和纳税地点

各地税务机关均认为，房地产税应按年计征，一次缴纳，当年税款于次年缴纳。新增应税房产从次月起征收房地产税。税额较大，纳税人一次性缴纳存在困难的，可按季分期缴纳。税额较大的标准授权省级人民代表大会根据各地实际决定。

纳税地点为不动产所在地。

（五）房地产税征收基础建设

1. 构建完善的房地产价值评估体系

各地税务机关均认为，我国目前的房地产价值评估体系还不够完善，技术还不够成熟，很难满足开征房地产税的要求。而且，建立一套科学、完善的房地产评估体系，会带来非常大的成本。

北京市税务机关认为：一是根据房地产价值评估的专业性和技术性需

要，设置专业的房地产价值评估机构；二是逐步形成一套适合我国国情的房地产估价理论、方法体系；三是加强房地产评估师队伍建设，由相对独立的专业机构负责房地产评估人员的培训与考核工作；四是建立房地产估价的纳税人权利救济制度；五是建立并完善信息化系统管理功能；六是建立信息共享平台。

河北省税务机关认为：征税的主体是税务机关，价格评估应交给社会第三方，但是必须对评估机构管控到位。同时，要有一个争议解决机制。

上海市税务机关认为：目前，税务机关缺少税基评估方面的人员，对现有人员进行专业培训，短期内也很难满足评估工作的需要。同时，税务机关内部设立评估机构，势必引起税务部门“既当裁判员，又当运动员”的质疑。因此，需要由税务机关以外的部门按照要求开展房地产税基评估工作。上海市建议，由地方政府组建非营利、非行政主体的专门机构来实施税基评估。

浙江省税务机关建议：政府成立专门的评估机构组织开展房地产估价工作，建议建立由政府部门、行业协会和有资质的社会中介机构等有关方面组成的评估管理监督机构，负责技术方案审定，接受社会监督。

2. 构建准确的税源信息平台

各地机关均认为，对个人纳税人征管工作的开展，需要以房地产物理信息和纳税人个人、家庭、户籍、婚姻等基础信息为支撑，需要税务、住建、国土、民政、公安等部门的协作配合，在此前提下才能建立一套科学的房地产税管理手段和征管制度。但是，目前我国各部门之间的信息共享制度仍然没有建立，在房地产及纳税人信息方面，仍然存在着严重的信息隔绝现象，税务机关难以掌握纳税人及征税对象的详细信息，这成为新的房地产税开征最为主要的障碍之一。例如，从目前来看，房地产不仅有机关房，还有军队房，不仅有商品房，还有经济适用房、廉租房、回迁房、小产权房等各种各样的房。这些信息政府相关部门并未完全掌握，对于之后的优惠政策设计、困难家庭认定以及异地购房如何征税等一系列问题就更无法解决了。

北京市税务机关认为，需要加强部门信息共享，研究解决未登记房地产的信息采集问题。同时，出台《不动产条例》应考虑房地产税改革需要，使未来不动产登记制度能够更好地与房地产税征收制度相衔接。

上海市税务机关认为，需要构建全国税务机关联网的征管信息系统。同时，应该明确房地产信息的管理机构，由房地产管理部门负责信息梳理，这样效率高、成本低，可以更好地满足房地产征税的要求。

浙江省税务机关认为，要在各地的房屋主管部门建立全面、实时和动态的居民个人住房购买和保有情况数据库，在各地民政部门、公安系统也要建立全面、实时和动态的居民婚姻和家庭人口以及户籍数据库，各个信息库要联网共享。

3. 构建便捷的纳税机制

房地产税税源分布广、纳税人数量多、涉税信息需求量大，目前缺乏健全的核算管理机制，也缺乏对自然人税收的征管措施和制度安排，征收阻力很大。我国现行税收征管措施大都仅仅适用于工商企业，针对自然人的征管措施很少并且有较高的征收成本。直接针对自然人征收的税种只有个人所得税，还实行代扣代缴制，居民个人不需要直接申报纳税。而且，个人所得税也已列入本轮改革的计划中。由于我国现行的税收征管法缺少针对自然人的征管规定，此次两个针对自然人的税种同时进行重大改革，其阻力之大可想而知。这不仅要求国家完善相关法律制度，而且要求政府相关部门提高自己的服务能力。另外，我国居民的纳税习惯和意识还较为薄弱，对于个人申报纳税的认同程度有待提高。作为一种“直接从人民兜里掏钱”的直接税，房地产税带给人们的“税感”会非常强烈。在企业、个人及社会主体适应新税种的过程中，房地产税极易引起经济、社会和政治方面较大的波动，需要重点关注。

针对这一问题，北京的税务机关建议：一是立法上明确自然人纳税人的纳税义务；二是面对自然人建立起完善的自行纳税申报机制，包括自然人收入信息搜集机制、申报纳税机制、税源管理机制、纳税服务机制和服务管理信息系统；三是为纳税人提供多种税款缴纳方式。上海的税务机关认为，需要提升纳税服务、健全追征手段，构建自然人征管机制。浙江的税务机关认为，应修订征管法等法律、法规，增加和完善对自然人直接征税的相关法律规定。

三、结论与启示

尽管各地税务机关在房地产税的要素设计、征管方法等方面存在一定的分歧，但它们对于房地产税立法的观点也存在一些重要的共性特征。这些特征普遍存在于被调研的各个地区、各个部门，是对房地产税的共识，更符合实际情况和我国当前的国情。

首先，各地税务机关均认为，房地产税的开征对财政收入的意义不大，对于调节居民财富分配的作用也有限，对于“反腐”的作用更是微乎其微，但是，其对于房地产行业乃至整体经济的发展却有可能带来巨大的冲击，导致不可想象的后果。同时，房地产税作为一种直接对社会民众征收的一个税种，是“从百姓兜里直接掏钱”，会带来的巨大税痛感，很容易影响社会的稳定，成为社会甚至政治领域的一个“不定时炸弹”。

其次，对于房地产税的税负效果，各地均认为，这一税种的设计总体上是一种增税方案：对私人房地产恢复征税是增税，对经营性房地产由原值改按评估值征税是增税，土地从原价征税改按现价征税也是增税。因此，在税负设计上，各地税务机关的观点比较一致，都认为应该从轻。

再次，作为一种对人民直接征收的财产税，房地产税制的设计应该最大限度地体现公平，不仅要做到“普遍征收、公平课税”，而且要合理设计各种税费的布局。因此，公平应该是房地产税制设计的首要原则。

最后，由于房地产税的配套措施严重缺失，税收征管面临着重重障碍。无论是具备社会公信力的房地产价值评估体系的建立，还是房地产相关信息的共享制度的构建，或者是针对自然人的税收征管制度的完善，都需要一个较为长期的过程，都为房地产税的开征带来了现实的压力。

由此，我们提出如下建议：

第一，对开征房地产税的作用和影响进行全面评估。由相关机构组成联合评估小组对开征房地产税的作用和影响进行科学、全面的评估，厘清各方利弊及其大小，为房地产税制的决策和设计提供可靠的基础支撑和现实依据。

第二，先易后难、分步推进房地产税。考虑到我国国情、社会稳定等因素，以及目前的征管水平和社会接受能力，房地产税的开征不能一步到位，应该采取先易后难的做法，分步推开，逐步推广到所有房地产。

第三，给地方政府留出更大的空间。在房地产税要素的选择与设计、征税管理方法、征管权限等方面，给地方政府较大的选择空间，使其可以在房地产税征收范围、税率幅度、税收优惠等方面根据本地区实际情况适当选择。

4　电子发票在我国税收征管中的应用现状及展望探析

陈延光

【摘要】 电子发票是在传统纸质发票难以满足以电子商务为代表的"互联网+衍生行业"税务管理需求的背景下，国家税务部门依托"大物云移"① 技术开展税务征收的又一探索性举措。2015 年 7 月，国家税务总局在《关于推行通过增值税电子发票系统开具的增值税电子普通发票有关问题公告》（税总发〔2015〕84 号）中明确指出，增值税电子发票的打印版式文件具备同税务机关监制的增值税普通发票相同的法律效力，正式为电子发票"正名"。在当前的电子发票管理实务中存在着诸如电子发票法律法规基础薄弱、发票验证困难、缺少统一的电子发票服务平台等一系列问题，如何更好地发挥电子发票的优势和作用已成为我们当前亟待解决的问题。

【关键词】 电子发票　发票管理　存在问题　建议对策

【作者简介】 陈延光，北京银行股份有限公司深圳分行

一、电子发票的兴起

（一）我国电子发票的起步

电子发票是建立在金税工程和网络发票基础上的新型税控手段，是利用信息化手段加强发票使用管理的利器。1994 年，我国开始建设金税工程，希望利用"增值税防伪税控系统"等工具遏制税收流失现象，打击虚开、代开、伪造专用发票等犯罪行为。随着防伪税控体系的不断完善，增值税专用发票的犯罪活动空间几近于无，但增值税普通发票逐渐成为犯罪分子的新目标。由此，为有效监控增值税普通发票，避免发票信息失真，我国推行了网络发票。网络发票通过互联网向社会提供开放式的发票管理

① 大数据、物联网、云计算、互联网的统称，又有"大物云移智"的说法，即增加人工智能。

服务，依靠对发票信息的实时信息采集监控达到“发票控税”的目的。网络发票只需普通的硬件设备就可以借助网络发票客户端完成开立发票的流程，但其最终载体仍是纸质发票，纳税人仍需要在税务部门完成购票、验旧等环节，并未实现真正意义上的“信息管税”，且网络发票为我国特有的税控产物，其国际化存在较大障碍。

为此，我国于2012年开始在重庆、南京、深圳等五个城市进行网络电子发票试点，并逐步将试点范围扩大到北京、浙江、广州等22个省市。2013年6月，由京东开具的国内第一张电子发票诞生①。当时，处于试点阶段的电子发票仅能作为售后和维权凭证，尚不具备报销凭证的资格。这种状态一直持续到2015年7月，国家税务总局正式为电子发票正名，赋予电子发票报销凭证的资格。至此，电子发票具备同增值税普通发票相同的法律效力。

电子发票的成功推广，是我国税务管理信息化的重要支撑。伴随着金税三期工程的全国推广工作完成，电子发票作为税控系统信息采集主要载体的功效也将逐步显现。依托大数据评估及云计算技术，税务管理部门也将进一步增强“信息管税”的能力，构建高效、准确的税控管理体系。

（二）电子发票的国际经验

电子发票起源于美国，并逐渐在欧美国家获得认可。联合国国际法委员会早在1996年就公布了电子商务的相关法律范本，致力于推动各国承认电子发票的法律地位。目前，电子发票在国际上已被广泛接受，其中美国、欧盟部分成员国等具备一定的代表性。

作为电子商务的发源地，美国最早于1996年发布《全球电子商务的选择性税收政策》，对电子商务的税收征管问题做出解释，并大力推动电子发票的发展。美国国会及大部分州政府通过一系列法案或相关法令，给予电子发票及相关电子交易信息（电子交易记录、电子签章）法律效力，并于2013年强制推行电子发票。美国在推行过程中也曾给予相关产业优惠性税收政策②，以保证电子发票的载体行业平稳过渡。当前，美国亚马逊等购物网站均使用电子发票，电子发票也已被美国的众多企业所接受。

欧盟的电子发票推广启动进程晚于美国，于2003年才出台《电子发票指导纲要》，规定电子发票的制式格式及开票流程等，并要求欧盟成员

---

① 京东网上商城旗下江苏圆周电子商务有限公司北京分公司开出第一张电子发票。

② 美国1997年7月颁布《全球电子商务纲要》，将互联网作为免税区，但2013年5月《市场公平法案》规定，企业通过互联网销售产品应缴纳销售税，不过对年销售额低于100万美元的小企业免征。

国的税务部门具体完善相应电子发票的规定，赋予电子发票有效性、合法性的地位。据了解，丹麦于2004年推行电子发票，并在2006年起拒收纸本发票，每年可为政府节省上亿欧元的税务成本，为企业节省5 000万欧元的纳税成本。电子发票节能环保的优势吸引了更多欧盟成员国，欧盟各国纷纷推动国内的电子发票立法程序，并维持原有的中性税收政策。为了统一欧盟的电子发票系统，欧盟委员会于2013年提出《公共采购电子发票指令草案》，并根据其数字化议程要求到2020年建成支持各领域内全面使用电子发票的电子发票系统。目前，电子发票逐渐在欧盟区域承担主要作用，欧盟也已进入电子发票全面发展阶段，成为电子发票最为成熟的地区之一。

对比国际经验可以看到，各国均先从法律角度对电子发票给予支持，赋予电子发票合法的税务凭证、财务入账凭证等资质。在这一点上，我国目前也正处于推动完善电子发票立法的进程中，并已取得部分阶段性成效。另外，各国推广电子发票的进程，都分为试点、推广和全面应用三个阶段，制订了详细的推广计划时间表。并且，各国对于不同行业也采取不同的推进进度，以便税务部门积累经验，保证电子发票的推广工作有条不紊地进行。在服务平台搭建方面，我国当前的电子发票服务系统供应商较多，同欧盟推广电子发票初期类似，相信最终也要统一众多电子发票服务系统数据采集的标准。

值得注意的是，美国与欧盟在关于电子发票的税收问题上均采用较为保守的中性税收原则，提倡不增加税负，特别是美国在早期对电子商务更是采用了免税的扶持政策以推动电子商务和电子发票的发展。美国与欧盟地区居民的主动纳税申报意识较高，且银行金融体系的支付记录已对交易的真实性进行验证，所以其对电子发票的功能定位更接近于交易凭证和支付通知。在我国，各个行业增值税发票税率不同，增值税专用发票具备抵扣凭证的功能，且发票信息的防伪和控税功能仍是今后税务管理的重点，故而我国的电子发票推广涉及面更广，问题更为复杂。

二、当前我国电子发票的特点

（一）电子发票的优势

当一项经济业务发生时，开票方通过税务机关核发的发票账户进入电子发票开具系统，并在系统中录入受票方的名称、纳税人识别号等信息；而受票方取得电子发票后通过网上核验电子发票，需要纸质票据留存的可自行打印电子发票版式文件存档。可以看到，电子发票在开具时，开票方需要具备发票账户和电子发票开具系统的登录权限，这使得税务机关可以通过审查核发相关账户权限来加强对纳税人的管理。在电子发票开具后，电子发票服务平台通过即时通信方式将电子发票传输给受票方，受票方则可通过网络终端在自己的发票账户系统内实时查询，并对发票信息进行核对。由此，电子发票在开具、传输、接收、核验等一系列过程中实现了全程闭环式的管理。

1. 简化领票流程

以往，纳税人需要携带税务登记证等一系列材料前往税务机关领购发票，在税务工作人员资格审查、验旧审核等通过后，方可取得新发票。这一过程因主要依靠人工进行，往往存在效率低、时效性差、差错率高的现象。电子发票已事先对纳税人进行电子身份认证，从而无须纳税人到税务机关提交各种证明资料。依托于大数据与云计算技术，纳税人在电子发票开具系统的开票记录均已留存在系统内，只需系统自动验旧并对比相关结果就能完成验旧审核。通过审核的纳税人可直接在发票开具系统使用电子发票开具流程，通过系统后台分配的发票代码开立新的电子发票。可见，电子发票能极大地提高税务机关的工作效率，方便纳税人领票。

2. 便于发票开具监控

最初的发票开具形式是由开票方将开票信息录入计算机并以电子化形式保存，再通过开票机具打印出来生成纸质发票。电子发票则通过电子数据的生成完成发票的开具，可以摆脱对纸质发票的依赖。若是受票方需要纸质凭证，可随时生成打印电子发票版式文件而不影响电子发票的信息化存储。换个角度来看，可以视作开票方仅填写了发票的信息要素，实际的开票是由发票管理平台开具，再提交给购销双方，即类似于发票由税务系统代开。同时，税务机关可以通过电子发票实现对发票的全票种管理，并同相关交易记录、银行转账记录进行比对，核验纳税人的税负申报真实性。由于电子发票能够较好地构建完整的发票生命周期监控体系，从而能够轻易获取纳税人的开票信息，可以有力打击利用假票偷漏税的现象，显著加强税务机关对发票开具的管理及税源监控。

3. 加强发票传输管理

发票信息的传输主体主要有三类：开票人、受票人、税务部门。在当前的纸质发票传输阶段，开票人向税务部门的传输尚处于起步阶段①，而

① 部分省份要求纳税人传输开票明细，但仅适用于发票验旧步骤，难以同申报等信息进行核对。

受票人向税务部门的传输则只在增值税专用发票的认证环节得以实现。但电子发票由发票开具系统生成，并多点同步传输给开票人、受票人及税务部门三方，保证了发票信息数据的一致性。

4. 更加适应“互联网 +产业”

以电子商务为代表的“互联网 + 产业”趋向于“无址化”“无纸化”“无形化”交易，从而容易产生因工商和税务登记缺失而导致税源流失的问题。由于不存在传统税务核查所要求的原始交易纸质凭证，税务部门难以追踪交易的流程，使得现有征税规则难以适应。电子商务等产业更加注重时效性和便捷性，而传统纸质发票无法为跨地区交易者提供实时的交易税务凭证，也无法直接提供信息化的税务数据。但电子发票可以通过电子发票服务系统与企业 ERP 系统直接对接，在发票的校验、入账、归档等环节节约大量人力资源，极大简化企业交易过程中的财务出入账等业务操作步骤。由此来看，电子发票显然更加适应互联网 + 相关衍生行业的时效性及信息化要求。

5. 降低企业财务税务成本

一般纳税人使用的防伪税控系统初装成本较高，且每年缴纳高额服务费，加大了增值税专用发票的开票成本。纳税人开具增值税普通发票则主要在凭证保管、验销等环节存在较高的成本。相比之下，纳税人使用电子发票则基本不需要初装费用，大大降低了对硬件设备的要求，且年缴服务费也更低，具备明显的使用成本优势。另外，我国发票管理相关文件规定：“已经开具的发票存根联和发票登记簿，应当保存五年。保存期满，报经税务机关查验后销毁。”故而传统纸质发票的购买和保管过程中占用了企业较大的人力和物力资源。相比之下，电子发票的领用和保管均以数据信息交换的方式完成，基本不需增加额外的企业成本，且在财务入账等环节可以通过使用相关软件方式对电子发票进行批量入账，节约大量的人力、物力资源，降低企业财务税务成本。

（二）电子发票面临的问题

随着电子发票应用的推广不断深入，我国税收服务管理的现代化、信息化程度不断提高。但在推广过程中，电子发票也存在不少老问题和新问题有待解决。

1. 法律、法规基础薄弱

现行《税收征管法》和《发票管理办法》等法律法规及一系列通知公告对于电子发票的地位已较为认可，但电子发票入账难的问题也有待解决，这就需要对《税收征管法》《会计法》《审计法》等相关法律进行修改，支持将电子发票作为纳税依据进行申报，认定电子发票作为合法入账的原始凭证的地位。另一方面，我国现行法律法规对发票信息的归集规范管理尚无明确规定，特别是在电子信息采集过程中涉及的企业或个人信息的使用权限、使用范围等问题，亟待相关法律法规予以明确。

2. 存在“不开票”的老问题

“不开票”问题是税收征管过程中面临的一大难题，可以从开票方和受票方两方面来分析。一方面，在传统开票环节，开票方经常以发票用完、开票机具损坏为由拒开、缓开发票，其抓住的是消费者不愿为开票而多次奔波的心理，最终达到不开发票的目的。尽管这一行为是偷税漏税的违法行为，但在一定概率范围内也确实存在发票用完或机具损坏的情况，故而查处较为困难。另一方面，企业消费者大多需要以发票作为财务凭证入账而会主动索要发票，但个人消费者因不能报销而不会主动索要发票，甚至部分消费者因为不开发票可获得饮料等小礼品而主动放弃索要发票。消费者不索取发票的行为会导致受票人无法取得其应获取的发票信息，也就无法提供受票方的发票信息反馈，这将严重影响发票闭环管理的效果，最终为企业逃税、漏税提供可乘之机。

3. 出现发票验证的新困难

在传统纸质发票阶段，税务部门在发票的防伪上投入了大量精力，采用防伪水印、特殊纸张、微缩印刷等技术，且纸质发票可用于报销的联次仅有一张，故而避免了发票重复报销的问题。但电子发票的版式文件可以自行打印使用，故而可能存在重复报销的问题。电子发票的优势在于发票的信息化，但如果电子发票仍需要同传统纸质发票那样人工查验发票的内容、金额等信息，那么就没有发挥出电子发票信息化的优势。当前企业对电子发票进行验证主要通过纳税人识别号和发票号等信息比对方式，但大多数企业仍然依靠人力查验。这也对现行税务系统提出了开放更多的接口权限的要求，从而使得企业可以通过计算机查验技术手段直接核对发票真伪，避免虚开发票等现象的发生。

4. 缺少统一的电子发票服务平台

当前，我国的电子发票已从试点面向全国推广，但各地的电子发票服务平台各不一样，其信息标准也并不统一。例如，瑞宏网电子发票综合服务平台被广泛应用于北京、厦门、天津等地，而航天信息电子发票管理系统则在上海、广州等城市成为主流电子发票服务平台。中国台湾推广电子发票初期就存在这一现象，缺乏统一的信息标准将严重影响各服务平台的数据交换效率，阻碍电子发票的发展进程。

5. 存在数据信息安全问题

为了引导第三方电子发票服务系统的良性竞争，税务部门引用多个服务商的做法是好的，但也造成数据管理较为分散，容易泄露数据等问题。部分企业有关原材料采购、交易对手等的商业信息可能具有较高的商业价值，如果电子发票记载的相关信息泄露，可能会给企业带来较大损失，从而令企业对电子发票望而却步。

三、总结与展望

电子发票的推广，应该以“将纸质发票的‘痛点’转变成电子发票的‘亮点’”为目的，简化企业不必要的财务资源消耗，提高税务机关税收监管信息化的能力。当前，国内麦当劳等餐饮企业已全面采用电子发票，电子发票应用推广已取得一定成效。尽管电子发票仍存在部分问题有待解决，但发票电子化已是大势所趋。

对此，税务部门连同相关责任部门应当继续为推广电子发票扫清障碍。具体来说可以从以下四方面着手。

（一）完善法律法规条款

修订现行《税收征管法》《会计法》《审计法》等法律法规，对电子发票的合法地位予以明确，对其法律效力予以确认，规范电子发票的适用范围、条件等内容，为开票人和受票人维护自身的合法税务权益提供有力保障。

（二）加强顶层设计

基于现有的“互联网+税务”行动计划等纲领性文件，对税务管理体系的功能设计进行加强和完善，借助“大物云移”技术，结合国内国地两级分税等特点，在把控税收风险的基础上，努力做到税收管理等核心功能自动化、税务征管信息公开化、税务功能平台开放化、税务信息采集标准化、地方税务功能特色化，优化税务部门和纳税人应用体验。

（三）构建统一的数据标准化平台

规范电子发票的版式文本及相关内容制式，做到服务平台间数据的无障碍交互，为批量查询验证电子发票等功能提供技术支持。统一电子发票代码和号码的编制规则，为区分国地税、税种、金额限制等信息预留扩充的可能性。加强对电子发票安全性的风险防控，保障平台用户的信息安全，加大对盗取、泄露相关税务信息等行为的惩处力度，确保电子发票信息仅储存于开票人、受票人及经授权的第三方平台本地。实现方便快捷的电子发票信息在线查询，保障电子发票信息的顺畅传输功能，并提供批量查询、下载、打印等功能，方便税务部门核查和企业出入账管理。

（四）优化电子发票应用环境

加大对电子发票的宣传，可采用“有奖发票”“税款抵扣”等形式，鼓励消费者（特别是个人消费者）索取和使用电子发票，提高消费者获取发票的积极性，完善电子发票的闭环管理。分行业逐步推广电子发票，通过循序渐进的推广方式提高公众对电子发票的认可程度。在操作上可借鉴芬兰的经验，先在电子商务领域推广电子发票，再将应用范围逐步扩展到百货等日常消费领域，逐步覆盖线上、线下交易。

参考文献：

[1] 陶昭华．中国电子发票研究［M］．北京：中国人民大学出版社，2013.

[2] 谢波峰．“互联网+税务”的内在逻辑及蓝图构建浅析［J］．财贸经济，2017（2）．

[3] 河南省国家税务局电子发票课题组．关于全面推行电子发票的建议［J］．税务研究，2016（12）．

[4] 戴新竹，黄洵．税收征管语境下的电子发票应用［J］．税务研究，2016（3）．

[5] 宋军，曹建宇．假发票违法犯罪活动屡禁不止的原因及对策探析［J］．中国税务，2010（12）．

[6] 黄鑫．虚开增值税专用发票的风险应对［J］．税务研究，2016（9）．

[7] 朱斌．台湾地区电子发票建设应用的特点与启示［J］．税务研究，2016（8）．

[8] 孙玥璠，张成成．电子发票云平台的构建与应用［J］．财务与会计，2017（7）．

[9] 李斌．以电子发票为突破口探索税收服务于管理现代化［J］．中国税务，2015（3）．

[10] 钱巨炎．以“互联网+税务”提升税收治理能力［J］．中国税务，2015（10）．

[11] 刘建徽，周志波．整体政府阈下“互联网+税务”发展研究：基于发达国家电子税务局建设的比较分析［J］．宏观经济研究，2015（11）．

[12] 袁红兵，谢波峰．“互联网+税务”蓝图畅想［J］．中国税务，2016（3）．

[13] 中财办“我国电子商务领域开展电子发票应用试点研究”课题组．我国电子发票的应用前景和发展路径［N］．上海证券报，2015-02-11（A3）．

5 试析“走出去”企业的税务筹划

刘 荣

【摘要】 在“走出去”的过程中，很多企业由于缺乏对被投资国税制的了解，在投资和经营活动中很容易遭受双重征税或非国民待遇，使自身利益蒙受损失。本文在分析“走出去”企业的发展概况与跨国投资企业税务筹划基本思路的基础上，分析了目前“走出去”企业在税务筹划中存在的突出问题，并提出现实的应对策略。

【关键词】“走出去”企业 跨国企业 税务筹划 国际税务筹划

【作者简介】 刘荣，天津财经大学商学院教授

据有关部门测算，2014 年，中国企业对外直接投资首次超过外商对中国的直接投资，进而成为资本净输出国。这是中国企业“走出去”的一个里程碑，是中国企业国际化进程的分水岭。“一带一路”倡议的提出无疑成为中国企业国际化发展的助推器，“走出去”企业在中国乃至世界的经济舞台上越发引人关注。

一、“走出去”企业的发展概况

随着我国企业竞争力的提升和融入国际市场意愿的逐步增强，越来越多的企业纷纷从事跨国经营或涉足对外投资领域。根据商务部提供的数据，2014 年，中国对外直接投资继续高速增长，创下 1 231.2 亿美元的历史新高，同比增长 14.2%。同年，中国对外直接投资的存量规模达到 8 826.4亿美元，在全球对外直接投资存量排名中较上年前进三位，位居第八，首次步入全球前十行列。随着我国“一带一路”建设的逐步推进，会有更多的企业将目光投向国际，“走出去”将成为未来中国经济的增长引擎，也是企业做大做强的必由之路。

我国的对外直接投资体现出如下特点：投资地域广泛，涉及发展中经济体、新兴经济体和发达经济体；投资行业分布广泛，投资领域多元化；大型对外并购投资成为“走出去”的重要途径，传统采矿领域交易金额大幅下降，而制造业、农林牧渔业等领域的对外投资并购亮点突出。

这些“走出去”的中国企业对东道国就业和税收贡献非常明显。2014年，“走出去”企业雇佣外方员工83.3万人，向投资所在国缴纳的各种税金总额达191.5亿美元。各国不同的税收政策与税制环境是企业国际化发展战略中不容忽视的客观因素，直接影响企业的经营状况与投资效益。跨国经营企业有必要掌握国际税务筹划的基本思路，在遵循被投资国税法的前提下，尽可能谋划自身的税收利益，实现企业价值的最大化。

二、跨国投资企业税务筹划的基本思路

（一）组织形式的税务筹划

首先，跨国公司应避免成为常设机构，从而规避来源国对非居民的税收。在无法避免成为常设机构的情况下，跨国公司可以充分利用常设机构转移货物和劳务、转移管理费用和利润。

其次，跨国公司应对在驻在国建立分公司还是子公司进行权衡。一般说来，在国外开展经营活动的初期选择分公司的形式比较适宜，因为分公司的亏损能够冲抵总公司的利润，而在正常盈利期，则可以转换为子公司的形式，以享受在子公司保留利润不汇回母公司带来的递延纳税的好处。

最后，跨国企业应充分利用避税地提供的优厚条件，组建各种形式的基地公司。

（二）经营活动的税务筹划

1. 利用转移定价进行税务筹划

转移定价本来是一个中性概念，指关联企业之间在相互销售商品、提供劳务、转让无形资产、借贷资金等经济往来中所制定的价格，也称“划拨定价”。现在，它已成为跨国企业进行国际税务筹划采用的重要手段，其核心是借助关联企业抬高或压低交易价格，达到将利润汇集到低税国的目的。由于高税国、低税国税率悬殊，跨国集团整体税负会趋于下降。

2. 利用税收优惠进行税务筹划

一般说来，各国税制中都有各种税收优惠措施，诸如加速折旧、投资抵免、亏损结转、减免税期等。跨国企业可以充分利用这些税收优惠制度开展国际税务筹划，这种“顺法筹划”的做法当然也是被投资国喜闻乐见的。

3. 利用延期纳税进行税务筹划

在国际税务筹划中，延期纳税是指在实行居民税收管辖权的国家，本国居民设立在国外的子公司取得利润后，在没有以股息形式汇回母公司之前，可以不就这部分利润纳税。对于跨国企业来讲，延迟一段时间交税款，相当于享受了一笔无息贷款，增加了跨国企业的流动资金，实际上也达到了税务筹划的目的。

4. 利用资本弱化进行税务筹划

资本弱化是指跨国纳税人为了少缴税款，采用债权形式代替股权形式进行投资或融资。众所周知，投资回报主要是股权收益和债权收益两种形式，而股息和利息的财务处理及税收待遇是不同的。对企业支付的利息，允许将其作为费用按照规定标准在所得税前扣除；而企业分配的股息，则不能在税前扣除。因此，跨国企业应在投资规模相同、回报率既定的情况下，合理调整资本结构，以债权代替股权，即适当增加借款比重，减少自有资金比重。

5. 套用税收协定进行税务筹划

在国际税收协定中通常都有税收优惠条款，并明确规定只有缔约国居民才有资格享受税收优惠。套用税收协定是指税收协定缔约国之外的第三国居民为了躲避营业利润所得税和股息、利息、特许权使用费的预提税，设法改变其居民身份，作为税收协定的适用对象获取缔约国居民享受的税收协定优惠的一种行为，它也是跨国纳税人进行税务筹划的一种重要方法。

（三）利用电子商务等新兴业态进行税务筹划

随着近年电子商务的日益盛行，利用网络进行税务筹划成为一个新的动向。电子商务对税收管辖权、常设机构等传统税收理念提出了挑战，在各国政府态度大相径庭，且没有统一规定的情况下，为税务筹划留出了一定的空间。

首先，电子商务使税收管辖权的运用出现困难。世界各国确立税收管辖权的原则不尽相同，有的实行属地主义，有的实行属人主义，或二者兼而有之。电子商务特有的无址化、无纸化、无界化、无形化、虚拟化的特征，使得收入来源地难以确定，进而影响到税收管辖权的适用。

其次，电子商务使常设机构的认定难以成立。在确定对非居民法人的所得是否课税时，传统税收以是否构成常设机构作为标准，按照经合组织范本和联合国范本对常设机构的初始定义，常设机构是指企业进行全部或部分营业的固定场所，但电子商务却使得非居民能够通过设在来源国服务器上的网址来实现销售活动，此时该非居民是否拥有常设机构就很难判断，因为互联网上的网址对应的是虚拟空间，并不是固定场所。即使按照常设机构的扩展性定义——是否具备代理人的标准来衡量，网络服务供应商并不是一般意义上的代理人，据此对非居民征税显得过于牵强。

最后，电子商务的无纸化和便捷性有助于降低税负。电子商务的一个显著特征就是无纸化，而现行税制没有明确规定网上订单是否具有纸质合同的性质和作用，是否应该缴纳印花税。网上交易方式动摇了传统的账册、凭证计账方式，使得依附于纸质应税凭证的印花税受到限制。

三、目前“走出去”企业税务筹划存在的突出问题

（一）对税制环境了解不足

目前，很多“走出去”企业由于不熟悉被投资国税制，在投资和生产经营活动中很容易受到当地税务部门的税收歧视或非国民待遇，且缺乏专业、有效的维权手段，在充分利用税收协定、国与国（地区）之间税务主管部门进行磋商和谈判方面意识与行动均不足，往往选择沉默或与当地税务机关展开拉锯式对抗等非正常手段来应对危局，其结果是使企业的正当利益受到损害，甚至把企业卷入诉讼之中。

（二）对筹划方案准备不足

“走出去”企业所进行的国际税务筹划是跨国企业财务管理的一项重要内容，需要通过对与税收有关事宜的精心安排，实现企业财务管理的目标，即实现企业价值的最大化。部分企业在进行税务筹划时容易走入两个误区：一是没有从税制体系的角度来通盘考虑企业的整体税负，进行一个税种的税务筹划时，忽略它与其他税种的联系，只注重个别税种的税负高低。二是部分纳税人未能意识到纳税支出的最小化并不等于企业价值的最大化，税金支付的减少不一定就是资本总体收益的增加。在进行国际税务筹划时，不能只顾眼前利益而忽略长远利益，要将国际税务筹划与企业战略性发展目标相结合。在税务筹划过程中，要经过综合测算，争取实现整体收益最大化。如果有多种税收政策或多种经营方式可供选择，那么，总体收益最多但纳税并非最少的方案，应被视为最优方案。也就是说，税务筹划要算大账，税务筹划的目标要服务于财务管理的目标，以企业价值最大化作为评判税务筹划方案的最终标准。

（三）对税务风险估计不足

税务风险是征纳双方在涉税行为中因未正确有效地遵守税收法律、法规的有关规定，而可能遭受的利益损失。税务筹划可能给纳税人带来收益，也可能给纳税人带来税务风险。追求税务成本最小化、税后利润最大化是企业作为经济人的永恒目标，而税收是一种强制性的分配，税收执法者具有解释权和一定的自由裁量权，征纳双方对税收制度的理解可能存在偏差，纳税人与税务机关之间的信息不对称可能加重双方的分歧。对于“走出去”的企业来讲，各国税收制度与税收执法环境不尽相同，在对政策的理解和征纳双方的沟通方面存在更多的障碍，出现税务风险的概率更高。很多境内企业初登国际舞台往往对税收风险估计不足，造成应对策略失当，使企业蒙受损失。

四、“走出去”企业税务筹划的现实策略

（一）熟悉境外税制，充分利用税收优惠政策

从世界范围看，各国尤其是发展中国家对境外的直接投资基本都是持欢迎的态度，因此普遍制定了一些针对外资的优惠政策。一般而言，发展中国家作为资本稀缺地，为吸引投资有更多、更直接的税收优惠措施，如优惠税率、定期减免税等；发达国家资本充裕，虽然也吸引外资，但其税收优惠相对较少，采用的方式也多为间接的方式，如加速折旧、延期纳税等。我国企业进行跨国投资时也应对投资选择地的税收优惠进行综合考量、比较，选择可享受较多税收优惠政策、税收负担率低、综合投资环境好的国家或地区进行投资，从而提高在国际市场上的竞争力，获得比较收益。“走出去”企业应充分利用当地的税收优惠政策，如投资抵免、加速折旧、专项免税、亏损结转等政策进行税务筹划。当然，在利用税收优惠时还应考虑投资地对企业的利润汇出有无限制。一些发展中国家，一方面以税收减免来吸引外资，另一方面又对外资企业的利润汇出实行限制，借此促使外商进行再投资。

需要注意的是，我国“走出去”企业在全球范围内进行税务筹划追求的是全球规模的纳税负担最小化，而不是某个子公司的税负最小化。一个成功的税务筹划方案应该有助于“走出去”企业整体发展目标的实现，而不能仅局限于税负的减轻。因此，跨国公司应站在宏观的高度看问题，从全局的观点出发安排税务筹划问题，不能仅把眼光盯在某一时期纳税最少

的方案上，而是要考虑企业的发展目标，选择有助于企业发展，能增加企业整体收益的税务筹划方案。

（二）合理运用税收协定，避免国际双重征税

截至2015年12月，我国已经和104个国家（地区）签署了税收协定，就签署数量而言，仅次于英国和法国，在世界排名第三位。税收协定签署对象覆盖了我国对外投资的主要地区，在保护我国居民境外投资经营的合法权益方面作用明显。我国与其他国家（地区）签订的双边税收协定，会对股息、利息等所得的预提所得税规定较当地国内税法更为优惠的税率，而且税收协定会涉及对常设机构的相关规定，从而避免了境外短期投资或经营活动被课以较重税负的现象。因此，“走出去”企业在海外经营中，要充分利用这些协定的规定来减轻税负，从中受益。

由于历史和国情原因，我国与不同国家（地区）签订的避免双重征税协定的具体条款通常有很大差异，此外还有相当一部分国家（地区）未与我国签订避免双重征税协定。这就需要企业综合考虑税收协定的签署情况，在设立基地公司、转让定价等多种方式中统筹安排，制订最有利的税务筹划方案。

（三）充分利用国内税收服务，妥善解决税收争端

为配合企业“走出去”战略的实施，我国近几年来一直在改进对“走出去”企业的税务服务。2005年，国家税务总局制定了《中国居民（国民）申请启动税务相互协商程序暂行办法》，2013年国家税务总局公告56号又将其修订为《国家税务总局关于发布〈税收协定相互协商程序实施办法〉的公告》。公告中规定：当“走出去”企业发现或认为缔约对方国家（地区）所采取措施已经或将会导致不符合税收协定规定的征税行为发生，可以及时向税务部门反映并提出申请，由国家税务总局与缔约对方主管税务当局协商解决，通过政府间的正式接洽来解决税务争端和纠纷。近年来，通过上述机制，我国已成功解决多起我国企业境外投资遇到的涉税纠纷，维护了境外投资企业的税收权益。因此，我国“走出去”企业应切实提高海外税收维权意识，遇到税收歧视或不平等税收待遇时，可向税务部门提出税收磋商请求或寻求其他帮助。

例如，早在1987年，中国港湾工程有限责任公司就进入巴基斯坦市场，主要建设民生类基础设施，其中包括瓜达尔深水港项目。2015年，巴基斯坦卡拉奇税务局突然表示要取消外资公司预扣税免税证，而且还下达

征税令，让该企业补缴预扣税数千万美元，而当地企业仍然继续享受这一政策。根据双边协定，这是不公平的做法，企业向中国国家税务总局提请了双边协商，经过两国税务当局的磋商，巴基斯坦税务局承诺，确定中国港湾工程享有税收居民身份的同等权利，该企业税收风险得以化解。

（四）密切关注国际税收征管新动向，适时调整税务筹划方案

企业的税务筹划必须依托于客观征管环境而存在，知己知彼，方能百战不殆。目前国际税收管理也在经历着深刻的变革，“走出去”企业必须对形势的变化有充分的了解。

金融危机之后，主权国家针对跨国企业偷逃漏税的诉讼增多，微软、谷歌、苹果、星巴克等企业都未能幸免。2015 年 10 月 5 日，经济合作与发展组织（OECD）正式发布“税基侵蚀和利润转移”（简称 BEPS）15 项行动计划的研究成果。BEPS 行动计划日益受到世界的关注，并对国际税收发展产生重要而深远的影响。积极开展 BEPS 行动计划，落实其研究成果，已成为二十国集团（G20）成员的基本共识。正如 OECD 所指出的，“税基侵蚀和利润转移”（BEPS），就是利用合法手段使应税利润减少或消失，或者通过税收筹划将利润转移到低税或无税地区的现象或行为。因此，BEPS 行动计划的核心，就是反避税。这从 OECD 设计的 15 项 BEPS 行动计划的内容也可以得到佐证。

根据 OECD 的统计，全球每年 4% 至 10% 的企业所得税因跨境逃避税流失，每年损失约为 1 000 亿至 2 400 亿美元。BEPS 突出强调实质经营活动，并要求提高税收透明度和确定性，这将对开曼群岛、英属维尔京群岛等空壳公司遍地的税收天堂造成很大打击。BEPS 仍然允许合理的税收筹划，但诸如开曼群岛、英属维尔京群岛等避税地的公司多是空壳公司，跨国企业在当地并没有实质性的经营活动，这属于恶意税收筹划。BEPS 颁布实施之后这些地区税务筹划的运作空间将会被大大压缩。

BEPS 一揽子措施共包括 15 项行动计划，主要包含三个方面的内容：国际税收规则的一致性、强调经济实质以及提高税收透明度和确定性。国际税务筹划中涉及的受控外国公司规则、常设机构、转让定价等方式都被囊括到应对税基侵蚀和利润转移的计划之中，税收协定及国内法很可能会因此做出调整。BEPS 的一大亮点就是强调国际税收合作的重要性，未来国际税务信息情报的交换将更为常态化，这显然有助于解决征纳双方信息不对称的问题，有效打击国际避税。

跨国企业应当注意，有些行动计划将很快实施，大量措施可能被各国

税务机关直接、立即应用，比如通过修改后的转让定价指引（第八至第十项行动计划）。“走出去”企业应针对这些新措施在其开展经营活动的所有国家重新检查自身情况，正确评估 BEPS 项目的全部影响，有针对性地调整税务筹划方案。

参考文献：

［1］盖地．企业税务筹划理论与实务［M］．5 版．北京：中国财政经济出版社，2017.
［2］盖地．税务筹划学［M］．5 版．北京．中国人民大学出版社，2017.
［3］丁芸．以依法治税为核心，提升税收筹划的专业水平［J］．注册税务师，2015（6）．

6　我国教育税收管理制度改革的路径选择

汪　栋　蒋劭杰　黄　斌

【摘要】 2012 年，我国财政性教育经费占当年国内生产总值（GDP）的比重为 4.28%，首次达到并超过教育财政投入 4% 的战略目标。伴随着经济新常态和新一轮结构性减税大幕的拉开，“后 4%”时代的教育费附加收入实际增速出现大幅回落，保障教育财政投入持续增长的能力受到显著削弱。目前，我国尚未开征专门的教育类税收，教育费附加存在税基过窄、波动性较大和内部结构不合理等问题。本文在借鉴国外教育税制度设计的同时，对美国加利福尼亚州的 Los Altos 学区教育税管理制度进行分析，从而为“后 4%”时代我国教育税收制度改革的路径选择提出相应建议。

【关键词】 税收管理制度　教育税　财政投入　教育费附加

【作者简介】 汪栋，南京财经大学公共管理学院/公共财政研究中心，讲师

蒋邵杰，南京财经大学财政与税务学院

黄斌，南京财经大学公共管理学院院长/公共财政研究中心主任，教授，博士

税收作为国家宏观调控和调节收入分配的重要工具，在公共教育支出方面同样发挥着举足轻重的作用。在教育税收管理制度方面，世界各国通过征收独立的教育税或以某些指定税收作为税基从中按比例划拨教育经费等制度模式，有效保障了本国教育财政投入的稳定增长。

2012 年，我国财政性教育经费总额大幅攀升至 22 236.23 亿元，占当年国内生产总值的 4.28%，首次达到并超过教育财政投入 4% 的战略目标。伴随着经济新常态和新一轮结构性减税大幕的拉开，我国教育费附加收入受到显著影响，实际增速大幅回落。在“后 4%”时代如何保障财政性教育经费稳定增长，成为亟须解决的问题。目前，我国尚未开征专门的教育类税收，用于教育财政投入的主要包括教育费附加、地方教育费附加、地方基金和税收优惠四种，其中以教育费附加和税收优惠为主体，尚未发挥出应有的政策效应。

一、我国教育费附加制度发展沿革

我国教育费附加是在增值税、消费税、营业税基础上按一定比例计征的一项附加费，分城市和农村两部分设立，主要用于支持教育事业的发展。伴随着财政管理体制的改革，我国教育费附加制度经历了相应的发展和变迁。

（一）“划分收支、分级包干”阶段的教育费附加

为了充分调动地方政府增收节支的积极性，1980 年 2 月，国务院印发了《关于实行“划分收支、分级包干”的财政管理体制的通知》，决定从当年开始实施新型财政管理体制。“分灶吃饭”的管理模式把地方政府在财政收支过程中的权、责、利有机地结合起来，不但使地方政府有了发展本地教育事业的动机和能力，也积极推动了我国教育费附加制度的建立和发展。

在此背景下，1986 年 4 月，国务院颁布《征收教育费附加的暂行规定》（以下简称《规定》），在全国范围内正式征收教育费附加。《规定》要求：各单位和个人以实际缴纳的产品税、营业税和消费税的税额作为计征依据，教育费附加率为 1%，分别与产品税、增值税和营业税同时缴纳，并设立教育费附加专门账户，由教育部门统筹安排，用于改善中小学教学设施和办学条件。1990 年 8 月，教育费附加征收比例被提高至 2%，同时作为教育专项资金，根据“先收后支、列收列支、收支平衡”的原则纳入财政预算管理。

我国教育费附加的开征，有力支撑了地方教育事业的发展。在《规定》实施以后，我国教育费附加收入由 1985 年的 1.12 亿元①迅速提升至 1986 年的 11.52 亿元。1992 年，我国教育费附加收入增至 81.70 亿元，以不变价格计算后，其实际值比 1986 年增长约 4.16 倍②。教育费附加制度的实施，切实有效地拓宽了财政性教育经费来源渠道，促进了我国教育财政投入的稳步增长。

---

① 1984 年 12 月，国务院下发《关于筹措农村学校办学经费的通知》（国发〔1984〕174 号），规定除国家拨给的教育事业费外，乡人民政府可以征收教育事业费附加，故 1985 年便有教育费附加收入，但征收范围仅限于农村，覆盖规模较小。

② 文中教育费附加和财政性教育经费数据均整理自历年《中国教育经费统计年鉴》。

（二）分税制阶段的教育费附加

1993 年 11 月，中共中央在《关于建立社会主义市场经济体制若干问题的决定》中将实行分税制作为财政管理体制改革的重点，做到“存量不动、增量调整，逐步提高中央的宏观调控能力，建立合理的财政分配机制”。以分税制为核心的财政管理体制改革，有效地解决了中央和地方的财力分配关系，有利于地方教育费附加制度的贯彻和实施。

在此阶段，为了规范和统筹教育费附加在城乡地区的征收办法，1993 年中央政府在《中国教育改革和发展纲要》（以下简称《纲要》）中要求，将城市教育费附加的征收比例由 1990 的 2% 提高到 2% ~3%，农村地区的教育费附加征收比例和办法则由地方政府自行决定。随后，为了适应分税制财政管理体制改革，国务院在 1994 年 7 月颁布了《关于〈中国教育改革和发展纲要〉的实施意见》，决定将城乡教育费附加的征收比例确立为 3%，而农民则依照人均纯收入的 1.5% ~2% 缴纳教育费附加。

《纲要》的实施，确立了教育费附加在教育财政投入中的重要地位，1993 年，我国教育费附加收入突破 100 亿元，并在三年后突破 200 亿元大关。1999 年，我国教育费附加总规模高达 258.07 亿元，在扣除消费价格波动因素后，实际年均增幅达到 8% 以上。然而，伴随着分税制改革的推进，教育费附加增速出现大幅下滑的现象，并在 1998 年出现了负增长的情况。

（三）公共财政阶段的教育费附加

分税制财政管理体制改革后，财政收入重心的上移在一定程度上导致地方政府财权与事权不相匹配，致使许多公共项目出现经费投入不到位的现象。2000 年 10 月，中国共产党第十五届中央委员会第五次全体会议审议通过了《关于制定国民经济和社会发展第十个五年计划的建议》，决定建立适应社会主义市场经济要求的公共财政框架。公共财政体制强调解决社会公共问题，满足社会公共需要，教育服务则是最为典型的社会公共需要之一。教育费附加制度也因此得到新的发展和完善。

2005 年 8 月，国务院对 1986 年颁布的《规定》进行了修订，将教育费附加征收比例正式定为增值税等三税税额的 3%。2010 年 10 月，国务院下发《关于统一内外资企业和个人城市维护建设税和教育费附加制度的通知》，决定自 2010 年 12 月 1 日起，统一内外资企业和个人教育费附加，进一步扩大了教育费附加的征收范围。

上述政策的修订和实施，促进了教育费附加的持续增长。据统计，教育费附加总规模由 2000 年的 258.06 亿元提升至 2011 年的 1 017.17 亿元，约占当年财政性教育经费的 5.47%。在扣除物价影响因素后，教育费附加年均增幅高达 11.61%，并在 2011 年达到极大值 43.11%，增速远高于同期的国内生产总值。

（四）“后 4%”阶段的教育费附加

2012 年，我国财政性教育经费占当年国内生产总值比重为 4.28%，首次达到并超过教育财政投入 4% 的战略目标。然而，在经济新常态下，各级政府财政收支压力越来越大，以往自上而下“运动式”的资源调动改革模式已很难复制，教育费附加制度在“后 4%”时代出现了导向性的变化。

2014 年 12 月，经国务院批准，自 2015 年 1 月 1 日起至 2017 年 12 月 31 日，小微企业将免征教育费附加和地方教育附加。伴随着经济新常态的发展，为持续清理和规范涉企收费，减轻企业负担，中央政府再次对教育费附加制度进行了相应的调整。2016 年 1 月 27 日，国务院常务会议决定从 2016 年 2 月 1 日起，将教育费附加和地方教育附加的免征范围由月销售额或营业额不超过 3 万元，扩大到不超过 10 万元。

在上述政策的影响下，教育费附加增长与上一阶段相比，出现了较为显著的变化。

2012 年，我国教育费附加为 1 356.60 亿元，以 2011 年价格作为不变价格进行计算，增速高达 29.99%。然而，在教育财政投入 4% 目标实现之后，2013 年教育费附加的增速迅速下滑至 3.68%，并在 2014 年出现近 12 年的首次负增长。在教育财政投入“后 4%”时代，在结构性减税等多重因素的作用下，教育费附加的实际增速已大幅回落至 5% 以内。

（五）教育税费制度存在的问题

自 1986 年以来，教育费附加制度的实施和发展，有效地拓宽了财政性教育经费来源渠道，促进了我国各阶段教育事业的发展。在 30 多年的改革过程中，教育税费制度存在以下三个方面的问题：

1. 教育费附加尚未形成稳定的主体税种

以增值税等三税实际征收额作为计税依据的教育费附加征收管理模式，在操作过程中容易受到制度环境和政策变动带来的不利影响。随着我国“营改增”和小微企业“减负”等结构性减税改革的推进，2012—2015

年，我国营改增已累计实现减税 6 412 亿元①，在征收范围相对狭窄的情况下，以增值税等三税作为征收对象的教育费附加会相应地减少 192.36 亿元，“后 4%”时代的教育费附加的增长趋势堪忧。

2. 教育费附加内部结构不合理，税收优惠较少

2013 年 11 月，财务部和国家税务总局联合下发《关于经营高校学生公寓和食堂有关税收政策的通知》，规定对高校公寓住宿费收入和食堂餐饮服务收入均免征营业税。在“营改增”之前，学校后勤等部门的营业税可以得到减免或者在企业所得税税前得到全额扣除；在“营改增”之后，学校后勤等部门的增值税减免优惠尚未可知，而且不能在税前进行扣除。因此，在“营改增”全面推开之后，税收优惠中关于营业税方面的优惠减免政策将存在诸多不确定因素。

3. 教育税费征收范围过窄，且波动性较大

2011 年 7 月，财政部和教育部联合下发《关于从土地出让收益中计提教育资金有关事项的通知》（财综〔2011〕62 号），要求各级政府从土地出让收益中计提 10% 的教育资金，进一步扩大了教育税费的征收范围。近年来，我国的土地出让金和成交量波动性较大，导致教育资金收入出现极大的不确定性。据统计，我国土地出让收入在 1995 年、1996 年、2005 年、2008 年、2012 年和 2015 年出现不同程度的下降，降幅最大值为 40.27%。其中，2015 年我国土地出让收入同比下降 22.70%（以不变价格计算），按照 10% 的比例计提教育资金，当年教育经费会相应减少 92.83 亿元。因此，以土地出让收益的单一比例计提教育资金，会导致教育税费的征收范围过窄且有较大的波动性。

二、国外教育税管理制度设计

从世界范围看，部分国家通过设计教育税管理制度获得了充足的教育资源，推动了本国教育事业的发展。教育税管理制度设计，主要有征收独立教育税和以某些指定税收作为税基并从中按比例划拨教育经费两种模式。

（一）实行独立教育税的制度设计

独立教育税的制度设计，是指设立专门用于教育事业发展的教育税，将征收来的收入作为教育财政投入的重要来源或经费补充。运用此模式的典型国家包括韩国、印度和法国等。

---

① 陈翰咏．总理布局营改增，以“结构性减税”攻坚“结构性改革”［EB/OL］．（2016-03-21）［2016-11-30］．http：//news.xinhuanet.com/fortune/2016-03/21/c_128817033.htm.

第二次世界大战以后，韩国政府通过开征教育税等方式，加大本国教育财政投入力度。1958 年，韩国政府颁布《教育税法》，规定教育税作为目的税和独立税，由市和特别市的教育委员会负责征收。韩国教育税是国税和地税相结合的复合税种，其中，作为国税的教育税税基主要包括红利、事业所得和劳动所得等项目，作为地方税的教育税税基则由部分劳动所得和非劳动所得构成①。韩国政府于 1981 年颁布新的《教育税法》，将教育税设定为目的税种，计划从 1982 年起至 1986 年的五年内每年征收约 3 000 亿韩元的教育税。1991 年，韩国政府再次修订《教育税法》，扩大了教育税的税基范围，并将其变更为永久税种。

印度和法国等国设立了专项教育税等独立税种，旨在有效补充政府的教育财政投入。目前，印度政府征收的用于教育的专项税有两种：第一种直接命名为教育税，该项税收由学区内所有居民缴纳，所得收入全部用于学区内教育事业的发展；第二种称为大学毕业生税，向招聘高等教育毕业生的用人单位征收，对高等教育经费投入进行合理的成本分担②。法国政府则为了促进国内职业教育的发展，开征了一种专项的学徒税，征税对象主要包括从事工艺活动和工商业的公司和企业，征收的税款最终流向各类职业教育学校和培训服务中心。

（二）划定指定税基的制度设计

划定指定税基的制度设计，是指以政府的税收收入作为来源，不开征专门的教育税，而以某些指定税作为税基，从中划出一定比例用于教育事业的发展。与直接征收独立教育税相比，划定指定税基具有更强的可操作性，典型国家包括巴西和美国等。

巴西实行联邦制，政府分为三个层级。为了促进本国教育事业发展，提高教育财政投入水平，巴西 1982 年的《联邦共和国宪法》要求地方政府（市政府）每年至少拿出 20% 的地方税收用于初等教育。随后，巴西政府在 1996 年对《联邦共和国宪法》进行了修订，将教育财政投入份额在各级政府间进行详细划分，其中，联邦政府被要求至少将其年税收总收入的 18% 用于教育事业，而州政府和市政府的投入额度则由每年地方税收的 20% 上涨到 25% 。

美国的教育财政投入主要依靠州政府和地方政府，而所有州和地方政府的公共教育支出主要来自财产税收入。据统计，在近年来美国各地区教

① 刘建发．教育财政投入的法制保障研究［M］．北京：经济管理出版社，2006.

② 余军华．印度教育经费投入及启示［J］．行政事业资产与财务，2011（10）．

育财政总投入中，财产税所占的比重长期保持在 60% 以上①。此外，早在 1787 年联邦政府颁布的《西北土地法令》中，就确立了以土地税收入作为教育经费来源的补偿机制。土地税是一种按学区内单位土地面积征收的从量税，作为一种简化的财产税，它可以有效地避免财产税复杂的评估方法，是针对学区财产税收入下滑形成的一种有效的教育税收补偿机制。

三、美国教育税管理制度案例分析

美国实行学区制，学区具有独立的财政收支权利，可以自主进行教育财政收支管理。位于西海岸的加利福尼亚州（以下简称“加州”）是美国人口规模最大、经济最发达的地区。Los Altos 学区始建于 1909 年，是加州 33 个学区中教育质量最好的学区之一。因此，以该学区为例分析美国教育税制度，具有较好的参考价值。

（一）Los Altos 学区教育财政的收入来源

Los Altos 学区教育财政总收入主要包括财产税、州政府补助、博彩税、联邦政府拨款、土地税、教育基金和其他地方收入等项目。其中，占比最高的为财产税和土地税两项，年均占比约为 60% 和 20%，其他收入项目合计占比仅为 20% 左右。2013—2014 财年，Los Altos 学区用于教育的财产税共计 3 154. 7 万美元，其中包括地方政府转移过来的 92. 81 万美元税收收入。2014—2015 财年，Los Altos 学区财产税预算金额为 3 137. 43 万美元，约占教育财政总收入的 61. 63%；而土地税项目预算金额为 995 万美元，约占教育财政总收入的 19. 54%；再加上占比 1. 43% 的博彩税收入，Los Altos 学区教育财政总收入中合计有 82. 6% 来自税收收入。财产税等税收项目充足的税基为学区教育经费的稳定增长提供了良好的保障。具体情况见表 1。

表 1　2011—2015 财年 Los Altos 学区教育财政收入结构表

单位：美元

财年	2011—2012		2012—2013	
项目	合计	占比（%）	合计	占比（%）
财产税	24 967 008	59. 51	25 791 050	58. 65
州补助	1 404 228	3. 35	2 247 676	5. 11

① 陈国良. 教育财政国际比较［M］. 北京：高等教育出版社，2000.

续表

财年	2011—2012		2012—2013	
项目	合计	占比（%）	合计	占比（%）
博彩税	574 603	1.37	640 310	1.46
联邦拨款	955 533	2.28	944 483	2.15
土地税	9 913 901	23.63	9 913 900	22.55
教育基金	2 374 635	5.66	2 550 000	5.80
其他地方收入	1 761 961	4.20	1 883 984	4.28
收入总计	41 951 869	100.00	43 971 403	100.00
财年	2013—2014		2014—2015	
项目	合计	占比（%）	合计	占比（%）
财产税	31 547 000	63.27	31 374 272	61.63
州补助	1 899 876	3.81	3 164 625	6.22
博彩税	707 082	1.42	727 183	1.43
联邦拨款	996 335	2.00	973 664	1.91
土地税	10 008 478	20.07	9 950 000	19.54
教育基金	2 660 000	5.34	3 000 000	5.89
其他地方收入	2 038 836	4.09	1 718 559	3.38
收入总计	49 857 607	100.00	50 908 303	100

注：数据整理自 Los Altos 学区文献 *Los Altos School District Budget Facts At A Glance* 2013—2014 和 *Los Altos School District Budget Executive Summary* 2014—2015，其中 2014—2015 财年为预算数。

（二）Los Altos 学区教育税费的税基结构

财产税为学区教育税费的主要来源。Los Altos 学区的财产税税基中主要包括居民财产、商业财产和非抵押财产三个部分。从横向角度看，2013 财年 Los Altos 学区的财产税税基估值为 152.06 亿美元，其中，居民财产为 138.96 亿美元，由此可见，Los Altos 学区居民财产构成了财产税税基的主体部分。从纵向角度看，2002—2013 财年 Los Altos 学区的财产税总税基呈现波动性上涨趋势，年均增幅为 6.29%。在 2008 年爆发金融危机以后，税基在 2009—2012 财年出现了不同程度的下降，并在 2011 财年出现了罕见的负增长，降幅达到 1.14%。随着美国经济的复苏，2012—2013 财年

Los Altos 学区的财产税总税基又恢复至 3% 的年均增幅上来。

另一方面，作为学区教育税费的第二大来源，Los Altos 学区的土地税主要分为两类。第一类是一般性的土地税。1989 年，Los Altos 学区的选民通过投票决定提高土地所有者对教育的纳税份额。当时确定的纳税额度是每块地每年缴纳 168 美元的土地税，随后于 2002 年提高到了 597 美元。第二类土地税在学区选民投票通过后于 2011 年 5 月开始征收，主要是为了保障学区内的教育经费稳定，合理应对金融危机带来的财产税总税基下滑。这类土地税征收周期为 6 年，到 2017 年 6 月结束。其征收方式是每块地每年缴纳 193 美元的土地税，这些收入主要被用于保障学区内的优质教育和小班教学。

（三）Los Altos 学区教育税费的税率设置

在税率设置方面，1978 年，加州通过了第 13 号法案，从州政府层面将用于教育的财产税税率设置为 1%，各学区和地方政府可以根据本地经济状况对税率进行自由调整，仅仅在 Los Altos 学区内就存在 40 个不同税率的地区。近年来，Los Altos 学区财产税税率整体呈现出逐年波动性下降的趋势，由 2002 年的 0.205 7% 降为 2013 年的 0.189 8%，年均税率为 0.194 9%。由于学区财产税税基十分充裕，教育财政投入有着较为稳定的经费来源，因此 Los Altos 学区自行调整后的财产税税率远低于州政府设置的平均水平。

四、“后 4%” 时代我国教育税收管理制度改革的路径选择

参考国外教育税制度的管理模式，我国应该从以下三个方面对教育税收管理制度进行改革，以保障“后 4%”时代教育财政投入的持续增长。

（一）建立以财产税为主体的教育税收体系

财产税作为一种典型的受益税，以房产等不动产为税基，具有十分充足的税收来源。此外，财产税是一种直接税，纳税人偷逃税和政府重复征税的情况相对较少，征收管理十分便捷。长期以来，以美国为代表的西方国家以财产税作为主要税种，为地方教育事业的发展提供了充足稳定的经费来源。因此，现阶段我国应该加快房地产税立法步伐，建立以财产税为主体的教育税收体系，以改变地方财政性教育经费短缺的窘迫局面。

（二）扩大教育税费的征收范围

针对我国地方教育经费中土地出让收入波动性较大的情况，可以参考

美国加州 Los Altos 学区中土地税的征收管理办法。Los Altos 学区的土地税是一种从量税，每块地每年 597 美元，收取的税金主要用于支持地方教育事业发展。其征收管理办法与我国城镇土地使用税十分类似，都是以实际占用的土地面积作为征税对象，按照既定的税额对拥有土地使用权的单位或个人征收。

2014 年，我国城镇土地使用税实现收入高达 1 992.62 亿元，同比增长 15.93%，占同期地方税收收入的 3.37%，其增速比同期税收总收入增速高出 6.19 个百分点，成为我国地方税收收入的新增长点①。我国可以效仿美国土地税征收管理办法，将城镇土地使用税纳入教育资金的征收范围，采取从量税与从价税相结合的复合税或选择税的管理方式进行征收②。

（三）提高教育投入中的税收优惠

在教育税收制度管理方面，除了建立以财产税为主的教育税收体系和扩大教育税费征收范围这两种直接增加财政性教育经费的方式之外，还可以通过税收优惠或减免等方式增加教育财政投入。与上述两种方法相比，提高教育投入中的税收优惠与我国当前结构性减税的整体方向遥相呼应，在实践中也更具操作性。

实行“营改增”以后，财政和税务部门可以通过调整和完善税收优惠政策实施范围，加大对学校后勤等部门增值税和所得税的减免力度，切实提高教育财政投入中的税收优惠。例如：学校后勤等部门为学校教学、科研和师生活动提供的公益性或福利性的服务项目发生的成本费用，可以在所得税前进行扣除；对食堂等后勤部门的餐饮服务收入、学校附属印刷厂为本校教学科研提供服务的收入以及后勤社会化管理中建筑安装、物业管理和社区服务等项目的收入，免征增值税等③。

参考文献：

[1] MATSUMOTO. A Note on the Composition of Public Expenditure under Capital Tax Competition [J]. International Tax and Public Finance, 2000 (7).

[2] 宫肖愿. 开征教育税理论依据及方案设计 [J]. 山东社会科学，2007 (9).

---

① 数据整理自 2015 年《中国统计年鉴》。

② 选择税是在征收过程中，同时设定从价税和从量税两种税率，选择其中税额较高的一种进行征税。

③ 廖楚晖. 深化高校后勤社会化改革有关税收政策的建议 [J]. 涉外税务，2003 (5).

［3］任强．完善我国教育投入税收政策的建议［J］．税务研究，2010（6）．
［4］魏建国．努力扩大教育投资资源：教育类税及教育非税收入研究［J］．中国高等教育，2009（12）．
［5］王福兰．对改革教育附加的认识［J］．税务研究，2013（3）．
［6］席卫群．借鉴他国经验开征我国教育税［J］．税务研究，2005（11）．
［7］张伦俊．关于开征教育税的思考［J］．财贸经济，2004（8）．

7　非上市公司股权激励员工持股平台税收政策完善

徐　贺　王　进

【摘要】2016年9月22日和28日，财政部、国家税务总局相继下发《关于完善股权激励和技术入股有关所得税政策的通知》（财税〔2016〕101号，以下称“101号文”）、《关于股权激励和技术入股所得税征管问题的公告》（国家税务总局公告2016年第62号，以下称“62号公告”）和《关于做好股权激励和技术入股所得税政策贯彻落实工作的通知》（税总函〔2016〕496号，以下称“496号文”），分别从具体政策、税收征管以及税务系统落实政策要求等方面对股权激励的新的处理方式做出明确规定。关于非上市公司各种形式的股权激励税务处理问题，多年来政策中一直没有做明确的直接规定，实践中也存在着各种各样的争议，并且涉及个人所得税、企业所得税以及会计的协调处理问题。另外，就上市公司的股权激励个税处理问题，其实也存在着一定的需要改善处理的空间，在笔者工作中也遇到过一些令企业苦不堪言的案例。这次财政部和税务总局发文明确了非上市公司的股权激励税务处理，进一步完善调整上市公司股权激励政策，解决了实践中多年存在的大部分争议问题，但是仍有一些具体的问题需要进一步探讨，政策中并没有做明确的规定。

【关键词】非上市公司　股权激励　税收政策

【作者简介】徐贺，北京鑫税广通税务师事务所税务技术中心负责人
王进，北京鑫税广通税务师事务所有限公司董事长，中国注册税务师、注册会计师

一、政策变化前非上市公司股权激励税收政策存在的问题

一般认为，股权激励是换取员工服务而付出的对价，属于员工因为任职而取得的收益，因此，应该按照“工资薪金（职工薪酬）”来认定。税收政策在股权激励税务处理问题的设计上并未充分考虑“纳税必要资金原则”，而是在取得权益（行权或者解禁）时就作为税款缴纳的时点，进而也造成未取得实际现金性收益就先缴纳税款的情况出现，员工需要从平时的工资中或者另行筹措资金来缴纳个人所得税，这就给员工纳税带来了一

定的财务压力。

另外，也存在着非上市公司激励未来收益能否最终实现的不确定性，这与已经首次公开募股（IPO）成功的上市公司相比相差好多。尤其是处于创业阶段的企业，当前的个税计算缴纳方式及征收机制等又决定了存在亏损等情况，多缴纳的个税在实践操作中退税难度比较大，因此，员工面临的多缴纳税款的风险也比较大。同时，实施股权激励的企业是法定的扣缴义务人，企业内部负责税务管理的财务部门就这个问题与员工沟通也存在着一定的难度，很多员工对此也不理解。

总结来说，将取得权益（行权或者解禁）的时点作为税款缴纳的时点，无论从税收理论还是税收实践的角度来说都不合理，因此，对政策进行适当的调整还是非常有必要的。

二、主要的政策调整变化和解决的问题

101 号文规定：非上市公司授予本公司员工的股票期权、股权期权、限制性股票和股权奖励，符合规定条件的，经向主管税务机关备案，可实行递延纳税政策，即员工在取得股权激励时可暂不纳税，递延至转让该股权时纳税；股权转让时，根据股权转让收入减除股权取得成本以及合理税费后的差额，适用“财产转让所得”项目，按照 20% 的税率计算缴纳个人所得税。

关于股权激励所得税处理的调整，核心内容可以归结为两点：

第一，符合条件的非上市公司股权激励个人所得税纳税时点由行权时递延至转让时，解决了纳税必要资金问题和潜在的多缴纳个税问题。

第二，在转让环节直接按照“财产转让所得”项目计算缴纳个人所得税，不再按照“工资薪金所得”项目来缴纳个人所得税，在一定程度上解决了创新创业企业股权激励员工个人所得税负担较重的问题，降低了个人税收负担。按照财政部税政司和税务总局所得税司就该政策答记者问中的数据，税负可比原来降低 10 ~ 20 个百分点。

三、合伙制员工持股平台问题分析

101 号文对于股权激励适用递延纳税的处理做了共计七个方面的条件限制，需要同时满足才能够适用，其中一个条件为“激励标的应为境内居民企业的本公司股权”。

101 号文对激励股权标的规定为本公司的股权，授予关联公司股权的不纳入优惠范围，也就是说只能以股权激励的实施主体自己的股票作为标

的，才能够满足政策要求，这主要是为了体现利益的相关性。

101号文规定，激励标的的股票来源可以通过增发、大股东直接让渡以及法律、法规允许的其他合理方式。但对股权奖励的标的股权的来源，只做了一个例外特殊的规定，即可以是技术成果投资入股到其他境内居民企业所取得的股权。这主要是为了解决一些科研企事业单位存在将技术成果投资入股到其他企业，并以被投资企业股权实施股权奖励的问题。

股权激励计划授予的股票来源为实施主体向激励对象定向发行的股票（限制性股票），这种激励标的的来源非常常见，也是很普遍的。

大股东以直接让渡方式授予激励对象激励标的股票，这种模式并不是以股权激励实施主体本身的股份换取员工的服务，而是大股东将其持股的实施主体的权益让渡给了员工，换取员工对实施主体的服务，对实施主体来说总的股本份额并没有变化，只是股东发生变化而已。这种激励方式在上市公司原则上是不允许的，中国证券监督管理委员会（以下简称“证监会”）上市公司监管部发布的《股权激励有关事项备忘录2号》已经做了明确的规定，现在使用这种方式的更多的是非上市公司（新三板挂牌企业）。例如，2017年8月份发布股权激励计划的武汉日新科技股份有限公司（证券代码：835679；证券简称：日新科技）就是以这种方式来操作的，激励股份来源于公司股东转让股份，公司股东将减持所持有公司股票150万股（1.97%），按每股人民币12.97元以协议方式转让给激励对象。

这种大股东直接让渡给激励对象的操作模式，在实践层面的案例不如其他模式常见，同时，这种模式还会引发一系列的会计和企业所得税税前扣除问题。采用这种操作模式涉及的主体主要有激励对象、大股东（自然人、法人或者合伙企业等）和实施主体。

目前，新三板挂牌企业的股权激励中，既有激励对象直接持有实施主体股票的情况，也有以持股平台为载体进行间接持股的情况。

（一）直接持股与持股平台间接持股的比较分析

直接持股的优势主要是激励效果强，激励对象退出转让股权比较方便等，但是也有一些不足之处，主要是大股东需要更大程度地直接让渡稀缺的股权，致使公司股权分散，控股股东难以控制员工的投票意向，导致股东对公司的控制程度降低，另外也存在激励对象容易直接减持公司股份，长期约束力不足，若是在公司向证监会报材料后辞职，大股东也不能收回股权的风险。

由于直接持股存在一定的不足，现在很多新三板挂牌企业的股权激励采用的是以持股平台为载体的间接持股方式。持股平台可以为有限合伙企业和有限责任公司，但是合伙企业在税收以及管理效率上更具灵活性，大部分持股平台为合伙企业。激励对象未来退出转让股权激励实施主体的股票时，可以在合伙企业层面运作实现。以合伙企业为平台，主要可以解决以下问题：

1. 解决激励对象人数的限制

按照《中国证监会非上市公众公司监督管理办法》和全国股转系统《常见问题解答》的规定，“公司可以向除原股东之外的董事、监事、高级管理人员、核心员工及符合投资者适当性管理规定的其他投资者等合计不超过35名对象发行股份”。也就是说，对于发行股份的人数是有限制的，若股权激励中激励对象超过35人则无法满足监管法规的要求。为了规避这项监管要求，挂牌企业以合伙企业作为股权激励计划实施载体，合伙企业单独作为一个认购主体，可有效避免上述情形的出现。

2. 便于大股东掌握控制权

设立有限合伙企业，以其作为股权激励的认购载体，间接持有实施主体的股票，便于大股东牢牢掌握公司控制权，并且公司的实际控制人可以作为有限合伙企业的普通合伙人来控制合伙企业。

3. 保持股权稳定，减少内耗

通过间接持股，容易将员工与企业利益捆绑在一起，并且股东做出决策时操作更简便，只要普通合伙人做出即可。

（二）合伙企业为载体间接持股的运作模式

以合伙企业为载体参与实施主体的股权激励，主要有以下几种运作模式：

1. 模式一：激励对象授予合伙企业份额，间接持有实施主体股票

【联创信安股权激励案例】

2016年8月，北京联创信安科技股份有限公司（证券代码：837283；证券简称：联创信安）发布了《首次股权激励计划》，计划主要内容为：股权激励的股份来源于北京联创力为投资合伙企业（有限合伙）（以下简称“联创力为”）持有的公司股份，激励对象通过作为联创力为的有限合伙人间接持有公司的股份。本次激励规模为1 960 000股公司股份，占公司截至2016年6月30日股本总额34 545 000股的5.67%。由普通合伙人郭彦辉向激励对象转让持股平台的合伙份额，激励对象通过间接持有公司股份享受股权激励。

参照公司截至2015 年12 月31 日的每股净资产金额，激励对象本次受让公司股份的价格定为1.3 元/股，对应联创力为合伙企业份额的价格为每1 元出资额1.86 元。

本案例中，激励对象通过持有持股平台的合伙企业份额来间接持有实施主体的股票，并且激励标的的来源是大股东转让，并不是实施主体的增发，股权激励实施主体的股权结构不发生变化。

2. 模式二：合伙企业取得激励标的股票，员工持有合伙企业份额

【多维度股权激励案例】

2016 年8 月，上海多维度网络科技股份有限公司（证券代码：833589；证券简称：多维度）发布了《股权激励计划方案首期（草案）》，计划的主要内容是：股权激励计划的股票来源为公司实际控制人雷勇向上海爱抢购投资合伙企业（有限合伙）转让其持有的上海多维度网络科技股份有限公司的部分流通股份，使爱抢购投资成为本公司股东；爱抢购投资的合伙人根据其出资份额受让公司股权，间接持有公司股份。目前持股平台合计财产份额为500.00 万元，此次授予激励对象的股份数额总计为4 500 000 股，占公司股份总额的7.968 8%。本次激励股份的授予价格为人民币1.00 元/股。

本案例中，激励对象通过持有持股平台的合伙企业份额来间接持有实施主体的股票，激励标的的来源是大股东将其持有的股票转让给合伙企业，股权激励实施主体的股权结构发生变化，让渡股票的大股东持股比例降低，作为持股平台的合伙企业持股比例增加。

3. 模式三：实施主体向合伙企业定增股票，员工持有合伙企业份额

【国泰股份股权激励案例】

2015 年10 月，青岛国泰药业股份有限公司（证券代码：833111；证券简称：国泰股份）发布了《股权激励计划（更正后）》，计划主要内容为：激励股票来源为国泰股份向平度盛大国泰投资管理中心（有限合伙）定向增发的公司股票。一次性定向发行公司股票共计200 万股（占持股平台出资额的100%并占国泰股份股票总数的8.30%），涉及标的股票均为人民币普通股。本计划涉及激励对象均通过持股平台取得激励股票，股票认购价格为2.5 元/股。

本案例中，激励对象通过持有持股平台的合伙企业份额来间接持有实施主体的股票，激励标的的来源是股权激励实施主体定向增发，增发后股权结构发生变化。

（三）合伙企业为载体间接持股员工个人所得税处理

以合伙企业为平台，作为持股的载体，激励对象作为合伙企业的合伙人在合伙企业层面通过合伙企业份额转让、分红以及减资方式来实现股权激励的收益，并不是直接转让实施主体的股票来实现收益。这种间接操作模式下，激励对象是否可以享受101号文件规定的递延纳税优惠政策呢？

101号文中并没有直接对以合伙企业作为载体持有股权激励实施主体的情况做出明确的规定，也就是没有直接规定间接的股权激励是否可以递延纳税。对于这个问题可以从以下几个方面来分析探讨：

第一，101号文规定的股权激励，是对激励对象授予各种形式的条件的股权，也就是说从目前的字面表述来看，应该要求激励对象要直接持有股权激励实施主体的股票。而通过合伙企业持股，被授予股票的主体变成了合伙企业，而不是员工，员工不直接持股，而是持有合伙企业的份额，所以从这个角度说难以满足激励对象的要求。

第二，在以合伙企业为载体的激励模式下，从形式上看授予的是合伙企业的份额，激励对象持有的是平台的份额，而不是实施激励企业的股权，也不符合101号文中规定的用本企业股权作为激励标的的条件。

第三，101号文规定非上市公司股权激励在取得股权时不缴纳个人所得税，在未来转让股权时按照“财产转让所得”项目征收。通过合伙企业平台来持股，若是以转让激励标的股票的方式退出，则先是向合伙企业转让股票，再向激励对象分收益，此时，按照国家税收政策，激励对象取得收益时是按照“个人工商户生产经营所得”项目计算征收个人所得税，而不是按照“财产转让所得”项目来计算缴纳个人所得税。因此，从这个角度来说也不能适用递延纳税的优惠政策。

通过合伙企业平台来持股不适用递延纳税的政策，那么激励对象的个人所得税应该如何缴纳呢？对于直接激励模式，不适用于递延纳税的就直接按照“工资薪金所得”项目计算个人所得税；对于间接激励模式下，激励对象是作为持股平台合伙企业的合伙人，那么个人所得税是应该按照合伙人取得收益的“个体工商户生产经营所得”来计算呢，还是应该按照“工资薪金所得”来计算呢？笔者理解，若公司在授予环节，会计上按照股份支付进行处理，按照“工资薪金所得”项目来计算更符合业务的实质，只不过为了一些管理上的需要通过合伙企业的平台来处理，但是对此也没有明确的政策支持。

目前，很多新三板企业的股权激励都是通过持股平台合伙企业来操作的，若是不能够适用递延纳税的政策，101 号文的执行效果将打折扣，没有起到政策本身应该起到的效果。这个问题，不仅仅是 101 号文带来的问题，根源是合伙企业所得税政策的问题，当前政策对于合伙企业的诸多问题并没有一个明确的处理规则，基本处于无序状态。当前，合伙企业的所得税政策亟须明确，若是合伙企业在所得税上的穿透原则有明确的规定，则通过合伙企业平台来持股适用 101 的递延纳税政策也就有了基本的处理规则。从这两年笔者工作中遇到的案例来看，中小企业创新创业阶段的股权处理很多都和合伙企业有关，但是合伙企业的基本税收属性并没有明确的政策规定，导致国家对于中小企业的一些支持政策由于合伙企业的存在不能真正得到落实，所以，尽快出台合伙企业及合伙人所得税政策是解决实践中众多问题的一个抓手。

8　服务税收学人才供求与税收筹划课程建设

刘　洋

【摘要】 税收筹划知识对于提高税收管理水平和推动我国税收文明和国家法治化进程具有重要意义。税收学专业人才供需涉及宏观经济、微观经济等两个经济发展层面和各地方政府财税经管部门、高等院校、各类企业等三类主体。为了适应国家和区域经济、社会发展对高素质应用型人才的需求，高校税收学专业人才培养在坚持深厚理论素养的同时，更加强调实践能力和操作能力。无论“走进来”的企业，还是“走出去”的企业，对多元化税收专业服务的需求都有赖于专业人才的支撑，进而更加需要高等院校税收学专业人才培养的强大课程支撑。目前，财税专业公共基础课、财税学科基础课、财税专业基础课、财税专业选修课等四个模块的契合程度、选择性、伸展性不够，财税实践实验课程的教学体系仍然不够全面和完善，财税专业的国际化课程从形式到内容都尚需完善，对于与税收筹划课程相关的财税专业课程内容结构的衔接仍需进一步探讨、把握。针对这些问题，本文提出了进一步的改革思路和完善建议。

【关键词】 税收学　人才培养　税收筹划　课程建设

【作者简介】 刘洋，上海海关学院副教授、硕士生导师、博士，中国注册税务师

一、税收筹划知识有助于推动我国税收文明和国家法治化进程

税收是政府（代表国家）依据其行政权力，强制、无偿地取得收入的方式，是政府参与国民收入分配的一种形式，而财税行政管理部门则是代表政府行使国家征税权的机构。在国家经济总量既定的情况下，政府占据的分配比例过高会影响纳税人的生产积极性，反之，则会影响政府职能的实施。政府的分配比例如何确定，对于各个历史时期和各个国家都是一个核心问题，从这个角度上看，政府一直在进行税收筹划，而且开始的时间要远远早于纳税人税收筹划。

“人生中有两件事情不可避免，一个是死亡，一个是纳税。”税收法定

主义是现代法治的基本要义和税收制度的普遍原则，要求征税和纳税必须也只能基于法律的规定。“没有代表，就不能征税”的主张，表明公民对客观上侵犯自身财产权的征税事项必须有发言权，这也是公民自觉纳税的基本心理支持。20 世纪 30 年代英国的“纳税局长诉温斯特大公”案和 1947 年美国法官汉德纳税案件中的判词更是成为英、美国内纳税筹划的法律基石。纳税人在纳税行为发生之前，在不违反法律、法规的前提下，通过对纳税主体的经营活动或投资行为等涉税事项做出事先安排，以达到少缴税和递延纳税目标的一系列谋划活动，就是税收筹划（tax planning）。其实，通过合理安排涉税事宜减少纳税义务是早已存在的行为，但是税收筹划在上述两个判例后才真正被社会关注和法律认可，合法降低纳税成本成为纳税人的一项基本权利。

在我国，长期以来税收征纳关系并没有得到足够的重视，即使在财税专业理论研究与教学实践中，注意力也主要投向税制设计、针对税制要素的税收经济学、行政管理学分析等，财税工作实践则偏重于强化税务机关权力，尤其是强调完善税收征管手段、加强税务稽查、严厉打击偷漏税等违法行为，对纳税人合法权利的关注则有所欠缺。例如，我国目前只有《中华人民共和国税收征收管理法》，而无“纳税人权利保护法”。长期以来的“官治民从”造成税收征纳法律关系处于失衡状态：一面是纳税人消极纳税义务下淡漠的面孔，一面是税务机关片面强化权力下日益疲惫的身影。税收筹划承认并保护纳税人应有的合法权利，改变了纳税人消极被动的地位，对于促进征纳双方依法办事、完善税收制度、提高税收管理水平和推动我国税收文明和国家法治化进程具有重要意义。

二、税收学专业人才社会供求与税收筹划课程建设的再思考

从全社会的角度来看，税收学专业人才供需涉及各地方政府部门、高等院校、各类企业等三类主体，和宏观经济、微观经济等两个经济层面相关，因此税收筹划课程建设作为专业主干课，其建设与发展均应当以此为出发点。

（一）高等院校税收学专业人才培养对税收筹划课程建设的要求

我国高等教育对于税收学专业人才的培养，要适应新的科技革命和我国产业结构调整与发展方式转变的要求，与国家中长期科技、教育和人才规划有机衔接，强化质量第一意识，形成多样化的税收学人才培养模式、标准和科学评价体系，走质量提升的内涵式发展道路。建立高校、科研单

位、企业良性互动、优势互补的培养机制，形成鲜明的区域特色和学科优势。随着高等教育改革的不断深入，对适应国家和区域经济社会发展的高素质应用型人才的需要也更为迫切。应用型高校对于税收学专业本科人才的培养目标也需要与这一改革同步进行，在坚持深厚理论素养的同时，更加强调实践能力和操作能力。

税收学专业以前作为财政学科的一个方向，是一个传统优势学科专业，为国家培养了一大批优秀的财政科学研究者和财政税务管理专业人才。历史上，财政学科的主要社会功能是：为各级政府的财税决策部门决策提供理论和政策依据，另外就是为财税部门培养和输送专门管理人才。随着社会主义市场经济以及财税体制改革的不断深化，尤其是政府职能转变和国家公务员考试制度的全面实施，财税专业人才培养不再仅面向传统的政府岗位，如何适应高等教育改革的不断深入，培养适应国家和经济社会发展的高素质应用型财税专业人才？这已经成为各高校税收学专业必须共同面对的问题。

高校从税收学专业人才培养方向入手，提出学科建设与人才培养创新两个命题，开辟财税专业为市场经济建设服务、为政府财税管理服务、为企业发展服务的新领域，走专业改造和学科创新之路，谋求人才培养转变。从税收学专业自身的发展规律来说，税收学专业与相关的财政学专业相比，实践性更强。这不仅是因为税收涉及千家万户的经济利益，为最贴近百姓生活的经济杠杆，而且在于随着社会主义市场经济体制的建立和完善，现代企业制度的建立，独立经济实体的普遍形成，政府与企业、个人之间在利益分配上的“你”“我”界限日益明显，税收实践越来越为各方所需。高等院校为政府、企业培养既懂财经专业理论，又具备相应实务操作能力的税收学专业人才成为当务之急。

上海海关学院作为立足上海，面向全国的应用型本科院校，紧紧抓住上海“四个中心”建设的重大机遇，积极探索与上海“四个中心”建设相匹配的创新人才培养模式，建设优质本科教育，为上海“四个中心”建设提供优质的人力资源支撑。学校一直将明确全校各学科建设定位，调整学科专业方向，实现与上海“四个中心”的对接作为学科建设重点。学校一直强调努力处理好学科建设与专业建设的关系，处理好重点学科与一般学科、存量学科与增量学科的关系，并积极研究学科建设管理中的体制机制问题以及学科之间的交叉融合问题。税收学专业作为拥有两级办学层次的专业，提升税收学专业课程水平，尤其是税收学、税收筹划、税务会计、税务管理等实践性突出的课程水平，是对我校专业建设与“三型一高”人才培养的完善；同时，其发展还需要与其他学科相互促进、相互补充，最终实现多赢。

（二）税收学专业人才社会需求对税收筹划课程建设的要求

1. 上海税收学专业人才社会需求与税收筹划课程建设

上海在实现经济增长方式转变与“四个中心”建设进程中，将着力发展现代服务业、先进制造业、现代物流业、高科技行业等，经济发展将越来越融入经济全球化和区域经济一体化进程。财税政策环境是这一进程中不可忽视的外部环境，政府宏观经济决策与管理部门需要的高级财税人才，要精通财税专业知识，具备宏观税收专业知识素养和全球化视角，能够准确把握我国乃至世界财税政策变化趋势。《上海市十二类紧缺人才专业目录》显示，银行、证券、保险、信托等金融机构，法律服务、会计服务、资产评估、房地产评估、投资咨询、风险投资管理等各类中介服务组织，都需要大批具有税收学专业本科及以上学历的应用型高级专门人才。目前，上海税收学专业培养单位仅上海财经大学、上海立信会计金融学院、上海海关学院等少数几家，难以满足上海“四个中心”建设的需要。今后，随着上海社会经济的发展和转型，对具备较高税收学专业素养人才的社会需求量将越来越大，这对税收学专业课程建设与改革提出了更高的要求。

2. 财税行政管理部门税收学专业人才需求与税收筹划课程建设

在国家经济总量既定的情况下，政府分配的比例如何确定，对于各个历史时期和各个国家都是一个核心问题。我国古典名著《管子》就说：“取民有度”，把制定适当的税收标准作为治国安邦的根本政策。孔子在《论语》中指出“义然后取人不厌取，有君子之道，其使民也义”和“财聚民散，财散则民聚”。这里所强调的义就是政府行仁政，轻徭薄赋，有利于争取民心，长治久安。司马迁提出了“善因论”的经济思想。他说，对于普通百姓的经济活动，政府的政策取舍排序应是“善者因之，其次利道（导）之，其次教诲之，其次整齐之，最下者与之争”。他认为，农工商等经济活动是“衣食之源”，个人为了自己的利益而从事经济活动，就扩大了衣食之源，“上则富国，下则富家”；如果个人的经济活动受到限制或阻碍，衣食之源就会萎缩，既不会利家也不会富国。这里所说的实际就是制定优惠的税收政策，改善投资环境，吸引社会力量和外资前来投资兴办实业，以扩大税基，增加税源，增强政府的财力，加快经济发展。

从20世纪70年代以来，新公共管理运动（New Public Management）的兴起对世界各国公共管理理论与实践带来了深刻影响，促使政府管理从传统的韦伯官僚模式向以市场和服务为导向的模式转变。在此背景下，世界各国的税收管理理念发生了巨变，特别是西方发达国家的税收征管方向，从“监督打击型”向“管理服务型”转变，为纳税人提供高效优质的服务已经成为世界各国税务机关的普遍做法，成为当今税收征管改革的国际潮流。例如，美国的税务局称为 Internal Revenue Service，IRS。我国国家税务总局也在2009 年首次以广告的形式诠释了纳税人的权利和义务，以更好地为纳税人提供服务。在财税行政部门职能转变过程中，对于税收筹划的需求主要体现在以下方面：首先，政府税收筹划发挥税收三大职能作用的需要；其次，政府税收筹划是提高税收征管效率的需要，财税部门想要通过提高税收征管效率，增加税收收入，应当简化税制，让税收征纳双方容易操作；再次，还需要科学设置征管机构，加强财税行政人员业务培训，提高管理人员的业务素质，尽量减少税制的执行与遵从成本；最后，由于存在税收法律、法规制定和执行过程中的各种缺陷和漏洞，为了不断完善制度，政府和财税行政管理部门需要借助于反避税手段来堵塞漏洞，财税行政管理部门与纳税人之间的避税与反避税博弈会一直存在，而正是这种现象推动了人类社会税收制度不断演进。

3. 广大企业税收学人才需求与税收筹划课程建设

改革开放以来，我国市场经济得到快速发展，现代企业制度不断完善。市场经济体制的建立为企业提供了纵横驰骋的空间，同时也使企业和纳税人面临无情的市场竞争。在竞争过程中，财务成本的高低起着至关重要的作用，而税收成本则是财务成本的核心内容之一。在此背景之下，企业越来越重视包括税收在内的经营成本，越来越重视企业纳税诚信，许多企业开始设立处理自身税收事务的税务部或税务顾问，对税收学专业人才的需求也越来越大。与此同时，我国的企业规模不断扩大，一批规模大、实力强的大型企业迅速崛起，跨地区、跨行业经营成为现实。

企业规模扩大、业务多元化、服务需求多样化，使得企业对诸如注册会计师事务所、注册税务师事务所的专业服务需求正在超出传统的涉税服务，而要求提供包括涉税鉴证、税务审计、税务筹划与税务咨询等在内的多元化专业服务。例如，以生产日化用品闻名于世界的联合利华公司（Unilever）的两家姊妹公司，一家设在美国，一家设在荷兰，其子公司遍布世界各地，中国上海有三家总公司，产品包括日化产品、速食产品和调味品等。针对世界各国不同的税制，该公司的母公司有45 名高级税务专家进行税收筹划工作，每年仅节税一项就达数百万美元，为公司增强了国际市场竞争力①。企业客户的广泛业务需求，客观上要求会计师、税务师事

① 张中秀，汪昊．税务律师［M］．北京：企业管理出版社，2004：21.

务所不断提高自身专业研发能力、资源整合能力、信息处理能力以及专业服务领域开拓能力，所有这些能力的拓展都有赖于专业人才的支撑，进而需要高等院校培养人才的专业实践课程支撑。

此外，随着中国和上海不断融入世界经济发展与交流平台，大量的跨国企业进入上海，同时也有大量的中国企业进一步融入国际金融市场和国际航运市场。其间，无论是对“走进来”的企业，还是对“走出去”的企业，税收问题都不容忽视：“走进来”的跨国公司要努力寻找精通中国税法、熟悉中国税收业务的专业人员为其办理税收事宜，并且要在合法的前提下获得税收利益；“走出去”的中国企业需要一大批了解外国税制和国际税收筹划的税收学专业人才。因此，人才培养应伴随着企业走出去的步伐，走向国际，不断发挥国际税收信息导向、国外税收咨询、国际税收筹划等重要作用，使人才培养更好地服务于上海企业国际化战略，成功应对国际市场竞争。

与此同时，与之相适应的专业税务人才培养并没有及时跟进。目前高校已有的税收学专业无论是培养方向、培养数量还是业务课程均无法满足市场对于财税专业人才专业素养的需求。国外著名高校如哈佛大学、斯坦福大学等在其商学院都开设了税收筹划课程或者设置了相关专业。目前国内共有 46 所高等院校开设税收学专业，上海市仅有 4 所高校开设本专业，主要为国家与地方税务系统培养高素质专门管理人才，也为企事业单位培养精通税收的具有综合素质的会计人才，为中介机构培养注册税务师、注册会计师，为财税、审计、检察院等国家机关培养适应我国加入世界贸易组织（WTO）、适应税收征管电子化改革需要的税收与外语复合型人才以及税收与信息复合型人才。但国内有的高校已经开始尝试在本科生招生时设立税收筹划方向，在税收专业硕士研究生课程中开设税收筹划课程，这不失为积极的探索方向。

三、切合人才需求，积极拓展税收筹划课程建设空间

通过分析税收经济关系与税收筹划在经济社会的意义，结合高等院校人才培养模式转变以及社会各领域对于财税人才的供求因素分析，税收筹划课程作为税收学专业人才培养的核心课程之一，在紧密把握人才需求的前提下，可以开拓更大的课程建设与改革空间。

（一）税收筹划课程的学缘结构与课程特点

从理论上来看，税收筹划课程所研究的领域属于跨学科的交叉研究，其所关注的已经不单纯是一个涉税问题，而是涉及征纳双方税收利益最大

化的领域：征税方如何在保证行政所需的情况下，依法科学合理地获得税收收入；纳税方如何在法律允许的范围内，或者至少在法律不禁止的范围内，通过对投资、筹资、经营活动等涉税理财事项进行事先的精心规划和巧妙安排，最大限度地减轻税收负担。该课程的研究触角、研究理论、研究内容、研究方法已经广泛而深入地涉及了财政学、税收学、经济学、法律、会计学、财务管理学、金融学、企业管理等学科领域。从实践来看，税收筹划课程所研究的问题广泛存在于财税行政管理领域、企业经营与管理领域和居民理财活动中，涉及社会各个层面和经济生活的各个环节。课程的研究目的是通过税收筹划的基本理论与方法，借助于税收筹划的技术与技巧，实现各类筹划目标；税收筹划活动一般都由各行业、各层面的具体业务部门开展，实践性突出。因而，税收筹划课程具有综合性、实践性、操作性、开放性和创造性等特点。

（二）进一步完善税收筹划课程建设的基本思路

税收学专业人才培养目标是：培养和造就适应社会主义市场经济建设和发展要求，德智体全面发展，掌握经济、金融、管理等财经学科知识，精通最新税收学专业理论与实务知识，具有系统扎实的税收学理论知识与实务技能，专业外语应用能力较强，学科专业知识结构合理，能够胜任政府管理部门，财政、税务、银行、证券、保险和信托等金融机构，各类大中型企业，会计师、审计师、评估师事务所等市场中介组织的综合管理和专业服务工作的应用型、复合型、涉外型和高素质的高级专门税务人才。这就对传统税收筹划课程提出进一步改革的客观要求，改革的基本思路是：以人才培养模式转变和财税专业人才需求为导向，立足我校税收学专业的发展阶段，结合不同学历水平教育和不同课程对象，完善课程建设层次与结构，将课堂教学与税收筹划实践活动更紧密地结合起来，以更加开放、更加综合的方式来为学生传授税收筹划知识，提高学生运用财政学、税收学、经济学、法律、会计学、财务管理学、金融学、企业管理等学科知识来分析、解决企业经营管理活动、财税行政管理活动中遇到的税收筹划问题，提高学生思考问题、分析问题和解决问题的能力。

（三）税收筹划课程设置与改造设想

从现行的税收筹划相关课程体系设置来看，主要存在以下问题：财税专业公共基础课、财税学科基础课、财税专业基础课、财税专业选修课等四个模块的契合程度、选择性、伸展性不够；财税实践实验课程的教学体系仍然不够全面和完善；财税专业的国际化课程从形式到内容都尚需完善；对于与税收筹划课程相关的财税专业课程内容结构的衔接仍需进一步探讨、把握。按照前面所分析的高等教育人才培养模式转变的要求，税收筹划课程设置应当注重质量，体现创新。

首先，完善本科阶段税收筹划相关课程体系设计。税收筹划课程属于跨学科的交叉课程，注重专业实践能力的培养，因此，强调在本课程开课之前设置分阶段的先修课程（见表1）。

表1 税收筹划课程先修课程阶段安排

课程阶段	公共基础课	专业核心课	专业方向课
先修课程	财政学 法学课程（含经济法、行政法和民法） 中级财务会计 财务管理 企业战略与管理 金融学	税收学 税法/中国税制 税收管理 国际税收	涉税服务实务 税务会计 税收专业实践与案例课程

其次，针对本科和专业硕士学位教育等不同学历水平以及财税专业人才对本课程的不同需求，税收筹划课程可以分成高校教育课程与税务业务培训课程，设计丰富的课程模块。针对高等院校本科层次的课程设置，注重培养应用型为主的人才，专业硕士学位课程设置则从单纯的操作型知识转向理论与方法层面的研究和介绍，并且增加国际税收筹划方面的专业课程；对于财税业务培训课程，则要根据征纳双方的不同业务特点分别设计税收筹划课程模块。具体内容见表2。

表2 税收筹划课程类型与课程模块

课程类型	课程对象	课程模块
税务业务培训	财税行政部门工作人员	税收筹划 税收经济分析 纳税评估与管理 国际避税与反避税理论与实践 最优税制理论与实践
	公司财务与税务部工作人员	公司经营战略与税收筹划 各税种税务会计处理与筹划实务

续表

课程类型	课程对象	课程模块
高校税收专业课程	本科生（含专业与非财税专业）	本科税收筹划模块： 税收筹划（分为必修与选修） 国际税收筹划（选修） 税收筹划课程内实验项目（必修课程适用）
	税收学专业硕士学位	专业硕士税收筹划模块： 税收筹划理论与方法研究专题 税收筹划设计与案例解析 国际避税与反避税理论与实践

参考文献：

［1］张中秀，汪昊．税务律师［M］．北京：企业管理出版社，2004.

［2］陈志勇，薛刚．税收筹划理论与实践［M］．北京：经济科学出版社，2010.

［3］储敏伟．经济转型背景下如何推进人才培养模式改革［J］．金融高教研究，2010（2）．

［4］计金标．税收筹划［M］．北京：中国人民大学出版社，2006.

［5］SALLY M JONES，SHELLEY C RHOADES－CATANACH．税收筹划原理［M］．北京：中国人民大学出版社，2009.

9　针对所得税经济性重复课税的征纳博弈行为及税制改革构想

刘植才

【摘要】本文从回顾中华人民共和国成立以来不同时期所得税经济性重复课税问题的演变入手，论及我国所得税经济性重复课税的现状；进而剖析了经济性重复课税因素对企业经营决策产生的扭曲效应，及其对税法遵从状况的负面影响，并对与此相关的税务管理措施加以评介。在此基础上，提出了以削减经济性重复课税作为我国所得税制度改革取向的主张，并且从降低股利所得适用的个人所得税税率、清理相关税收优惠政策、制定企业留存盈余最高限额，以及完善相关税务管理措施等方面提出了改进所得税制度的对策。

【关键词】经济性重复课税　避税与反避税　所得税制度改革

【作者简介】刘植才，天津财经大学珠江学院教授、管理学博士

所谓经济性重复课税，是指因对源于同一投资行为所产生的企业利润及股东所获股利分别课征所得税而形成的双重课税（two - tier taxation of corporate source income）现象。

从理论层面看，“法人实在说”与“法人虚拟说”对经济性重复课税现象的评判存在明显分歧。前者将法人和自然人均视为独立的权利与义务主体，认为公司是独立于股东之外的法人实体，在法律上应当独立享有权利和承担义务，因而对投资所得分别征收公司所得税与个人所得税的做法是合理的。后者则主张法律上的权利与义务主体应以具备自由“意思”的自然人为限，并将公司看作一种由股东组合而成的虚拟经济主体，认为股东才是其最终权利与义务主体，因而对公司所得和股东的股息重复课征所得税是不合理的。从实践层面看，对源于同一投资行为产生的所得先后课征公司所得税和个人所得税的做法确实会对企业及其投资者的行为产生诸多扭曲效应。为了减轻或消除因经济性重复课税而产生的弊端，许多国家和地区，特别是发达的经济体纷纷对传统的所得税制度进行改革。目前，仍然采用古典制（classical system）所得税的国家和地区正在不断减少。消

除或减轻经济性重复课税已经成为许多经济体所得税制度改革的共同性目标取向之一。

一、我国所得税经济性重复课税问题的演变历程

1950 年到 1958 年期间，我国虽然开征了工商业所得税（指工商业税就所得额计征部分）和利息所得税，但为了配合国家对资本主义工商业的“利用、限制、改造”政策，对投资于企业的股息所得采取了免税措施。1959 年停征利息所得税之后至 1980 年之前长达 21 年的时间里，我国的所得税仅存工商所得税一个税种，个人所得税一直处于缺失状态。因此，在 20 世纪 50 至 70 年代整整 30 年时间里，我国是不存在所得税经济性重复课税问题的。这种情况当然是与这一历史阶段的社会经济背景密切相关的。简言之，生产资料私有制社会主义改造完成之后，在公有制居统治地位的经济结构及与之相适应的单一所得税制度下，从根本上失去了对投资所得进行经济性重复课税的制度基础。

自 20 世纪 70 年代末实行“有计划的商品经济”体制之后，随着经济体制改革不断深化和对外开放程度逐步提高，多元化的生产资料所有制结构逐渐形成，所得税随之成为政府对不同所有制经济主体施行调节、控制的一种重要政策工具。与此相适应，这一时期我国的所得税制度得到迅速发展，50 年代末期形成、保持了 20 余年的单一所得税制局面被企业所得税与个人所得税并行的税制格局所替代，所得税经济性重复课税现象也随之出现。由于各类企业所得适用的税种不同、税率不一，企业盈余分配情况各异，其投资人所获股利适用的税收政策有别，致使不同所有制企业的重复课税状况存在明显差异。

20 世纪 90 年代初期，为适应社会主义市场经济体制下经济发展的要求，我国本着“统一税法，合并税种，简化税制，公平税负”的指导思想对税制进行了重大改革，使所得税制度逐步趋向统一。经过此轮改革，虽然企业所得税依然保持了“内外有别”的税制格局，但结束了对自然人课征所得税“内外有别，三税并存”的局面，建立起了统一的个人所得税制度。这一时期，不同所有制企业所得税经济性重复课税方面的差异明显缩小。

2007 年 3 月，在对原内、外资企业所得税加以整合的基础上制定颁布了统一的《企业所得税法》，并于 2008 年 1 月实施。自此，我国确立了由企业所得税和个人所得税两个税种构成的统一所得税体系，20 世纪 80 年代形成的“多税种并存、内外有别”的所得税制格局彻底改变。自此，所

得税经济性重复课税状况也发生了新的变化。

二、现阶段我国所得税的经济性重复课税状况

目前，我国的所得税制度体系由企业所得税和个人所得税两个税种构成。企业所得税实质上是一种对法人课征的所得税，其征税对象为纳税义务人取得的生产经营所得和其他所得。个人所得税以自然人为纳税义务人，采取“分类课征制”，其征收对象为税法列举的11项应税所得。由于个人所得税的课征对象中包括“利息、股息、红利所得”（适用税率为20%），因而，对法人企业而言，产生了重复课税的制度基础，其重复课税的实际状况取决于企业是否接受个人投资及其股利所得适用的个人所得税政策。

目前，我国不同类型经济组织在所得税经济性重复课税方面存在的区别主要表现在以下几个方面：

（1）由于按现行税制个人独资企业、合伙企业（以下合称“自然人企业”）和个体工商户不属于企业所得税的课征范围，对其所得仅按照“个体工商户的生产、经营所得”项目征收一道个人所得税，因而这些经济组织不存在经济性重复课税问题。

（2）由于财政部和国家税务总局规定对外籍个人从外商投资企业取得的股息、红利所得免税，消除了对外商独资企业经济性重复课税，造成内、外资企业投资人之间的税负差别。

（3）全民所有制企业因其以政府为所有者代表，无须向个人股东分配盈余，因而置身所得税重复课税之外。

（4）由于从21世纪初开始，政府日益注重运用税收政策对公开资本市场的投资行为加以调节和引导，陆续出台了一些税收政策，致使公众公司与非公众公司之间经济性重复课税的差异逐渐显现，且趋于复杂化。

2005年6月，财政部、国家税务总局发文规定，对个人从上市公司取得的股息、红利所得，暂减按50%计入个人应纳税所得额计征个人所得税。从2012年11月开始，对个人取得的上市公司股息、红利，按持股期限不同采取差别化个人所得税待遇。此后，根据资本市场的变化对此政策进行了补充和调整，对长期持股者股息所得的税收优惠力度逐步加大。目前执行的是2015年9月出台的规定：个人从公开发行和转让市场取得的上市公司股票，持股期限在1个月以内（含1个月）的，其股息红利所得全额计入应纳税所得额；持股期限在1个月以上至1年（含1年）的，减按50%计入应纳税所得额；持股期限超过1年的，股息红利所得暂免征收个

人所得税。个人持有的中小企业股份转让系统挂牌公司（属于非上市公众公司）股票，比照上述政策执行。对香港市场投资者投资上交所上市A股取得的股息红利所得，暂不执行上述差别化个人所得税政策，由上市公司按照10%的税率代扣代缴所得税。这些政策使上市公司与非上市公司之间经济性重复课税状况迥异，其股东税负失衡（见表1）。

表1　各类经济组织投资所得综合税收负担状况

<table>
<tr><th colspan="3">企业类别</th><th>企业所得税税率</th><th>股息、红利适用的个人所得税税率及相关政策</th><th>投资所得的综合税收负担率</th></tr>
<tr><td rowspan="7">法人企业</td><td rowspan="4">上市公司</td><td rowspan="3">境内上市公司</td><td rowspan="3">25%</td><td>持股不足1个月者以全部股息所得按20%计税</td><td>40%</td></tr>
<tr><td>持股1个月以上不足1年者以股息所得减半按20%计税</td><td>32.5%</td></tr>
<tr><td>持股1年以上者免税</td><td>25%</td></tr>
<tr><td>香港市场上交所上市A股公司</td><td>25%</td><td>10%</td><td>32.5%</td></tr>
<tr><td rowspan="3">非上市公司</td><td>一般内资企业</td><td>25%</td><td>20%</td><td>40%</td></tr>
<tr><td rowspan="2">外商投资企业</td><td rowspan="2">25%</td><td>非大陆籍股东：免税</td><td>25%</td></tr>
<tr><td>大陆籍股东：20%</td><td>40%</td></tr>
<tr><td colspan="3">个人独资、合伙企业</td><td>不征收</td><td>按5%～35%的五级超额累进税率计征</td><td>5%≥，<35%</td></tr>
</table>

资料来源：作者根据现行税收法规整理、计算。

三、征纳双方围绕所得税经济性重复课税开展博弈的行为

目前，所得税征纳双方围绕所得税经济性重复课税开展博弈的行为主要表现在以下四个方面：

（一）重复课税催生企业过度推迟盈余分配行为

企业盈余的分配，从微观角度来看，不仅关乎股东、员工及其他相关者的利益，而且影响企业的发展潜能和抵御风险的能力；从宏观层面看，它作为一种经济资源分配活动，会对国民经济中积累与消费的比例关系产生直接影响。为此，在当今社会，政府通常会借助法律手段对企业的盈余分配行为加以规范。依法享有股息、红利等资产收益则是股东作为投资人

的正当权益。在合法、合规的范围内，盈余分配的比例及时间应由股东根据企业的经营策略及其个人消费需求等情况自主决定，而不应受税收负担等外部因素的影响。然而，在现行税制环境下，规避重复课税可能成为企业推迟股息分配、加大盈余留存比例的一种诱因。其原因在于，由于重复课税因素的存在，使推迟股息分配有可能成为一种税务筹划技巧，运用这种方法可以延迟股东缴纳个人所得税的时间，从而获取股息所得应纳税金的时间价值。企业出于经营需要适度提高盈余留存比例本是无可厚非的，但这种方法如果基于避税目的而被过度使用，则会侵害政府的财政利益并且妨碍税负公平，由此“派生”出的一些不当行为对企业发展和经济秩序造成的危害更是不容忽视。

一些民营企业为了解决由于推迟股息分配而造成的股东个人收入不足问题，往往由股东本人或其亲属向企业大量借款。在此类企业的会计账簿中通常会出现数额可观的未分配利润与股东借款长期并存现象。

税务部门针对这一问题先后出台了一些监督管理措施。目前执行的规定是：“纳税年度内个人投资者从其投资的企业借款，在该纳税年度终了后既不归还，又未用于企业生产经营的，其未归还的借款可视为企业对个人投资者的红利分配，依照‘利息、股息、红利所得’项目计征个人所得税。”然而，企业投资人只要掌控好借款时间，能够在年终前归还欠款，转年再重新向企业借款，就很容易规避税务部门的监管。因而，此项措施实际收效并不理想。

经验表明，只要存在经济性重复课税，企业通过推迟盈余分配避税的行为就在所难免，重复课税愈严重，避税欲望就愈强。以我国台湾地区为例：在 1998 年所得税“两税合一”改革之前，由于经济性重复课税比较严重，台湾地区有关所得税的规定曾针对推迟股息分配的行为采取过多种反制措施，但一直无法根治这一“痼疾”。

（二）重复课税成为某些偷、逃税行为的诱因

从心理层面分析，经济性重复课税加重了部分纳税人的税收负担，可能诱发纳税人更为强烈的避税、逃税动机。实际上一些重复课税程度比较严重的家族企业的确存在着采取不当，甚至违法手段人为加大成本、费用开支，侵蚀税基的行为。经济性重复课税的存在，使这些行为可以“一举两得”，给企业及其股东带来双重“节税”效果。其最为常见的手法是将股东个人及其家庭消费开支混同企业生产经营支出。

从纳税人的角度考虑，与延迟股息分配相比，上述做法不仅能取得企

业所得税和个人所得税双重“节税”效果，而且能够避免因即期收入短缺使股东陷入个人消费受限的窘境，可谓“一石三鸟”。从合法性角度分析，将股东个人及其家庭消费开支混为企业生产经营支出的做法并不具有合法性，而有逃税之嫌。

作为反制措施，税务部门针对企业将投资者个人或家庭消费开支混同企业生产经营支出问题规定：“无论个人独资企业、合伙企业还是公司制企业的个人投资者以企业资金为本人、家庭成员及其相关人员支付与企业生产经营无关的消费性支出及购买汽车、住房等财产性支出，均视为企业对个人投资者的利润分配，分别依照‘个体工商户的生产经营所得’、‘利息、股息、红利所得’项目计征个人所得税。且企业的上述支出不允许在所得税前扣除折旧。考虑到记在股东个人名下的车辆可能存在为企业使用的情况，在计征股东应纳个人所得税时允许减除部分所得额，减除数额由主管税务机关根据车辆使用情况确定。”但是，家族企业的某些财产往往兼顾生产经营与股东个人之需，且缺少准确、完整的记录，在税务管理活动中要想准确划分这些财产的用途绝非易事。

笔者注意到，早在1938年国民政府发布的《所得税法令解释》中就有要求股东“家庭开支应单独设立账簿，不得列为营业之开支”① 的规定，可见此类问题由来已久，且不易消除。

（三）重复课税可能扭曲投资方向的选择

如表1所示，不同企业之间经济性重复课税状况方面存在的差异，已成为当前影响投资所得综合税收负担的重要因素。其结果必然影响不同类型企业投资的净回报率，也影响到投资者对资本投向的选择。政府可能正是期望借助这种机理对民间投资加以引导，然而任何税收政策都是在特定的社会经济背景下制定的，即使在当时的社会环境下是科学、合理的，也要对其施行效果进行适时评估，并根据评估结果相机调整。

针对股息、红利所得的现行税收优惠政策中有些内容带有明显的“因时制宜”特征。

以2015年对上市公司股息、红利差别化个人所得税政策的调整为例：

2015年6月12日，沪指攀上5 178点的高峰，15日开盘后开始暴跌，到6月30日，仅经过12个交易日已暴跌1 300多点。政府对此采取了暂停首次公开募股（IPO）发行，“降准降息”，以及通过相关机构入市“托

---

① 江苏省中华民国工商税收史编写组，中国第二历史档案馆．中华民国工商税收史料选编·第四辑（上册）：直接税·印花税［M］．南京：南京大学出版社，1994：109.

盘”等一系列“救市”措施，但股市逆转仍显艰难。在此背景下，财政部、国家税务总局、证监会于9月8日联合发布财税〔2015〕101号文件，加大了对投资者长期持股股利收益的税收优惠力度，其鼓励长期持有、抑制短期投机炒作、稳定资本市场的意图十分明显。

经过此次政策调整，境内上市公司股东持股1年以上者投资所得的综合税收负担率由28.75%降至25%，比普通非上市公司股息、红利所得40%的综合税负相比低了15个百分点。二者差距如此之大，对资本投向的影响力可想而知。在股市低迷的情况下，政府自然乐观其成；但股市形势一旦发生逆转，这种“非中性”的税收政策就会失去存在的合理性。如果时过境迁，这种税负失衡局面仍然固化，则有违社会主义市场经济体制下奉行的“统一税法、公平税负”的税收立法精神，其对投资行为的扭曲效应不容低估。

此外，在目前内、外资企业所得税制度已经统一，税负基本平衡的情况下，外籍人员从外商投资企业取得的股息、红利仍然享受免征个人所得税的特殊优惠政策，从而使外籍人员的投资所得免于重复课税。这种做法对吸引外来投资固然有益，但囿于目前的监督管理水平，也难免成为某些虚假外资企业产生的诱因。

（四）重复课税影响企业融资方式的选择

在一定税制环境下，企业采用不同融资方式所产生的成本不尽相同。一般而言，可供企业选择的融资方式主要有债务融资和权益融资两种基本类型。前者主要包括借款、发行债券和融资租赁，后者主要指增资扩股。

依照我国的所得税制度，企业债务融资产生的利息支出在会计处理上虽因融入资金用途不同而有区别，或作为财务费用在当期列支，或先行“资本化”，再分期摊入成本、费用，但最终均可减少企业的应纳税所得额。企业如果选择增资扩股方式融资，其以税后盈余支付的股息、红利非但不能在企业所得税前列支，而且会招致经济性重复课税，给股东带来个人所得税负担。在这种税制环境下，债务融资与权益融资相比具有明显的节税效果，因而会受到企业的偏爱。有学者研究认为，由于债务融资产生的利息支出具有税前抵扣的“税盾”效应，从全球视角观察，凡所得税负担较高的国家，其企业对债务融资都有较高的依赖性①。据此推断，所得税重复课税因素必然增强企业对债务融资的偏好。

---

① 陈卫东，熊启跃．我国非金融企业杠杆率的国际比较与对策建议［J］．国际金融研究，2017（2）：8－9.

我国的《企业所得税法》虽然对企业从其关联方取得债权性投资进行了限制，规定“企业从其关联方接受的债权性投资与权益性投资的比例超过规定标准而发生的利息支出，不得在计算应纳税所得额时扣除”，且对于违反这一规定的企业，税务机关有权采取“特别纳税调整”手段予以矫正。但是，囿于此项规定的调整范围仅限于企业从关联方取得的债权性投资，从总体上看，作为防止“资本弱化”（thin capitalization）的手段，其对企业债务融资的抑制作用具有较大的局限性。

自2006年以来，企业资本充足率偏低，“杠杆率”（leverage ratio）居高不下，逐渐成为我国经济发展中面临的一个比较重大的风险。根据相关报道，2016年第三季度末，中国内地非金融企业杠杆率为166.2%，明显高于其他一些主要经济体的水平。尽管形成这种情况的原因是复杂多样的，但是，在此形势下，消除经济性重复课税因素对企业权益融资的阻碍无疑具有重要的现实意义。

此外，对投资所得重复课税，必然会对资本持有者的投资意愿产生消极影响。当经济发展状况良好、投资增长势头强劲时，这一问题往往会被忽略；而当经济增速趋缓、投资增长乏力时，经济性重复课税对投资的阻碍作用就会逐渐显现。目前，随着我国的经济发展状态由持续高速增长转为“中高速”增长，重复课税对投资意愿的消极影响应当受到足够的关注。

四、我国应把削减经济性重复课税作为所得税制度改革的重要选项

鉴于因所得税经济性重复课税引发的种种弊端，虑及经济发展面临的挑战，我国应将削减经济性重复课税作为所得税制度改革的一个重要选项。

由于目前我国正在酝酿以建立“综合与分类相结合的计征模式”为核心内容的个人所得税制度改革，如果将消除经济性重复课税作为个人所得税制度改革的一个选项，就必须注意与税制改革的这一核心内容的配合与衔接，并根据国民经济发展现状及趋势、政府财政的承受能力等因素综合考虑。

考虑到在未来“综合与分类相结合”的税制模式下，仍然可能将“利息、股息、红利所得”作为分类课征项目单独计税，因而近期如果对与股息、红利所得相关的规定进行调整，预计不会对未来个人所得税的总体改革产生大的影响。故此，近期内可先对个人所得税“股息、红利所得”适

用的税率和部分税收政策进行一定程度的调整，并改进与之相关的税务管理措施。待未来“综合与分类相结合”的个人所得税课征模式形成之后，再根据初步改革的效果、经济发展和财政状况，相机推行彻底的“股息免税制”（dividend tax free system），进一步消除所得税经济性重复课税现象。

目前可采取的改革措施主要应包括以下内容。

（一）适当降低股息、红利所得适用的个人所得税税率

国际货币基金组织（IMF）前税收政策司司长韦特·P. 甘地先生曾经指出，尽管纳税人逃税的原因是复杂的，但“一般认为，高税率是逃税的主要原因，这一观点为税收专家和税收委员的观察、报告与研究以及税收政策制定者的论述所支持”①。目前我国某些非上市公司制企业及其投资人逃、避所得税的情况恰好印证了这一论断。如前所述，在现行税收制度下，受重复课税因素的影响，此类企业投资所得的综合税收负担率是各类企业中最高的（见表1），其避税、逃税行为也是最活跃的。究其原因，除去部分家族企业拥有股权集中、易于控制等便利条件之外，与高达40%的综合税收负担不无关系。对于这种情况，税务部门加强管理、严于防范固然重要，适当降低税收负担更可以收到“釜底抽薪”的效果。

此外，面对当前的经济形势，减轻重复课税、降低所得税负担，对刺激民间投资、促进经济增长，比以往更有现实意义。实现这一改革目标的最简便途径就是适当降低股息、红利所得适用的个人所得税税率。在个人所得税采用“分类课征制”的条件下，对股息、红利所得适用税率进行调整，不仅手续简便，而且传递给纳税人的信息十分清晰。

论及降低税率不可不考虑政府财政的承受力。根据《中国税务年鉴》披露的统计数据测算，2012—2015 年，我国对股息、红利征收的个人所得税占同期个人所得税总收入的比重一直保持在 10% ~13%，且逐年略有下降；其占全部税收收入的比重则稳定在 0.6% ~0.7%；2015 年的收入规模为 904.02 亿元（参见表 2）。据此推算，如果将股息、红利所得适用的个人所得税税率降至 10%，大致减少收入 500 亿元左右，减收幅度为全部税收收入总额的 0.3% ~0.35%。如果将清理股息、红利所得相关的个人所得税优惠政策产生的增收因素考虑在内，此项改革对收入的影响则更小，不会给政府财政造成过大的压力。

① 甘地，等. 供应学派的税收政策：与发展中国家的相关性［M］. 许建国，等，译. 北京：中国财政经济出版社，1993：137 -139.

表 2　2012—2015 年度股息红利所得个人所得税收入及相关统计数据

项目 \ 年度		2012	2013	2014	2015
1	股息红利个人所得税收入（万元）	7 519 280	7 236 985	7 775 108	9 040 215
2	个人所得税总收入（万元）	58 203 246	65 315 273	73 765 974	86 172 598
3	全部税收收入（万元）	1 107 640 355	1 199 599 118	1 295 411 156	1 360 218 303
4	1/2（%）	12. 919 0	11. 080 1	10. 540 2	10. 490 8
5	1/3（%）	0. 678 9	0. 603 2	0. 600 2	0. 664 6

资料来源：作者根据 2013—2016 年《中国税务年鉴》统计数据整理、计算。

（二）取消对上市公司股息、红利采取差别化个人所得税政策

关于对上市公司股息、红利采取差别化个人所得税优惠政策造成的税负失衡问题，前已述及。其实，此项政策设计的合理性及其实施效果值得进一步探讨。笔者认为，对持有上市公司股票一个月以上者取得的股息给予减免税优惠，对持股期不足一个月者取得的股息则照章征税，这种办法本身就缺少合理性。因为，如果一个人持股不足一个月就获得了股息，这只能说明其购入该股票与公司分红相隔时间较短，而不能据此判定其具有短期投机炒作的行为或动机。故此，令其承担比其他股东更高的税负显然是不合理的。在税收实践中，依据财产持有期长短分别确定不同的税收负担以抑制投机行为的做法并不鲜见，但一般都是选择在交易环节对财产出售方课税。例如，日本的所得税法对出售不动产的利得采取了视纳税人持有不动产时间长短分设不同税率的做法①。中国台湾土地增值税制度对长期持有土地的转移规定了优惠政策，并对持有期在 2 年以内的房屋交易课征特别货物及劳务税，以抑制短期交易行为②。中国内地的土地增值税制

① 李永贵．土地增值税讲解［M］．北京：中国商业出版社，1995：256.

② “中国租税研究会”编印《“中华民国”租税制度与法规》，2014 年出版，第 137 页、200 页。

度也规定对个人出售住满 3 年、5 年以上的原自住房屋分别采取减、免税政策。这些差别化税收政策，无一例外，都是针对财产出售方的。为此，取消对上市公司股息、红利采取的差别化税收政策，代之以按股票持有时间不同设置差别税负的证券交易税，应当是一种更为合理的选择。

降低股息、红利适用的个人所得税税率，取消对上市公司股息红利采取的差别化税收政策等举措，必将大大减轻重复课税因素对所得税负担的影响，缩小不同类型企业之间的税负差距。

如表 3 所示，改革之后，除享受企业所得税优惠税率的小型微利企业和高新技术企业外，其他法人企业投资所得的综合税收负担基本持平，多数法人企业投资所得 32.5% 的综合税负率也与自然人企业 35% 的所得税最高边际税率相接近，唯有外商投资企业是一个例外。考虑到吸引外资的需要，对外籍投资人享受的优惠政策目前可予以保留。

表 3　改革前后各类经济组织投资所得综合税收负担比较

<table>
<tr><th colspan="3" rowspan="2">企业类别</th><th colspan="3">投资所得综合税收负担</th></tr>
<tr><th colspan="2">目前实际负担</th><th>预计改革后负担</th></tr>
<tr><td rowspan="7">法人企业</td><td rowspan="4">上市公司</td><td rowspan="3">境内上市公司</td><td>持股不足 1 个月者</td><td>40%</td><td rowspan="3">32.5%</td></tr>
<tr><td>持股 1 个月以上不足 1 年者</td><td>32.5%</td></tr>
<tr><td>持股 1 年以上者（含）</td><td>25%</td></tr>
<tr><td>香港市场上交所上市 A 股公司</td><td colspan="2">32.5%</td><td>32.5%</td></tr>
<tr><td rowspan="3">非上市公司</td><td>一般内资企业</td><td colspan="2">40%</td><td>32.5%</td></tr>
<tr><td rowspan="2">外商投资企业</td><td colspan="2">非中国大陆籍股东：25%</td><td>25%</td></tr>
<tr><td colspan="2">中国大陆籍股东：40%</td><td>32.5%</td></tr>
<tr><td colspan="3">个人独资、合伙自然人企业</td><td colspan="2">5% ≥，<35%</td><td>5% ≥，<35%</td></tr>
</table>

资料来源：作者根据现行税收法规和相关改革方案测算。

“分类课征制”下个人所得税虽然为单独调整股息、红利适用的税率及相关税收政策提供了便利条件，但是，在这种税制模式下，进行上述调整时必须考虑个人股息、红利所得与“个体工商户生产经营所得”“工资、薪金所得”“劳务报酬所得”等应税项目之间的税负平衡问题。如表 4 所示，经过上述改革后，一般法人企业投资人股利所得的综合税收负担率为 32.5%，与“个体工商户生产经营所得”“劳务报酬所得”最高边际税率差距不大，与其实际平均税负水平则更为接近，但与“工资、薪金所得”

最高边际税率相差较大。然而，目前多有纳税人认为“工资、薪金所得”税负过高。相关统计资料也反映，来自“工资、薪金所得”的税收占个人所得税收入总额的比重过大（2015 年为 65.23%）。学术界主张降低“工资、薪金所得”最高边际税率者不在少数。有学者认为，我国个人所得税“最高税率偏高且适用应纳税所得额偏小”①。还有学者研究发现，我国个人所得税“工资、薪金所得”的最高边际税率虽然高达 45%，但高收入群体实际平均税负水平大约为 25% 左右，因而主张将最高边际税率调整到 35% ~40%②。亦有学者建议将“工资、薪金所得”的最高边际税率降低为 35%③。据此判断，无论个人所得税的计征模式未来是否发生改变，“工资、薪金所得”的高税率状况都不太可能保持长久。因此，降低股息、红利适用的税率之后，投资所得综合税负低于“工资、薪金所得”名义税负的现象不会长期存在。

表 4　现行个人所得税部分应税所得项目适用税率

应税所得项目	适用的个人所得税税率
个体工商户生产经营所得	五级超额累进税率，最低税率 5%，最高边际税税率 35%
工资、薪金所得	七级超额累进税率，最低税率 3%，最高边际税税率 45%
劳务报酬所得	名为比例税率，实为 20%、30%、40% 三级超额累进税率

资料来源：作者根据中国内地《个人所得税法》及其实施细则整理。

（三）设置企业未分配盈余最高限额标准

目前，我国的部分家族企业过度推迟股利分配的现象比较严重，只要不彻底消除经济性重复课税，即便通过改革降低了股息、红利所得的税收负担，对改变这一现象也不可盲目乐观，仍须采取有效的措施加以管控。建议借鉴我国台湾地区的经验，采取设置未分配盈余最高限额标准的办法控制企业过度推迟股利分配的行为。初步构想是，规定法人企业的未分配盈余累计超过实收资本额 1/2 以上者，须在下一纳税年度内利用未分配盈余转增资本。增资后的未分配盈余保留数额不得超过增资后实收资本的 1/2。

---

① 杨斌．综合分类个人所得税税率制度设计［J］．税务研究，2016（2）：33.

② 陈建东，夏太彪，李江．工资薪金所得个人所得税税率及级距设定研究［J］．税务研究，2016（2）：42.

③ 王晓红，李顺明，于洪喜．新加坡和中国个人所得税税率变化比较［J］．税务研究，2015（10）：105.

对于未按规定转增资本者，主管税务机关应于纳税年度结束后，以其全部累计未分配盈余做股息分配处理，并依法扣缴股东应纳的个人所得税。

这种办法给予企业相当于实收资本1/2的盈余留存额度，既能使企业具有足够的空间按照生产经营需要行使盈余分配自主权，又可以对过度推迟股利分配的行为加以限制，可谓合情合理。

从税务管理层面看，税务机关能够从企业的资产负债表上获取与执行此项规定相关的累计盈余留存额、实收资本额，以及是否依法转增资本、转增资本后的盈余留存额等信息。与现行的一些管控措施相比，简便易行、可操作性更强。

（四）调整、改进相关税务管理措施

经济性重复课税不仅对纳税人的行为产生了扭曲效应，而且给征、纳双方的税务管理带来了困扰。单就目前对上市公司股息所实行的差别化个人所得税政策而言，它不仅在派发股利和个人转让股票环节使上市公司本身和证券登记结算公司、证券公司等机构的工作徒增了繁杂的手续，而且给税务部门的监督管理造成了困扰。

近年来，由于与经济性重复课税相关的规定陆续增加，使所得税制度日趋复杂。征、纳双方围绕所得税重复课税问题展开的“博弈”，加大了税务管理的难度，增加了税制运行的成本。因此，应将消除经济性重复课税作为简化税收制度、便利税收征纳、提高税务管理效率的途径。上述改革若得以实施，对于简化税收征纳手续、节省税法奉行成本、提高税务管理效率无疑是有利的。

如果实行了企业未分配盈余最高限额制度，可以从源头上限制企业过度推迟盈余分配的行为，目前实行的对股东向企业长期借款的管理办法完全可以停止执行。但关于企业为股东及其家属购置汽车、住房等财产的管理规定则属于针对企业和个人采取的具有“双重”意义的反避税措施，不仅应予保留，而且应当加以细化，增强可操作性，确保其有效性。

参考文献：

[1] 江苏省中华民国工商税收史编写组，中国第二历史档案馆．中华民国工商税收史料选编·第四辑（上册）：直接税·印花税［M］．南京：南京大学出版社，1994.

[2] 陈卫东，熊启跃．我国非金融企业杠杆率的国际比较与对策建议［J］．国际金融研究，2017（2）．

[3] 甘地，等. 供应学派的税收政策：与发展中国家的相关性［M］. 许建国，等，译. 北京：中国财政经济出版社，1993.
[4] 李永贵. 土地增值税讲解［M］. 北京：中国商业出版社，1995.
[5] 杨斌. 综合分类个人所得税税率制度设计［J］. 税务研究，2016（2）.
[6] 陈建东，夏太彪，李江. 工资薪金所得个人所得税税率及级距设定研究［J］. 税务研究，2016（2）.
[7] 王晓红，李顺明，于洪喜. 新加坡和中国个人所得税税率变化比较［J］. 税务研究，2015（10）.
[8] 中国税务年鉴编委会. 中国税务年鉴［M］. 北京：中国税务出版社，2013，2014，2015，2016.

10　共享经济的税收治理问题研究

蔡　昌　高皓洁

【摘要】共享经济已成为当前经济生活的热点，共享事物遍布生活的方方面面。以滴滴打车为例，滴滴出行为乘客和司机搭建起共享服务的平台，给人们的出行带来了极大的便利。但是在税收层面，共享经济存在税源高度分散、纳税主体难以确定、课税对象界限模糊等问题，如解决这些问题已成为当前亟须解决的问题。

【关键词】共享经济　税收治理　税收问题　建议对策

【作者简介】蔡昌，中央财经大学财政税务学院教授，中央财经大学税收筹划与法律研究中心主任

高皓洁，中央财经大学2016级税务专业硕士研究生

一、共享经济的崛起及典型特征分析

（一）共享经济的含义

共享经济一词最早由美国的马科斯·费尔逊（Marcus Felson）和琼·斯潘思（Joel Spaeth）提出，近些年共享经济现象已成为社会热点。广义的共享经济，是指拥有闲置资源的一方（包括个人、企业或其他团体组织）基于某种目的，将资源的使用权让渡给他人，实现资源共享和利益共赢。从狭义的角度来看，共享经济是资源所有者为获得一定报酬，将物品或资源使用权暂时转让给需求方，供应者获得使用权转让的报酬，需求方利用该资源创造价值，同时供应者可获得价值分享。因此，共享经济又被称为分享经济。在大数据时代，供需双方通常通过互联网等信息交互平台发生相互交易与联系，可以说，信息技术的高速发展是共享经济繁荣的催化剂。

以滴滴打车为例，滴滴平台为乘客和司机搭建起共享服务的场所。如图1所示，乘客有出行需求时，将进入滴滴平台，发布自己的位置信息并提交订单。拥有闲暇时间和闲置驾驶资源的司机同样通过滴滴平台上线，系统会将乘客与司机进行自动匹配，将订单派送给距离最近的司机。至此，滴滴

平台帮助乘客与司机发生现实的实质性联系。到达目的地后，乘客将费用支付给滴滴平台，平台扣除相应交易费用后，将剩余款项分给司机。

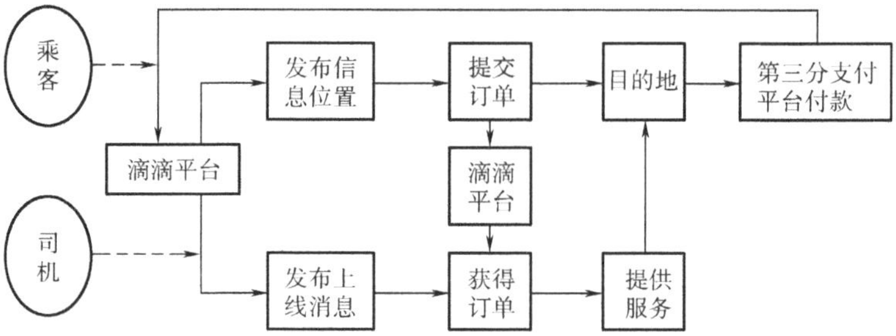

图 1　滴滴快车业务流程图

（二）共享经济的类型

共享经济成为当前经济生活的热点，共享现象遍布生活的方方面面。以消费交易对象为分类标准，可将共享经济行业分为五个主要类型，即交通共享、旅行住宿共享、物流共享、服务共享和闲置用品共享。共享经济的行业分类、共享经济模式的典型企业如表 1、表 2 所示。

表 1　共享经济的行业分类

交通共享	旅行住宿共享	物流共享	服务共享	闲置用品共享
· 租车和拼车 · 出租车服务 · 轮船共享 · 飞机租赁 · 共享单车	· 房屋住宿共享 · 办公室共享	· 食品物流 · 其他商品物流	· 零散体力劳动 · 知识技能等智力服务	· 家庭生活用品 · 企业闲置用品

表 2　共享经济模式的典型企业

交通共享	旅行住宿共享	物流共享	服务共享	闲置用品共享
•滴滴出行 •Uber •神州租车 •ofo共享单车 …	•Airbnb •小猪短租 •Weshare我享度假 …	•人人快递 •云鸟配送 •蓝犀牛 •货拉拉 …	•阿里巴巴淘工厂 •云家政 •河狸家 …	•闲鱼 …

共享经济交易模式影响范围广，活跃程度高，备受消费者追捧和市场关注，在各行各业催生出一大批新兴公司。

（三）共享经济的意义

1. 整合闲置资源，在全社会范围内优化资源配置

共享经济模式的隐含前提是产能过剩，存在能够分享的剩余价值，即个体拥有作为沉没成本的闲置资源可供社会利用。对供应方而言，闲置资源成本已沉没；但对需求方而言，能够利用该闲置资源创造新的价值。因此，共享经济模式有利于资源在更广范围内的充分利用，促进资源的优化配置。

2. 提高资源配置效率，降低交易成本

共享经济平台直接将供给方和需求方联系在一起，由供需双方直接发生交易活动，极大程度降低了交易成本，包括金钱成本和时间成本。图2和图3分别显示了传统经济模式和共享经济模式下的交易方法，共享经济实质上产生了“去中介”的效果，服务的提供者不再需要依附于专门的商业机构或中介组织，可以直接向最终用户提供商品或劳务。共享经济大大增强了个体在市场上互利互惠的机会。Uber、Airbnb等互联网平台的兴起，将劳动力市场转变为千千万万劳动者的切身利益，并前所未有地释放劳动力的时间价值和技能价值。参与共享经济的个体劳动力已成为全新的“微型企业家”。正如Airbnb的联合创始人Nathan Blecharczyk所言，在共享经济中成为企业家是如此轻而易举，例如，只要拥有互联网和闲置空间，任何人都可以经营旅店业务。

图2　传统经济模式交易方法

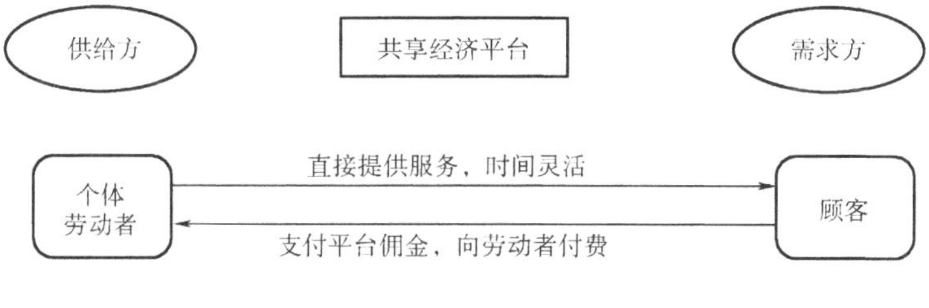

图3　共享经济模式交易方法

3. 提供非标准的特色服务

由于共享经济由劳动（服务）提供者直接提供商品或服务，而不是由追求标准化服务的商业机构提供，因此，个体劳动者所提供的商品或服务通常是非标准且富有个性的。以 Airbnb 为例，房屋出租者提供的房屋通常具有典型的本土化特色及独特的感官体验，往往与旅店提供的标准客房不同。为了吸引消费者，房屋出租方还倾向于在房屋的装潢布置上体现民宿的独特性。图 4 诠释了共享经济模式提供的独特价值。

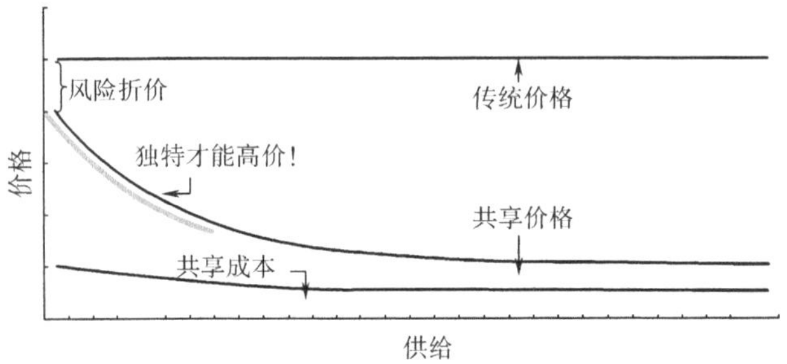

图 4　共享经济模式提供独特价值

资料来源：Piper Jaffray，中银国际证券。

4. 改变人们的产权观念，形成经济发展新模式

共享经济改变了人们传统的以“所有权”为核心的产权观念，使得“使用权交易”的理念深入人心。共享经济以“物尽其用”的传统思想为基础，将个人资源效应利用至最大化，如闲置空间、汽车、衣物、时间、货币和技能等。共享经济隐含的中心原则是，使得个体能够将未利用或未充分利用资产的剩余价值换取金钱或非货币性利益。显然，P2P 交易比 eBay 平台上的简易交易更加便捷，因为交易双方关注的焦点是经常性的短期租赁，而非偶然性的所有权转移交易。简而言之，共享经济是使用权的交易，而非所有权的交易，其本质是闲置资源在整个社会中的整合利用。

二、共享经济的典型特征

（一）共享经济

1. 将传统意义上的所有权分离为支配权和使用权

共享经济的本质是使用权的共享，暂时闲置的资源是共享经济的物质基础。通过第三方交易平台的信息交换，闲置资源的拥有者将其出租或出

借给使用者，使得所有权和使用权暂时分离，需求方以较低的成本获得资源的使用权，供给方出让资源使用权获得相应的回报，以此实现物品的最大化利用和收益，实现个体之间的资源整合，将传统意义上的所有权分离为支配权和使用权。

共享经济要求对产权、规制及制度的设定进行变革，它与传统经济对产权、规制及制度设定的要求是不一样的。共享经济条件下产权变革主要体现在两个方面：一是交易成本越低使用权越重要。交易成本的下降，令使用权的经济潜力得到更好的利用。在过去，我们必须拥有一个物品才能够使用它，而在今天，所有权和使用权之间的界限变得模糊。每个人所拥有物品多余的产能都可以通过互联网平台进行分享。私有产权制度使得资源无法被充分利用，而建立在互联网基础上的新产权，也就是共享产权，既保留了私有产权的特性，又能让更多的人使用这种资源。

2. 去实体化与再中介化

在共享经济中，供需双方不再依附传统商业组织。例如，在 P2P 借贷中，资金供给者和资金需求者不再需要依附于银行等金融组织进行资金调配，而是可以进行直接匹配；打车软件使得服务者与乘客不再需要出租车公司等商业组织，服务者与乘客可以直接匹配。由此可见，一方面，共享经济脱离了传统意义上作为中介的经济实体；另一方面，共享经济依托互联网信息技术平台，共享经济平台成为供需双方的“新中介”。共享经济平台区别于传统的经济实体，不同于现代意义中的公司定义，不像传统的企业通过拥有的固定资产、人力资源进行直接生产，而是以轻资产运营的模式运用互联网技术将物品的所有者和需求者在共享经济平台上互相匹配，使得信息、物品和服务有机结合起来，建立“中心平台 + 按需分配”的体制机制，平台通过撮合交易获得佣金，这是共享经济的颠覆性特征。这种组织形式的转变，把过去个人与企业的雇佣关系转变为个人与共享平台的合约关系。

3. 依托互联网平台和信息技术的发展

近年来，共享经济的迅猛发展正是基于移动互联网、大数据、云计算等技术的快速发展。

（1）互联网技术的迅速发展大大降低了供需双方信息交换的成本，解决了信息不对称的一部分问题。

（2）从移动互联网的发展来看，自 2000 年第一代智能手机出现，到 2015 年全球移动智能手机用户数量突破 19 亿，移动终端设备的渗透率显著提升。2014 年我国智能手机用户超过 5 亿人，在中高收入、年轻群体中渗透率更高，移动智能终端的普及为共享经济供需双方提供了硬件基础。

（3）大量新技术的出现和发展为共享经济提供了技术支撑。基于位置定位服务（LBS）技术，通过电信移动运营商的网络获取移动终端用户位置信息；云计算运用虚拟化技术、分布式计算扩大了资源共享范围，并通过网络连接实现随时随地访问和存取分布在各数据中心的物理资源和虚拟资源；大数据对海量信息实现了快速的数据挖掘，并进行可视化的预测分析。LBS 定位、云计算以及大数据等创新技术的发展大大降低了交易成本并提高了交易撮合率。

（4）自 2011 年中央银行发布第一批第三方支付牌照，第三方支付得到快速发展。根据艾瑞咨询统计数据，2016 年第三方支付规模超过 38 万亿，同比增速较 2015 年的 103.5% 大幅提升。以支付宝、微信等为代表的第三方支付平台的兴起，为共享经济的供需双方提供了软件基础。

4. 闲置资源的多次重复利用，实现资源最佳配置

（1）闲置资源效率提升。传统的租赁模式，如房屋、汽车租赁，效率低下，无法满足庞大的需求与供给，而在共享经济下，众多资源信息通过第三方交易平台实现供需迅速匹配，不消耗增量资源，符合“创新、协调、绿色、开放、共享”的发展理念，是降低资源投入同时保持经济增长的新模式。

（2）共享经济通过线上平台整合线下闲置资源，提高闲置资源使用效率。人类社会经历工业革命后，由分工专业化和技术进步所积累的闲置资源是巨大的，共享经济将把这些闲置资产的潜力释放出来，将其价值化、货币化，一方面会引起生产、消费、分配及交换方式全方位的变化，另一方面减少了对资源、环境及生态的过度使用。

（3）共享经济以闲置资源的重复交易和高效利用为表现形式。共享经济通过重复交易和高效利用大大减少了人类对资源的占用和环境的破坏。工业革命使人类使用的物质产品极大地丰富，但建立在私人所有制基础上的消费方式也带了较大的闲置和浪费，尤其是对资源的过度使用和环境的破坏。以汽车为例，根据清华大学媒介调查实验室《2014 年移动出行白皮书》，随着专车移动出行服务的快速发展，我国 2015 年可以减少 1 000 万辆私家车上路行驶，城市日平均拥堵时间比 2014 年下降 28.1%。在许多领域，合作式消费是对过去独享式消费的替代。合作型消费越多，人类对资源的利用率就越高，对环境的破坏就越少。

二、共享经济面临的主要税收问题

（一）共享经济对税收理论的冲击

1. 共享经济冲击税收管辖权理论

这里我们以网络约租车服务为例来说明。根据网约车平台的特点，当前网约车服务的参与各方遍及全国各地，这就不得不提及税收管辖权。网约车平台通过网络提供信息咨询服务、运输资源调配、数据实时共享等，机构所在地已在一定程度上被网络虚拟化。上述劳务发生在虚拟网络，根据现行的税收管辖权的认定方式，无论是通过机构所在地、劳务发生地还是消费地，都较难确定谁对其拥有税收管辖权。例如，如果滴滴出行是在天津注册的公司，即使乘客在济南享受滴滴出行的专车服务，那也属于天津税务部门的管辖范围，与消费地济南无关。有的网约车服务平台公司选择多地开发票。例如，乘客在杭州享受专车服务，网约车司机却选择在南京开具分属南京国家税务局的发票。这与在哪里发生经营业务就应该在哪里开具发票、缴纳税款的相关规定不符。另外，当前网约车司机很少进行或没有进行工商税务登记，税务机关无法有效地掌握交易活动中的资金流动情况，很难确定纳税人的实际经营状况，导致主管税务机关和收入归属都很难确定。这也使当前网约车市场的税收征管工作开展困难。

2. 共享经济冲击税收征管原则

（1）纳税主体难以确定。这里仍以网络约租车服务为例来阐述。共享经济模式突出的是租、借的共享形式，常规来讲纳税主体不是租方，就应该是借方。但是在现实经济业务中，纳税主体的确定却不容易。例如，在开展滴滴专车业务时，客户在需要用车时发出订单，由滴滴平台进行派单，司机接单并收取乘客的车费后，先由第三方支付平台扣取相应手续费，再经滴滴平台扣取相应提点，最后确认司机的收益。在这一业务中，第三方支付平台和滴滴平台作为纳税主体是没有争议的，可是接单司机这一纳税主体却很难界定。因为税务机关从未对从事网约车业务的司机进行过纳税登记及监管，也从未对这一业务的纳税主体有过要求，所以只能由其主动纳税，难免会造成纳税链条断裂。

（2）课税对象界限模糊。共享经济模式下的交通出行领域的经营业务实质上是交通运输业务，但在形式上却可以有多种模式。仍以滴滴专车为例，提供服务的司机与滴滴平台只进行过简单的登记注册，并未签订过劳务协议。因此，对滴滴专车司机的所得征收个人所得税时，很难界定其所得属于工薪收入还是劳务报酬。就力帆公司新推出的盼达用车这一业务而言，其课税对象更难确定。从其业务本身来看应属于交通运输，但其在形式上却应归类为动产租赁，如果对其业务形式略加调整，则又可归类为现代服务业，可见其课税对象的界限是模糊的。如果课税对象不能确定，那么对其纳税所得无法确定，对其纳税所得如何征税也无法确定，更不可能有效地进行税收征管。

（3）税率无法确定。各种经济业务所适用的税率取决于纳税所依据的税种和税法，税种的确定则取决于课税对象本身。在“营改增”全面实行后，如果企业纳税申报业务为交通运输服务，则适用税率为11%；如果企业纳税申报业务为动产租赁业务，则适用税率为17%；而如果企业纳税申报业务为现代服务业，适用税率则仅为6%。在网络租约车服务中，企业和提供服务的司机本人的收入规模与结构，决定了其应为增值税小规模纳税人还是一般纳税人，它们的适用税率也相差悬殊。

（二）共享经济对税基评估的影响

任何一种新生事物的出现都有其内在和外在发展变化的客观规律。科学合理的税收征管离不开税基评估。税基即“课税基础”，它是税收课征的经济基础和客观依据。税基是课税依据质与量的统一。税基评估是指具有税基评估胜任能力的评估机构和评估人员，以税收为目的，以相应的税法为依据，以未能明确具体从价税价值的税基为评估对象，按一定的程序，运用适当的估价标准和方法，独立、客观、公正地开展评定作价的专业活动。

共享经济的税基评估存在一定的难度。共享经济的税基难以合理确认，因为全部电子化的网上交易和网络银行操作，使得评估人员想要查清共享经济的供货途径和货款来源变得十分困难，是征税还是免税难以明确判断。这具体体现在以下几个方面：

（1）由于参与共享经济交易的门槛较低，各参与方数量巨大且身份隐蔽，很多交易过程难以有效记录下来，所以无法对其税基进行确认。

（2）共享经济的课税对象性质难以界定，税种及税目不清晰，因而税基的范围难以确定。课税对象明确是进行税基评估的前提，但由于共享经济不断创新，所以难以用传统方法准确刻画其经营模式。

（3）共享经济交易的无纸化操作增加了评估人员对税基评估的难度。过去，评估人员通过分析计算企业的账册、会计凭证等纸质资料来进行税基评估，并结合企业间合同、交易发票以及银行账单等辅助资料对税基的最终确定进行调整。然而共享经济交易行为与现实中的交易方式有很大区别，其交易形式依赖网络技术，交易的内容可以随时被修改，增加了税基评估的难度。

（三）共享经济对税收征管的影响

共享经济的生产地和消费地不同，导致税收与税源相悖。以“滴滴代驾”为例：滴滴乘客享受的是北京的公共服务，但实际取得的发票却是天津或杭州的，说明税收流到了天津或杭州，由此可看出税收和税源的严重背离。下面以此网约车为例讨论共享经济对税收征管的影响。

1. 网络约租车行业法规及税制缺失引发专车服务可税性争议

纳税主体、课税对象和税率是税收制度的三大核心要素，共享经济商业模式下能否准确地确定三大要素是对其征税要解决的首要问题。由于应税所得应当具有合法性，目前税务机关没有对专车服务征税问题展开调研。具体而言，当前网约车征税税制合法性存在以下几大问题：

（1）纳税主体难以确定。共享经济商业模式通过交易平台，将资源的供求双方联系在一起，资金由资源需求方通过第三方支付平台支付后返还网络交易平台，平台扣除应得收入后将余下部分转到资源供给者账户。从资金流向来看，第三方支付平台、网络交易平台和资源供给方都是纳税主体，负有相应的义务。

纳税主体是我国税法最基本的构成要素之一，但是我国税收制度目前对共享经济商业模式的纳税主体没有做相应的具体规定，通常税务机关通过税务登记对纳税人进行税收监管。一方面，我国现有税收制度未对共享经济商业模式的纳税主体做明确的、具体的规定。在通常情形下，税务机关依据纳税人的税务登记，对其实施税收监管。但是，部分共享经济的经营者（特别是个人经营者）只是按照共享运营平台的要求办理简单的登记，没有进行工商登记，更别说税务登记，导致无法准确认定征税主体。另一方面，共享经济商业模式中，供应者和需求者之间的连接渠道仅是网络等第三方平台，因此，交易双方也可以利用高科技技术变更或隐匿真实的姓名、身份和地址，加大了税收征管难度。

就网络约租车而言，私家车车主或当前网络约租车注册司机只是按平台要求进行简单的申请登记，并没有进行相应的税务登记。再从当前网络约租车服务运营模式来看，网络约租车服务过程至少涉及四方交易主体，即车主、司机、乘客和网约车服务平台，涉及车主提供的车辆租赁服务、司机提供的驾驶服务、网约车平台提供的信息服务等。如此多样复杂的业务，使得目前网络约租车服务的纳税主体的确定十分困难。

（2）课税对象界限模糊。明确课税对象解决的是对什么征税的问题。课税对象设置反映了征税的范围和界限，是区分不同税种的主要标志。企业（或个人）将闲置的资产提供给他人使用获得收益，这种收益，从经济学的角度，被认为是对原有资产价值的提升，是一种增值。从税法角度看，获取这部分增值的企业（或个人），是增值税和所得税的纳税义务人，负有纳税义务，如何确定税目和税率，如何抵扣等问题将随之产生。但在共享经济商业模式下，课税对象界限模糊，不易辨别。目前，我国税法尚未对共享经济相关税目和税率问题做出明确规定，在共享经济商业模式下，税目和税率的不确定性，导致不同纳税人的税负差异较大。

当前滴滴－优步平台下，约有80%的司机为专车平台兼职司机，自带车辆兼做专车司机。但根据当前我国的综合分类个人所得税税制改革，尚不明确司机的所得究竟属于个人所得税的哪一个具体项目，这也使得当前网络约租车平台司机的所得性质划分面临选择困难；互联网专车服务的本质与传统交通运输服务并无二致，其由始至终都是为了达到运载乘客的目的，而非单独提供车辆租赁或者司机代驾。因此，货物劳务税的征税对象究竟应当界定为交通运输服务，还是应界定为有形动产租赁和司机驾驶劳务，目前法律并没有明确说明。

（3）税率不确定。共享经济商业模式本身不会对税率产生影响，但税率的高低通常因课税对象的不同而变化。“营改增”改革，明确了交通运输服务与现代服务业服务的界限，提供交通运输服务的增值税税率为11%，提供现代服务业服务的税率为6%。共享经济商业模式的网络平台通常以科技公司或网络信息技术公司为名注册登记，那么网络平台究竟提供的是交通运输服务还是现代服务业服务就成为征税的争论焦点。目前，税法尚未明确课税对象及其税率问题，征税时缺乏相应的依据，导致当前网约车平台征税的税率存在不确定性。

2. 税源不稳定性给税收征管带来困难

网络约租车服务市场一个很大的特点，同样也是共享经济特点之一的就是供给碎片化。这样的特点，一方面能够充分调动社会闲置资源，培植涵养新税源，挖掘新生税收增长点；另一方面，它给传统的税收征管方式带来了很大的挑战。

（1）税源高度分散。在“云物移大智”的发展过程中，网络约租车平台的服务使得无论是司机还是乘客，均节约了信息成本和交易费用。根据现行法规，网络约租车服务从业者得以以个人身份提供服务，而不必依附于相应的企业组织，这样可以彻底盘活闲置资源，解放生产力。然而，从业者在收缩经营规模，走向松散化的同时，无形中也增加了辖区内管辖的纳税人的数量，使得行业税源分布在原有基础上呈现出更高度的分散性。而且目前我国的公民，尤其是网络约租车的个体从业者流动性强，但纳税意识薄弱，缺乏税法遵从度，这样会使得征管成本和征管难度急剧增加。

（2）收入具有不确定性。网络约租车司机中有相当一部分司机是利用闲余时间做兼职，他们没有签订劳务合同，也没有全面系统的劳务登记，而且当前网络约租车服务平台的准入和退出门槛较低，这就导致了司机的停业和歇业比传统出租车司机更为随意和频繁，进一步增大了税源和税收的不确定性，直接增大了税务登记工作量。现有的针对交通运输业的征税方式一般采用定额征税核定征收的方式，频繁的停业和复业登记不符合这类征收方式的要求。此外，作为税收工作的重要组成部分，税源涵养和税收规划工作也将因为上述问题面临很大的困难，给税收工作带来负面影响。

（3）无纸化交易。首先，在传统的交易活动中，发票作为交易的重要凭证，能够清楚地记录交易双方、交易内容、金额、日期等内容，用来证明交易发生、明确责任并具有法律效力。在一般情况下，共享经济交易活动是以共享网络交易平台为基础的，交易过程中产生的交易记录以及凭证等都是各种电子化的数字信息。由于传统纸质的财务账簿和凭证被无纸化的数字信息替代，以票控税的方法难以有效实施。其次，数据信息易被修改和删除，使得税务机关无法准确掌握真实的数字信息，导致税务稽查困难。最后，由于存在为了赚取各类共享补贴而进行的刷单行为，所以共享服务的供应者与消费者之间的真实交易金额难以与虚假的刷单金额进行分离，进而难以确定真实的应纳税所得额，给税收计征造成困难。

在当前的网络约租车市场上，交易各方通过网络平台进行交易，其订单、交易合同、付款记录都是以电子数据形式传递，网络约租车平台不主动开具发票与乘客不索取发票的问题并存，整个过程采取无纸化交易，凭证的获取较为困难。人民优步官方就曾以其产品属于非营利产品为由不开具发票。滴滴出行、易到用车、神州专车等平台虽可开具发票，但由于网络平台的税务登记名称多为科技公司，没有相关法规对专车应缴税种进行规范，开具发票的内容五花八门，如约车服务费、旅行服务费、劳务费、服务费、旅游费等，极不规范。在当前的网络约租车市场中，税务机关通过交易凭证、账簿等资料来确认有关计税信息将十分困难，这进一步加大了税务机关进行纳税评估及税务稽查的难度。

3. 网络约租车服务的税收管辖权面临挑战

根据网络约租车平台的特点，当前网络约租车服务的参与各方遍及全国各地，这就不得不提及税收管辖权的问题。网络约租车平台通过网络提供信息咨询服务、进行运输资源调配、实现数据实时共享等，机构所在地已在一定程度上被网络虚拟化。上述劳务发生在虚拟网络，根据现行的税收管辖权的认定方式，无论是通过机构所在地、劳务发生地还是消费地，都较难确定谁对其拥有税收管辖权。

三、共享经济的税制设计及税收治理方略

（一）新兴经济业态的税制设计

1. 建立科学包容的新税收制度

税收工作的基础是税制，拥抱共享经济必然从税制设计和完善做起：

（1）增强税制对经济变革的适应性。当出现一类新的经济活动，税制或税收政策应有针对性地跟进调整。社会经济的发展导致税制跟进式调整的难度不断加大，税制的滞后性更为明显，进而导致适用性减弱。解决这一问题，需要跳出旧有“跟随式”调整的思路，改为采用较为宽泛的规则兼容各类共享经济交易活动。

（2）增强税制设计的前瞻性，借助新兴经济在税制改革重点、难点领域破题。考虑在物联网技术下，以物流信息确定商品的最终消费地，将流转税改为消费地课征并归属消费地，避免税源跨区流动引发的收入归属之争和招商引资之乱。探索利用个人财产收入信息大数据平台，强化双向申报制度的效果，改变过去主要依靠代扣代缴的个人所得税制度，扩大综合征收的项目范围，有力推进个人所得税改革，更好地适应财产收入来源复杂的新局面和自雇型就业兴起的新形势。

（3）提高税收制度的宽容度，允许试错创新。对新业态、新技术、新模式保持鼓励态度，进一步完善相关税收政策，在鼓励创新创业上持续发力。

（4）增强税收制度的普惠性，更加注重支持弱势群体。通过税收政策调整，为弱势群体改善发展环境、分享发展成果提供更好的条件，推动大众创新、万众创业，增强互联网共享经济聚沙成塔的效应。

（二）利用税务登记加强监管

随着“云大物移”的发展，以地理位置判断是否纳税已难适应商业模

式发展的需要。税务登记是有效进行税收征管的前提，应建立新兴经济商业模式的税务登记制度，将交易平台、从业人员纳入税收监管范围。我国应实行统一的纳税人识别号制度，建立全国范围纳税人档案。网络平台、从业人员根据自己特有的识别号到个人常住地或营业所在地税务部门进行税务登记，将其交易行为纳入税务部门管理。税务机关可以规定税务登记是从事共享经济的前提条件，只有进行了税务登记，才能加入网络平台，才能通过第三方支付获得收入。特别是要明确将纳税人办理税务登记或进行税务登记年度审核合格作为相关部门进行营业年审、办（换）证的前置条件。税务登记也可解决税务管辖权的问题，税务登记所在地税务部门对交易平台、从业人员具有税收管辖权。

（三）共享经济的税基评估技术

批量评估（mass appraisal）是20世纪70年代在国外逐步兴起，并已具有很大影响力的新型评估模式。1983年，国际税收评估人员协会就已经颁布了三种基本价值评估方法（成本法、销售比较法和收益法）在批量评估中应用的准则。国际评估准则对批量评估的解释是：应用系统的、统一的、考虑到统计检验和结果分析的方法和技术评估多项财产确定日期价值的活动。批量评估的方法是采用现代统计、数理技术等多种技术，并融入传统评估方法原理的一种新的评估技术。批量评估能够实现低成本、高效率地完成大规模目标财产的价值评估任务。伴随着计算机应用的普及，批量评估在近几年实现了快速发展，在欧美国家的财产税类的税基评估、其他公共管理的价值评估以及商务活动中批量房地产的价值评估中都得到了广泛的应用。

“共享经济”税基评估价值类型选择的本质是关于税基价值公允性跨度、税基评估可操作性、税基评估成本，以及税基评估风险的权衡。不同的评估对象范围和市场状况等，都将影响这个权衡的结果。针对现阶段我国各类共享经济发展情况，就税基评估价值类型选择而言，应当选择“市场价值”或者“课税价值”作为其评估结果的价值类型。其中，“课税价值”是一个根据课税对象的具体情况设定的价值定义。原则上，“课税价值”应当以市场价值为基础确定，但它可以高于或低于市场价值，也可以是市场价值的某个百分比。

针对共享经济自身的特点，为税基评估工作能够有效地进行，笔者提出以下技术构想：根据共享经济自身的特点及其对税基评估的影响，考虑到批量评估的要求，我国共享经济税基评估的基本模型应该是一种“基础

价值 + 个别因素调整值”的框架。“基础价值”是税基评价模型中所要确定的税基价值的基本部分，在共享经济税基评估中主要指每一笔网络交易的基础产品和服务的价值。在共享经济领域，这个基础价值主要是服务费用。例如，滴滴平台为乘客和司机搭建共享服务的场所，乘客有出行需求时，将进入滴滴平台，发布自己的位置信息并提交订单。拥有闲暇时间和闲置驾驶资源的司机同样通过滴滴平台上线，系统会将乘客与司机进行自动匹配，将订单派送给距离最近的司机。到达目的地后，乘客将费用支付给滴滴平台，平台扣除相应交易费用后，将剩余款项分给司机。这里的交易款项即服务费就是“基础价值”。就电商来说，这里的基础价值主要指交易物品以及服务的价格，其中的服务主要指物流服务。

“个别因素调整值”是指超过共享经济税基评估基础价值以外的部分。在共享经济“基础价值”的基础上对“基础价值”偏离价值类型（目标）的实际情况进行调整，就能得到“个别因素调整值”。例如，使用共享单车，除了每次消费需要一定费用外，消费者还要往个人账户里缴纳一笔保证金。只要我们一段时期内持续使用共享单车，这笔保证金就不能退回。因此，对于共享经济交易行为进行税基评估时，还要考虑“个别因素调整值”，这个调整值可以是这笔保证金的一个比例或者每次消费金额的某一比例额外附加值。

（四）共享经济的税收征管策略

1. 完善法律、法规

共享经济若要健康、有序发展，势必要形成一个和谐的法制环境作为保障。可是，至今我国还没有为共享经济提供一个合适的法制环境。这就需要我国借鉴美国、澳大利亚等国家的先进经验，针对我国共享经济的实际情况，制定出专门的税收法律、法规，明确共享经济的纳税主体、交易活动中的适用税种和税率等，构建我国共享经济的税收法律体系。

在共享经济商业模式下，通常是自然人个人将暂时闲置的资源用于分享，获得收益，而取得相应的收入就应该缴纳个人所得税。例如，在提供网络约租车服务时，专车司机身份的确定直接影响到司机的纳税问题，虽然当前个税相关法规没有对此做出明确规定，但按照实质大于形式的征管原则，如果由网络约租车平台派出司机，那司机与网络约租车平台之间存在着劳动合同关系，是属于网络约租车公司的员工，其所得应属于工资薪金所得，由网络约租车平台公司代扣代缴即可。如果网络约租车司机属于带车加入服务平台提供运输服务的司机，也就是所谓的兼职司机，那么应视其为独立承包商，其所得应按个体工商户的生产、经营所得计算应纳税所得额。

2. 推行网上电子税务登记制度

想要解决纳税主体的问题，就必须加强对共享经济企业（或个人）的税收征管工作。一是先要做好税务登记。不同于传统的税务登记，共享经济经营者的税务登记可采用电子式。二是利用大数据技术，建立相应的数据库，采集登记纳税人的主要应税服务（或商品）的种类、常用交易结算方式、相关银行账户的账号等信息，并要求纳税人当信息发生变更后，在规定期限内及时更新相关资料，便于主管税务机关进行有效监管。三是建议税务机关与共享经济第三方平台合作，对平台的共享经济经营者实施强制的电子税务登记，从而有效地帮助税务机关确定共享经济经营者的纳税主体资格。

3. 推行第三方平台代扣代缴

在共享经济交易过程中，第三方共享平台一方面收集闲置资源信息，另一方面引入资源的需求者，在适当的时间对供需进行匹配，各取所需。所以，第三方共享平台在整个共享交易中起到不可替代的作用，既是信息交换、资金收付的媒介，也是信息流和商流的记录者。这为税务机关与第三方共享平台合作进行税款的代收代缴提供了可操作性。让第三方共享平台对共享经济经营者的应税所得代扣代缴税款，可以形成税务机关监管平台监管经营者的有效管理链条，起到提高征管效率、加强税收监管、降低征税成本的作用。

例如，网络约租车市场的不稳定性为税收征管带来了新的压力与挑战，然而，网络约租车平台集约化和支付渠道电子化为扭转这一不利局面带来了转机。网络约租车平台是网络约租车服务市场存在和业务交易开展必不可少的环节，其掌握了交易各方尤其是网络约租车从业者的相关信息，并且滴滴优步的合并证明，网络约租车平台在市场竞争中不断整合集中，以前专车从业者高度分散的不利于税收征管的局面将大大改善。另外，网络约租车平台一般都会附带提供电子化的支付渠道，能够实时并准确地记录交易收入，所以网络约租车服务平台可以代征税款和代开交通运输业发票，这样既可以吸引和保留需要获得合法报销凭据的企业客户，得以提高其市场竞争力，也可以提高网络约租车平台的税法遵从度，实现税企双赢。

4. 建立税源管理协调机制

网络约租车服务平台需要建立一个健全的信息平台，并成立一个由政府牵头，各职能部门配合的统一的工作小组，共同实现对网络约租车市场的服务与监管，具体可采取以下措施：①建立统一的网络约租车信息平台。建立由各级政府牵头，公安、工商、交通、旅游、税务等部门参与的大数据交换信息平台，实现部门信息共享，便于税务部门在税收征管中通过信息系统查找车辆营运平台和纳税人的信息，开展分析比对，规范税收征管。同时，建立国、地税部门与上述部门的信息沟通机制，定期开展交流，通过各部门提供的信息查找纳税人逃漏税款的蛛丝马迹。②加大部门合作征管的力度。建议由国家税务总局联合公安部、交通部等有关部门共同出台网络约租车税收征管相关的纲领规范性文件，明确相关部门在合作征管中的义务，加强不同职能部门之间的协同配合，定期开展联合执法检查，防止漏税逃税事项的发生。

5. 运用互联网技术实施税收征管

税收征管体系的复杂性是导致网络约租车服务从业者税法遵从度较低的一个重要原因。因此，税务机关应充分运用互联网信息技术，委托开发界面友好、操作简单、严格按照税收法规并可根据不同背景定制的嵌入式手机应用 App，从而协助网络约租车服务从业者实现计算、申报和缴纳税款。在当前技术应用背景下，最为有效的方式是，税务机关联合网络约租车服务平台共同开发具备嵌入式计税模块的税控网络约租车平台 App，运用技术手段加强纳税服务和降低征管成本。

6. 用电子发票实现“信息管税”

一方面，对于企业而言，推行电子发票免除了纳税人办理的一系列流程，简化了发票的流转，不需要再进行领购、验票、认证等，可以大大满足共享经济对效率的要求，对共享经济的规范化运作将起到巨大的促进作用。随着电子发票的推出，虚假营销空间将因税收杠杆被大幅挤压，这正是对新兴经济整体大环境的良性引导，有助于营造和谐的网络交易环境，促进互联网经济健康发展。

另一方面，对税务等机关而言，电子发票的进一步推广是实施“互联网+税务”的重要举措。从长远角度来看，税务与互联网的结合，可以利用电子发票形成事前预警、事中控制、事后监管的有效机制。这不仅会大大提高税务机关的服务效率，并且由于流程简便，可精简部分机关工作人员，达到政府简政放权、优化服务的目的。

在“互联网+”时代背景下，政府必须以健全的电子发票管控机制为基础，建立市场与税务系统互联互通的信息平台，让市场交易信息实时交付税务部门，从而实现电子发票管理与共享经济交易活动无缝对接。

11 营改增后房地产企业税收筹划分析

张梦迪

【摘要】随着全面营改增的收官，这项革命性的税收政策改革终于从试点变成全国范围内的扩展和深入。营改增对房地产企业税负的影响引起了人们的广泛关注。本文通过分析营改增的背景，探究营改增对房地产企业的影响，对营改增后房地产企业如何进行税收筹划和降低风险提出方案和建议。

【关键词】营改增　房地产　税收筹划

【作者简介】张梦迪，首都经济贸易大学财政税务学院硕士研究生

一、引言

我国从2012年1月1日起开始进行营改增的改革，最先在上海进行交通运输业和部分现代服务业的试点，后将试点范围扩大到八个省市。2013年8月1日在全国试行，并增加广播影视服务业的试点。2014年1月1日起又将铁路运输和邮政服务业纳入营改增试点范围。2016年5月1日起施行全面营改增，建筑业、金融业、生活服务业和房地产业全部由缴纳营业税改为缴纳增值税。

近年来，我国房地产业飞速发展，整体产业连续增值。房地产业涉及建筑业和不动产销售，从土地的开发到房屋的建设、出租和销售，各个环节均涉及税收，合理的税收筹划可以使企业减少成本，获得更多的经济利益。尤其在营改增的背景下，更需要房地产企业提高对税收筹划的重视，多了解和分析营改增前后的税收政策变化，规范生产、销售及核算，整合和促进房地产业链条的良性发展。

税收筹划这一概念最早出现在1935年，英国学者汤姆林在著名的"税务局长诉温斯特大公"案中提出，个人有权安排自己的行为来减少交税，即合理避税，自此，税收筹划在社会上得到越来越多的重视和应用。

市场经济体制下的税收筹划是在合法合理的前提下进行的节税，可以使企业减少成本、提高利润。营改增后，许多行业面临税负的改变，房地

产企业的税率也有较大变化，税收筹划对于减轻税负、保持行业发展和链条整合有重要意义。甄月萍（2016）通过对营改增和增值税原理的分析，提出了房地产企业增加进项税额的途径，利用各方面的筹划和营改增试点的经验，减少企业税负。毛明清（2016）认为，营改增可以促进房地产业的精细化管理，影响进项税抵扣，通过介绍税收筹划的内容和定义，提出了合理认定纳税人资格、淘汰游走型建筑施工企业等五点建议。何玉兰（2017）从企业的角度出发，分析在实际销售环节营改增对税负转嫁、新老项目税率变化、合作企业选择的影响，并提出筹划建议。戚兴国（2016）认为，营改增影响房地产企业的采购成本、人力成本、税收情况，并从这几个方面提出了筹划的建议，强调加快企业的改革和转型。徐秋玲（2016）比较了营业税和增值税的差异，概括了营改增的意义和对房地产企业正反两方面的影响，认为应合理筹划促进房地产业的可持续发展。

二、营改增对房地产企业的影响

（一）营改增对房地产企业成本的影响

房地产企业的上游企业，可以追溯到建筑业、服务业、金融业等，其中，全面营改增对建筑业的影响最大，也影响到房地产企业的税负。在营改增之前，建筑业的税率是3%，营改增后税率变为11%，税负明显上升，所以现阶段增值税政策规定建筑业可以选择简易计税办法，征收率为3%，而销售不动产选择简易计税办法的征收率为5%。对于建筑业，其成本的主要组成部分是建筑材料成本，主要包括沙、石、砖瓦、混凝土，一般是零散购入或者从小规模的企业购入；其次是人工成本，一般不是出自专门的劳务公司，而是出自无法开具增值税专用发票的工人和农民工，这两项难以从生产成本中抵扣，导致税负上升。

房地产企业还会为了减少成本增加进项税额抵扣，而去选择核算健全并可开具增值税专用发票的企业，那些经营规模小、经营核算不专业的企业就会被淘汰。由于房地产项目工期长，涉及的项目和企业多，有些老项目前期支出已经发生，但实际上后来才开工，可扣除的土地价款中又不包括支付给个人的拆迁补偿费用，导致成本上升。

（二）营改增对房地产企业税负的影响

营改增可以减少重复征税的现象，使得全行业的抵扣链条更加完整，也可以促进相关企业转型升级，规范税务会计操作。以前可能存在建筑业虚开发票的现象，这样房地产企业的成本就可以提高，对建筑业也没有太大影响。但是在营改增后，由于虚开发票会导致建筑业的销项税额增大，所以这种情况将不复存在，纳税人需要选择合作企业进行合法、合理的税收筹划，规范了企业的行为，减少了国家税收损失。

通过测算可以发现，过渡时期在资金流充足的条件下，只有老项目选择进行简易计税，其税负才会明显下降，企业可以对老项目进行筹划，选择一般计税方法或者简易计税方法。但是，在实践中，建筑业和房地产业的工程进程长、环节多，无法确定合作企业在营改增后是一般纳税人还是小规模纳税人，对这方面的筹划比较困难。

在营改增后的实践中，二线以上城市房地产的销售额高，但可抵扣的成本相对较少，其税负实际上是增加的，导致建筑业会将自己的税负转嫁到下游的房地产企业，提高房地产企业的税收负担。这就要求企业综合考虑成本和价格来选择合作企业或与合作企业进行谈判，以达到整体利益最大化。

（三）筹划原因及必要性

营改增可以解决房地产业重复征税的问题，降低企业的税收负担，纳税人可以通过合理的税收筹划，增加进项税额的抵扣，减少成本支出。要进行合理有效的税收筹划，就需要企业建立专门的部门或者聘用具有专门知识的人，学习财税政策，充分理解和掌握税收规定，才能更好地利用税目、税率和税收优惠来进行筹划。营改增后的房地产业税收筹划不仅能帮助企业减税，提高专业技能，还可以帮助整个行业规范地进行生产经营活动，加快优胜劣汰，促进房地产企业的转型。

三、营改增后房地产企业筹划的方案设计

本文以 A 房地产开发公司某项目为例，计算在不同经营条件下企业承担的税负多少，案例基本情况如下：

A 房地产开发公司开展某项目实现营业收入 1 亿元，其中，土地成本为 38%，建筑安装成本为 20%，财务成本为 3%，其他成本为 10%。为方便计算，所有的收入和成本都不含增值税金额，A 房地产开发公司为增值税一般纳税人。金融业、建筑业在“营改增”后适用的增值税税率分别为 6% 和 11%；其他成本所对应的增值税税率为 6%；营业税占总营业额的 5%，附加税占流转税的 12%。由于是分析“营改增”对 A 企业的税负影响及筹划，所以暂不考虑土地增值税、房产税、印花税等税目，并假定税

负传递顺畅，上游企业的建安成本和房地产开发公司的税负都可以实现逐层转嫁，以保证筹划方案中税负的合理性。

（一）营改增前后A公司税负变化情况

营改增前A公司需要按照5%的营业税税率缴纳营业税，即：

$$\text{应交营业税} = 10\ 000 \times 5\% = 500\text{（万元）}$$

营改增后应纳税额的计算为：

$$\text{应交增值税销项税额} = 10\ 000 \times 11\% = 1\ 100\text{（万元）}$$

$$\begin{aligned}\frac{\text{应交增值税}}{\text{进项税额}} &= \frac{\text{建安成本}}{\text{进项税额}} \times 11\% + \left(\frac{\text{财务成本}}{\text{进项税额}} + \frac{\text{其他成本}}{\text{进项税额}}\right) \times 6\% \\ &= 10\ 000 \times 20\% \times 11\% + 10\ 000 \times (3\% + 10\%) \times 6\% \\ &= 298\text{（万元）}\end{aligned}$$

$$\text{应交增值税额} = \text{销项税额} - \text{进项税额} = 1100 - 298 = 802\text{（万元）}$$

由表1可以看出，营改增后A公司的税负增加了338.24万元，总税负上升了3.38%，可见非常有必要进行税收筹划，以适应新政策，减少企业税负。

表1　营改增前后A公司税负变化情况　　　单位：万元

具体项目	营业税（税率5%）	增值税（税率11%）	城建税（税率7%）	教育费附加（税率3%）	地方教育附加（税率2%）	合计	税负（保留两位小数）
营改增前	500		35	15	10	560	5.6%
营改增后		802	56.14	24.06	16.04	898.24	8.98%

（二）营改增后筹划方案

1. 方案一：土地费用的纳税筹划

根据营改增新政策，营改增后新项目土地成本是可以扣除的，房地产新项目是指合同开工日期在2016年5月1日后的房地产项目。A公司该项目总体规划用地3.2平方公里，取得土地成本不含增值税金额3 800万，一期为2015年7月开发，属于老项目建筑面积160万平方米，占地1.71平方公里。二期为2016年7月开发，属于新项目建筑面积230万平方米，占地1.79平方公里。有两种土地成本的分摊方式可以进行选择。

按占地面积分摊方式：

$$\text{新项目可确认土地成本} = 1.79 \div 3.2 \times 3\ 800 \approx 2\ 125.63\text{（万元）}$$

按建筑面积分摊方式：

新项目可确认土地成本 = 230 ÷ （160 + 230） × 3 800 ≈ 2 241.03（万元）

根据两种方式的对比，选择按建筑面积分摊方式可抵扣的成本更多，此方案更为合适。A 公司应交增值税进项税额 = 10 000 × 20% × 11% + 2 241.03 × 11% + 10 000 × （3% + 10%） × 6% ≈ 544.51（万元），应交增值税额 = 1 100 − 544.51 = 555.49（万元），应交城建税、教育费附加、地方教育费附加 = 555.49 × （7% + 3% + 2%） ≈ 66.66（万元），税款总计 = 555.49 + 66.66 = 622.15（万元）。由此计算出企业的税负率为 6.2%，比未筹划时减少了税额。

此方案节税效果明显，但是要注意能扣除的成本只限于土地出让金，且必须凭当地财政部门开具的行政事业收据扣除，市政配套费、拆迁补偿费、排污费、异地人防建设费不可以抵扣进项税，因此此方案要求企业准确判断可扣除的土地成本，避免税收风险。

2. 方案二：建安成本的纳税筹划

从减少税基的角度看，土地费用的筹划空间较小，同时由于财务成本和其他成本所占比重较小，建筑安装成本成为主要抵扣项。根据以上计算可以知道建筑安装成本越高，应缴增值税额就越少。

如果在营改增后将建筑安装成本的比重合理地提高到 50%，则 A 公司应交增值税进项税额 = 10 000 × 50% × 11% + 10 000 × （3% + 10%） × 6% = 628（万元），应交增值税额 = 1 100 − 628 = 472（万元），应交城建税、教育费附加、地方教育费附加 = 472 × （7% + 3% + 2%） = 56.64（万元），税款总计 = 472 + 56.64 = 528.64（万元）。由此计算出企业的税负率为 5.29%，比营改增前税额减少了 31.36 万元，比营改增后未筹划时的税额减少了 369.6 万元。

此方案节税效果也很明显，可配合土地费用的筹划方案一起采用，A 公司需要调整产品结构，由销售毛坯房产品为主转变为销售精装修产品为主。这就需要企业扩大采购规模，选择可以开具增值税发票的大型供应商。但要注意，本案例虽没有讨论土地增值税，但是在实际的土地增值税成本审核中，精装修成本不可扣除，所以此方案可能会增加土地增值税额。

四、营改增后房地产企业筹划的要求

（一）生产经营环节的税收筹划

在房地产的建造、销售等过程中，企业需要和各种企业合作，营改增后选择合作企业的时候要特别考虑对方是否可以提供增值税专用发票，来增加本企业的进项税额抵扣。所以在选择建材供应商时，要关注对方是否为一般规模纳税人。对于增值税一般纳税人，要选择生产经营规模大，且核算健全，可以开具增值税专用发票的；对于小规模纳税人，要和企业进行博弈，尽量压低进价。

在合同的签订方面，如果选择由建设方自己提供材料的方式，其购进材料的费用可以按照17%的税率进行进项税抵扣，但是如果由承包方提供材料，只能按照11%的税率抵扣，或者使用小规模纳税人的征收率，则不可抵扣。但是在这种筹划方法中，要注意可能会产生建材的保管费用，由于建材不是承包方提供的，还有可能造成材料的浪费。所以在实际操作中需要设立专门的保管仓库和保管、监督人员，在筹划中要考虑到这种方式造成的更多的人工成本，综合考虑进行筹划。

（二）经营项目选择的税收筹划

在营改增的过渡时期，要重视新项目和老项目的界定，注意取得施工许可证、签订合同、实际动工的时间，是在2016年5月1日前还是后，计算判断一般计税方法和简易计税方法哪个交税更少、成本更低。扩大房地产业的经营项目，产品多样化发展，同时开发商业项目和住宅项目，进行多元化的混合经营，充分利用税收政策和优惠，增加筹划的空间。

企业还可以适当进行业务的拆分。例如，房地产业的一般纳税人在销售其开发的房地产项目计算应纳税额时，可以扣除向政府支付的土地价款，而拆迁时向个人支付的拆迁补偿费用却不可以扣减，这就造成了税额的提高。营改增后企业可以把拆迁这部分业务外包给专门的拆迁公司，房地产企业就可以取得增值税专用发票了，同时对拆迁支出进行测算，避免承担过多的税负转嫁。

（三）利用税收优惠进行税收筹划

在增值税的征收管理中，不同项目适用不同的税率，比如建筑材料的买卖适用17%的税率，而建筑业和销售不动产适用11%的税率，所以企业可以适当扩大这种经营项目，混合经营，按照主营业务的性质缴纳增值税，减少税负。

对纳税人的身份也可以进行筹划，符合核算健全且年应税所得额超过政策规定界限的，可以申请成为一般纳税人，否则为小规模纳税人。企业可以根据自己的实际核算水平、经营规模、销售额的多少进行测算，充分利用不同纳税人身份的减免税、即征即退和所得税的税收优惠政策。

（四）提高财务人员专业能力

营改增后要求企业增强核算能力，平时注意发票的收集和索要，因为增值税专用发票是增值税链条完整的重要依据，也是企业抵扣进项税、防止重复征税的重要依据，而且要注意增值税专用发票的日期应该在实际业务发生之前，以保证交易的真实性。房地产企业涉及的各项项目一定要分别核算清晰，各种建筑业务、房地产业务有不同的税率和税收优惠，企业应该加强专用人员的配置，定期进行培训，提高人员的专业技能。另外，在筹划中还要考虑到机会成本。在全面了解政策的基础上，制定出多个筹划方案，了解选择其中一个方案所放弃的其他方案可能带来的成本，然后综合考虑其他的隐性税收和非税成本，做出最合理、最符合企业利益的选择。

（五）加强和税务机关的联系

营改增后房地产企业的税收政策变得更为复杂了，尤其是涉及新老项目、不同项目和纳税人身份、税款跨地区预缴等情况，这就要求企业提高专业技术，学习新政策，与税务机关加强联系。可以聘请专家和税务局的领导到企业举办讲座和培训，这有助于更好把握政策意图，提高全企业的纳税意识，增进企业人员对营改增的理解。营改增后，房地产企业的税收筹划不仅是财务、税务人员的事，也是企业决策层领导需要考虑和把关的，在筹划中一定要有全局观念，站在企业整体利益的角度考虑，使筹划具有前瞻性。

五、结论

营改增后，房地产业的各个建造、经营环节都涉及增值税，其改革内容和政策变化十分复杂，所以对房地产企业的税收筹划是非常有必要的。可以通过减少成本、增加增值税进项税额的抵扣，来降低企业的税负，选择规模大、核算健全且能够开具增值税专用发票的合作企业；合理选择纳税人的身份，改变、拆分经营项目，尽可能享受税收优惠，不仅增值税的税收筹划要考虑这一点，还可通过技术创新获得企业所得税等税种的税收优惠；提高财会人员的专业能力，加强和税务机关的联系，降低筹划风险。虽然营改增对房地产企业的经营有一些冲击，但是只要进行合理的税收筹划，就可以减少企业的税负，促进企业改革和整个行业良性发展。

参考文献：

[1] 何玉兰. 房地产企业营改增后的税收筹划分析［J］. 现代经济信息，2017（1）.

[2] 毛明清. 基于营改增后的房地产企业税收筹划探析［J］. 中国经贸导刊，2016（17）.

[3] 戚兴国. 营改增对房地产企业税收的影响及筹划对策分析［J］. 财经界：学术版，2016（6）.

[4] 徐秋玲. 营改增后房地产企业的税收筹划探讨［J］. 财经界：学术版，2016（7）.

[5] 严妍. 营改增对房地产企业开发成本管理的影响和对策研究［J］. 经营管理者，2017（20）.

[6] 展云. 房地产企业“营改增”税收筹划案例分析［J］. 市场周刊：理论研究，2016（5）.

[7] 赵云芳. 新形势下营改增对房地产企业的影响与对策［J］. 统计与管理，2017（2）.

[8] 甄月萍. 房地产企业“营改增”政策分析及税收筹划［J］. 管理观察，2016（2）.

12 探讨新形势下的税收筹划风险

秦满刚

【摘要】2016 年 5 月 1 日我国全面实施“营改增”，将过去的营业税全部改征增值税，在很大程度上减少了企业的税收负担。但是在实施“营改增”后，税收筹划也面临巨大的风险。如何正确看待“营改增”实施后带来的税收筹划风险，针对风险如何采取有效防范措施，降低风险、合理筹划、为企业带来税收收益，成为现在急需解决的问题。本文就实施“营改增”后的税收筹划风险进行分析，并提出了控制税收筹划风险的可行性建议。

【关键词】“营改增”　税收筹划　风险　控制

【作者简介】秦满刚，首都经济贸易大学财政税务学院研究生

税收筹划作为现代企业降低税收成本，增加税后收益的重要内容，越来越受到众多的企业管理者的青睐。尤其在全面“营改增”之后，如何尽快熟悉新的税收法规，建立健全企业的税收优惠措施，成为所有企业首先要面对的问题。但在制定节税避税措施时，很多企业由于对新的税收法规没能正确认识或者其他的操作原因，给企业带来了税收筹划风险，不仅给企业造成了经济损失，同时也给企业形象带来了负面影响。因此有必要对税收法规和具体操作做出合理的筹划安排，降低税收筹划风险。

一、税收筹划风险概念

税收筹划风险是指纳税人在进行税收筹划的过程中，由于各种难以预料的因素（税收政策、经济、政治、企业发展状况和操作人员素质等），造成税收筹划的失败，给纳税人造成一定的经济损失和信用损失。

二、税收筹划风险研究的意义

（1）有利于更好降低企业税收负担。通过对纳税筹划风险的研究，可在一定程度上降低企业的税收筹划风险，有利于企业达到减少税收负担、延缓纳税时间的目的，实现企业利益最大化。

（2）在一定程度上规避税收政策变化带来的风险。企业纳税筹划风险

研究是在税法所允许的范围进行，对现行的税收法进行合理的税收筹划，这样就有效地规避了政策变化带来的风险，实现了税收筹划的目的。

（3）有利企业经营管理水平的提升。纳税筹划风险研究，需要对企业整体的经营管理活动进行全面的统筹规划安排，在各个环节缩小税收筹划的风险，从而有助于企业经营管理水平的提高。

三、税收筹划风险的类型

新形势下，企业进行纳税筹划的风险主要有操作风险、政策风险、成本风险和执法风险等。

（一）操作风险

1. 增值税发票风险

案例分析：

某税务局近日成功查处了一起数额巨大的偷税案。该税务局在日常征管中发现，一个从事商品零售业务的企业有不按规定开发票的嫌疑，经移交稽查局进一步调查发现，该企业虚开增值税普通发票，少缴税款500万多元。

涉案的这家企业在某卖场经营服装批发销售，经营规模较大。2017年年底，税务局税务人员在进行税款催缴时，发现该企业发票用量较大，销售额增长较快，但增值税税负却显著下降。

针对该疑点，该税务局及时向企业发出纳税提醒函，但企业以各种理由不予配合。

对此，该税务局将基础管理中搜集的动态情报信息与涉税数据进行比对分析发现：该企业报税的发票开具金额均在千元以内，与服装批发市场价格相差甚远，不符合常理。该企业还在另一卖场以一非正常户企业名义销售服装，有四名从该企业批发服装的客户取得的发票金额与报税金额不符，其中两张发票金额与企业报税金额相差七倍，且开票时间不符。

通过持续的情报监控与分析，税务人员判断该企业存在不按规定开具发票的嫌疑，该局立即将情况上报市稽查局，并协助公安局抓获涉案企业法定代表人和财务负责人。经查实，该企业应补缴增值税512万元，罚款512万元。

增值税发票风险是指纳税人虚开、虚抵、不规范使用增值税发票，造成税收流失的风险。增值税发票风险自发票诞生以来一直存在，但在“营改增”时代，发票管理特别是增值税发票风险面临哪些新变化呢？全面

"营改增"之后，以前所有的营业税的税目都归入了增值税的纳税范围，相应地需要开具的增值税专用发票的数量也随之增多。因此，对于那些在"营改增"之前基本都是交营业税的纳税人，由于在营业税时期对营业税发票的管理比增值税发票相对宽松，"营改增"之后对增值税政策还不够熟悉，对虚开增值税发票认识不足，由此给这些企业带来巨大的增值税发票风险[1]。

2. 企业税收筹划人员的素质问题带来的风险

税收筹划人员对企业的税收筹划完全取决于个人的主观判断。这种主观判断对纳税筹划只能带来两个结果：成功与失败。因此，企业的税收筹划成功与否，很大程度上取决于税收筹划人员专业素质的高低，对当前的税收法律认知程度的深浅。如果税收筹划人员的素质较高，税收筹划成功的概率也比较大，税收筹划的风险也小；相反，如果税收筹划人员的素质较低，税收筹划成功的概率则比较小，税收筹划的风险也就比较大。就目前我国税收筹划人员的素质来看，他们在专业知识、税收法规、业务的熟练程度方面还有很大的欠缺，因而带来的税收筹划风险也不容小觑[2]。

3. 纳税人的信用风险

企业生存发展的关键就是要树立良好的信用。企业在进行税收筹划时，如果由于一些不正当的操作，如虚开增值税发票，偷税避税等，被税务机关核查发现，将受到税务机关的税收惩罚，造成企业信用的丧失，而信用不是一时半会儿就能弥补的。纳税人的信用一旦丧失，首先会受到税务机关更加严厉的核查，增加税收筹划的成本；其次，企业纳税人信用的丧失，会造成大量消费者的流失，企业的经营利润也将大打折扣[3]。

（二）政策风险

企业合理利用国家的相关税收政策，可降低税收成本，增加税后净利，但这也是具有风险的，这种风险称为政策风险。政策风险可以分为政策选择风险、政策变更风险和政策使用风险。

1. 政策选择风险

税收筹划具有一定的空间性和地域性。政策选择风险主要表现在两个方面：一方面，在某个地区内，政府为了促进本地区经济的发展，往往会采取一些税收优惠政策来吸引更多的企业进行投资，因而企业在税收筹划时，可能没考虑本地区的税收优惠政策，照搬照抄其他地区的税收政策，导致制定的税收筹划不能正常实施，并受到税务机关的处罚；另一方面，各个国家制定的税收政策，因政治、文化、宗教信仰等因素的影响，存在很大的差异，因此企业的税收筹划可能在 A 国比较适合，而到了 B 国就非常不合理。

2. 政策变更风险

税收筹划具有一定的计划性和时效性。企业事先对各种经营活动进行的筹划，必须在一定的前提和条件下，才能实现企业的既定目标。然而在税收筹划实施的过程中，往往遇到一些不可抗力（如税收政策、法规的变化，企业经营活动的变化等）导致税收筹划不能按既定的计划实施，最终不能实现企业的目标。例如，企业进行一项长期资产的投资，这种投资的税收筹划的效果需要在较长的时间后才能显现，然而在实施的过程中，国家对于一些税收法规做出了调整，从而导致该投资计划的经济效益没能实现甚至亏损，由此给企业带来了巨大的经济损失[4]。

3. 政策使用风险

政策使用风险，主要体现在企业在利用国家有关的税收优惠措施时，为了能够最大限度地节税避税，将那些不能直接扣除的费用也添加到扣除项目中，导致在税务机关核查中，由于不符合规定，导致企业不能正常享受税收优惠。例如，国家对高新技术企业重要的税收优惠方式就是对与研发直接相关的研发费用加记 50% 扣除。但是如果在实际的企业纳税筹划中，认为只要与研发费用相关的费用，都可以加计扣除，将与研发费用没有直接联系的间接资料费用、间接燃料消耗、间接人员工资等一并记录到研发费用中并加计扣除，将有悖于税法“与研发直接相关的费用加计扣除”的规定，从而受到税务机关的纳税调整。结果就是企业直接研发费用比例的下降，还有可能导致企业不符合高新技术企业认定的标准[5]。

（三）成本风险

税收筹划与财务管理追求共同的目标——降低企业税收成本，增加的企业税后收益，最终实现企业价值最大化。它们遵循成本效益原则，在预测实现的收益与付出的成本之间权衡得失。然而税收筹划主要是事前筹划，如果该税收筹划最终产生的成本小于实现的收益，则该筹划是可行的；如果该税收筹划最终产生的成本大于实现的收益，则会由此带来税收筹划的成本风险。在企业的税收筹划中，推迟纳税是企业最常用的方法。例如，在一个生产销售企业中，企业在建设初期，为了尽可能抵扣进项税额，大量购进原材料和货物，则企业在前期就可缴纳较少的增值税额；在生产经营期，尽管销售的货物在增多，可能要缴纳较多的增值税额，但是企业也获得了前期延迟纳税的间接收益。然而在实际的生产经营中，企业在建设期购买大量的原材料和货物，会占用大量的流动资金，并且对于那些未入库的原材料和货物其进项税额是不能抵扣的，造成的结果就是企业的经营能力的下降，预期的少缴纳增值税的目的也没能实现，这对于生产销售企业来说是一个巨大的成本风险。

（四）执法风险

企业进行税收筹划最终成功与否，税务机关的认可也是必不可少的。在进行税务核查时，不同的税务机关、税务人员可能对有关的税收政策有不同的认识和看法。因此，企业在进行税收筹划时，虽按着自己对税收政策的理解认为合法合规，但是在税务机关认定时，则不符合税收规定，违反了相关法规，对企业进行一定的税收处罚，因此带来了执法风险。

四、税收筹划的风险控制

（一）操作风险控制

1. 增值税发票的风险控制

“营改增”以后，发票开具数量急剧增多，纳税人，特别是之前只交营业税的纳税人，由于对增值税发票的认识不足，虚开发票，结果造成税务机关的处罚。因此，全面“营改增”以后，企业要建立增值税发票的取得、开具、保管、认账、抵扣等的管理制度；对取得的增值税发票要严格控制发票的填制、流转、审核、汇总和申报等程序；对接触发票的相关财务人员加强培训，分清财务人员对发票的责任和义务；严格规范发票的抵扣制度；建立责任到人机制，对出现的发票违规情况直接对相关责任人进行惩处，保障企业的合法权利[6]。

2. 企业税收筹划人员素质的风险控制

税收筹划人员自身素质的提高有利于税收筹划的成功，因此需要提高税收筹划人员的素质。为了提高税收筹划人员的素质，降低由税收筹划人员能力不足带来的风险，企业应加强对筹划人员的培训，定期地组织培训活动，关注最新的税收动态，逐步提高税收人员的专业素质、税收筹划工作的能力，有效地避免因税收筹划人员自身素质而带来的税收筹划风险。

3. 纳税人的信用风险控制

有人认为税收筹划是尽可能躲避税收，常常游离在法律的边缘。但随着法律的完善，有的合法行为变成偷税漏税行为，会受到税务机关的处罚。税收筹划的重要特点在于合法性、合理性，因此企业在进行纳税筹划时，不能一味地避税减税，应当遵循合法合理的原则，制定合乎法规的税收筹划方案。否则，企业一旦产生了信用风险，不仅导致税收筹划失败，带来的机会成本损失更是不能估量的。

（二）政策风险控制

1. 政策选择风险控制

纳税企业首先应清楚所处的行业有哪些符合本企业的税收政策、如何利用这些税收政策进行税收筹划。在不同的地区、国家之间，因为经济发展水平不一样，税收政策也存在明显的差别，因此对于那些跨地区、跨国家经营的企业来说，制定税收筹划不能只考虑个别地区和国家的税收政策，应当充分了解各地区税收政策，制定符合当地特点的税收筹划方案。只有这样，才能最大限度地减少政策选择带来的风险。

2. 政策变更风险控制

税收政策是政府为了满足本国或本地区经济发展而制定的，它会随着经济的发展而发展。因此，企业应建立完善的税收信息系统，及时关注税收动态，紧跟税收动向，并且根据当前的税收政策制定企业未来税收成本的计划，税收筹划随着税收政策的变动而变动，以适应不断变化的税收政策。这样才能有效避免政策变更带来的风险。

3. 政策使用风险控制

对有关的税收优惠政策利用不当的风险主要表现在一些高新技术企业。高新技术企业的税收风险，不仅关乎企业自身的健康发展，更关乎整个国家高科技产业的发展。因此，高新技术企业应当高度重视税收筹划风险，采取有效的措施防范税收筹划风险。例如，成立专门的研发机构，并加强与财务部门的沟通合作，对发生的研发费用建立专门的账簿进行管理，准确核对和计算研发费用。另外，国家对高新技术企业税收优惠法规在不断更新优化，高新技术企业的财务部门人员应实时关注税收优惠法规的变化，不断更新业务知识，使高新技术企业的税收筹划工作在合法合规的框架下有序进行。

（三）成本风险控制

案例分析：

李某是一家大型公司的财务负责人，近期公司召开会议，研究讨论留住人才的对策，既能提高职工的获得感，又能使企业降低税负。

有人提出，不如直接提高职工的工资薪金水平。由于职工薪酬的增加，企业应纳税所得额减少，这样一举两得。

但是，有的人认为，就算能够直接用增加职工薪酬的做法带来一定收益，但实际上是有限的，比如：在加薪前，企业职工的薪酬为 8 000 元/人，按照现行的税法计算个人所得税，需要缴纳 345 元/人，月纯收入为 7 655 元/人，年收入为 91 860 元/人。由于目前职工的学历水平和技术水平较低，需要投资到学习先进的技术和获取更高学历上，按每人一年 30 000 元计算，每年实际净收入仅为 6 万多元了。

公司陷入了两难的境地：不加薪，人才就会流失，使企业现有技术、营销优势损失殆尽；加薪，每人加薪 15 000 元，需要 750 000 元。一方面会增加企业的支出，增加企业的财务负担；另一方面，对员工而言，原来工资 8 000 元，每月增加 15 000 元后，月收入达到 23 000 元，需要缴纳个人所得税 3 870 元，税负增加 1 325 元，实际税后收入仅增加 4 675 元。

于是有人提出了这样的方案，不给员工加薪，企业可以为职工提供学习所需的资金，按照公司现有员工近 1 000 名，计税工资限额为 103. 5 万元（按每人每月工资 23 000 元，职工教育经费 2. 5%，工会经费 2%），按 2. 5% 计提职工教育经费 57. 5 万元，按 2% 计提工会经费 46 万元。此外，由于参加学习的部分员工还承担了技术开发任务，从技术开发费中又列支了部分学习费用。通过这种做法，公司并没有为 50 名员工多发工资 750 000 元，少缴企业所得税 18. 75 万元；员工因没有增加收入，少缴个人所得税 6. 625 万元（与加薪相比）。这样，公司和员工就可以节约税款 253 750 元。公司没有增加多少支出，职工不用自己掏钱就能参加学习，双方都很高兴，实现了成本和效益的最大化。

这种做法体现出了企业税收筹划在职工薪酬和税负方面的重要性，这样做既没有违反现行的法律，又为职工和企业带来了实惠。公司为职工提供合理的学习费用，从职工教育经费、工会经费中列支费用，能够作为合理费用在所得税前扣除。从职工角度看，因为工薪收入没有增加，按照目前的税收征管法，也不会存在税收筹划风险。

成本 - 收益原则是企业进行税收筹划的基本前提。但是收益往往伴随着风险，收益越大，风险也越大。首先，企业可以制定多种税收筹划方案，根据每个方案预计的收益减去所付出的成本和产生的机会成本，得出最大的收益方案；其次，在大多数的情况下，企业的税收筹划需要在较长的时间才能显现出效果，因此也有必要考虑带来收益的时间价值，通过运用财务管理的净现值计算方法，测算每年实现的净现金流量。根据该计划的实际利率，算出该计划可实现的净现值，净现值为正值时，则该税收筹划是可以实施的；为负值的时，则税收筹划是不可行的，需要重新制定可行的税收筹划方案。因此，企业在避免成本风险时，对税收筹划方案的选择和收益分析是必不可少的。

（四）执法风险控制

执法风险是由于企业与税务机关对税收政策的不同理解造成的。避免执法风险，纳税企业首先应加强与税务机关的沟通，在对税收政策的理解上达到一致。企业应与税务机关建立良好的关系，接受税务机关相关的指导和培训，这样不仅可以及时了解税收政策的变化动向，也有利于企业税收筹划人员素质和本企业信用的提高，从而有效避免执法风险的产生。[7]

五、结语

税收筹划作为现代企业财务管理的重要内容，对于降低税收成本，延缓纳税，增加税后收益发挥着越来越大的作用。但是在进行税收筹划时，所带来的风险也是不容小觑的，企业的经营管理者应当高度重视。本文从税收筹划风险概念入手，阐述了税收筹划风险研究的意义，分析了税收筹划风险的几种类型，并结合这几种风险给出了一些风险控制的建议，希望通过本文的探讨增加人们对税收筹划的认识，从而更好地发挥税收筹划在企业发展中的作用。

参考文献：

[1] 康文华．基于营改增后的税务风险与税务筹划探讨［J］．经贸实践，2017（9）：204.

[2] 李永康．企业税收筹划的风险及其对策研究［J］．经营管理者，2016（12）：12.

[3] 刘颖．论税收筹划的风险［J］．湖南工程学院学报：社会科学版，2010（12）：22－24.

[4] 黄娇．企业税收筹划风险控制研究［D］．武汉：中南民族大学，2012：11－12.

[5] 曾国祥．企业纳税筹划40讲［M］．北京：北京税务出版社，2014：109－110.

[6] 吴丽芳．营改增后企业税务筹划研究［J］．中国注册会计师，2017（3）：108.

[7] 夏禹晨．浅谈营改增政策下财税筹划新局面［J］．现代营销：下旬刊，2017（6）：184－185.

13　企业并购所得税策划案例分析

陈　曲

【摘要】 企业并购是一种现代企业之间经常发生的法律经济结构重大改变的交易，其目的在于充分发挥经营协同效应、财务协同效应占据更大市场份额，同时使并购双方都可以改善管理效率、降低成本、增强技术优势和市场竞争力。在企业并购的同时，企业所得税也是一项不能忽视的内容，不同的并购策略会导致企业所得税额的巨大差异。本文基于两家快递服务企业的并购行为，对其中的企业所得税进行策划分析。

【关键词】 企业并购　企业所得税　税务策划

【作者简介】 陈曲，首都经济贸易大学研究生

一、案例背景简介

（一）行业背景介绍

快递运输行业是我国消费水平上升后发展出的一个新兴产业。近5年来，快递运输行业的飞速发展使其迅速成为国民经济中一个新的增长点。数据显示，2016年全年邮政行业业务总量高达7 397.24亿元，比上年增长45.7%。邮政普遍服务完成函件业务36.19亿件，比上年下降21.0%；包裹业务完成2 794.0万件，下降34.2%；而同时，快递业务量完成312.83亿件，比上年增长51.4%。快递服务企业业务收入完成3 974.36亿元，增长43.5%，快递业务收入占邮政行业业务收入的73.9%，提高了5.3个百分点[①]。

快递运输行业业务分为两个部分：传统快递业务和现代快递业务，两种业务各有其特点。传统快递业务主要优点在于分布广、站点多、费用低廉，缺点在于耗时长、科技含量较低；现代快递业务主要优点在于耗时短、管理追踪便利，缺点在于费用较高、分布不均匀。因此，如何降低成

① 数据来源：《2016年交通运输行业发展统计公报》。

本、提高速率、发展优势业务，减少相互竞争摩擦导致的损耗是每个快递服务企业都亟待解决的问题。

（二）案例背景介绍

甲公司成立于2005年，于2010年上市，是快递运输业的老牌公司，目前主要从事传统快递业务，同时也发展航空速运业务。截至2015年底，甲公司发展稳定，业务范围已经涵盖全国各个省区市，业务规模领先全国。2015年，甲公司收入持续稳步增长，其中传统快递业务占营业收入的65%。

甲公司高层认为要想继续扩大公司整体规模，加强竞争实力，就需要发展优势的传统快递项目，并在收入增长率稳步上升的前提下，缩减航空速运业务。因此，甲公司将目光放在同行业的乙公司身上。

乙公司成立于2010年，是物流行业的后起之秀，主要从事现代快递业务，如航空速运业务、生鲜快递业务等。同时，乙公司在开设之初也经营了一部分传统快递业务，但由于近年来现代快递业务发展迅速，传统快递业务收入正在逐步缩减。截至2015年底，乙公司运营的航空速运业务范围不仅涵盖全国各省区市，还包括世界范围内的30余个国家。现阶段，乙公司的发展目标是保持和提高市场占有率，尽快将自己的优势业务——航空速运业务上市融资。

甲公司与乙公司沟通后发现，双方的业务范围存在重复的竞争部分，但双方的优势业务又完全不同。甲公司需要发展优势的传统快递业务来扩大公司规模，而乙公司需要更多的优良资产帮助企业航空速运业务上市。因此双方决定通过收购对方的劣势业务（自己的优势业务）来达成各自的目标。

甲公司与乙公司达成协议，收购过程中，甲公司将旗下的航空速运业务资产与乙公司的传统快递业务相互置换，乙公司专业发展航空速运业务，同时甲公司整合两个公司的传统快递业务资产。通过此次企业资产置换重组，两个公司都提高了管理效率，减少了摩擦竞争，突出了自己的主营业务，实现了协同发展。

（三）案例数据介绍

甲公司自成立以来，总资产1 500 000万元，总股本200 000万元（见表1）。

表1　甲公司航空速运业务资产情况　　　单位：万元

资产	资产计税基础	资产评估价值	固定资产占比（%）
资产A	20 000	100 000	80
资产B	120 000	170 000	60
合计	140 000	270 000	—

乙公司自成立以来，注册资本600万元，总资产700 000万元，乙公司将被收购的传统快递业务主要有两家分公司和五家子公司，情况见表2。

表2　乙公司分公司、子公司情况　　　单位：万元

资产	股权比例（%）	股权计税基础	股权评估价值	股权评估增值	固定资产占比（%）
分公司1	100	9 000	49 000	40 000	65
分公司2	100	6 500	18 000	11 500	70
子公司1	99	18 000	75 000	37 000	—
子公司2	80	5 000	85 000	80 000	—
子公司3	60	2 700	22 000	19 300	—
子公司4	50	2 000	27 000	25 000	—
子公司5	50	1 100	15 600	14 500	—
合计	—	44 300	291 600	247 300	—

假设所有固定资产的折旧年限均为10年，残值率为5%，贴现率为4%。

在本案例中，关于税收成本只考虑所得税成本，其他税种的成本暂时忽略。甲、乙公司为非关联方企业，两个公司收购前后均可持续经营，企业所得税税率为25%。

二、相关政策综述

与企业并购所得税相关的政策条款主要有：财税〔2009〕59号文、国家税务总局公告2010年第4号、财税〔2014〕109号文、国家税务总局公告2015年第48号等。

财税〔2009〕59号文《国家税务总局关于企业重组业务企业所得税处理若干问题的通知》是企业重组所得税相关政策的基础条文，该条文对企业重组中各大重要交易的定义、解释、税务处理、征管方法均进行了规定。

财税〔2014〕109 号文《国家税务总局关于促进企业重组有关企业所得税处理问题的通知》对 59 号文进行了更改补充。其中，将财税〔2009〕59 号文中有关“股权收购，收购企业购买的股权不低于被收购企业全部股权的 75%”的规定调整为“股权收购，收购企业购买的股权不低于被收购企业全部股权的 50%”。将有关“资产收购，受让企业收购的资产不低于转让企业全部资产的 75%”规定调整为“资产收购，受让企业收购的资产不低于转让企业全部资产的 50%”。

本案例应用条款总结如表 3 所示：

表 3　案例应用政策综述

<table>
<tr><th></th><th>股权收购</th><th>资产收购</th><th>分立</th></tr>
<tr><td>定义</td><td>指一家企业（以下称为收购企业）购买另一家企业（以下称为被收购企业）的股权，以实现对被收购企业控制的交易。收购企业支付对价的形式包括：股权支付、非股权支付或两者的组合</td><td>指一家企业（以下称为受让企业）购买另一家企业（以下称为转让企业）实质经营性资产的交易。受让企业支付对价的形式包括：股权支付、非股权支付或两者的组合</td><td>指一家企业（以下称为被分立企业）将部分或全部资产分离转让给现存或新设的企业（以下称为分立企业），被分立企业股东换取分立企业的股权或非股权支付，实现企业的依法分立</td></tr>
<tr><td>一般性税务处理规定</td><td colspan="2">1. 被收购方应确认股权、资产转让所得或损失。
2. 收购方取得股权或资产的计税基础应以公允价值为基础确定。
3. 被收购企业的相关所得税事项原则上保持不变</td><td>1. 被分立企业对分立出去资产应按公允价值确认资产转让所得或损失。
2. 分立企业应按公允价值确认接受资产的计税基础。
3. 被分立企业继续存在时，其股东取得的对价应视同被分立企业分配进行处理。
4. 被分立企业不再继续存在时，被分立企业及其股东都应按清算进行所得税处理。
5. 企业分立相关企业的亏损不得相互结转弥补</td></tr>
<tr><td>适用特殊性税务处理条件</td><td colspan="3">具有合理的商业目的，且不以减少、免除或者推迟缴纳税款为主要目的。
被收购、合并或分立部分的资产或股权比例符合本通知规定的比例。
企业重组后的连续 12 个月内不改变重组资产原来的实质性经营活动。
重组交易对价中涉及股权支付金额符合规定比例。
企业重组中取得股权支付的原主要股东，在重组后连续 12 个月内，不得转让所取得的股权</td></tr>
</table>

续表

	股权收购	资产收购	分立
特殊税务处理规定	股权收购，收购企业购买的股权不低于被收购企业全部股权的 50%，且收购企业在该股权收购发生时的股权支付金额不低于其交易支付总额的 85%，可以选择按以下规定处理： 1. 被收购企业的股东取得收购企业股权的计税基础，以被收购股权的原有计税基础确定。 2. 收购企业取得被收购企业股权的计税基础，以被收购股权的原有计税基础确定。 3. 收购企业、被收购企业的原有各项资产和负债的计税基础和其他相关所得税事项保持不变	资产收购，受让企业收购的资产不低于转让企业全部资产的 50%，且受让企业在该资产收购发生时的股权支付金额不低于其交易支付总额的 85%，可以选择按以下规定处理： 1. 转让企业取得受让企业股权的计税基础，以被转让资产的原有计税基础确定。 2. 受让企业取得转让企业资产的计税基础，以被转让资产的原有计税基础确定	企业分立，被分立企业所有股东按原持股比例取得分立企业的股权，分立企业和被分立企业均不改变原来的实质经营活动，且被分立企业股东在该企业分立发生时取得的股权支付金额不低于其交易支付总额的 85%，可以选择按以下规定处理： 1. 分立企业接受被分立企业资产和负债的计税基础，以被分立企业的原有计税基础确定。 2. 被分立企业已分立资产相应的所得税事项由分立企业承继。 3. 被分立企业未超过法定弥补期限的亏损额可按分立资产占全部资产的比例进行分配，由分立企业继续弥补。 4. 被分立企业的股东取得分立企业的股权（以下简称“新股”），如需部分或全部放弃原持有的被分立企业的股权（以下简称“旧股”），“新股”的计税基础应以放弃“旧股”的计税基础确定。如不需放弃“旧股”，则其取得“新股”的计税基础可从以下两种方法中选择确定：直接将“新股”的计税基础确定为零；或者以被分立企业分立出去的净资产占被分立企业全部净资产的比例先调减原持有的“旧股”的计税基础，再将调减的计税基础平均分配到“新股”上

续表

<table>
<tr><th></th><th>股权收购</th><th>资产收购</th><th>分立</th></tr>
<tr><td colspan="4">重组交易各方对交易中股权支付暂不确认有关资产的转让所得或损失的，其非股权支付仍应在交易当期确认相应的资产转让所得或损失，并调整相应资产的计税基础。
非股权支付对应的资产转让所得或损失 =（被转让资产的公允价值 − 被转让资产的计税基础）×（非股权支付金额 ÷ 被转让资产的公允价值）</td></tr>
</table>

三、筹划分析

案例中，甲公司要收购乙公司的传统快递业务资产，同时，甲公司需要将旗下的航空速运资产置换给乙公司。根据两个公司的数据，我们可知甲公司的航空速运资产 A 和 B 的公允价值共计 270 000 万元。甲公司收购乙公司的多个分公司、子公司的股权公允价值共计 291 600 万元。因此，在两个公司置换的过程中，乙公司需要交换的是股权 291 600 万元，甲公司除了需要交换资产 270 000 万元，还要支付 21 600 万元的对价。

案例中，对于不同的支付方式，企业所得税的筹划包括：股权收购、资产与股权收购两种。案例分析思路见图 1：

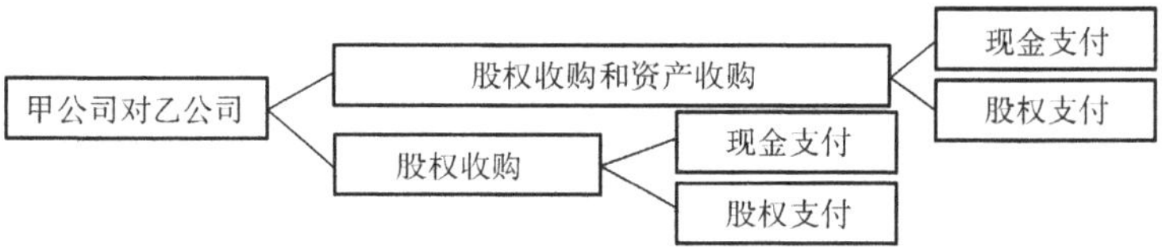

图 1　案例分析思路

两种收购方式为：

股权收购：乙公司将其分公司分离出来，成立子公司，甲公司对乙公司进行收购。

股权收购与资产收购并行：甲公司直接收购乙公司的分公司和子公司。

两种支付方式为：

现金支付：甲公司可以直接将资产 A 和 B 置换给乙公司，剩余对价用现金支付。

股权支付：甲公司可将资产 A 和 B 分离出来单独成立子公司，并将子公司股权支付给乙公司。

在筹划中，要注意收购的特殊性税务处理。在不考虑资金时间价值时，特殊性税务处理与一般税务处理的税负水平是相同的。但在实际情况中，特殊性税务处理会出现递延缴纳所得税的部分，产生资金的时间价值。

（一）方案一简析

1. 方案提出

采用股权收购与资产收购并行方式，用现金支付。

2. 方案内容

甲公司直接用资产 A 和 B 置换乙公司的分公司和子公司，剩余对价用现金支付。

3. 方案解析

甲公司对乙公司的收购采用资产收购与股权收购并行的方式——甲公司对乙公司的分公司的收购，属于资产收购；甲公司对乙公司的子公司的收购，属于股权收购。甲公司对乙公司的支付方式为现金支付——甲公司直接用资产 A 和 B，以及 21 600 万元的现金向乙公司支付。

考虑是否符合特殊性税务处理。根据财税〔2009〕59 号文判断，首先，甲公司对乙公司的收购是为了发展优势项目，扩大规模和市场占有率，并不为了减少、免除或推迟缴纳税款，因此，该项行为具有合理的商业目的。其次，甲公司与乙公司在此次收购行为结束后，在连续 12 个月内并不准备改变企业的经营活动，且在重组后连续 12 个月内，不准备转让所取得的股权。最后，甲公司直接用资产 A 和 B 置换乙公司资产，甲公司的股权支付金额远低于交易支付总额的 85%，不符合要求。所以该方案不适用于特殊性税务处理方法，应该按照一般性税务处理办法，甲、乙双方取得股权或资产的计税基础应以公允价值为基础确定。

4. 计算处理

（1）甲公司应缴企业所得税 = 资产评估增值 × 税率 = （270 000 - 140 000） ×25% =32 500 万元

（2）乙公司应缴企业所得税 = 股权评估增值 × 税率 = （291 600 - 44 300） ×25% =61 825 万元

由于资产 A、B 以及分公司中均含固定资产，因此要进一步考虑固定资产的折旧情况（见表4）：

表 4　分公司折旧计算　　单位：万元

公司	年折旧额	年折旧抵税额	年折旧抵税现值
分公司 1	2 470	617.5	5 008
分公司 2	764.75	191.2	1 551
合计	3 234.75	808.7	6 559

（3）计算折旧额：按照一般性税务处理方法，计税基础按照公允价值计量，得到：

分公司 1：固定折旧总额 = 股权评估增值 × 固定资产比例 ×（1 – 残值率）= 24 700 万元

年折旧额 = 固定折旧总额 ÷ 总折旧年限 = 2 470 万元

年折旧抵税额 = 年折旧额 × 税率 = 617.5 万元

年折旧抵税额现值 = 617.5 × 8.11 = 5 008 万元

分公司 2：固定折旧总额 = 股权评估增值 × 固定资产比例 ×（1 – 残值率）= 7 647.5 万元

年折旧额 = 固定折旧总额 ÷ 总折旧年限 = 764.75 万元

年折旧抵税额 = 年折旧额 × 税率 = 191.2 万元

年折旧抵税额现值 = 191.2 × 8.11 = 1 551 万元

按照公允价值计量的折旧可以抵减企业所得税 6 559 万元（见表 5）。

表 5　资产折旧计算　　单位：万元

资产	年折旧额	年折旧抵税额	年折旧抵税现值
资产 A	6 080	1 520	12 327
资产 B	2 850	712.5	5 778
合计	8 930	2 232.5	18 105

资产 A：固定折旧总额 = 资产评估增值 × 固定资产比例 ×（1 – 残值率）= 60 800 万元

年折旧额 = 固定折旧总额 ÷ 总折旧年限 = 6 080 万元

年折旧抵税额 = 年折旧额 × 税率 = 1 520 万元

年折旧抵税额现值 – 1 520 × 8.11 = 12 327 万元

资产 B：固定折旧总额 = 资产评估增值 × 固定资产比例 ×（1 – 残值率）= 28 500 万元

年折旧额 = 固定折旧总额 ÷ 总折旧年限 = 2 850 万元

年折旧抵税额 = 年折旧额 × 税率 = 712.5 万元

年折旧抵税额现值 = 712.5 × 8.11 = 5 778 万元

按照公允价值计量的折旧可以抵减企业所得税 18 105 万元。

（4）综上所述，方案一中甲、乙企业共需负担的企业所得税额 =（1）+（2）-（3）= 32 500 + 61 825 -（6 559 + 18 105）= 69 661万元。

（二）方案二简析

1. 方案提出

采用股权收购与资产收购并行方式，用股权支付。

2. 方案内容

甲公司将资产 A、B 分离出去，成立甲公司的全资子公司 X，甲公司用子公司 X 的 100% 股权置换乙公司的分公司和子公司，剩余对价用现金支付。

3. 方案解析

甲公司对乙公司的收购采用资产收购与股权收购并行的方式——甲公司对乙公司的分公司的收购，属于资产收购；甲公司对乙公司的子公司的收购，属于股权收购。甲公司对乙公司的支付方式是股权支付——甲公司分离其资产 A、B 成立子公司 X，以子公司 X 的 100% 股权来支付。

考虑是否符合特殊性税务处理：根据财税〔2009〕59 号文判断，首先，甲公司对乙公司的收购是为了发展优势项目，扩大规模和市场占有率，并不为了减少、免除或推迟缴纳税款，因此，该项行为具有合理的商业目的。其次，甲公司与乙公司在此次收购行为结束后，在连续 12 个月内并不准备改变企业的经营活动，且在重组后连续 12 个月内，不准备转让所取得的股权。再次，在分立的部分，甲公司分立的子公司 X 没有改变 A、B 的实质性经营活动，X 公司的股东、持股比例在分立前后均未改变。且在分立的过程中，甲公司股权支付金额为 100%，大于规定的 85%。符合特殊性税务处理的要求。X 公司暂不缴纳企业所得税。最后，在股权收购的部分。从甲公司的角度，甲公司用 X 公司的全部股权支付给乙公司，占总交易额的 92.6%，大于规定的 85%。同时，根据表 2 乙公司的控股情况，甲公司对乙公司的分公司和子公司 3 ~ 5 的资产或股权收购均低于规定的 50% 的比例，不适用特殊性税务处理，适用一般性税务处理；对子公司1 ~ 2 的股权收购达到了 50% 的比例，适用特殊性税务处理。

从乙公司的角度，乙公司对甲公司的 X 公司的股权收购，分公司 1 和分公司2为资产支付，子公司1～5为股权支付，占交易支付总额的77%，未达到规定的85%，不适用特殊性税务处理，适用一般性税务处理。

4. 计算处理

（1）甲公司对乙公司的股权出售应按照一般性税务处理办法缴纳企业所得税，其计算方式与方案一相同，为32 500万元。

（2）甲公司对子公司1～2的收购比例超过了75%，甲公司支付给乙公司的对价其股权支付比例也超过了85%，因此，甲公司对子公司1～2的收购可以按照原有计税基础确定，乙公司对其转让所得暂不缴纳企业所得税。

子公司1～2引起的递延缴纳额＝子公司1～2的股权增值额×税率＝[（75 000＋85 000）－（18 000＋5 000）]×25%＝34 250万元

因此，乙公司应缴纳企业所得税＝应交所得税额－递延缴纳额＝61 825－34 250＝27 575万元

（3）甲公司购入的分公司1～2带来的固定资产折旧抵税情况与方案一相同，即6 559万元。乙公司购入的是甲公司的子公司股权，不能享受固定资产折旧带来的税收减免。

（4）综上所述：方案二中甲、乙企业共需负担的企业所得税额＝（1）＋（2）－（3）＝32 500＋27 575－6 559＝53 516万元。

（三）方案三简析

1. 方案提出

采用股权收购的方式，用股权支付。

2. 方案内容

甲公司将资产A、B分离出去，成立甲公司的全资子公司X，乙公司将分公司1～2分离出去，并与5个子公司共同成立一个子公司Y。甲公司用子公司X的100%股权置换乙公司的子公司Y的股权，剩余对价用现金支付。

3. 方案解析

甲公司对乙公司的收购采用股权收购的方式，甲公司对乙公司新成立的子公司Y的收购是股权收购，甲公司对乙公司的支付方式是股权支付。甲公司分离其资产A、B成立子公司X，以子公司X的100%股权来支付。

考虑是否符合特殊性税务处理：根据财税〔2009〕59号文判断，首先，甲公司对乙公司的收购是为了发展优势项目，扩大规模和市场占有率，并不为了减少、免除或推迟缴纳税款，因此，该项行为具有合理的商

业目的。其次，甲公司与乙公司在此次收购行为结束后，在连续12个月内并不准备改变企业的经营活动，且在重组后连续12个月内，不准备转让所取得的股权。最后，甲公司用子公司X的股权和乙公司的子公司Y的股权交易可以看作股权互换，两边的股权支付比例均超过规定的85%，适用特殊性税务处理。

乙公司将两个分公司分立出去与5个子公司成立子公司Y，与甲公司分离A、B成立X公司的方法与原理相同，满足特殊性税务处理的要求。即甲公司成立X公司和乙公司成立Y公司的行为都可暂不缴纳企业所得税。

4. 计算处理

（1）甲公司换得的Y公司股权的计税基础，按照Y公司原计税基础确认计量为443 00万元，可暂不缴纳企业所得税。

（2）乙公司换得的X公司股权的计税基础，按照Y公司原有计税基础减去现金支付部分确认计量，股权交换部分可暂不缴纳企业所得税，但现金收入部分需缴纳企业所得税。

乙公司就现金支付的部分缴纳企业所得税 = 股权增值额 × 现金支付率 × 税率 = 4 580 万元。

由于X、Y均为子公司，不可以享受固定资产折旧带来的税收减免。

综上所述：方案三中甲、乙企业共需负担的企业所得税额为4 580万元。

四、结论

根据上述的三种方案，本案例分别计算分析了每种应缴纳的企业所得税。

方案一　采用股权收购与资产收购并行方式，用现金支付。其中：

甲公司出售资产A和资产B；支付现金21 600万元；按规定缴纳企业所得税32 500万元；收到两个分公司的资产和5个子公司的股权。获得折旧带来的税收减免6 559万元。

乙公司收到资产A和资产B；收到现金21 600万元；按规定缴纳企业所得税61 825万元；出售两个分公司和5个子公司的股权。获得折旧带来的税收减免18 105万元。

方案二　采用股权收购与资产收购并行方式，用股权支付。其中：

甲公司将A、B分离成立子公司X；将X的股权出售给乙公司；支付现金21 600万元；缴纳企业所得税32 500万元；收到两个分公司和5个子公司的股权。获得折旧带来的税收减免6 559万元。

乙公司收到X公司的股权；收到现金21 600万元；缴纳企业所得税27 575万元；出售两个分公司和5个子公司的股权。

方案三采用股权收购的方式，用股权支付。其中：

甲公司将A、B分离成立子公司X；将X公司的股权出售给乙公司；支付现金2 1600万元；收到Y公司的股权。

乙公司将两个分公司分离并与5个子公司共同成立子公司Y；将Y公司的股权出售给甲公司；收到21 600万元现金；收到X公司的股权；缴纳企业所得税4 580万元。

三种方案的税收成本比较见表6：

表6　综合比较　　单位：万元

方案	方案一	方案二	方案三
企业所得税	94 325	60 075	4 580
折旧抵税额	24 664	6 559	0
合计	69 661	53 516	4 580

由表6可得：方案一应交所得税额最大；方案二的应交所得税额较小，占方案一应交所得税额的76.8%；方案三的应交所得税额之和最小，只占方案一应交所得税额的6.6%，占方案二应交所得税额的8.6%。

但是，由于本案例的分析条件限制比较多，前提假设在现实中实现也比较困难。比如，特殊税务处理规定能否使用，需要税务局判断企业是否符合要求，企业的固定资产折旧很难按预设的情况实现，等等。因此，在实际操作中，我们要综合现实情况进行决策，不能单以税负高低来判断。

参考文献：

[1] 财政部，国家税务总局：财税〔2009〕59号《关于企业重组业务企业所得税处理若干问题的通知》，2009－04－30。

[2] 财政部，国家税务总局：财税〔2014〕109号《关于促进企业重组有关企业所得税处理问题的通知》，2014－12－25。

[3] 国家税务总局．公告2015年第48号《关于企业重组业务企业所得税征收管理若干问题的公告》，2015－06－24。

[4] 吴婧．企业并购的所得税税收筹划研究［D］．成都：西南财经大学，2012.

[5] 中华人民共和国交通运输部：2016年交通运输行业发展统计公报，2017－04－17。

14　纳税人与税务机关税收策划的博弈分析

董　颖

【摘要】随着市场经济的迅猛发展和社会法制化程度的逐渐提高，通过有效税收策划以降低税收成本，实现税后利益最大化成为纳税人的常用手段。理性纳税人的目标是降低税收成本，以实现税后利益最大化；理性征税人在依法治税的前提条件下，以税收收入最大化为目标，二者的征纳博弈难以避免。本文首先简要介绍税收策划和博弈论，然后设计纳税人和税务机关的博弈对局，找出双方的纳什均衡点进行分析，最后给出提升税收策划水平与征管水平的建议。

【关键词】税收策划　博弈　纳什均衡

【作者简介】董颖，首都经济贸易大学研究生

一、引言

税收策划是指纳税人在税法允许的范围之内，对纳税主体的战略选择、经营活动及投资活动等事项进行事先规划或安排，以达到节约税款、递延纳税、降低纳税风险、获取税后最大化利益等为目标的一系列活动①。完善的税收策划有利于纳税人降低税负，减轻负担，也有利于税务部门加强管理，提高行政效率，降低征税成本。从长远看，税收策划更是对涵养税源、促进经济发展有利。

税收策划在现代经济社会中的重要作用日益凸显，提升税收策划水平已经成为发展的趋势。税收策划产生于西方，近几十年来，国内外学者对税收策划的研究取得了较大的进展。在国外，Scholes & Wolfson 提出了有效税收策划理论，不仅考虑税收的显性成本，而且关注非税成本，提出“税后收益最大化”的目标，具有重要意义②；Fallen（1995），Weistroffer、Singh & Wooldridge（1999）分别研究了政府应当采取何种政策以达到税收收入最大化，以及纳税人应当采取何种措施以最大限度地节约税收成本。

---

① 蔡昌．税收筹划［M］．上海：立信会计出版，2009.

② MYRON S SCHOLES，MARK A WOLFSON．Taxes and business strategy—a planning approach［M］．New Jersey：Prentice Hall，2002.

在国内，税收策划起步较晚，匡小平（1995）、曹元汗（2004）分析了税收策划与偷税、逃税、避税的界限；赵连志认为，过去我国对税收策划存在一定误解。事实上，微观上税收策划可以减轻纳税人税收负担，实现税后收益最大化，提高自身管理水平，帮助税务机关完善税法，提高征管水平；宏观上，税收策划有利于涵养税源，促进产业结构的优化和资源的合理配置，促进经济发展。

博弈论研究的是决策主体之间的行为产生互相作用时的决策，以及这种决策的均衡问题。换句话说，博弈论是研究一个主体的决策受到其他主体决策的影响，并且反过来影响对方的决策及均衡的问题①。在经济领域中，古诺（1838）、伯兰特（1883）、埃奇沃思（1925）关于垄断定价和生产的研究是最早运用博弈论思想的；约翰·冯·诺依曼（1944）提出了大部分经济问题都应被当作博弈问题进行分析的观点②。而随着现代经济社会的发展，博弈论在帮助人们分析经济关系，认识经济现象，指导人们进行科学决策中发挥着日益重要的作用。岳树民（2003）运用博弈论的思想分析了当代税制优化面临的问题，他认为，税收的博弈关系应当能使追求利润最大化的纳税人所做出的行为符合政府的利益③；张新平（2004）运用博弈论分析了企业之间税收策划的博弈均衡问题，认为税收策划是一项会使多方受益的策略。

税收策划涉及的主体——纳税人和税务机关，是存在博弈关系的。在税收策划中，节税策划是利用税法规定的优惠政策等手段实现税后利益最大化的目的，是合法且符合法理精神的，而避税策划是利用税法的漏洞，“钻空子”获取税收方面的好处，表面看似合法但实际不符合法理精神。在实际的税收工作中，节税策划与避税策划难以严格区分，纳税人的税收策划行为存在着一定的认定风险④。因此，纳税人是否选择策划和税务机关是否稽查构成了一对博弈对局。一方面，税务机关凭借法律赋予的权力，希望多征税款，进行税务稽查。另一方面，纳税人基于自身利益考虑，希望尽可能少缴税款，或者延迟纳税而进行税收策划，以获取税后最大综合收益。在征纳双方互相博弈的过程中，达成了纳什均衡⑤。互相博弈的过程就是税收策划的过程。

① 许景婷．企业税收筹划行为的博弈研究［J］．工业技术经济，2006（11）．

② DREW FUDENBERC，JEAN TIROLE．博弈论［M］．北京：中国人民大学出版社，2017.

③ 岳树民．中国税制的优化理论分析［M］．北京：中国人民大学出版社，2003.

④ 安然，周志波，石爱璇．税收筹划中征纳行为的博弈研究［J］．北京：财政经济研究，2014（84）．

⑤ 纳什均衡是一种策略组合，使得每个参与人的策略是对其他参与人策略的最优反应。

二、税收策划的博弈模型

纳税人和税务机关的博弈，是纳税人或税务机关受到对方或其他纳税人选择的影响，而反过来影响对方的决策和均衡的过程。简单来说，纳税人在税收策划中可以选择策划或者不策划，税务机关可以选择稽查或者不稽查，二者的不同决策相互影响。税收策划的博弈模型就是研究纳税人和税务机关的不同策略相互影响，如何达到均衡的问题，以做出合理的决策。

（一）博弈模型设计

1. 模型假设条件

（1）企业和税务机关都是理性经济人，其目标是收益最大化。理性的纳税人总是在能够承受的风险范围之内，追求自己税后综合利益的最大化。理性的税务机关也总是在依法治税的条件之下，追求税收收益的最大化。纳税理性与征税理性往往是互相制约的，而这正是征纳双方博弈所在。

（2）纳税人与税务机关之间的信息是非对称的。一方面，纳税人不能够完全地掌握税收法律法规及相关的管理信息；另一方面，税务机关也无法完全知晓纳税人的经济运行状况、财务运算情况，甚至纳税人出于减少纳税的考虑，可能会隐瞒一些对自己比较不利的信息。因此，存在双向的信息不对称问题。

（3）税制不完备性。税法本身不是完备的，存在着缺陷，纳税人具有税收策划的空间。①

（4）纳税人与税务机关的博弈策略是遵循法律法规的，不存在寻租行为。

2. 模型参数设置

（1）纳税人。纳税人作为理性的经济主体，面临两种策略：进行税收策划和不进行税收策划。

（2）税务机关。税务机关面临稽查或者不稽查两种策略。

R：纳税人进行税收策划时，可获得的收益；

C_1：纳税人进行税收策划的成本；

C_2：税务机关进行税务稽查的成本；

---

① 蔡昌．论税收筹划的博弈均衡［J］．湖南商学院学报，2016（6）．

k：税务机关对纳税人进行税务稽查，未发现企业有税收策划行为或者认定该税收策划行为合法的概率；

F：税务机关稽查后认定企业的税收策划不合法时对企业处以的罚款。

分析企业和税务机关的博弈，可以得到二者的博弈对局（见图1）。

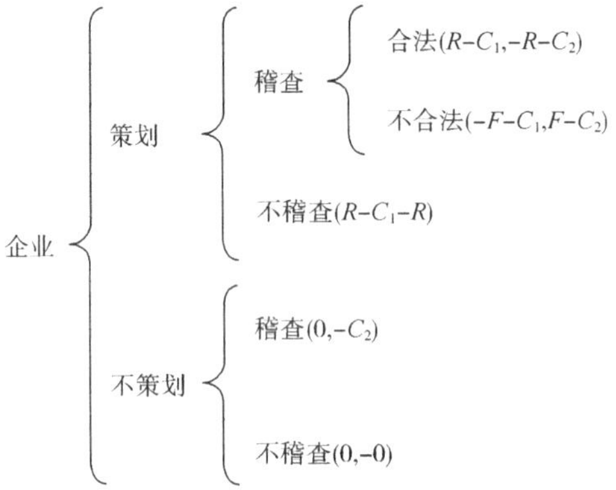

图1　纳税人和税务机关的博弈对局

注：括号中左为纳税人的获益，右为税务机关的获益。

由图1可以得到纳税人与税务机关的博弈矩阵（见表1）。

表1　纳税人与税务机关的博弈矩阵

策略选择		税务机关	
		稽查	不稽查
纳税人	策划	$[k(R-C_1)+(1-k)(-F-C_1)$, $k(-R-C_2)+(1-k)(F-C_2)]$	$(R-C_1, -R)$
	不策划	$(0, -C_2)$	$(0, 0)$

（二）纳什均衡分析

从表1可以看出，当k较大、C_1较小时，即纳税人税收策划的成本低、税务机关稽查后认定为合法的概率高，对纳税人来说，最优决策是纳税策划；对税务机关来说，最优决策是不稽查。因此，当k较大或者C_1较小时，（筹划，不稽查）是纳税人和税务机关的均衡解。

当k较小、C_1较大时，即纳税人进行税收策划的成本高，税务机关稽查后认定为合法的概率低。如果税务机关选择进行稽查，纳税人的最优决策是不进行纳税策划；如果税务机关不选择进行稽查，纳税人的最优决策是策划；如果纳税人选择策划，税务机关的最优决策是稽查；如果纳税人不选择策划，税务机关的最优决策则是不稽查。因此，当 k 较小、C_1 较大时，不存在纯策略的纳什均衡，而是混合策略的纳什均衡。

下面将进一步分析在混合策略下的纳什均衡情况。

假设纳税人进行税收策划的概率为 m，税务机关进行稽查的概率为 n。

给定 n，则纳税人的期望收益为：

当纳税人选择税收策划时，$m=1, E(1,n)=[k(R-C_1)+(1-k)(-F-C_1)]n+(R-C_1)(1-n)$。

当纳税人不选择税收策划时，$m=0, E(0,n)=0$。

令 $E(1,n)=E(0,n)$，解得纳什均衡解 $n^*=\dfrac{C_1-R}{(k-1)(R+F)}$。

给定 m，税务机关的期望收益为：

当税务机关选择稽查时，$n=1, E(m,1)=[k(-R-C_2)+(1-k)(F-C_2)]m+(-C_2)(1-m)$。

当税务机关选择不稽查时，$n=0, E(m,0)=-Rm$。

令 $E(m,1)=E(m,0)$，解得纳什均衡解 $m^*=\dfrac{C_2}{(1-k)(R+F)}$。

以上分析说明，纳税人和税务机关博弈在混合策略下的纳什均衡点为：$\left(n^*=\dfrac{C_1-R}{(k-1)(R+F)}, m^*=\dfrac{C_2}{(1-k)(R+F)}\right)$，即当纳税人以 m^* 的概率进行纳税策划，税务机关以 n^* 的概率进行税务稽查时达到了纳什均衡。当税务机关选择稽查的概率 $n<n^*$ 时，纳税人的最优决策是进行纳税策划；当税务机关选择稽查的概率 $n>n^*$ 时，纳税人的最优决策是不进行纳税策划；当纳税人进行税收策划的概率 $m>m^*$ 时，税务机关的最优决策是税务稽查；当纳税人进行税收策划的概率 $m<m^*$ 时，税务机关的最优决策是不进行税务稽查。

（三）博弈均衡因素分析

理性的纳税人和税务机关为了使自己在税制不完备、信息不对称的情况下，最大化地实现自身的利益，常常会对影响税收策划的各种因素进行分析。

1. 影响纳税人博弈均衡的因素

由上述分析得知，当税务机关稽查的概率 $n<n^*$ 时，纳税人的最优决策是进行纳税策划，当税务机关稽查的概率 $n>n^*$ 时，纳税人的最优决策则是不进行纳税筹划。n^* 越小，纳税人越容易选择税收策划。由 $n^* = \frac{C_1 - R}{(k-1)(R+F)}$，可以看出影响纳税人税收策划的因素主要包括税收策划带来的获利 R 及成本 C_1，税务机关稽查后认定纳税人进行税收策划合法的概率 k，及税收策划不合法的罚款 F。

税收策划获得的利益 R 越大，n^* 越小，说明税收策划给纳税人带来了足够大的节税收益，激励纳税人进行税收策划。

税收策划的成本 C_1 越高，税收策划的取得的最终获益 $R - C_1$ 就越小，降低了税收策划的激励作用，纳税人进行税收策划的概率则会降低。

税务机关稽查认定纳税人税收策划合法的概率 k 越高，说明纳税人税收策划的成功率越高，会激励纳税人进行税收策划。

当税务机关认定纳税人税收策划不合法时，会根据税法的规定予以处罚。当纳税人税收策划不成功时，纳税人进行税收策划不仅付出了策划成本，却未取得节税收益，还面临罚款。罚款 F 越大，纳税人进行税收策划的税后获益越低，税收策划的风险越高，纳税人越不愿意进行税收策划。

2. 影响税务机关博弈均衡的因素

由上述分析得知，当纳税人进行税收策划的概率 $m > m^*$ 时，税务机关的最优决策是进行税务稽查；当纳税人进行税收策划的概率 $m < m^*$ 时，税务机关的最优决策是不进行税务稽查。m^* 越小，税务机关越容易进行税务稽查。由 $m^* = \frac{C_2}{(1-k)(R+F)}$，可以看出影响税务机关是否进行税务稽查的因素主要包括纳税人税收策划的收益 R，税务稽查的成本 C_2，税务机关稽查后认定纳税人税收策划合法的概率 k，及税收策划不合法的罚款 F。

纳税人税收策划的收益 R 越高，纳税人利用税收策划节税、避税的嫌疑越大，税务机关进行税务稽查可能查处的偷、逃税额也就越高，税务机关也会随之加大税务稽查的力度。

税务机关进行税务稽查的成本 C_2 越低，越容易激励税务机关进行税务稽查，提高税务机关进行税务稽查的概率水平。

税务机关稽查后认定纳税人税收策划合法的概率 k 越高，说明纳税人的税收策划活动符合国家法律规定，税务机关进行稽查的概率则会降低。

纳税人税收策划不合法时受到的处罚 F 越高，m^* 越小，说明税务机关的处罚越重，纳税人进行税收策划的风险越大，纳税人进行税收策划的概率则会降低，税务机关出于威慑作用可以适当降低稽查率。

综合对影响纳税人和税务机关博弈均衡点的分析，可以看出纳税人税

收策划的收益 R，成本 C_1，税务机关稽查查处的罚款 F，成本 C_2，以及税务机关稽查后认定合法的概率或者说纳税人税收策划的成功率 k 是影响博弈均衡的五大因素。

纳税人和税务机关的博弈是相互影响、相互作用，但并非相互对抗的，提升税收策划水平和征管效率是双方互惠互利的。纳税人提高税收策划水平可以使纳税人获得更高的税后综合利益，使税务机关征管效率提高、征管成本降低；税务机关提高征管水平会督促纳税人尊法守法。基于此，如何提升纳税人税收策划水平和税务机关征管水平成为进一步研究的重点。

三、提升税收策划水平与征管水平的建议

（一）对纳税人的建议

从纳税人角度来说，提升税收策划水平应当注意提高税收策划的收益及成功率，降低税收策划成本。具体来说，纳税人应当树立正确的税收策划意识，提高税收策划的专业性，提高与税务机关的信息对接协调性等。

1. 正确认识利用税收策划

纳税人应当树立正确的税收策划意识，采用合法、合理的方式维护自己的正当、合法的权益。目前，税收策划在我国尚未得到广泛认可与运用，大量的纳税人缺乏税收策划意识，或者不能准确划分合法的税收策划手段与违法手段的界限，采取如“偷、逃、抗、骗”等违法行为，进而走入误区。

税收策划是纳税人维护自身权益的正当手段，与偷逃税等违法行为有着本质的区别，纳税人应当熟练掌握税收政策法规，灵活运用税收的优惠条件和弹性空间，通过税收策划谋求自身合法权益。

2. 加强税收策划的专业性

税收策划是一项具有专业性强、复杂程度高等特点的业务。税收策划会给纳税人带来收益，但同时也伴随着策划成本和可能面临的风险。纳税人进行税收策划时不能只考虑税收策划的收益，更要注意税收策划的成本和风险。税收策划的成本，不仅包括显性成本，也不能忽略隐性成本。前者为纳税人进行税收策划时所支付的相关咨询费用及程序办理费用等，后者指纳税人采取某种税收策划方式所放弃的其他机会成本等。税收策划的风险则在于纳税人采取的筹划方式可能不被税务机关所认可，面临被处罚的风险。

纳税人在税收策划时应当积极了解政策，树立收益观点、成本观念、风险意识，防范风险，加强税收策划团队的专业性，综合考虑筹划方案，不局限于眼前利益，立足于综合收益最大化。

3. 加强与税务机关的沟通

纳税人与税务机关的信息不对称性是影响税务策划成功率的重要因素。由于各地区具体的税收征管方式不同，税务机关拥有一定程度上的自主权利。纳税人应当加强与税务机关的沟通，及时了解最新政策，减少与自身相关的税法盲区，争取在税法的理解上与税务机关保持一致。熟悉税务机关征管的具体要求，也是规避税收策划风险的必要方法之一。总之，加强征纳双方的交流与合作，才有利于税收策划的发展。

（二）对税务机关的建议

1. 完善税收立法，树立正确的税收策划观念

完善税收立法对提高税收策划水平具有根本上的重要意义，应当增强各实体法和程序法的可理解性和可操作性，明确税收策划的合法地位，针对纳税人的反馈，及时做出相关解释。税务机关还应加强税收策划的宣传力度，鼓励纳税人根据自身情况，灵活运用政策的优惠条件和弹性空间，妥善安排自身活动事务。

税收策划与偷税、逃税等违法方式是此消彼长的关系。纳税人偷税、逃税的成本增加，就会转向采取合法的税收策划方式以达到节约税款，或者延迟纳税，获得税后利益最大化的目的。税收策划是纳税人维护自身权益的正当手段，只有完善税收立法，增强纳税人合法税收策划的意识，纳税人才能更多地通过合法渠道谋求正当的税收收益。

2. 提高征管水平，降低征管成本，加大对违法行为的打击力度

降低征管成本是税务机关提高征管水平的必经途径。目前，降低税务机关征管成本应当着力于打破税务与银行、海关、住建等相关部门的信息壁垒，降低信息在沟通、转换、协调过程中的时间成本、人力成本；加强税务机关执法力度，严厉打击偷逃税等违法行为，对偷逃税实行重罚，提高纳税人偷逃税面临的风险；建立健全社会信用机制，提高依法纳税在信用评级中的重要地位。

随着税务机关“放管服”的进一步推进，税收风险前置，加强管理、提高征管水平变得尤其重要。

3. 培养高素质的税务筹划队伍，建立完善税务代理人制度

随着全社会税收策划意识的增强，税收策划需求将面临迅猛的增长。

对此，可以从以下两方面入手，一方面，提高税务策划人员的素质，培养具有财务、税务、管理、法律等方面知识的复合型人才；另一方面，健全税务代理人制度，壮大税务代理机构的规模，提高税务代理人的从业水平，培养专门型人才。同时，应严格税务策划人员资格审查，规范管理，进行定期培训或者后续教育，不断学习新政策和税收策划的新观念、新技术。

四、总结

纳税人和税务机关的博弈并不是对抗性的，本质上对纳税人和税务机关的收益都具有促进作用，可以提高税收策划收益、提高税收策划成功率、降低税收策划成本、降低税务稽查成本，实现纳税人和税务机关共同进步，协调发展。

参考文献：

［1］安然，周志波，石爱璇．税收筹划中征纳行为的博弈研究［J］．财政经济研究，2014（84）．

［2］蔡昌．税收筹划［M］．上海：立信会计出版社，2009.

［3］蔡昌．论税收筹划的博弈均衡［J］．湖南商学院学报，2016（6）．

［4］李光凤．企业税收筹划的博弈分析［J］．求索，2010（11）．

［5］许景婷．企业税收筹划行为的博弈研究［J］．工业技术经济，2006（11）．

［6］岳树民．中国税制的优化理论分析［M］．北京：中国人民大学出版社，2003.

［7］王玉华，刘国栋．基于博弈视角的我国税收筹划研究［J］．山东社会科学，2008（2）：92－95.

［8］DREW FUDENBERG，JEAN TIROLE. 博弈论［M］．北京：中国人民大学出版社，2017.

［9］MYRON S SCHOLES，MARK A WOLFSON. Taxes and Business strategy—A Planning Approach［M］. New Jersey：Prentice Hall，2002.

15 试析“营改增”后建筑业的税收筹划

王东方

【摘要】“营改增”政策的全面实施解决了建筑行业重复征税的问题，有效抑制了挂靠分包、虚开发票、偷税避税等常见现象，促进了建筑企业税务管理的规范化，有利于建筑行业的技术进步和创新发展。现阶段，我国处于“营改增”税制改革的初期，由于建筑企业自身粗放式的管理模式，面对新的税收环境，难以实现快速转变，出现了很多新的问题，很难在短期内实现降低企业税负、增强企业经营活力的税收政策预期目标。此时，做好税收筹划工作是建筑业提升企业经营管理水平、防范涉税风险、减轻税负的重要途径，具有很强的现实意义。本文以“营改增”对建筑业产生的影响和税收筹划为切入点，做出相关的分析研究，以期为“营改增”后建筑业的税收筹划提出新的建议，促进我国建筑行业的进一步发展。

【关键词】建筑业　税收筹划　营改增

【作者简介】王东方，首都经济贸易大学财政税务学院硕士研究生

2016年5月1日起，我国全面实施“营改增”政策，这一举措打通了增值税的抵扣链条，基本消除了重复征税，在促进社会分工协作的同时，在推动产业转型、结构优化、消费升级、创新创业和深化供给侧结构性改革等方面也发挥着重要的作用。建筑行业作为我国经济的基础型产业，“营改增”政策使其发展面临新的契机。但是在税制改革的初期，由于建筑行业业务流程的复杂性及企业管理灵活性不足等问题，使得建筑企业面临如发票管理风险、抵扣链条不完整等诸多因素的制约。因此，目前形势下，“营改增”对建筑企业的税收负担影响具有不确定性，可能很难达到结构性减税的政策预期，而合理的税收筹划可以帮助企业实现平稳过渡。

税收筹划是指纳税人在法律允许的范围内，从资本总收益长期稳定增长的角度出发，事先对经济活动做出筹划安排，以期减轻税负，谋求税收利益最大化。企业的税收筹划是企业经营管理策略的重要组成部分。对建

筑行业税收筹划的研究，不仅有利于提高纳税人的纳税意识，直接给企业带来经济利益，而且有利于实现税收的宏观调控功能，促进税收法律的不断完善。在“营改增”的大环境下，建筑业的税制变动将对企业的日常经营活动产生重大影响。推动建筑业的转型升级与规范化管理，在国家对相关政策的调整完善之外，更要求建筑企业通过自身的发展来提高企业的经营管理水平，适应税收体制的变革，其相应的税收筹划问题也面临新的机遇和挑战。

一、“营改增”对建筑业的影响

“营改增”后，建筑业的税率从营业税的3%提升到增值税一般纳税人的11%（小规模纳税人按3%征收），计税方式由原来营业税的价内税变为增值税的价外税，对整个建筑行业的招标定价规则、发票管理规则、内外部承包、挂靠风险管理机制等产生了很大的影响。建筑业是微利行业，在税率大幅度提高的情况下，若进项税额不能及时足额抵扣，企业税收筹划工作不到位，则会加重建筑企业的税收负担，不利于企业长期稳定发展。因此，“营改增”后建筑业面临巨大的挑战。[1]

（一）建筑行业抵扣链条不完整

第一，劳务费用和一些必要支出无法进行增值税进项税额抵扣。建筑施工行业中人工成本占比较大，可能会达到40%甚至更高，而这一部分很难取得增值税专用发票。另外，企业支付的征地拆迁费、拆迁补偿费等，也无法开具增值税专用发票，进项税额同样难以抵扣。这在很大程度上增加了企业的税收负担，对企业的税收管理造成了不利的影响。

第二，建筑企业使用的大量原材料，由于供应商资质以及交通运输等问题，很多难以进行进项抵扣，特别是简易征收的形式严重影响了增值税抵扣链条的连贯性。例如，砖、沙、石、灰等材料，建筑企业需要大量购进，但这些材料的提供方主要是项目所在地的小规模纳税人或者个体户，不具有开具增值税专用发票的资格，这部分支出将难以得到抵扣；商品混凝土的供应商大多采用简易计税方法计算缴纳增值税，也无法开具增值税专用发票；为适应市场需求，一些大型建筑企业实施多元化战略，上下游一体化经营，不同的施工企业所具备的专业资质、成本结构不尽相同，这使建筑企业之间的增值税进项税额抵扣存在一定的难度。[2]

第三，如果建筑企业将相关业务进行分包，“营改增”前分包款可以从营业税的计税依据中扣除，但在计算增值税时，要考虑承包方是否具有建筑业资质，能否开具增值税专用发票。若不符合相应要求，则其进项税额无法抵扣，会导致建筑企业税收负担加重。另外，即使分包业务的承包方符合要求，其材料成本以 17% 的增值税作为自己的进项税额，但开具给发包方的增值税专用发票只能使用 11% 的建筑业增值税税率，税率的差额将造成建筑企业的隐性税负。

第四，固定资产更新周期长，“营改增”前购入的固定资产进项税额无法抵扣。建筑企业所使用的固定资产设备可用年限较长、耐磨损，因此，“营改增”后，许多在“营改增”之前购置的机械设备，不会在短时间内淘汰，而是继续使用，难以更新。购置固定资产时所获得的增值税专用发票无法在“营改增”后进行抵扣，企业又无法在短期内进行固定资产的更新，这变相缩减了企业进项税额的规模，间接加重了建筑企业的税负。

（二）建筑企业面临发票管理风险

第一，增值税发票的取得。“营改增”前，建筑企业在购进材料、货物时不注重相关发票的管理，而且部分供货商由于自身条件限制难以开具增值税专用发票。另外，建筑企业如取得虚开、伪造或作废的发票，也无法进行进项抵扣。

第二，进项抵扣申报期限。根据规定，自 2017 年 7 月 1 日起，增值税一般纳税人取得的 2017 年 7 月 1 日及以后开具的增值税专用发票，应自开具之日起 360 日内到税务机关办理认证或登录增值税发票选择确认平台进行确认，并在规定的纳税申报期内，向主管税务机关申报抵扣进项税额。纳税人取得的 2017 年 6 月 30 日前开具的增值税扣税凭证，仍按原规定，即在开具之日起 180 日内进行认证。如果未能在规定期限内到税务机关办理认证和申报抵扣，增值税专用发票将不能作为合法的增值税扣税凭证，不得进行进项税抵扣。由于政策变化的时效问题，建筑企业在进行增值税专用发票认证时有可能出现因超过规定期限而无法进行抵扣的现象。

（三）对建筑企业挂靠经营的影响

建筑企业普遍存在挂靠经营的模式，挂靠双方从表面上看是利益共同体，但实际上，挂靠方多为独立核算、自主经营的单位或个人，被挂靠方对挂靠方以及相关项目的约束、管理是非常松散的。“营改增”前，挂靠方往往利用管理制度的漏洞，采用代开发票不入账核算的方式进行避税、逃税。“营改增”后，建筑业由地方税务局实施的“以票控税”的征管方式被彻底颠覆，而被挂靠方几乎不参与项目的经营管理，并且被挂靠方和挂靠方存在一对一、一对多的关系，所以往往不能实现增值税、销项税与进项税的准确对应，出现因增值税专用发票不满足“三流合一”的要求而导致无法进行进项抵扣的现象。此时，相较于3%的营业税税率，11%的增值税税率明显会加重企业税收负担，甚至会导致纳税人虚开增值税发票的风险。[3]

（四）加重建筑企业纳税管理工作负担

第一，对财务人员的要求提高。营业税的计算方式简单，由营业收入与其相应税率的乘积得出应纳税额。“营改增”后，增值税计征方式复杂、管控要求严格，使得企业必须实施精细化的管理。财务人员需要对增值税进项税额和销项税额进行核算和核对，进项税的抵扣问题是其中的一大难点。一方面，我国增值税设定了多档税率，需要进行分别核算，未分别核算的，将从高适应税率征收增值税，加重企业税收负担。另一方面，从纳税义务发生的时间、专用发票抵扣的时效性和进项税额转出等方面来说，加大了财务人员的工作量，同时对财务人员的职业能力要求也有进一步的提升。[4]

第二，建筑企业管理成本大幅增加。“营改增”后，建筑企业需要购进增值税税控系统专用设备，强化发票管理体系以及对财务人员进行“营改增”专项培训、聘用相关专业技术人员等，甚至需要对企业整体组织构架进行变革。这一系列新的要求使建筑企业的管理成本费用大幅度提高，企业在纳税管理工作方面的重点也有所转换。

三、建筑业“营改增”后的税收筹划

税收筹划的核心是在法律允许的范围内，最大限度地使纳税人取得更多的税收利益。“营改增”后，面对一系列的政策变化，建筑企业在面临巨大挑战的同时，其税收筹划空间也得到了拓展。建筑企业应熟练掌握“营改增”相应的税收政策，加强财务核算管理工作，尽可能选择增值税一般纳税人作为供应商，以获取更多的增值税专用发票。同时，企业也需要加强财务信息化管理，提高企业精细化管理水平，以达到降低企业税负，实现企业利益最大化的目的。

（一）熟练掌握税收政策

建筑企业应及时、准确地掌握国家各项税收政策，特别是在政策变革时期，更需要企业率先掌握政策方向，分析其产生的渊源以及对本行业造成的影响，并能够针对相关政策适时调整企业的战略发展目标，进而实现企业的可持续发展。建筑企业的相关人员应该进行全面的“营改增”政策的培训学习，熟练掌握“营改增”的相应政策内容，提升企业财务人员的专业水平，及时适应新政策带来的影响，并充分利用税收优惠政策，将学到的知识灵活地运用在企业的税收筹划之中，避免因不熟悉政策造成的税收风险和损失，为企业争取最大的税收利益。

（二）合理选择业务外包

为解决建筑企业人工成本进项税难以抵扣的问题，建筑企业可以选择将人工成本较大的部分进行外包。这样一来，建筑企业可以将建筑劳务公司开具的增值税发票计入人工费，抵扣3%的增值税，同时也减少了一部分专门用于人工的支出，达到双赢。规模较大的建筑企业，可以考虑成立一家建筑劳务公司，将人工部分分包给建筑劳务公司。同时，财税〔2016〕36号文规定，增值税一般纳税人，以清包工方式提供的建筑服务、为甲供工程提供的建筑服务以及为建筑工程老项目提供的建筑服务，可以选择适用简易计税方法计税。这意味着增值税的一般纳税人在一般计税方法和简易计税方法之间有很大的选择空间，因建筑劳务公司成本主要是人工成本，很少有增值税进项税额可以抵扣，纳税人可以在综合考虑本企业当前情况后，比较两者的税负，选择更有利于企业的计税方式。

（三）加强对供应商的筛选

第一，优先选择一般纳税人作为建筑企业的供应商，并建立供应商信用评价体系。“营改增”后，建筑企业税率大幅上升，而决定建筑企业税负变动的一个重要因素在于其合作方能否开具增值税专用发票。所以建筑企业应该尽量选择具有一般纳税人资质的供应商合作，以减轻企业税负。

第二，主动引导供应商成为增值税一般纳税人。我国“营改增”的本意是为了避免重复征税，降低企业税收负担。但实际上，“营改增”对建筑业减税效果甚微，一个重要原因是简易计税方式的存在，这导致增值税抵扣链条不能在真正意义上打通。所以，建筑企业要积极鼓励供应商认定为一般纳税人，进行规范管理，上下游抱团发展，使增值税抵扣链条全面打通，实现充分抵扣。[5]

（四）规范合同管理

在“营改增”的大背景下，企业签订合同的各项条款具有良好的规范效果，是保证后续税收筹划工作顺利进行的前提条件。建筑企业在制定合同时应该贯穿增值税管理理念，使合同更加详尽和规范，其内容应包含合作方资质、工程款项的结算时间、发票条款、责任承担等方面，细致说明合同双方的权利和义务，避免因合同条款漏洞造成的税收风险。同时，要建立完善的内部合同备案机制，进一步加强合同的管理。

（五）提高精细化管理水平

第一，完善企业内部管理。首先，建筑企业应规范其资质管理，提升自身的专业能力，避免挂靠经营等高风险行为。其次，企业应增加机械设备的投入，提高机械化施工水平，适当减少人力资源的投入，从而增加进项税的抵扣，增加利润。此外，建筑企业要做好增值税专用发票、税务清算等工作。最后，企业要提高财务会计核算水平，充分认识到税收筹划的重要性，增强风险意识。

第二，加强工程投标报价管理。由于增值税具有价税分离的特点，建筑企业在进行工程报价时，可以分别列示工程造价款和增值税税额，将增值税纳入企业竞标报价的范围或者在报价之外单独收取相应的增值税税款，以达到税负转移的目的。

第三，合理利用企业关联交易。存在内部关联交易的建筑企业，在不引起关联交易纳税风险的基础上，可以利用不同部门进项税额数量的差异，加大增值税进项税的抵扣程度，例如，可将材料、机械设备等有较大进项税额、存在留抵税额的部门的进项税，转移到人力资源等有较大销项税额的部门，实现增值税进项税额的充分抵扣。建筑企业应综合考虑企业税负的转移情况，抽多补少，来实现企业整体税负最小化的目标。

第四，实行财务信息化管理。目前，我国建筑业普遍为粗放式管理，“营改增”后，建筑企业应提高精细化管理水平，加强企业信息化管理，以更好地适应行业发展。一是对票据进行集中化管理，集中审核资金支付，严格把控项目交易各环节的真实性，做到“四流合一”；二是利用信息化手段进行进项税额和销项税额的实时管控，实现纳税申报半自动化，便于平衡增值税进销项；三是建设财务信息共享中心，实现企业财务和税务的集中管理和监控，便于企业进行税收筹划。[6]

“营改增”税制改革不仅对我国建筑企业产生了深刻的影响，而且对上下游经济、整个建筑产业链带来的影响也不容小觑。我国建筑业面临财务状况改变、抵扣链条不完整、发票管理风险大、税负加重、税收风险加大等问题，这无疑加重了建筑企业的纳税管理负担，甚至给企业的整体发展带来一定的冲击。但从另一个角度来看，“营改增”政策的推行，也是建筑行业向更高平台发展的契机，为企业的税收筹划提供了更广阔的空间。我国建筑企业应全面掌握“营改增”政策，完善企业内部机制，提高精细化管理水平，合理选择工程项目的计税方式，并对供应商进行严格筛选，充分打通增值税抵扣链条，以达到减轻企业税负的政策目标。同时，纳税人应增强自身的创新能力，制定适合企业的税收筹划方案，将税收风险降到最低，实现企业利益最大化，为建筑企业持续健康发展奠定良好的基础。

参考文献：

[1] 赵国庆．“甲供工程”——建筑业营改增中需要明确的重大问题［J］．财税星空，2016（5）．
[2] 陈文达，徐成姣．建筑业营改增的风险分析与对策［J］．注册税务师，2016（6）．
[3] 楼华丰．建筑施工企业“营改增”税收筹划的全新思路解析［J］．财会学习，2017［7］．
[4] 黄娜娜．建筑业企业营改增税收筹划——以某上市建筑公司为例［J］．长春工程学院学报，2017（1）．
[5] 周铁军．营改增后建筑业税收筹划研究［J］．纳税，2017（9）．
[6] 霍薪名．“营改增”背景下建筑施工企业纳税筹划研究［J］．经贸实践，2017（4）．

16　高校纳税筹划成本及其控制途径

解建立

【摘要】纳税筹划为高校带来一定纳税筹划收益的同时也会带来相应的纳税筹划成本。高校的内部因素以及外部环境因素都会影响其纳税筹划成本的变化。纳税筹划成本会对资金的使用效果产生直接影响。纳税筹划成本的存在一定程度上抵消了纳税筹划收益，甚至会得不偿失，但有的高校在进行纳税筹划的同时往往忽略纳税筹划成本。本文就高校纳税筹划成本的概念、分类及控制以及如何达到税收筹划收益的最大化等进行探讨。

【关键词】纳税筹划成本　成本构成　控制

【作者简介】解建立，河北经贸大学财政税务学院教授，博士，硕士生导师

高等教育制度改革赋予了学校独立的财务主体和纳税主体地位。在新形势下，高校在教学、科学研究、服务社会等方面的职能不断完善，经济活动和经费来源渠道呈现出多元化特征，更多的经济行为触及涉税活动。高校要合理整合配置其拥有和可影响的资源，就必须高度重视纳税筹划成本分析，提高高校资金使用效益和财务管理水平。因此，研究高校纳税筹划成本及其构成并采取适当措施对其进行控制，对高校的短期利益及长远发展都具有十分重要意义。

一、高校纳税筹划成本的含义及分类

（一）纳税筹划成本的含义

在研究纳税问题时，仍然可以将纳税筹划分析引入高校领域。高校纳税筹划是纳税人在纳税行为发生之前为了实现其理财目标，通过对办学、经营、投资、理财等活动的筹划，获得节税收益而进行的涉税事务计划。高校纳税筹划可以达到节税和避税的目的，但在筹划方案的制定、实施过程中往往需要付出一定的成本，即纳税筹划成本。高校纳税筹划成本是指高校在纳税筹划过程中所发生的直接耗费或间接耗费。广义的纳税筹划成

本是指纳税人在纳税过程中所发生的直接费用与间接费用，即纳税成本；狭义的纳税筹划成本是指纳税人是否进行纳税筹划活动二者之间纳税成本的差额，即选择不同纳税方案的差额成本。但在实际纳税过程中，纳税人很难区分是否进行了纳税筹划，实际上只要存在纳税行为就会存在着纳税筹划。本文讨论的是广义纳税筹划成本，并将它划分为直接成本、机会成本和风险成本三大类。

（二）纳税筹划成本的分类

关于纳税筹划成本，国内学术界进行了不同角度的分类，本文将纳税筹划成本归结为三大类：

1. 直接成本

直接成本是高校为取得纳税筹划收益而发生的直接费用和间接费用，是一种显性成本，一般情况下筹划者都会在筹划方案中予以考虑，包括纳税筹划的固定成本、变动成本和管理成本。纳税筹划的固定成本即高校在经济活动中按照税法及相关法律规定，在任何方案下都必须向国家缴纳的各种纳税款项。纳税筹划的变动成本即高校实施某种纳税筹划方案，所承担的正常税收负担与固定税收负担之间的差额。它是由于高校纳税筹划方案的缺陷或者由于其他各种原因不能选择最优方案而增加的税额，该项成本会随着纳税筹划方案决策的优化而下降。纳税筹划的管理成本是指高校在纳税筹划时所发生的办税费用、税务代理费、纳税咨询费、谈判、违约等所产生的交易成本等，管理成本会随纳税筹划决策的优化而呈现上升趋势。

2. 机会成本

经济学中的机会成本是指生产某种产品而必须放弃的能够生产除此以外最大可获收益的产品的代价。在此，机会成本是指高校为了采用特定的纳税筹划方案而放弃的其他潜在利益。纳税筹划过程是一个决策过程，高校在各种纳税筹划方案的选用决策过程中，需对各种方案进行比较，但选择其中一个必然要舍弃其他方案。不同的筹划方案，有的方案税负比较低，有的方案则成本比较低，如果选择了一种优势方案就会放弃其他方案，同时也就放弃了其他优势方案产生的收益，即机会成本。

3. 风险成本

风险成本是指由于经济因素、政治因素及法律环境的变化，而使纳税筹划方案的预期筹划目标不能实现与选择了不合适的筹划方式所导致的要承担法律责任所造成的损失。高校在纳税筹划过程中的风险是不可避免的，风险成本表现为纳税人要选择更加缜密的筹划方案，纳税筹划风险主要包括：政策风险、市场风险、信息风险、通货膨胀风险和利率汇率风险等。

4. 交易成本

1937 年，英国经济学家科斯提出交易成本的概念，认为交易成本是获得准确市场信息所需要的费用以及谈判和经常性契约的费用。交易成本是为了促成交易发生而形成的成本。交易成本分为税收筹划方案确定前的交易成本，如搜寻信息的成本、协商与决策的成本、交易双方达成协议进行交易对契约进行磋商所形成的成本；筹划方案确定后的交易成本，如监督成本及对筹划方案执行过程中产生的各种组织协调成本。

二、高校纳税筹划成本控制的原则

（一）全面性原则

纳税筹划成本控制要贯穿成本形成的整个过程。在成本控制中的全面性原则包括两个方面：一是全过程的成本控制。从收集整理相关信息阶段开始，包括确立筹划目标建立备选方案、筛选备选方案直到方案运行与控制的所有阶段都进行成本控制。二是全部耗费的成本控制。要对进行纳税筹划时产生的所有费用进行控制，正确处理降低纳税筹划成本和提高纳税筹划收益的关系。

（二）全员性原则

纳税筹划成本控制是一项系统工程，涉及高校全体员工和各个部门。要降低纳税筹划成本，就要充分调动各个部门，提高全体员工关心成本和参与成本控制的积极性。要从全局出发安排纳税筹划工作，建立高校各个部门之间的沟通机制，使决策层及时掌握整体信息，以最大限度地降低成本。

（三）节约性原则

实施成本控制一般会产生一些费用，如人员工资费、办公费等。成本控制的节约性原则是指高校在纳税筹划过程中，注重节省人力、物力和财力，剔除不必要的支出，在实现相同收益的前提下将成本控制在最低，以提高高校整体经济效益。实施成本控制的目的就是通过实行有效的管理活动，在花费一定支出的同时为高校带来更大收益，如果管理成本超出管理收益，则该项管理活动是不可行的，实施成本控制一定要符合节约性原则。

（四）效益性原则

成本控制不是单纯的限制和监督，要按照成本效益的原则，实现相对的成本节约，以较少的消耗，取得较多的成果。随着某一项纳税筹划方案的实施，纳税人在取得部分纳税利益的同时，必然要为该筹划方案的实施付出成本，以及由于选择了该筹划方案而放弃其他方案所损失的机会收益。只有当某一项筹划方案的所得大于所费时，该项纳税筹划方案才是可取的。

三、高校纳税筹划成本控制的途径

（一）树立科学合理的纳税筹划目标

高校经济事项按照现行税收政策的规定几乎涉及开征的所有税种。税收政策对高校提供教育劳务、科技咨询服务、校办产业等在增值税、营业税方面均做出了相关规定。高校在所得税方面涉及企业所得税和个人所得税。高校用于经营、出租的房屋和土地涉及财产税和行为税。高校纳税筹划的目标是使其整体效益最大化，因此，纳税筹划必须围绕这个总体目标进行综合策划，既不能局限于对个别税种进行筹划，也不能局限于减少税款或获得短期收益，而是要从高校的长远发展考虑，与其整体发展战略相结合。传统的纳税筹划观念往往忽视纳税筹划的有效性和税负最小化之间的差别，高校在筹划过程中，如果将税负最小化作为纳税筹划的目标，没有考虑到纳税筹划过程中所有可能发生的成本以及收益，就容易影响筹划的总体效果。因此，纳税筹划既要考虑其所带来的收益，还应注重其有效性。纳税筹划的有效性体现在纳税筹划给高校带来的收益大于其相应的成本。可见，纳税筹划成本是影响其有效性的主要因素，高校要将成本效益原则贯穿于纳税筹划的全过程。

（二）正确区分不同性质的纳税筹划成本

纳税筹划成本有些是在纳税筹划过程中必然发生的，而有些则可以通过一定方式加以规避。因此，要对各种纳税筹划成本的形成原因及其可控与不可控性进行分析，针对其成本特征采取不同的控制方法。对有可能发生的成本，减少其发生的可能性，对纳税筹划成本进行有效控制，实现纳税筹划收益的最大化。如对直接成本可以通过加强管理，控制不合理支出等来降低；对机会成本通过选取具有较大纳税筹划收益优势的方案，对各种筹划方案进行充分的比较分析来相对降低；对风险成本通过对税收相关法律法规的深入理解，对高校运行规则的熟知和提高筹划方案本身的完善性、实际操作性来规避。

（三）加强全过程的成本控制

首先，纳税筹划是一个系统工程，应遵循严格的程序，要将成本控制贯穿于整个纳税筹划的基本工作程序之中。从收集相关信息开始，到筹划目标分析、筹划方案制定与控制，整个环节都应该有相应的成本控制计划和指标。

其次，要把成本的事前、事中和事后控制结合起来。事前控制是指在进行纳税筹划工作之前，要收集信息，既包括纳税人外部的信息，也包括纳税人内部的信息。事中控制是指在纳税筹划方案实施过程中，对成本费用的开支等进行控制。其重点是按照确定的标准根据计算出来的成本差异指导和调控经济行为，从而最终实现控制的目标。事后控制是指在税务计划实施以后，将实际执行的结果等信息资料与计划或预算控制目标进行对比，对方案进行修正或重新设计，提出进一步改进的措施，促使被控目标完成。

（四）树立纳税筹划风险防范意识

纳税筹划风险的客观性要求高校在涉税问题上必须树立风险防范意识。纳税筹划要在税法及相关法律许可的范围内进行，同时关注国家法律法规环境的变化以及新法律法规的颁布实施，及时对纳税筹划方案进行修正和完善，使筹划方案符合国家立法意图和税收政策导向。积极对筹划风险进行分析研究，根据可能存在的风险采取相应手段进行防范和控制。同时，提高办税人员的业务技能，增强纳税观念和责任心，依法办税，提高管理水平，控制纳税风险成本。

纳税筹划贯穿于高校经济活动的全过程，高校要将成本控制纳入纳税筹划的范围，从制度上明确纳税筹划所带来的收益实质上也是纳税筹划节约的成本。以高校整体效益最大化作为纳税筹划的目标，根据纳税筹划目标，高校应该充分考虑纳税成本的各个因素及其对总成本的影响，在分析比较各种筹划决策方案之后，根据各项成本的特性实施有效控制。加强纳税筹划成本和纳税筹划收益的分析比较，确定最优纳税筹划方案，选出能够使纳税总成本最低的决策，以保证纳税筹划目标的实现。

参考文献：

[1] 姚原. 企业战略管理视角下纳税筹划成本构成分析与决策 [J]. 中国市场，2010 (9).
[2] 张钊琳. 纳税筹划成本浅析 [J]. 中国商界，2010 (5).
[3] 闫保丽. 浅析纳税筹划成本 [J]. 财会月刊：综合，2006 (8).
[4] 何加明，胡国强. 纳税筹划成本的分析与决策 [J]. 四川会计，2003 (9).
[5] 卜华，杨婷如. 企业纳税筹划与委托代理成本 [J]. 财会通讯，2017 (8).
[6] 李晓枚，企业价值最大化视角下税收筹划的成本效益分析 [J]. 当代经济，2016 (19).
[7] 邓长才. 企业成本控制的探讨 [J]. 工业审计与会计，2008 (5).
[8] 李宝峰，对企业纳税筹划成本的思考 [J]. 冶金财会，2010 (7).
[9] 许蓉，曾晓玲. 浅析纳税筹划的成本及其规避 [J]. 商场现代化：上旬刊，2007 (10).
[10] 舒剑秋. 铁路企业纳税筹划的成本和风险分析 [J]. 铁道运输与经济，2005 (6).
[11] 朱文娟，陈岩峰. 探析企业纳税筹划成本及其控制途径 [J]. 商场现代化：上旬刊，2009 (5).
[12] 李淑娟. 税收筹划 [M]. 北京：清华大学出版社，2009.
[13] 王春玲. 纳税筹划的成本与收益 [J]. 税务研究，2004 (12).
[14] 盖地，钱桂萍. 试论税务筹划的非税成本及其规避 [J]. 当代财经，2005 (12).
[15] 熊国秀. 纳税筹划成本的构成及其分析 [J]. 财政监督，2007 (3).
[16] 邓建华. 高校纳税筹划探讨 [J]. 中国城市经济，2011 (2).
[17] 梁晓妮. 税收筹划的成本与收益分析 [J]. 纳税，2017 (6).

17　基于理性经济人视角的税收筹划研究

王京梁

【摘要】 由于税收的强制性和无偿性特点，税收负担直接表现为纳税人可支配收入的减少或者经济福利的牺牲。而对于追求自身利益最大化的理性经济人来讲，如何在税收法律允许的条件下实现税负最低，减少税收负担，是其必然要考虑的问题。为了使纳税选择既符合政府税收政策的导向，又让纳税人的税负降低，税收筹划应运而生。本文基于理性经济人的视角，通过对税收筹划相关概念的界定和认识，从经济学的角度对税收筹划进行了研究分析。

【关键词】 理性经济人　税收筹划　社会福利

【作者简介】 王京梁，河北经贸大学教授，河北仁达普华税务师事务所有限公司总经理

我们在这个世界上辛苦劳作，来回奔波是为了什么？所有这些贪婪和欲望，所有这些对财富、权力和名声的追求，其目的到底何在呢？归根结底，是为了得到他人的爱和认同。

——亚当·斯密《道德情操论》

“理性经济人”作为经济学最基本的假设，其最早起源于英国著名经济学家亚当·斯密《国富论》中的一段话：“我们期望的晚餐并非来自屠夫、酿酒师和面包师的恩惠，而是来自他们对自身利益的关切。”① 之后，“理性经济人”成为西方主流经济学产生、发展和演变的核心与起点，如果抽去“理性经济人”这一假设前提，现代经济学的整个理论体系将会变得面目全非。而一个完整的人性是经济上的“利己性”与伦理上的“利他性”的结合。“利他性”强调人的社会属性，是道德行为的基础，社会发展的方向；“利己性”强调人的经济属性，是经济活动的基石，经济发展的原动力。

① 亚当·斯密．国富论［M］．唐日松，等，译．北京：华夏出版社，2005：14.

长期以来，“理性经济人”假设与道德的关系同样是西方经济学界和伦理学界争论的焦点。很多学者认为“理性经济人”将“利己”作为人的本性，只考虑个人的利益，从而排除人的利他性，是一种不完整的个人行为模式，忽略了个人与他人、个人与社会的关系。相似地，将纳税人实现税后利益最大化作为根本目的的纳税筹划面临着同样的争论，尽管其已经在我国税收活动中发挥越来越重要的作用，并且被越来越多的企业应用到日常的涉税事务中，但仍有部分人无法正确地将税收筹划与偷税、避税等违法行为相区别，对其合法性有所争议。因此，如何正确理解“理性经济人”这一假设前提对于税收筹划有重要的现实指导意义，本文将基于此视角对税收筹划进行分析研究。

一、相关概念界定

（一）理性经济人

“理性经济人”是经济学的一个基本假设，假定人都是“利己”的，并且在面临两种以上的选择时，总会选择对自己更有利的方案。换言之，人在经济生活中总是受个体利益的驱使，在做出每一项经济决策时，总是对各种可能的选择进行权衡比较，以便找出一个方案能使自己耗费给定的劳动或者金钱，带来最大限度的利益。“理性经济人”既是西方主流经济学中最具基础性的概念，同时也是歧义最多的概念。其假设理论的原型最早可追溯至英国经济学领域的先驱伯纳德·孟德维尔提出的“孟德维尔悖论”，即个体如若以一己私利从事社会活动，能增进社会全体的繁荣，其效果要远优于以非利己目的而进行的活动；之后亚当·斯密在吸收孟德维尔等人观点的基础上，构建了“理性经济人”假设的理论，将人的“自利”看作人的本性和社会进步的动力，即个人在理性的引导下追求自身利益最大化是人们进行各种经济行为的根本动机，但是由于在良好的市场秩序下人还会受到非理性（如情感等）因素的影响，所以现实中并不存在彻头彻尾的理性经济人。这里认为完整的“理性经济人”假设至少应该包含三个基本要素：

（1）“自利”人性前提。受自身利益驱使并大力追求是人们参与经济活动的根本动机，而力图通过最小的牺牲来换取个人收益或效用的最大化则是人们从事经济行为的最终目标。

（2）完全理性假定。经济人拥有无限的理性并且掌握着完备的信息，任何非理性的想入非非和心血来潮都与其完全绝缘。

（3）抽象个体分析。这既是指经济人没有历史发展过程并且相互独立，也是指整体社会秩序的完善与公共利益的实现是经济人追求自身利益最大化的自然结果（看不见的手）。

（二）税收筹划

税收筹划，也称纳税筹划、税务筹划、税务计划等，这一概念起源于西方发达国家，译自 tax - planning 一词，直至 20 世纪 90 年代中期才被引入中国。由于其涉及现代税收学、会计学、法学、统计学、数学等多门学科知识，具有综合性、复杂性的特点，属于新兴的边缘学科，目前对税收筹划的理论研究还未完善，很多相关的问题也并无定论，所以理论界对税收筹划的定义没有统一。

本文将税收筹划定义为纳税人在遵守并严格执行税收相关法律法规及其原则的前提下，对涉税事项所作出的、以期达到税负最小化和利益最大化的节税行为。它是一种合法的，既符合税收优惠政策的精神，又遵循国家税收法律规定，在合法范围内实施的减少纳税人税款缴纳的经济行为。而偷税、逃税行为违反国家强制性法律的规定，是国家所不允许的，当偷税、逃税行为所涉及的金额达到一定数额或达到一定程度，甚至会构成犯罪。纳税人通过编造虚假信息、隐藏真实情况等手段欺骗国家，从而达到不缴或者少缴税款的非法目的，其本质上侵害了公共利益，因此是不合法的；避税是指纳税人利用税法的不完善，使用法律允许的方法，有计划地对自身活动进行安排设计，从而实现税负减轻甚至是免除的行为。避税实际上是通过钻税法上的漏洞、反常和缺陷来谋取自身税收利益，其表现形式可能是合法的，但内容有悖于道德要求和政策倾向，因此是不合理的。税收筹划作为合法、合理的纳税行为与偷税、避税有着本质区别，只有正确认识和界定税收筹划的概念才能使其在我国得以推广和健康发展。

二、对税收筹划的理性认识

由于税收筹划的目的在于合理、合法降低税收负担，加之税收筹划在实践中容易与偷税、避税混淆，因此纳税人应该对税收筹划有一个理性的认识。

第一，税收筹划的手段及方法具有合法、合理性。这是税收筹划的核心特征，也是区别于偷税、避税的本质差异。税收筹划是多种纳税方案可供选择时，纳税人在现行税收法律法规规范下的一种行为选择，其本质上是纳税人的一种税法遵从行为。从法律性质上看，税收筹划是在税法允许范围之内的一项财务管理活动，受到法律的保护与支持；从实施效果来看，税收筹划除了达到控制税收成本、实现预期的利益之外，还体现了政府的立法意图和精神，是政府鼓励的行为。

第二，税收筹划具有时间上的超前性，即事前筹划。它的实施必须在纳税人的纳税义务发生之前，既是税收筹划区别于偷税的重要特征之一，也是税收筹划必须遵循的重要原则。企业若要进行税收筹划应当在投资、经营等经济行为发生前着手安排，不得在这些经济行为已经发生、纳税义务已经确定后，再去采用各种手段减轻税负，这样做即使能达到减轻税负的目的，也不属于税收筹划范畴。纳税人在进行事前筹划时，要对各个相关税种进行比较分析，全面考察相关年度的纳税资料，立足于企业经营的连续过程，全面衡量；在考虑自身直接应负担的税收以外，同时也应兼顾交易对方的课税情况以及税负转嫁的可能性，从而采取相应的筹划措施。

第三，税收筹划的目的指向性较强。在主观意识方面，税收筹划是纳税人对自身生产经营活动的各个环节的涉税事项在法律法规的规制下进行有效安排，以获得综合效益最大化的一种选择，其在客观上可以起到降低税收负担的效果。这个效果可能直接表现为少缴纳税款，也可能表现为递延缴纳税款，还可能表现为整体经济效益最大化。尽管在选择和运用较有利的税收筹划策略时，常需要有其他措施的配合，然而最终目的都是一样的，指向性也很强，就是为了使税收筹划成本最小，节税净收益（税收筹划的税收利益减去税收筹划成本）最大，这是进行税收筹划决策的重要依据。

第四，税收筹划的过程具有风险性。税收筹划和其他任何的经济行为一样，都存在风险。因为税收筹划是纳税人基于对自己经济情况的判断，结合生产经营的实际情况而做出的方案选择，所以一旦经营者的外部经济环境发生变化，原有的方案也许就不再适用，继续实施甚至可能会造成企业经济损失。同时，由于税收筹划依赖于对税收政策的正确理解，但相对于税务机关而言，纳税人总是处于政策信息的弱势一方，难以全面掌握和熟练运用税收法规，对政策的变化趋势更是无法准确把握。正如经济环境的不确定性，政策的不确定性同样会增加税收筹划的风险。如果纳税人根据相关政策做出的筹划行为未能得到征税机关的认可，甚至有可能造成被要求补缴税款、滞纳金等后果。

三、理性经济人是纳税人税收筹划的基础和前提

“理性经济人”是经济学的一个基本假设，而纳税人是一个利益主体，

作为整个经济社会的“细胞”，具有独立的经济利益。企业在进行决策时是按照自己的利益行事，目标是追求自身经济利益的最大化，因此，在其他条件相同的情况下，纳税人会选择对自己经济利益最大的方案，所以纳税人是理性的经济人。

同样，由于纳税人的目标是追求税后个体财富的最大化，而税收是国家强制性地取得财政收入的一种形式，二者目标不同。因此，无论税收制度制定得如何公平与合理，从纳税人个体的角度而言，纳税都是一种直接的现金流出，这也就意味着纳税人当期既得利益的损失。纳税人自然希望能少纳税甚至不纳税，想方设法减轻自己的税收负担。偷税、避税以及税收筹划都能达到减负的目的，那么纳税人为什么会倾向于选择合法的税收筹划？这要从风险厌恶的角度进行分析。

伦理学认为，人性普遍具有“厌恶风险”的特质，也就是说，理性人“不愿意把自己的前途和命运建立在偶然性的基础上，他们的理性要求一种在任何情况下都能保障自己利益的必然性。他们关心的头等大事是在最差环境中取得的最好结果，而不是在最好环境中取得更好的结果”。所以，在风险面前，理性人会更多地考虑“可靠性”而不是“得利多少”，这也是经济人针对风险报酬的一种理性选择。基于这一理论，任何税收筹划都不是对偶然性的利用，因为纳税人作为风险厌恶者和理性经济人是不愿意将“赌注”押在某一次偶然事件上的。由于纳税无法避免，就可以将纳税行为看作“最差环境”，在若干可供选择的减少税负的方案中，只有税收筹划是在符合税收法律法规规定的前提下，在税法允许甚至鼓励的范围内进行纳税优化选择，这符合国家的立法意图和政策导向；相对于偷税、骗税、抗税、避税而言，其合理合法，风险低。因此，税收筹划是纳税人减轻税负的必然选择，并且即便决定采用税收筹划来减轻税收负担，纳税人也依然会在诸多筹划方案中进行比较优化。从这一点看，被选中实施的税收筹划方案并不一定是缴税最少的方案，但一定是风险成本效益比较中综合效应最高的方案。因此，“理性经济人”假设构成了纳税人税收筹划产生与发展的基本前提。

市场主体作为社会经济人，其采取的任何活动都必然是在利益的驱使下，通过权衡利弊、分析优劣，最终做出最有利于自己的经济决策。税收筹划安排是其决策的一种具体表现形式，而企业进行税收筹划既有内在动力推动，也有外部动力驱使。

（一）企业是理性经济人

市场主体是以营利为目的的，而税收是国家为实现其职能获取财政收入的一种重要形式。它与按劳分配不同，是凭借政治权力向市场主体强制、无偿征收，因此纳税对于企业是一种直接的现金流出，是企业当期的既得利益损失。企业作为整个经济社会的“细胞”，出于理性必然会想尽一切办法减少税款支出，增加其可支配收入，这也是其进行税收筹划的内在动力。

（二）市场主体拥有自主经营权

1978 年改革开放后，我国的市场经济蓬勃发展。市场经济体制下，企业开始拥有产权和自主经营权，对其财产享有使用、处置等支配权力，但自主经营的同时企业也需要自负盈亏。在收入一定的条件下，企业的成本支出越少，意味着企业可享有的可支配收入越多，而我国税款的征收覆盖企业的生产经营、投资分配等环节，市场主体作为“理性经济人”，必然会减少纳税环节的现金流出。因此，财产、收益的独立化及企业经营权的自主化构成了企业进行税收筹划的又一内在动力。

（三）公共产品存在外部效应

国家向市场主体进行征税的主要目的是为了保证国家机构的正常运行、满足社会公众的需求，而政府的大部分财政支出均用于科研、教育、卫生等公共产品。但公共产品与私人物品不同，某个人对公共产品的使用并不会影响其他人享用该公共产品，公共产品一旦由政府提供，便可由许多人同时消费，并且增加一名消费者的边际成本为零。公共产品具有非排他性和非竞争性，使得公共产品存在外部性及溢出效应。经济主体会因为纳税享受到国家提供的公共产品，但是由于公共产品的特性导致这些福利不能区分所有权，使得每个人无论是否支付对价均会从中受益，由此会产生“搭便车”效应。市场主体作为“理性的经济人”，其追求的是成本费用支出最小化、收益最大化，由于公共产品的享用既不对等又难以量化，因此市场中的经济主体便会产生“搭便车”的心理，从而刺激其想方设法地减轻或规避税负。

（四）市场具有竞争性

随着科技的进步、市场经济的发展，经济全球化的进程在不断加快，而互联网及移动通信设备的进步，也使电子商务网络平台、海外代购、微商等新型营销手段层出不穷，市场主体所面临的竞争态势更加复杂。企业要在竞争中求得一席之地只有创新和管控成本两种途径。创新使企业有别于其他企业，能够在短时间内获得超额利润，但是在科技飞速发展的当代社会，创新需要源源不断，否则便会被模仿或超越。因此，除了不断创新外，企业仍需要管控成本。

竞争市场要求企业降低成本费用，而税款是企业成本的重要组成要素，企业要管控成本除了严格审查日常开支外，税收筹划是不可避免的。因此，市场的竞争性是促使企业进行税收筹划的外在推力。

四、从理性经济人的角度看税收筹划（既是利己的也是利他的）

人不仅是生物意义上的人，而且还是社会意义上的人。人们都会追求自身欲望的满足或者追求快乐，这是人们从事各种活动的根本动机，这种根本动机可能表现为利己动机，分为利己但不损人的方式和损人利己的方式；也可能表现为利他动机，分为利他不损己的方式和舍己为人的方式。因此，以这种根本动机为分析前提，不否认人们在某些特定场合中的舍己为人行为，但这种行为同样来源于行为者追求欲望的满足，追求快乐。这种根本动机及其表现形式如图 1 所示：

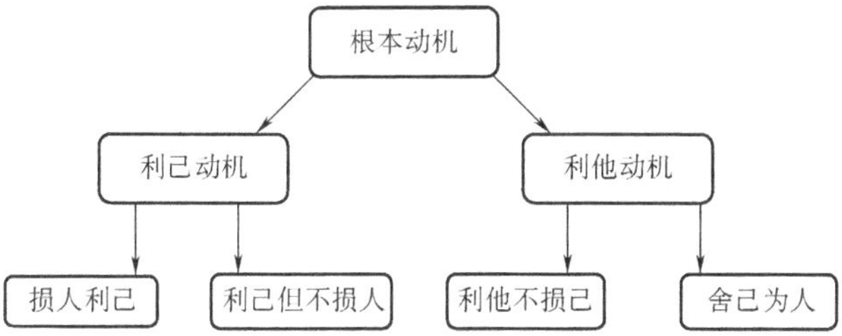

图 1

税收筹划是人们在理性经济人假设的前提下从事的一种税收活动，其作为纳税人的一项基本权利，不仅是企业经营管理体系中不可或缺的重要组成部分，而且是政府利用税收杠杆进行宏观调控的重要工具，同时也是市场经济发展的必然产物。一般而言，科学的税收筹划对国家和纳税人都是有利的。站在企业角度可以看出，它既是利己的也是利他的。

（一）利己性

1. 有利于降低企业的税收负担

税收负担属于企业的外部成本，对其应当加以控制。税收负担作为企业的一项成本支出，会导致企业的现金流量减少，而通过税收筹划，可以降低企业的税收负担，因此会增加企业的现金流量，从而增加企业的价值。

2. 有利于企业获得延期纳税的好处

科学的税收筹划除了能降低企业的税收负担外，还有助于企业实现最大限度的延期纳税，从而使其获得资金的时间价值。企业在一定时期的纳税总额不会减少，但其通过税收筹划可以实现延期纳税，这就相当于企业从政府取得了一笔无息贷款，其金额越大、时间越长，获得的资金时间价值就越大。同时，企业也可以通过税收筹划，尽量减少当期的应纳税所得额，延缓当期应纳税额，从而调整应纳税额在各期间的分布，增加企业资金的流动性。

3. 有利于企业进行合理的投资和生产经营

有利于促进企业进行合理的投资和生产经营，获得最大化的税收收益，增强企业竞争力。首先，企业根据各项税收优惠政策进行投资、生产经营决策等，虽然在主观上是为了降低税收负担，但客观上却是在国家税收经济杠杆的作用下，逐步走上产业结构优化、生产力合理布局及资源优化配置的道路。其次，税收筹划有利于提高企业的经营管理水平。事实上，企业在进行税收筹划的同时也在提高自身经营管理水平。

4. 有利于企业避免税务处罚

科学的税收筹划有利于减少企业税收违法行为的发生，强化纳税意识，实现诚信纳税。税收筹划的存在和发展为企业降低税收负担提供了合法的途径，在客观上降低了企业税收违法的可能性，使其远离税收违法行为，避免受到不必要的税务处罚。

（二）利他性

1. 有利于贯彻落实和完善国家的税收政策法规

科学的税收筹划有利于国家税收政策法规的落实和税制结构的不断完善，以实现国民经济健康、有序、稳步发展。同时，它也是检验国家税收政策法规正确性、有效性和完善性的试金石。国家通过对税收筹划的研究或考察，可以了解到现行税收政策法规的缺陷和不足，进而可以根据税法的缺陷或不足采取相应的措施，对现行税法法规进行修正或废止，促进税制结构的不断完善。

2. 有利于增加国家税收

科学的税收筹划使企业降低了税负，在一定时期内将会减少国家的税收收入，但从整体和长远发展上看，税收筹划不仅不会减少国家的税收收入，反而还会增加国家的税收收入。因为随着产业结构升级和生产力布局的合理调整，将会进一步促进生产发展，使得企业的生产规模逐步扩大，进而创造更多的社会财富和收入，同时扩大税基，国家的税收收入也将会随之增长。

3. 有利于税收代理业的发展

我国的税收代理业尚处于起步阶段，正处在由计划管理向市场化发展的过渡时期，并未真正融入市场经济中。由于科学的税收筹划要求企业在选择税收筹划方案时，要把握合法性、合理性、系统性、目的性以及有效性的原则，而在不同的经济发展时期，税收政策又总是处于不断调整变化之中，从而使企业进行税收筹划的难度增加，导致企业无法实现税收筹划的节税目的。因此，税收代理作为一个新兴行业，它在为企业进行税收筹划时就要不断研究经济发展特点，预测经济发展趋势，时刻关注税收政策的变化，全面、及时、准确地掌握税收政策及其变动，同时还需要加强人员培训，提高税务代理人员的业务素质和税务代理执业水平，以及建立完善的税务代理系统等，以此避免或降低税收筹划的风险。因此，科学的税收筹划会促进我国税收代理业的健康发展。

4. 有利于促进经济社会的和谐发展

一般来说，国家的税收法规政策都具有一定的导向作用，其政策目标之一就是促进经济社会的和谐发展。国家可以充分发挥税收杠杆的调节功能，通过税收政策促进产业结构优化升级，优化经济社会资源配置，引导纳税人进行合理的生产经营活动，增强企业的社会责任感，促进经济社会环境不断完善。企业在利用税收政策法规进行税收筹划时，无形中对这一税收政策进行了很好的贯彻和实施，取得政策效果，实现政策目标。

五、影响理性经济人进行税收筹划的因素

企业作为市场经济的主要行为主体，在激烈的市场竞争中要想取得一席之地，必须想方设法降低成本，而税收成本是其不可避免的一项支出，因此税收筹划逐渐引起管理层的重视。但是税收筹划是一门融财务、会计、税收、法律、管理为一体的综合性学科，在方案的设计、分析、评估、决策阶段受诸多因素影响，下面就理性经济人进行税收筹划的影响因素进行分析。

（一）纳税人的自身情况

市场主体进行税收筹划需要结合企业自身的经营规模、业务范围、组织结构等情况。一般情况下，企业的经营规模越大，组织结构越复杂，而

税收筹划涉及财务、会计、税收、法律等多方面的专业知识，若企业的财务人员自身职业素质难以满足筹划需要，可以向外聘请专业的税务筹划机构或人员进行筹划安排，但一般筹划成本较高，且外部人员缺乏对企业内部信息的了解。因此，企业应充分考虑自身情况，结合成本效益原则，确定是否进行税收筹划安排，以及以何种形式进行税收筹划。

（二）政策选择与调整风险

税收筹划活动是预先的税务安排活动，它的成功不仅依赖于管理人员、财务人员、税务筹划人员的共同努力，而且需要有效的沟通让税收筹划方案得到税务机关的认可。另外，税务筹划由最初的设计到最终的执行需要一定的时间跨度，而当前我国税法正处于不断的修正和完善时期，通知、公告发布较为频繁，另外存在较多的特定行业、满足特定条件的具有时间限制的减免税优惠政策。这就要求企业进行税收筹划安排时应具有一定的前瞻性，在实施过程中不断修正，以确保实现其最终的筹划目的，降低税务风险，避免不必要的税务遵从成本造成的现金流出。

纳税人或者企业在经营活动的过程中，首先考虑的是自身利益最大化，为的是减少税负而设计纳税方案，并不会从国家整体的角度考虑财政需求，并且根据现代决策理论家赫伯特·西蒙所倡导的“有限理论”，人获取和处理信息的能力有限，在决策时不可能做到完全理性。因此，在法制不完善的税收环境下，纳税人的这种动机很容易演变为违法的偷税、逃税行为，使行为的性质发生根本性的变化。随着我国税收法制建设的进一步完善和税收征管水平的提高，偷税、避税等行为在一定程度上得到了遏制，纳税人开始转向运用科学的税收筹划手段合法减轻自己的税收负担。但是为了避免税收筹划异化为涉税违法行为的可能性，筹划者必须熟悉和精通税收法律，掌握国家税收政策和法律法规的政策导向，并密切关注税收政策及税法的调整变动，使税收筹划始终在法律许可的范围内进行。

综上可见，“理性经济人”假设作为西方经济学的经典理论，它不仅是对人性的探讨，同时也为经济分析提供了宏观的维度。基于理性经济人的视角来理解和解释税收筹划，是一种扩大研究视角的分析研究，它可以理清企业税收筹划的经济根源，既有助于正确认识和对待纳税人的税收筹划行为，也有助于税收筹划学科的发展和完善，具有深入研究的价值。

参考文献：

[1] 亚当·斯密．国富论［M］．唐日松，等，译．北京：华夏出版社，2005.

[2] 吴新平，严晓琴．“理性经济人”假设与道德相矛盾吗［J］．人民论坛，2016（31）：64－65.

[3] 何大安，童汇慧．理性行为人：对修正“理性经济人”范式的探讨［J］．浙江学刊，2014（5）：163－171.

[4] 王萍．我国企业税收筹划存在的问题及解决措施［J］．财经界：学术版，2013（4）：223－224.

[5] 朱芸阳．论股东派生诉讼的实现：以“理性经济人”为假设的法经济学解释［J］．清华法学，2012（6）：107－118.

[6] 何轩．寻找理性经济行为的逻辑新起点：试论中国传统伦理下的中庸理性经济人［J］．财经研究，2011（5）：58－67.

[7] 王瑛．“理性经济人”的方法论反思［D］．乌鲁木齐：新疆大学，2007.

[8] 胡伟，曾峻．从经济学的角度来看企业的税收筹划［C］．经济师，2006（11）：249.

[9] 黄董良．企业税收筹划的目标定位与风险问题探讨［J］．税务研究，2004（3）：66－68.

[10] 李大明．论税收筹划的原理及其运用［J］．中南财经政法大学学报，2002（6）：50－54.

[11] 韩鹏，梁彬．对理性人假设的思考：基于短期和长期视角的分析［J］．财经理论研究，2015（4）：14－20.

[12] 胡伟，曾峻．从经济学的角度来看企业的税收筹划［J］．经济师，2006（11）：249－249.

[13] 邓保生．税收道德与遵从行为的关系研究［J］．价格月刊，2008（10）：83－85.

[14] 牛斌．从“经济人”的角度谈税收的公平与效率［J］．法制博览：中旬刊，2014（2）：113－114.

[15] 王永德，刘迪．经济人假设视角下的财务风险防范［J］．中国市场，2015（2）：44－45，55.

18　高新技术企业的税收筹划研究

宁晴晴

【摘要】高新技术企业作为我国经济发展的重要组成部分，其经营状况一直以来备受关注。高新技术企业进行税收筹划具有重要意义，一套好的税收策略能够增加企业的经济效益，提高企业的竞争力。现如今有许多高新技术企业税收筹划不够高效，存在各种各样的问题。本文介绍了高新技术企业的特点，指出了我国目前高新技术企业税收筹划存在的问题，接着分别从高新技术企业的前期规划阶段、初创阶段、经营阶段、投资阶段和筹资阶段五个方面论述了高新技术企业的税收筹划方法，旨在通过科学合法的税收筹划降低企业的税收成本，提高企业的利润，提升企业的市场竞争力，促进企业健康长远发展。

【关键词】高新技术企业　税收筹划　税收风险

【作者简介】宁晴晴，中国社会科学院税务硕士研究生

一、高新技术企业概述

（一）高新技术企业定义

国科发火〔2016〕32 号文件规定，高新技术企业是指在国家重点支持的高新技术领域内，持续进行研究开发与技术成果转化，形成企业核心自主知识产权，并以此为基础开展经营活动，在中国境内（不包括港、澳、台地区）注册的居民企业。

（二）高新技术企业的特点

根据国科发火〔2016〕32 号文件第三章第 11 条高新技术企业的认定标准可以总结出高新技术企业的三个显著特点：一是研究与开发对于高新技术企业的运营十分重要，研发费用占企业营业收入的比例较大；二是高新技术企业员工中的科技人员占比很高，研究开发活动对于企业的发展意义重大；三是高新技术企业的产品或服务收入为主要收入来源，产品一般

科技含量很高，具有高附加值。

与传统企业相比，高新技术企业的特点显著，具体如表1所示。

表1 高新技术企业与传统企业的比较

特征项目	传统企业	高新技术企业
研发经费密度	低	高
科技人员密度	低	高
产品技术含量	低	高
产品创新性	低	高
产品附加值	较低	高
产品生命周期	较长	较短
环境不确定性	较低	较高
战略目标	低成本	技术创新、灵活应变
关键资源	土地、劳动力、资本	人力资本和知识资本
人力资本	相对比较同质	异质性、知识性
组织结构	金字塔、刚性	扁平化、柔性
组织文化	强调规则和服从	创新、合作、学习、共享

高新技术企业进行税收筹划时，应该区别于传统企业，充分考虑高新技术企业自身的特点，以设计最优的税收筹划方案，在合法合理的前提下为企业降低整体税负，从而实现企业价值的最大化。

二、我国高新技术企业税收筹划现状

高新技术企业与一般传统企业相比具有明显的不同，是一种知识密集型和产品创新型企业，因此其税收筹划与一般传统企业存在差别。我国针对高新技术企业制定了许多的税收优惠政策，为高新技术企业的税收筹划提供了很大的有利条件。但是，从目前的情况看，实际效果并没有达到预期。究其原因，主要还是由于高新技术企业的税收筹划活动做得不到位，没有真正形成一套完善的税收筹划体系。

（一）税收筹划手段单一

税收筹划和企业的运行有着密切联系，企业管理人员需要对企业的整体运行状况有所了解，运用专业能力进行分析，制定出系统的税收筹划方案。目前，高新技术企业的税收筹划多从会计方法和税收优惠方面考虑，税收筹划人员经常通过选择会计方法和推迟纳税时间来取得一定的节税收益，或者通过国家的税收优惠政策，使企业避免高税率，缩小税基，从而获得税额的减免。但是若不清楚企业的长期发展战略，不思考多种税收筹划手段，而仅仅依赖于单一的税收筹划方式，就有可能导致实施的税收筹划不符合企业的发展预期，使税收筹划的效果大打折扣。

（二）缺乏税收筹划观念

高新技术企业的投资者通常将关注点放在研发新产品和提供科技含量高的服务上，忽略了税收筹划对企业利润的影响，这也是导致税收筹划效果达不到理想状态的重要因素。此外，部分高新技术企业缺乏纳税观念，甚至有些时候采用的税收筹划方法并不合法，使得税收筹划工作受到阻碍。

（三）财务管理不规范

高新技术企业的财务管理不够规范对税收筹划活动的影响也很大。如企业的会计制度不健全、账务处理不规范等会引发企业财务风险，不利于把握企业的实际经营状况，进而妨碍正常的税收筹划。

（四）财务人员专业能力不强

高新技术企业的运行过程比较复杂，相应的税务活动也很繁杂，若财务人员的专业能力没有达到要求，就无法顺利进行财务计算，进而不利于税收筹划活动。

三、高新技术企业经营阶段的税收筹划措施

（一）高新技术企业前期规划阶段的税收筹划

高新技术企业在设立之前应该做好规划工作，为此企业需要获得最新的税收信息，确定有利的产业领域，办理相应的资格认定并且与税务机关保持良好的沟通。由于不同投资领域的高新技术企业涉及的税收政策存在许多差异，所以决策者需要综合比较不同领域涉及的税收政策，再根据自己的产品或服务的特点，选择最合适的领域。高新技术企业享受国家规定的优惠政策的前提是要符合高新技术企业认定标准，高新技术企业若要取得相关资质，必须具有各类资质证书文件，因此企业财务人员应与当地的税务机关积极取得联系，做好前期规划工作。

（二）高新技术企业初创阶段的税收筹划

高新技术企业在初创阶段时，产品还未完全打开市场，销量相对较小，而且企业在购置生产设备、支出创办费用以及开拓市场销售渠道等方面的支出较大，使得企业对资金的需求大量增加，利润一般趋于负数。在对所得税进行筹划方面，如果预期企业会发生盈亏，则可以采用一些合法手段提前确认利润，避免下一年度多纳税。另外，处于初创阶段的高新技术企业还应该考虑纳税人身份、企业组织形式、投资地点等方面的筹划，这些因素都将长期影响企业的税收利益。

（三）高新技术企业经营阶段的税收筹划

1. 增值税的税收筹划

（1）增值税纳税人身份的选择。高新技术企业可以事先计算增值税一般纳税人和小规模纳税人的税负平衡点，合理选择税负较轻的纳税人身份。由于高新技术企业生产的产品大多附加值高，消耗的原料较少，可抵进项税较低，所以理论上说更适合选择小规模纳税人身份。但是，实现企业价值的最大化不仅需要考虑税收方面的因素，还应该考虑非税因素的影响。例如，高新技术企业对纳税人身份的选择还要考虑企业的业务类型及买方要求的影响。如果企业主要与一般纳税人进行业务往来，一般纳税往往要求开具增值税专用发票，这时企业必须选择作为一般纳税人才有利于产品销售。如果业务往来对象多为小规模纳税人，不受发票类型的影响，则会有更大的税收筹划空间。

（2）折扣销售和销售折扣的税收筹划。根据销售额和折扣额是否在同一张发票上分别注明，可分为折扣销售和销售折扣。若采取折扣方式销售货物，可按折扣后的销售额征收增值税；采取销售折扣方式销售货物时，销售折扣实质上是一种融资性的理财费用，因而不能从销售额中扣除折扣额。此外，应区分这两种销售方式与销售折让的区别。销售折让是指纳税人销售货物之后，由于品种、质量等原因购货方未予退货，但销货方给购货方一定的价格折让，销货方按照折让后的货款作为销售额。

（3）进项税额确认的税收筹划。对增值税进项税额的确认进行筹划时，主要考虑两点：一是若购进货物，可以采取方法使抵扣时间提前。由于销售方确认销售额之后购买方才能利用增值税专用发票抵扣进项税额，企业可以通过反向选择交易方式来加快发票的获取，如催促销售方尽早发货等。二是若购进劳务，可以考虑将付款期提前并且减小付款金额。对于享有阶段性优惠的企业，可以留存一部分进项税暂不抵扣，在优惠期结束之后的征税期再抵扣进项税，此时注意要在税法规定时间内抵扣，避免逾期。

（4）销售结算方式的税收筹划。销售货物或劳务时采取不同的结算方式会产生不同的纳税义务发生时间。对不同的销售结算方式进行税收筹划时，主要思路是尽量延后纳税的时间。例如，若采取直接收款方式销售货物，应尽可能延长将提货单交给购货方的时间；采取托收承付或委托银行收款时，应尽量缩短收款时间；采取赊销和分期收款方式销售货物时，要注意选择收款日期；采取预收款方式时，应推后发货时间；采取委托代销商品方式时，可要求代销商资金的划转与代销单寄出的时间一致或者延迟代销清单的寄出。

（5）利用增值税的税收优惠政策进行纳税筹划。税收筹划人员应熟悉最新的税收优惠政策，结合高新技术企业的行业特点和销售的产品类型，制定合理合法的税收筹划方案，使得企业最大限度地享受税收优惠政策，以充分享受税收优惠。如高新技术企业进行技术转让或者技术开发业务，可以享受免征增值税的优惠政策；对于增值税一般纳税人销售其自产的集成电路产品，增值税实际税负超过3%的部分实行即征即退政策。利用税收优惠政策作纳税筹划的关键点在于企业要充分关注最新的税收政策，提高专业能力，在合理合法的前提下，为企业谋取税收利益。

2. 企业所得税的税收筹划

为了促进我国高新技术企业的蓬勃发展，税法在高新技术企业所得税方面制定了许多优惠政策。如在税率上，符合认定标准的高新技术企业减按15%的税率征收企业所得税。此外，在收入确认、成本扣除和税额抵免等方面，高新技术企业也享受税收优惠。因此，高新技术企业对所得税的筹划可以从两方面考虑。

（1）利用收入进行税收筹划。思路一：选择有利的销售结算方式。高新技术企业一般采取订单销售方式，由于纳税时间由收入确认时间决定，因此高新技术企业在签订合同时可以选择有利的形式，尽量延缓纳税。若对方资金周转情况较好，可采用直接收款的方式销售货物，则销售当天即为纳税义务发生时间；若无法保证对方及时支付货款，则可以采用分期付款方式销售货物，以合同约定的收款日期确认收入时间，如此可推迟纳税义务发生时间，获得税款的时间价值。思路二：适当拆分企业的经营范围。高新技术企业的许多转让技术服务收入和产品销售一起发生。现行税法下，高新技术企业转让技术在所得税方面享有一定的优惠，即在一个年度以内，企业取得的技术转让所得不超过500万元的部分免征企业所得税，对于超过500万元的部分则应减半征收企业所得税。值得注意的是，高新技术企业必须要对技术转让所得进行单独计算方能适用技术转让所得的优惠政策，所以应对此类经营业务进行拆分，分别签订合同。

【案例1】甲公司从事软件销售并且同时从事技术开发和转让业务，2017年该公司为乙公司开发一款软件，将该技术与产品一同转让给客户，合同价款共计1 000万元，其中包括产品销售收入500万元和技术转让及技术服务价款500万元。企业的可扣除项目合计为100万元。

筹划思路：甲公司事先注册成立一家丙公司，该公司为独立核算的技术开发和技术服务公司。之后由甲公司和丙公司分别与乙公司签订合同，负责相应的业务。

企业所得税纳税情况分析如下：①拆分前：甲公司当期应纳企业所得税＝(1 000－100)×15%＝135（万元）；②拆分后：甲公司当期应纳企业所得税＝(500－100)×15%＝60（万元）。丙公司技术转让和技术服务收入500万元免税。

综上所述，拆分业务后企业可以少缴纳企业所得税75万元，使企业获得了税收利益。

（2）利用成本费用进行税收筹划。第一，合理安排费用扣除时间。在对高新技术企业的成本费用进行所得税税收筹划时，应该根据企业的不同情况，采取不同的费用扣除方案。一般情况下，如果企业亏损，这时可减少企业的当期扣除，将扣除额结转到以后年度；如果企业盈利，应该增加当期的扣除以降低应纳税所得额。第二，对研发费用的税收筹划。①对财政性资金的处理。企业获取符合一定条件的财政性资金时，要考虑是否将其作为不征税收入。如果将财政性资金作为不征税收入，那么不征税收入形成的费用支出或者资产化计算的折旧均不能在所得税前进行相关扣除。企业应该结合实际情况来确定是否将财政性资金作为征税收入处理。②对委托开发费用的处理。一般来说，企业可以采用两种方式对委托开发费用进行处理：一是将研发费用作为收益性支出，二是将研发费用作为资本性支出。一般情况下，企业从事研发项目会将研发费用作为收益性支出，在发生当期计入费用。根据税法相关规定，在这种情况下，发生的研究开发费用只能按照发生额的80%获得加计扣除的优惠。③固定资产折旧方法的选择。高新技术企业技术水平先进，在研究、测试产品中需要投入大量的研发资金，生产设备的投入也是一笔非常大的开支。固定资产选择不同的折旧方法直接影响税前扣除金额的多少，进而影响企业利润的大小。通常，企业的产销量在最初几年较高，这时采取加速折旧法对固定资产提折旧更有好处。加速折旧法有助于企业在初始几年冲减较多的税基，减少应纳税额，从而降低企业所得税。

【案例2】 企业当年有2 000万元的应纳税所得额，获取符合条件的财政性资金400万元，企业将全部的财政性资金用于研发费用支出。

企业筹划思路分析如下：①企业将财政性资金纳入不征税收入：应纳税所得额=2 000+400-400=2 000万元；②企业将400万元的财政资金作为征税收入，且假设全部的研发费用都符合加计扣除的要求：应纳税所得额=2 000+400-400-400×50%=1 800万元。

综上所述，将财政性资金作为征税收入处理对企业更加有利。

【案例3】 一家高新技术企业委托其他单位进行新项目的开发，受托方研发费用实际发生200万元，另收取利润40万元。

加计扣除的筹划思路分析如下：①将研发费用作为收益性支出：加计扣除金额=200×80%×50%=80万元；②将研究开发费用作为资本性支出，则无形资产的价值为240万元，可摊销360万元（240×150%），加计扣除金额=360-240=120万元。

因此，将研发费用作为资本性支出处理获得的税前扣除金额更大。

（四）高新技术企业投资阶段的税收筹划

投资阶段的高新技术企业已经进入了成熟期，企业销售的增长速度减缓，行业的生产能力过剩。此时，企业最为关注的是如何提高经济效益和利润水平。企业需要在研发、生产、广告和销售等方面协调运行，并且将销售确认、费用分摊等纳入筹划，从整体上减小企业成本。例如，当企业以固定资产投资时，对于符合“环境保护、节能节水、安全生产”条件的，可以享受设备投资额10%从企业当年应税所得额中进行抵免的优惠政策；如果当年不足抵免，在以后的5个纳税年度可以结转抵免。

此外，高新技术企业为了获得更加长远的发展，还必须及时开发新技术、新产品，一方面可以使企业脱胎换骨、获得重生；另一方面也可以使企业享受到更多的研究开发费加计扣除的优惠政策。

（五）高新技术企业筹资阶段的税收筹划

高新技术企业到了筹资阶段时，企业一般进入了衰退期，公司的核心技术已经趋于落后，销售额与利润也处于较低水平，甚至会出现亏损，企业面临着合并、分立或者清算等命运。此时，税收筹划应重点关注有关企业重组的优惠政策。同时，企业也应该积极准备新产品的研发，做好产品的更新换代工作。除此之外，合理筹划旧资产的处置，有助于减轻企业的资金压力。

参考文献：

[1] 刘璐．“营改增”背景下高新技术企业税收筹划［J］．中国国际财经，2017（21）：122－124.
[2] 陈村艳．高新技术企业税收筹划研究［J］．财会学习，2017（12）：166，175.
[3] 陈克辉．“营改增”背景下高新技术企业税收筹划［J］．中国国际财经，2017（23）：148－149.
[4] 刘桂芳．基于财务管理视角的高新技术企业税收筹划方向［J］．现代经济信息，2017（1）：272.
[5] 胡爱军．试析“营改增”政策下高新技术企业税收筹划［J］．财会学习，2017（17）：158－159.
[6] 李丽莎．高新技术企业税收筹划方法［J］．中国国际财经，2017（10）：116－117.
[7] 高福玉．高新技术企业无形资产投资的税收筹划［J］．纳税，2017（34）：4－5.
[8] 任婷婷，张芳芳．我国高新技术企业的现状及其税收筹划研究［J］．时代金融，2017（33）：119－120.
[9] 计金标．税收筹划［M］．北京：中国人民大学出版社，2014.
[10] 刘宇，薛涛涛，郑爱华．对研发支出加计扣除新政的理解［J］．财会月刊，2016（7）.
[11] 林雪峰．企业“营改增”需把握七个点［J］．财务与会计，2016（1）.
[12] 兰海军．高新技术企业税收筹划现状及改进措施［J］．中国高新技术企业，2014（7）.

19　PPP项目税收筹划探析

陈佳琪

【摘要】 PPP是指政府与社会资本合作的模式，这种模式中的PPP项目具有投融资金额巨大、运作时间长、跨地域性等特点。本文从税收筹划的原则出发，在PPP项目的筹备、建设、运营、移交四个阶段寻找切入点进行税收筹划的分析。

【关键词】 PPP项目　原则　税收筹划

【作者简介】 陈佳琪，中国社会科学院税务硕士研究生

一、PPP项目基本理论分析

（一）PPP的基本概念

PPP（Public - Private Partnership）不仅在各国有着不同的定义，在中国也始终没有形成一个准确的、得到公认的定义。2014年财政部下发了《关于推广运用政府和社会资本合作模式有关问题的通知》（财金〔2014〕76号），文件将PPP定义为政府部门和社会资本在基础设施及公共服务领域建立的一种长期合作关系，也可称之为政府和社会资本合作模式。至此，PPP在中国的基本定义进行了统一，并得到了官方的认可。

PPP具有合作关系、共享利益、共担风险三大特征。第一，稳定的合作关系。政府和社会资本在平等协商后，确保各自的合理利益，达成共识，形成稳定的合作伙伴关系，从而实现公共利益的最大化。第二，合理的利益共享。社会资本方根据与政府达成的协议，双方共同投入，最终政府获取公共服务供给，而社会资本则获得一定的经济利益，双方皆获取相对应的收益。第三，共担项目风险。PPP项目一般持续时间长，具有一定的风险性，其中，项目建设、经营等方面的风险由社会资本方承担，而政策与政治的变化以及突发性事件带来的风险则由政府承担。

（二）PPP的主要类型

自20世纪80年代起PPP被引入中国，前期主要在基础设施建设领域

应用，且主要是BOT项目模式。BOT项目基于一定期限的特许经营权，主要集中在高速公路、供水、污水处理和城市燃气等公共事业领域，项目收益来源较稳定，社会资本参与度也较高。当前，根据是否为存量项目，PPP分为新建项目、扩建或改造现有项目、存量项目三大类。

新建项目中，分为建设-运营-移交（BOT)、建设-拥有-运营（BOO)、建设-租赁-移交（BLT)、建设-拥有-经营-补贴-转让（BOOST）四类。其中应用最多的是BOT，是指由社会资本或项目公司承担新建项目设计、融资、建造、运营、维护和用户服务职责，合同期满后将项目资产及相关权利等移交给政府的项目运作方式，合同期限一般为20至30年。

存量项目中，分为委托运营（O&M)、管理合同（MC)、转让-运营-移交（TOT）三类。前两类，政府只向社会资本或项目公司支付委托运营费或管理费，但未转移资产所有权，合同期限较短。而TOT是指政府向社会资本或项目公司有偿转让存量资产所有权，并由其负责运营、维护和用户服务，合同期满后将资产及其所有权等移交给政府的项目运作方式，合同期限一般为20至30年，且较BOT模式风险小，投资回报率适当。

扩建和改造现有项目中，分为改建-运营-移交（ROT）与租赁-运营-移交（LOT）两类。这两类合同期限一般为20至30年。其中ROT模式与存量项目中的TOT模式相似，只是在TOT模式的基础上，增加改扩建内容的项目运作方式。

二、税收筹划的原则分析

税收筹划是指在税制框架下，法人或自然人等纳税主体通过合法手段，对战略、经营、投资及财务活动和涉税事项进行规划和安排，以节约税收、递延纳税和降低风险为目标的一系列税务规划活动。

（一）合法性原则

合法性原则是税收筹划的基本原则，纳税人必须遵守法律法规，若违反法律法规则不能称之为税收筹划，而是偷逃税行为，要受到法律的制裁。合法性以依法纳税为前提，纳税人需要履行依法向国家缴税的义务。合法性以合法节税为方式，通过合法的节税方式对企业生产经营各项活动进行安排来达到自己的目的。

（二）事前筹划原则

税收筹划要在纳税义务发生之前，通过对企业生产经营等活动过程的规划与控制来进行。经济行为已经发生，纳税项目、计税依据和税率已成定局，再通过改变经济行为来达到少缴税款降低税负的目的，不仅不能被认定为税收筹划，还会被认为是偷漏税行为，这是法律所禁止的。

（三）成本效益原则

在进行税收筹划时，不仅要考虑筹划所产生的收益，还要考虑获取收益所发生的成本，若为实现筹划而发生的成本较高，则会抵消部分筹划带来的收益，使企业利润有所降低，达不到筹划的预期目的。因此，在税收筹划时，要遵循成本效益原则，将税收筹划过程中的收益和成本都考虑进来，实现最优的筹划。

（四）系统性原则

税收筹划作为企业财务管理的一部分，并不是一项孤立的行为，它与企业的生产经营行为密切相关，何时缴税、缴多少税都由企业的生产经营行为所决定。因此，在对企业进行税收筹划时，要充分考虑企业的战略管理、财务管理目标等，将税收筹划融入生产经营的各个环节中，实现系统性的筹划。

三、PPP项目的税收筹划切入点

（一）PPP项目筹备阶段的税收筹划

税收筹划要坚持事前筹划原则，因此在PPP项目的筹备阶段就要开始进行税收筹划。由于PPP项目大多规模庞大，具有跨地域的特征，且项目时间较长，因此在项目筹备阶段主要从项目资金的投入方向、筹资渠道两方面进行筹划。

1. 项目资金的投入方向

在企业所得税方面，不同地区会适用不同的企业所得税税率，因此投资地点可以作为PPP项目资金筹划的切入点。在增值税方面，不同业务类型也会适用不同的税率，形成不同的税负，投资不同类型的业务也可作为筹划的切入点。

《关于深入实施西部大开发战略有关税收政策问题的通知》（财税〔2011〕58号）明确了可以享受15%企业所得税税率的西部地区，包括：重庆市、四川省、贵州省、云南省、西藏自治区、陕西省、甘肃省、宁夏回族自治区、青海省、新疆维吾尔自治区、新疆生产建设兵团、内蒙古自治区和广西壮族自治区，且湖南省湘西土家族苗族自治州、湖北恩施土家族苗族自治州、吉林省延边朝鲜族自治州也可以比照西部地区的税收政策执行。在投资项目资金时，可以充分利用这一政策，选择税率优惠的地区。

投资业务经多种形式的拆分组合最终需要缴纳的税收可能大相径庭。如一个项目在2018年5月1日前既包括适用17%税率的业务，又有适用11%税率的业务，按照17%的税率打包业务缴纳增值税，与将项目分解为两个业务，分别签订合同并使用不同税率，最终要缴纳的增值税会产生较大的差异。因此，在投资业务的选择与组合上有很大的筹划空间。

2. 项目公司的筹资方法

由于PPP项目所需资金额一般较大，项目企业进行外部资金筹措主要有发行股票和银行借款两种形式。筹资方法主要是对企业所得税有所影响，银行借款与发行股票相比更为有利。在筹资时，银行借款作为债务资本，所发生的手续费及利息支出可以作为财务费用在税前列支，逐年摊销计入成本。而发行股票的费用只能权益化计入资本公积，相比于银行存款要缴纳的企业所得税较多。

因此，在不违反国家法律法规的前提下，企业可以选择最有利于自己的筹资方法。若项目的税后财务内部收益率高于同期银行贷款利率，则企业选择银行借款更有利。这样既可以充分利用财务杠杆提高资本金财务内部收益率，还可以充分利用财务费用达到税前抵扣效应，使得效益最大化。

（二）PPP项目建设阶段的税收筹划

1. 项目管理机构的层级确定

PPP项目具有规模大并同时跨越多地域的特点，参与的一个完整项目中一般包括多个子项目，如按照PPP模式承建高速公路，则不同省份或市区的不同段线路都可以作为单独的子项目。在项目建设阶段，可以从设置项目分公司或项目子公司管理切入进行税收筹划。

设立项目分公司，则各分公司向总公司汇总纳税，项目总公司作为独立的纳税主体，统一申报纳税。设立项目子公司，则是各项目成立子公司作为独立的纳税主体，各自申报纳税。若参与的PPP项目是一个大项目包，当其中各项目预计有盈有亏时，则可设立分公司，各项目分公司单独建账核算，但由项目总公司汇总纳税，这样可以充分发挥亏损项目的抵税效应。

设立项目子公司，由各子公司作为独立法人单独申报纳税，则适合于项目间不存在盈亏相差较大的情况。此时，设立分公司与子公司在企业所得税上的税负差异不大，需要着重考虑的是企业的管理成本孰高孰低。

2. 建设阶段的政府补贴管理

PPP 项目不仅能够带来经济效益，还能带来可观的社会效益。因此，可能有些 PPP 项目带来的盈利效应并不能吸引企业，但项目建成后的社会效益显著，地方政府会给予企业一定的财政补贴，吸引企业投资参与 PPP 项目，双方合作共赢。

《关于专项用途财政性资金企业所得税处理问题的通知》（财税〔2011〕70 号）文件中规定，企业从县级以上各级人民政府财政部门及其他部门取得的收入，应计入收入总额的财政性资金，凡同时符合以下条件的，可以作为不征税收入，在计算应纳税所得额时从收入总额中减除：①企业能够提供规定资金专项用途的资金拨付文件；②财政部门或其他拨付资金的政府部门对该资金有专门的资金管理办法或具体管理要求；③企业对该资金以及以该资金发生的支出单独进行核算。不征税收入用于支出所形成的费用，不得在计算应纳税所得额时扣除；用于支出所形成的资产，其计算的折旧、摊销不得在计算应纳税所得额时扣除。

因此，在建设阶段，企业在取得财政补贴前应与拨付资金的政府部门积极沟通，尽量使其能够获得的财政补贴符合文件的三项不征税收入规定，将收到的政府补贴计入不征税收入，其形成的资产的折旧、摊销也可以递延纳税期限，赢得递延纳税的货币资金时间效益。

3. 建设阶段的成本管理

基础建设类的 PPP 项目中高速公路、发电、污水处理等类型的项目占地面积较大，会较多地涉及征地拆迁行为，发生的征地拆迁成本支出也比较大。对征地拆迁的成本管理主要是针对拆迁取得的发票类型等问题。若项目公司自己拆迁，发生的人力成本无法取得发票进行税前扣除，且拆迁容易出现不可控因素，给企业带来不必要的麻烦。因此项目公司大多与地方政府签订拆迁协议，委托当地政府进行拆迁工作。企业应在协议中明确拆迁应支付的各项资金明细和政府应提供的发票或财政票据，以及拆迁中的各项原始资料凭证，避免出现企业所得税税前不能扣除的风险。

（三）PPP 项目运营阶段的税收筹划

1. 运营阶段的收入管理

PPP 项目进入运营阶段后，取得的收入可分为应税收入、不征税收入与免税收入。三种收入应分别核算，独立建账，应税收入中适用不同税率的收入也要各自区分；符合政策规定的不征税收入与免税收入的收入与支出都应单独列支。对于企业能够取得的财政补贴，应争取使其成为不征税收入单独核算，减少应税收入。

2. 充分享受税收优惠

公共基础设施领域的PPP项目，若符合条件则可享受免征或减征企业所得税和自项目取得第一笔生产经营收入年度起，就项目经营所得享受企业所得税“三免三减半”的优惠政策。购置并实际使用符合规定的环境保护、节能节水、安全生产等专用设备的，可以从当年企业应纳税所得额中抵免该专用设备投资额的10%，并可向后结转5个纳税年度。增值税中也有相应的免征、先征后返和即征即退的优惠政策。在耕地占用税方面，根据《耕地占用税暂行条例》规定，对于铁路线路、公路线路、飞机场跑道、停机坪、港口和航道占用耕地，减按每平方米2元税额征收，并可根据实际需要经批准后免征或者减征耕地占用税。这对于公共交通类PPP项目是一份实在的优惠。

将税收优惠政策作为切入点，在已知这些优惠政策的基础上，企业应尽可能地使自身满足享受优惠的条件，充分享受税收优惠政策，做到合法节税。

（四）PPP项目移交阶段的税收筹划

PPP项目形式多样，但在项目期结束后，大多数项目都需要按照合同规定移交给政府，只有少数仍由企业运营。项目移交时涉及的资产转移的税收问题是筹划的重点。

若项目公司将约定资产有偿移交给政府，项目公司在资产移交后按清算程序注销，则项目公司需要将其取得的特许经营权按照销售无形资产申报缴纳增值税。

若项目公司在特许经营权到期后，根据合同约定无偿移交资产给政府，项目公司在资产移交后也按清算程序注销。项目公司取得的特许经营权按无形资产核算，而无形资产的计税基础已经在特许经营期限内摊销完毕，其账面价值为零，因此项目公司无须再申报缴纳增值税。

而在企业所得税方面，移交时实物资产的转让与股权转让均需要缴纳企业所得税。但由于PPP项目中的企业普遍只是获得一定期限的特许经营权，在特许权经营期满后，全部资产都将无偿移交给政府，从行为实质看，企业并不拥有所有权，且移交阶段的项目资产的摊余价值为零，一般也不涉及企业所得税。但这方面的税收政策还不够具体、全面，企业与税务部门可能会存在认知差异，需要企业与税务部门达成一致认识后，在项目合同中提前约定经营期满后企业作为社会资本方向政府移交经营权或使用权，而非产权或实物的移交。

参考文献：

［1］郭建华．我国政府与社会资本合作模式（PPP）有关税收问题研究［J］．财政研究，2016（3）．

［2］贾康，孙洁．公司合作伙伴关系（PPP）的概念、起源与功能［J］．中国政府采购，2014（6）．

［3］马蔡琛，袁娇．PPP 模式的税收政策与管理［J］．税务研究，2016（9）．

［4］何太洪，徐苏云．PPP 模式下基础设施项目税收筹划［J］．交通企业管理，2017（2）．

［5］刘昆昕．浅析 PPP 项目全流程的税务筹划［J］．财经界，2017（10）．

［6］杨方敏．高速公路 PPP 投资项目全过程税务筹划研究［J］．财经界，2018（1）．

［7］陈涛．A 市污水处理厂 PPP 税收筹划研究［D］．南京：南京师范大学，2016.

三、税收法庭

1 我国税收领域实施事先裁定制度的思考

姚林香 万 莹 熊惠君

【摘要】近年来，随着“营改增”等税制改革的推进，我国税法发生了较大的调整，并且伴随着企业经济业务国际化、混业化和复杂化，税法政策的不确定性一直困扰着税企双方，给企业和税务征管机关带来诸多不便。而国外的事先裁定为解决我国税收政策的适用性问题提供了很好的借鉴，事先裁定制度引入我国势在必行。本文拟在借鉴国内外经验的基础上，从我国当前的实际情况出发，从发展定位、适用范围、制度模式、收费问题和实施战略等方面提出我国税收领域实施事先裁定制度的思考。

【关键词】事先裁定 纳税服务 制度设计

【作者简介】姚林香，江西财经大学
万莹，江西财经大学
熊惠君，江西财经大学

一、引言

2012年10月，国家税务总局分别与中国海洋石油总公司、中国人寿保险公司和西门子有限公司几家定点联系企业签署了税收遵从合作协议，约定共同防范涉税风险，申请事先裁定成为这次协议的亮点①。2013年4月，安徽马钢集团在研究资产重组方案时，基于对税法适用不确定性的考

① 王明世．创新税收治理模式引入事先裁定的设想［N］．中国税务报，2014－10－22（B03）．

量向安徽省国税局提出了事先裁定申请①。2013 年底，国家税务总局正式发文提出要试行大企业涉税事项事先裁定制度。2014 年 3 月，全国税务系统广泛开展了“便民办税春风行动”，为事先裁定制度的出台积累了有益经验①。2015 年，事先裁定制度被纳入《中华人民共和国税收征收管理法修订草案（征求意见稿）》，草案明确提出“税务机关应当建立纳税人适用税法的预约裁定制度”（即事先裁定制度），如何建立事先裁定制度成为社会各界热议的焦点。

随着企业经济活动的日益丰富，企业的各项交易和活动渐趋复杂化，创新性的企业交易模式的出现造成我国税收实体法和税收征管法跟不上经济环境的发展步调。此外，从 2012 年 1 月 1 日于上海和重庆两市试点的“营改增”试点成果在全国铺展起，我国全面进入了经济转轨期和税制变革期，税收实体法进行了重大调整，其中包括“营改增”等税制改革，使得现存税收制度较为混乱、不确定性大，容易出现税收纷争。例如，2016 年 5 月 1 日完成的“营改增”工作，将一般纳税人的认定资质条件由原先的生产型企业年应税销售额 50 万元以上和批发零售企业年应税销售额 80 万元以上，统一变更为年应税销售额 500 万元以上。这一条件的变更意味着我国现存企业中有 80% 左右②的企业为小规模纳税人，20% 左右的企业才能直接认定为一般规模纳税人，于是对纳税主体划分的合理性便出现了较大的争议。此外，这一变化形势表明：我国经济中，中小企业是占比最为庞大的纳税主体。因此，在经济环境及交易活动复杂化的背景下，税收实体法的变更以及税收征管法的滞后造成了税法适用的不确定性，更有甚者对于同一税收政策的适用情况，税务机关之间都难以保证口径统一，更不要说纳税人，尤其是中小纳税人。税收政策适用情况不明或适用难，给企业和税务征管机关带来了诸多不便。

因此，在我国理论界对税收事先裁定的理论研究了近 10 年，并且开展了近 5 年类似于事先裁定的税收实践活动，税收事先裁定势在必行。

2015 年税收征管法征求意见稿第 46 条集中规定了税收事先裁定制度，具体内容为：“税务机关应当建立纳税人适用税法的预约裁定制度。纳税人对其预期未来发生、有重要经济利益关系的特定复杂事项，难以直接适

---

① 夏海军，胡亚纬 “事先裁定”服务钢企重组［N］. 中国税务报，2014－01－10（B02）.

② 截至 2015 年底，全国营改增试点纳税人共计 592 万户，其中一般纳税人 113 万户，小规模纳税人 479 万户，累计实现减税 6 412 亿元。根据这一数据，可以估计出 2015 年底，小规模纳税人占比 20% 左右，一般规模纳税人占比 80% 左右。李丽辉，吴秋余. 营改增再吹“集结号”［N］. 人民日报，2016－03－19.

用税法制度进行核算和计税时，可以申请预约裁定。省以上税务机关可以在法定权限内对纳税人适用税法问题作出书面预约裁定。纳税人遵从预约裁定而出现未缴或少缴税款的，免除缴纳责任。”因此，本文拟在借鉴国内外经验的基础上，结合我国当前的实际情况，从发展定位、适用范围、制度模式、收费问题和实施战略等方面作出思考。

二、文献综述

关于事先裁定的内容，我国学者主要从其定义作用、主要模式、发展定位、主导机关、裁定范围和事项、积极影响和消极影响、实施程序、撤销/撤回/拒绝和失效，以及行政复议和行政诉讼等方面进行了较为广泛深入全面的研究。鉴于下文会对事先裁定的定义作用、主要模式进行介绍，这里只介绍事先裁定与我国具有密切联系的研究内容，其他不再赘述。

关于事先裁定的发展定位，学术界主要存在两种观点，一种观点（樊勇、韩文达，2016；朱大旗、姜姿含，2016；王明世，2015）认为，事先裁定应定位为纳税服务的拓展和延伸，即应定位于对税法适用性的政策解释上，因此，持这类观点的学者较倾向于援引《税收征管法》第七条“无偿纳税服务”原则，并支持事先裁定不应收费。另一种观点（虞青松，2015）认为，事先裁定不只是纳税服务手段，而应将事先裁定制度定位于对税法的功能完善，即将事先裁定列为税法的主要解释工具；他还指出，如果将事先裁定仅视为对企业的纳税服务将不利于该制度的发展和完善。

关于事先裁定的主导机关，主要存在两种不同的观点，一种观点（虞青松，2014；罗飞娜，2015）认为，应该将事先裁定的权限集中在国家税务总局手上，地方税务机关无权进行事先裁定，以保证口径一致；第二种观点（靳立萍，2015；樊勇、韩文达，2016）则认为，由于税务行政资源有限，为了防止事先裁定事件井喷，应采取总－省模式，即由省级及其以上的税务机关受理和签发事先裁定文件；第三种观点（虞青松、张剀，2016）认为，应该在国务院法制办下设置一个独立的事先裁定委员会，负责和统筹全国税收事先裁定事项。

关于事先裁定的范围和事项，学术界也存在着两种不同的观点，一种观点（樊勇、韩文达，2016）认为，事先裁定应明确具体的裁定范围和事项，认为应将企业预计未来发生的组织结构重大变化、重大投融资活动、兼并重组、重大财产损失等重大涉税交易或事项的实体法适用问题纳入事先裁定范围，并且应仅针对会计核算健全、企业内部管理制度完善的大企业开放；而另一种观点（王明世，2014）则认为，每一个纳税人皆具有申请税收事先裁定的权利，税务机关应当对所有事项向所有纳税人开放，不应将某些纳税人排除在外。

关于事先裁定的积极影响和消极影响，国内学者主要是从纳税人和征税机关两个方面进行了探讨，也有部分学者提及事先裁定对经济和税法两方面的影响。首先，关于事先裁定的积极影响：刘磊、熊晓青、周妍（2012）指出了四点益处：①对于税务机关而言，可以提高纳税人的税法遵从度，全面及时掌握纳税人的涉税信息；②对于纳税人而言，可以事先获得其交易活动的确定性税收后果，进而可以指导其投资决策；③对我国经济而言，由于事先裁定可以提供企业交易活动确定性的税收后果，因而将有效吸引外资流入；④对于现存税法而言，企业大量地对同一税法政策适用性申请事先裁定可以有助于税务机关及时发现税法漏洞，从而尽早消除税法的不确定性。

关于事先裁定的消极影响，刘磊、熊晓青、周妍（2012）也总结了四点不足：①对于纳税人而言，存在信息披露的风险以及被税务机关发现企业内部涉税问题的风险；②对于税务机关而言，存在一种逆向操作风险，一方面，为了保护国家税收收入，倾向于从紧掌握税收政策，打击纳税人申请事先裁定的积极性；另一方面，为了吸引外资，滥用税收优惠，造成国家税收流失；③我国的立法权限属于全国人大及其常委会，那么税务机关事先裁定文件的法律效力尚存疑义；④事先裁定的时效性不强，各国平均处理时间为 4 个月左右，复杂交易事项甚至超过 1 年。

关于事先裁定的实施程序，国内学者说法各异。第一种观点（童剑，2014）认为，可以直接借鉴国外较为成熟完善的事先裁定实施程序。例如，澳大利亚的六步程序：举行裁定申请前会谈、接受裁定申请、了解交易事实、研究技术问题、税务机关提供确定性意见、沟通及结案。第二种观点（王明世，2015）认为，应该采取总－省模式，建立类似于行政审批程序的税务机关分层级授权处理范围的事先裁定程序，通过信息系统实现税务机关各层级间资料无纸化流转，从而提高行政效率。第三种观点（虞青松，2014）认为，为了保证税法政策适用性解释口径一致，应将事先裁定的权限限于国家税务总局，地方税务机关不得作出事先裁定。第四种观点（虞青松，2014）认为，可以借鉴美国事先裁定实施程序，由国家税务总局统筹全国事先裁定事项，作出裁决书，地方税务机关在国税总局的领导下，在已有法律、政策规则内制定裁定书，且裁定书的效力低于裁决书。最后，关于事先裁定在我国的具体实施，刘磊、熊晓青、周妍（2012）提出，应分两阶段执行，先在重点企业重点事项领域试行，待时机成熟后再在全国范围全面铺展开来。

关于事先裁定事项的撤销/撤回/拒绝和失效以及行政复议和行政诉讼，国内学者观点大体一致，认为在裁定结果出来前可以由申请人撤回事先裁定申请，并且当申请人提供的材料存在瑕疵或实际交易行为和裁定事项不相同时可以撤销事先裁定结果，当事先裁定事项为企业非真实虚构交易或事实问题，或假设情况等，税务机关可以拒绝事先裁定申请；此外，如果税法进行的变更致使税收政策适用情况发生改变，那么事先裁定结果将自动失效。最后，由于事先裁定属于税务机关对企业预计发生的一系列交易行为和交易事项的税法适用和税收结果做出的判定，因此，对于尚未发生的事项，一致认为申请人如果对裁定结果不满意可以选择不进行此交易活动，但不可进行行政复议和行政诉讼。

当然国内学者还从裁定受理条件、裁定作出时间、裁定结果的时效时限、制约因素等方面做了进一步细化研究，然而，鉴于我国国情的复杂及税收事先裁定尚处于探索阶段，国内学者对税收事先裁定在大方向上如何适用提出了比较完善的建议，但鲜有将税收事先裁定内容进一步具体化的。本文拟在国内学者已有建议的基础上，从我国当前实际情况出发，对税收事先裁定具体发展方向提出进一步思考，希望起到抛砖引玉之效。

三、事先裁定的定义、特点和作用

（一）事先裁定定义

事先裁定，又名事前裁定或预约裁定，有的国家还将其称为特定纳税人裁定。关于事先裁定的定义，我国学者的观点基本保持一致，但对事先裁定的对象存在些微不同意见，大部分学者（朱大旗、姜姿含，2016；李凯、李捷、孙金山，2016；罗飞娜，2015）指出，事先裁定的裁定事项主要是预计未来将要发生的一件或一系列行为或事项；个别学者（何坤明，2012）认为，应当将已发生的事项纳入事先裁定的裁定对象里，认为事先裁定是指税务机关对纳税人申请的对已发生的事项或未来预计发生的一件或一系列行为或事项的税法适用和结果出具的带有限制性效力的文件。

综合以上学者观点，本文认为事先裁定是对尚未发生、预计未来将要发生事项的税法适用性的事前裁定，因此，本文对事先裁定的定义采取国际财税协会（IFA）定义：事先裁定是税务机关对纳税人申请的对未来预计发生的一件或一系列行为或事项的税法适用和结果出具的带有限制性效力的文件①。从定义中可以得出，事先裁定的本质特征便是确定性，即税收领域实施事先裁定会在事前增加税收行为结果的确定性。

（二）事先裁定的特点

根据税收事先裁定的定义，事先裁定具有四个特点。

1. 事先性

事先裁定是指税务机关对纳税人预计发生的一系列交易或活动的税法适用和税收结果所进行的解释，因此，事先裁定事项针对的是纳税人尚未开展的经济活动，事先裁定具有事先性特点。

2. 确定性

事先裁定产生的前提条件是税收政策的不确定或适用难，即纳税人在从事一系列交易或活动时，不清楚其经济业务活动的最终税收结果是什么，因此，通过事先裁定可以明确纳税人交易活动的最终税收结果，有利于纳税人投资决策，事先裁定具有确定性特征。

3. 适用性

我国学者（夏海军、胡亚纬，2014；王明世，2014；吴东明、蒋占贤、王洁瑾，2016）指出，事先裁定是税务机关就纳税人所提交的未来发生事项应如何适用税法所进行的解释。而我国引入事先裁定的目的也正是为了帮助纳税人解决其未来交易事项税法适用不明确的情况，因此，鉴于事先裁定对税收政策适用情况进行解释的特点，其具备适用性特征。

4. 服务性

我国大多数学者认为，事先裁定是税务机关纳税服务的拓展和延伸，并提出了各自的理由，其中，朱大旗、姜姿含（2016）的观点较为鲜明，他们认为纳税人通过缴纳税收获取公共服务，国家通过收取税款提供服务、满足公共需要，税收的最终目的便是服务大众，因此，事先裁定是达到此项目的不可或缺的政府服务，事先裁定具有服务性特征。

（三）事先裁定的作用

税收事先裁定的特点使得其具有四点作用。

---

① “A more or less binding statement from the Revenue authorities upon the voluntary request of a private person, concerning the treatment and consequences of one or a series of contemplated future actions or transaction.” ELLIS M J. General Report. IFA Publications, 1999, 39.

1. 消除税收政策不确定性，降低税收风险

税收事先裁定是对纳税人申请的预计发生的一件或一系列行为或事项的税法适用和税收结果的预先裁定，可以有效地消除税收政策的不确定性，降低企业交易活动的税收风险。

2. 降低征纳税成本，提升纳税主体的税收遵从度

税收事先裁定是由纳税人主动向税务机关提出申请，对其交易或活动的税收适用和税收结果进行鉴定的服务，具有纳税人自我管理的特性。因此，通过税企双方的有效配合和沟通，可以降低征纳税成本，提升纳税主体的税收遵从度。

3. 提升税务机关监管效率，及时发现税收政策漏洞，完善税法

税收事先裁定要求纳税人主动提供充分翔实的企业信息，以便税务机关作出正确的事先裁定，有助于税务机关及时准确地掌握企业信息，提升税务机关监管效率。此外，若大多数企业对税法某一政策适用性大量申请事先裁定，也有助于税务机关及时发现税收政策漏洞，尽早消除税收政策的不确定性。

4. 构建和谐的征纳关系

事先裁定是由税务机关向纳税人提供的一种纳税鉴定服务，在这一环节中，税务机关可以及时准确地掌握企业信息，而企业能够从事先裁定中获取确定性税收政策适用和税收结果的好处，该制度可促使税企双方由“对立”关系转变为“和谐一致”关系。

四、国内外经验借鉴

税收领域的事先裁定行为最早可以追溯至1911年的瑞典[①]，当时主要是针对印花税，瑞典采取了事先裁定行为，对征纳税双方都具有约束力；其后，美国于1954年出台了关于私人信函裁定[②]（private letter rulings）的详细指引；1988年经济合作与发展组织（OECD）[②]的20个国家中只有7个国家没有引进税务事先裁定制度；到了21世纪，引进税收事先裁定制度俨然成为各国在税制趋同潮流之下的主流做法。目前，经济合作与发展组织的所有成员国，都已构建一整套税务事先裁定程序。国际上事先裁定制度主要分为两种模式：司法模式和行政模式。

---

① 赵敬贤，姚小丹. 国外事先裁定主要有两种模式［N］. 中国税务报，2016-07-29（B05）.

② 朱为群，谭郁森. 论中国引进税务事先裁定制度的必要性和可行性［J］. 现代经济探讨，2012（6）：89-92.

（一）司法模式的税收裁定[①]

司法模式的税收裁定主要以瑞典和印度为代表。该模式下，事先裁定程序隶属于司法程序，由独立于税务部门的专门司法机构或准司法机构负责受理和签发事先裁定。例如：瑞典的税收裁定是由事先裁定委员会负责受理和签发事先裁定，印度的税收裁定则是由事先裁定局负责，该局由一名主席和两名成员主持管理，主席通常由印度最高法院卸任法官担任，其中一名成员则由印度的“国家税务总局”——国内收入署委派。该模式的最大优点是能够最大限度地保证税企双方的地位平等，并能够创制税法先例、保证税法适用的一致性，并且税收事先裁定文件具有判例法的性质，可以被其他纳税人所援引；但该模式存在的较大缺点便是程序复杂、耗时长，不利于纳税人及时确定税收待遇。因此，大多数国家很少选择司法模式事先裁定制度，而更倾向于选择行政模式的事先裁定制度。

（二）行政模式的事先裁定[②]

行政模式的事先裁定制度是由行政机关（或者说税务机关）负责受理和签发事先裁定的一系列程序，采用该制度模式的国家比较多，主要有美国、英国、加拿大、新西兰和澳大利亚等。国际上，该制度模式主要有两种主流划分标准：法律层级和效力、管理集中度。

1. 按法律层级和效力划分：法律性事先裁定和行政性事先裁定

该制度模式下按照法律层级和效力标准划分，可以进一步细分为法律性事先裁定和行政性事先裁定。其中，法律性事先裁定是指由国家法律规定事先裁定制度，而行政性事先裁定则是由行政机关依据自身发布的规范性文件来开展事先裁定。从法律层级和效力来看，法律性事先裁定其法律层级和效力皆高于行政性事先裁定；但从程序的灵活程度来看，则行政性事先裁定比法律性事先裁定要简单灵活。

2. 按管理集中度划分：集中管理型和分散管理型

该制度模式下按照管理集中度标准划分，可以将行政模式的事先裁定进一步细分为集中管理型事先裁定和分散管理型事先裁定。其中，集中管

---

① 赵敬贤，姚小丹．国外事先裁定主要有两种模式［N］．中国税务报，2016－07－29（B05）．

② 赵敬贤，姚小丹．国外事先裁定主要有两种模式［N］．中国税务报，2016－07－29（B05）．

理型事先裁定是指由最高行政当局（如国家税务总局）统一发布事先裁定，这一制度模式可以有效保证事先裁定的统一管理以及税法执行的一致性，因此为大多数国家和地区采用。而分散管理型事先裁定指的是除了最高税务当局以外，其他地方税务机构也有权做出事先裁定，但该制度模式下，权力分散易造成裁定的适用范围较窄，效力较弱。

（三）国外税收事先裁定经验借鉴

国外税收领域事先裁定执行具体情况为我国实施事先裁定提供了主要经验借鉴。

1. 税收事先裁定范围

大多数国家都倾向于采用反列举法明确规定本国事先裁定不适用的情形，其内容各国表述基本一致：①未经严肃考虑或无合理商业目的的申请不适用；②正被税务机关评估检查或处理的事项不适用；③税法明确规定可以直接适用相关条款的事项，或已被裁定过的相同事项不适用；④纯粹事实问题不适用；⑤涉及外国法律的诠释申请不适用；⑥不按时提交必要资料的申请不适用。其中，部分国家会列明纳税人可以向税务机关申请事先裁定的具体事项，例如，美国[①]便列出事先裁定受理范围为：公司税、金融机构和产品设计、所得税和会计、国际税收、转运和特殊行业、程序和管理、减免税。澳大利亚[②]的裁定分为四种：公共裁定、产品裁定、同类别裁定和私人裁定；其中，私人裁定适用于申请者，其适用范围涵盖了税收实体法及其征管程序法的所有内容。

2. 事先裁定处理时限

各国事先裁定处理耗时比较长，平均时限为 4 个月[③]左右。其中，美国通常情况下的事先裁定处理时限为 3 ~ 6 个月[④]，特别复杂的事项会耗时超过 1 年[⑤]。澳大利亚为了提高其纳税服务质量，对事先裁定的时间做出了严格的规定，当私人裁定所需资料收集齐全时，澳大利亚税务局一般会在 28 天内[⑤]做出裁定，如果情况较为复杂，税务机关会在 14

---

① 李凯，李捷，孙金山．税务事先裁定的国际经验及借鉴［J］．国际税收，2016（4）：26 – 28.

② 吴东明，蒋占贤，王洁瑾．澳大利亚事先裁定经验能否为我所用［N］．中国税务报，2016 – 12 – 09（B05）.

③ 刘磊，熊晓青，周妍．事先裁定制度研究［J］．税务研究，2012（9）：42 – 48.

④ 张建忠，卢秋声．税收事先裁定国际经验及借鉴［J］．财会通讯，2017（11）：120 – 122.

⑤ 吴东明，蒋占贤，王洁瑾．澳大利亚事先裁定经验能否为我所用［N］．中国税务报，2016 – 12 – 09（B05）.

天内[①]联系申请人商谈一个确定的时间。印度将事先裁定分为两类，一类是直接税事先裁定，由直接税事先裁定局负责，其自收到相应申请之日起6个月内[②]公开宣布裁定结果；另一类为间接税与货劳税事先裁定，由间接税与货劳税事先裁定局负责，该局自收到申请之日起的90天内[③]公开宣布裁定结果。此外，加拿大事先裁定的平均处理时间为4个月[④]，新西兰85%的裁定处理时间在3个月之内[④]，瑞典则一般需要3～5个月[④]完成事先裁定。

3. 收费问题

各国是否对事先裁定收费主要取决于对事先裁定的定位。通常情况下，如果一国认为事先裁定是属于纳税服务的一部分，那么更多情况下不收费，例如，澳大利亚将事先裁定作为一项日常纳税服务，免费为国民提供事先裁定服务。如果一国认为事先裁定是针对特定纳税人的个性化服务，则倾向于收取费用。例如：美国根据裁定事项不同，收取500美元到2万美元[⑤]不等的申请费用。印度收费有三种标准[②]：若为间接税事先裁定，则对每起申请固定收取2 500卢比；直接税事先裁定根据申请人所涉交易金额制定收费标准，1万卢比到100万卢比不等；若为货劳税事先裁定，则由货劳税事先裁定局以及货劳税事先裁定上诉局具体告知申请人收费金额。

4. 事先裁定的可诉性问题

通常情况下，大多数国家不允许就事先裁定申请复议或起诉。理由主要有以下四点：①行政复议或行政诉讼主要针对的是已经发生损害的事实，而事先裁定对象为预计发生、尚未发生的事项；②纳税人可以通过不执行相关裁定交易事项来避开不利的事先裁定结果；③如果纳税人对税务机关的事先裁定结果有异议，可以在后续纳税评估和税收检查环节提出行政复议或行政诉讼；④一般情况下，事先裁定申请人仅可以对税务机关是否受理等程序性问题提出行政复议或行政诉讼。但是，澳大利亚和印度却有些不同，澳大利亚针对私人裁定提供了较为完善的法律救济，其对于不

---

① 吴东明，蒋占贤，王洁瑾．澳大利亚事先裁定经验能否为我所用［N］．中国税务报，2016－12－09（B05）．

② 吴东明，王洁瑾，蒋占贤．印度：事先裁定对税企双方具有同等约束力［N］．中国税务报，2016－09－09（B05）．

③ 吴东明，王洁瑾，蒋占贤．印度：事先裁定对税企双方具有同等约束力［N］．中国税务报，2016－09－09（B05）．

④ 刘磊，熊晓青，周妍．事先裁定制度研究［J］．税务研究，2012（9）：42－48.

⑤ 李凯，李捷，孙金山．税务事先裁定的国际经验及借鉴［J］．国际税收，2016（4）：26－28.

满意的私人裁定，允许纳税人申请内部救济（向税务机关提出复议）和外部救济（上诉或仲裁），此外，还成立了独立于政府机构的“税务监察局”处理税务征管过程中的争议。印度直接税和间接税事先裁定是不受理上诉的。但是根据印度宪法，申请人可向高等法院或者最高法院就事先裁定结果提出上诉。在货劳税法下，货劳税事先裁定是接受上诉的。

5. 事先裁定的公开

国外大多数国家采取公开事先裁定，例如，美国将纳税人私密信息进行删减后，每周会将已回复纳税人的裁定在其税务机关官网上公布；澳大利亚也在其税务局网站上建立了专门的事先裁定数据库；加拿大则将事先裁定结果交给商业出版社出版；新西兰等国会把一些重要的事先裁定结果改写成公共裁定后予以公布。

6. 事先裁定的约束力

国外绝大多数国家事先裁定一般仅对税务机关有约束力，也即只要纳税申请人实际经济活动与事先裁定内容相符，则税务机关在评估纳税人的纳税申报时便不能采取与事先裁定不同的立场，即对纳税人不利的立场。例如，澳大利亚做出的事先裁定只对税务机关有约束力，且出于保护纳税人利益原则，如果事先裁定做出有误但有利于纳税人，只要纳税人实际按照裁定事项从事活动，便可以少缴税或免除不利惩罚。但是印度存在些许不同，其事先裁定结果对申请人、所涉交易或事项、国内收入署、管辖区税务机关、海关税务局、中央增值税税务局以及各自下属税务机关①同时具有约束力，并且只要事先裁定所涉及的法律和事实没有发生变化，判定结果就一直有效。

7. 事先裁定的撤销、撤回和失效

一般情况下，如果裁定有误可以进行撤销，但某些国家出于对纳税人信赖利益的保护，对纳税人有利的错误裁定不予撤销，例如，瑞典和英国。此外，如果出现法律或司法解释发生变更、纳税人实际发生的事项和申请裁定的事项不相符、申请资料存在瑕疵等情况，可以宣布裁定失效。最后，大多数国家允许纳税人在事先裁定签发前撤回裁定申请。

（四）香港税收事先裁定经验借鉴

香港税务局的事先裁定由税务局长统一做出，属于行政模式，且为集中管理型，其事先裁定实践已有20年之久，体系运转相对成熟稳定，其中

---

① 吴东明，王洁瑾，蒋占贤．印度：事先裁定对税企双方具有同等约束力［N］．中国税务报，2016－09－09（B05）

有不少地方值得借鉴学习。

1. 税收事先裁定的范围①：所有纳税人和香港税收条例条文

香港税收事先裁定允许香港纳税人就香港税收条例的任何条文的具体适用提出裁定申请，但以下三类条文除外：①与施加或减免惩罚有关的条文；②与报税表或其他数据的正确性有关的条文；③与任何一方提出的检控或向任何人所欠债项进行追讨有关的条文。

2. 税收事先裁定提交的资料①

资料包括：①纳税申请人，即裁定结果出具对象；②裁定事项有关的事实和文件；③列明要求税务机关做出裁定的《香港税务条例》条文；④列明与该申请提出的争论点有关的法律观点；⑤附拟一份草拟裁定初稿。

3. 直接列明拒绝做出裁定以及不得做出裁定的情形①

拒绝做出裁定的情形：①事实问题；②有赖于做出某些假设，才能做出正确裁定；③申请人或其他人士提出反对或上诉的事项；④根据《税务条例》提交或到期提交的报税表的事项；⑤申请中含有替代方案；⑥对公认会计原则或商业惯例提出裁定意见；⑦涉及税收征管体系；⑧对外国法律的解释；⑨涉及税收筹划的事项；⑩纯理论问题。

不得做出裁定的情形：①未经纳税人认真考虑进行的申请；②琐屑无聊或无理取闹的申请；③税务局正进行审计的事项；④没有提供充足资料的申请；⑤鉴于其他可得的资源，做出的裁定不合理。

4. 裁定时限、裁定结果的公布及效力

一般情况下，只要提交的资料充分齐全，香港税务局一般在6个星期内①回复申请人，情况较为复杂的则会适当延期。裁定结果如若涉及公众利益，税务局会在删除掉纳税人私密信息的情况下，在税务局网站上简化公布。此外，香港税务局还明确指出，对外公布的裁定只具有一般参考作用。

五、我国引进事先裁定的建议

（一）事先裁定的发展定位：兼具纳税服务和税法完善的功能

首先，事先裁定的推出主要是由于税收政策适用情况不明朗，事先裁定的主要目的是帮助纳税人清楚了解其交易活动的税收适用和税收结果。

---

① 罗飞娜．香港税务事先裁定制度特点及其对内地的启示［J］．税收经济研究，2015（4）：23－29.

从这一点出发，事先裁定具有纳税服务功能，即由税务机关向纳税人交易活动税收政策适用情形进行解释和事前裁定，从而明确企业交易活动的税收后果，提高纳税人的税收遵从度。

其次，税法的不确定性是造成税收政策适用不确定的原因，这说明我国现存税法条款并非十全十美。如果多数纳税人就同一税收政策进行大量事先裁定申请，这有助于税务机关尽早发现税法的漏洞，为完善税法提供最大的直接证据。

因此，税收事先裁定的发展定位既不可仅定位于纳税服务，也不可仅定位于税法完善，而应是两者齐头并进。

（二）事先裁定的适用范围：全体纳税人和不适用事项以外的所有事项

刘磊、熊晓青和周妍（2012）就我国事先裁定制度设计问题提出，要与世界接轨，同时应考虑中国国情和中国特色，本文也赞同这个观点：一是国外成熟的事先裁定经验能为我国提供不错的经验借鉴；二是在制度设计时不要完全照搬国外已有模式，而是要基于我国国情。我们现在最大的国情是有80%左右的企业为小规模纳税人，或者说为中小企业，那么事先裁定的适用范围如果直接限定为大企业，就意味着有80%左右的中小纳税人被排除在可享有的纳税服务权利之外。因此，本文认为事先裁定的适用主体应该包括全体纳税人。

关于事先裁定的适用事项，我们可以借鉴国外的成熟经验模式，采用反列举法把不适用的事项列出来，例如，假设交易行为、事实问题、明显避税筹划（申请材料含替代方案）、正在被税务机关评估检查或处理、涉及外国法律解释问题等排除在外，除此以外均可适用事先裁定。

（三）事先裁定的制度模式：总－省－市/县三级集中管理型行政模式

朱诗南、冯泽华（2015）结合我国当前行政机关朝精简化、扁平化方向发展，提出事先裁定申请人应直接向省局提交事先裁定申请资料，从而可以提高行政效率；但王明世（2015）认为，发达的信息系统和无纸化办公环境大大缩减了各层级之间的信息传递时间，为防止事先裁定井喷，可以适当开放基层税务机关的裁定权限。

本文认为，事先裁定制度模式既不可以由于行政机关精简化、扁平化便牺牲事先裁定的质量，又不可以一味追求事先裁定的处理数量而随意下放权限，失去事先裁定应有作用。因此，本文结合事先裁定的适用主体为全体纳税人，提出以下设想：

（1）为了保证税收政策解释口径一致，且不耽误事先裁定的处理效率，事先裁定的权限应限于国家税务总局，并由国家税务总局对省局进行相应授权。

（2）基层税务局对本地企业的基本信息比总局和省局更为了解情况，因此，可由省局下放符合其裁定能力的事先裁定权，例如，以企业年收入为标准，全年收入不超过100万元的企业，其事先裁定申请可由基层税务局裁定。

（3）为了方便事先裁定工作的开展以及明确相应责任，可在各层级税务机关内部设置独立的事先裁定办公室，负责全国具体的事先裁定事项，并内部选拔合适的专业人员从事事先裁定工作。

（4）对于基层税务局的事先裁定档案，既要保存纸质版又要保存电子版，且事先裁定事项相关内容应输入到纳税人的涉税信息里以进行备录，省局实施年度稽查。

（四）事先裁定收费问题：中小企业免费，大企业适当收费

要申请事先裁定必须向税务机关提供翔实具体的企业信息，包括财务信息。我国中小企业的财务制度和会计核算向来不健全，其对我国税收政策也并不了解，大部分情况下主要是进行纳税咨询，鉴于其业务活动规模较小，裁定事项的复杂性不高，占用的税务行政资源不多，可以对其免费裁定：一来可以增进中小企业纳税人对税收政策的了解程度，培养纳税意识，提高中小企业纳税遵从度；二来也有利于构建和谐的征纳税关系。

但是对于大企业，其业务规模比较庞大，业务复杂程度较高，要准确地判定其交易活动的税收适用和税收结果需要耗费大量税务行政资源，并且大企业比中小企业资金实力雄厚，承担适当的事先裁定费用并不会减少它们对事先裁定的需求，因此，可以考虑以税务机关正常处理业务所耗用的时间为标准收取一定的费用。

（五）明确事先裁定的提交资料、受理时间、裁定时限和裁定失效情况

为了规范征纳税双方行为，即事先裁定申请人确实需要进行事先裁定和税务机关严格执行事先裁定工作，应规范事先裁定的提交资料、受理时间、裁定时限和裁定失效情况。

1. 提交资料

步骤如下：①在事先裁定申请表上填写好纳税申请人（裁定结果出具

对象）的基本信息，包括正确的纳税识别号；②裁定事项有关的事实和证明文件及申请裁定的意图；③列明要求税务机关做出裁定的法律条款；④列明与该申请提出的争论点有关的法律观点；⑤附拟一份草拟裁定初稿。

2. 受理时间和裁定时限

对于中小企业，由于裁定事项复杂度不高，税务机关应在 5 个工作日内回复是否受理，20 个工作日内回复裁定结果，出具裁决书（可由基层税务局专用）。对于大企业，由于裁定事项较为复杂，税务机关可在 20 个工作日内回复是否受理，100 个工作日内回复裁定结果，出具裁定书（可总局和省局专用），特别复杂的事项可适当延期，最长不超过 1 年。

3. 裁定失效情况

裁定失效情况，可以借鉴国外经验，以下情况可认定裁定失效：税法变更或司法解释变更、纳税人实际发生的交易活动和申请裁定提供的事实不相符、申请材料存在瑕疵等。

（六）事先裁定的撤回、撤销、法律救济

1. 撤回

一般情况下，只要在事先裁定结果出具之前，纳税人都可以撤回申请，但是为了降低纳税人的随意性，可以附加规定：但凡撤回申请的，此纳税人在今后的 2 年内不能再针对此类交易活动再次提出裁定申请。

2. 撤销

当事项裁定所依据的法律发生变更、纳税人的实际交易活动与裁定事实不相符、纳税人提交的裁定申请材料存在瑕疵等纳税人存在过错时，可以由税务机关进行撤销，除此以外，如果是税务机关裁定错误，而纳税人不存在过错的情况下，一律不允许撤销，以保护纳税人的利益。

3. 法律救济

国外大多数国家（地区）对事先裁定不允许纳税人采取行政复议或行政诉讼，其理由是行政复议或行政诉讼主要针对的是已经发生损害的事实，而事先裁定对象为预计未来发生、尚未发生的事项；此外，纳税人可以通过不执行相关裁定交易事项来避开不利的事先裁定结果；最后，如果纳税人不服，可以在纳税评估环节提出复议或诉讼。

本文更倾向于国外主流的观点，对税务机关事先裁定结果不适用行政复议或行政诉讼，但对于税务机关无故不受理纳税人事先裁定的除外。

（七）事先裁定结果是否对外公开

大部分国家（地区）都是将企业的敏感信息删去后，再将事先裁定结果对外公布，本文认为这是一个很好的举措：一来可以起到宣传教育作用；二来可以凸显税务机关的办事成果。我国各级税务机关可以定期在其官网上公布事先裁定结果。但是，鉴于事先裁定具有特例属性，大部分国家（地区）限定了事先裁定结果对其他纳税人的效力，即事先裁定对其他纳税人仅具有一般参考作用。我国属于成文法国家，部分纳税人对事先裁定效力意识不强，因此，在公布裁定结果时要提醒纳税人裁定结果仅具有一般参考作用。

（八）加快税收事先裁定立法，待时机成熟使其效力合法化

我国学者（虞青松，2013）曾就事先裁定文件的法律效力提出担忧，由于我国税务机关不具备立法权限，其出具的事先裁定文书的法律效力存在普遍的异议。2015 年，事先裁定制度被纳入《中华人民共和国税收征收管理法修订草案（征求意见稿）》是其正名的良好开端，但是我国经济业务日益多元化、混业化、国际化和复杂化，仅纳入《税收征管法》未必能解决我国庞大的事先裁定业务需求，而应该根据各行各业的业务特点尽早草拟税收事先裁定法，待时机成熟时推出，使得事先裁定效力合法化。

（九）采取两阶段实施战略，先局部试行，再全面推广

虽然国外和我国香港事先裁定制度较为成熟，不少经验值得我们借鉴学习，但是我国国情较为复杂，又极具中国特色，一个新生事物适不适合现存环境，具体实施后又会存在哪些问题及如何解决，这些都需要先进行试点，再全面推行。

事先裁定也可以仿效“营改增”和房产税改革，先在经济较为发达的地区（经济较为发达的地区对新事物的接受能力强，各种成分的企业多，税收实践丰富、业务较为复杂），例如上海、北京、深圳、广州，进行试点，观察试点效果、发现问题并进行解决，待时机成熟后再全面推广。

参考文献：

[1] 达琪．国外事先裁定涉及哪些事儿［N］．中国税务报，2015－02－06（B02）．

[2] 樊勇，韩文达．我国税收事先裁定制度之完善［J］．国际税收，2016（4）：10－15.

[3] 何坤明．事先裁定：防范税务风险的重要制度安排 [N]．中国税务报，2012-02-20（005）.
[4] 胡海啸，许常涌，别德刚．企业借助事先裁定延迟纳税8 000万元 [N]．中国税务报，2015-11-06（B02）.
[5] 靳立萍．税收事先裁定的运用及相关问题研究 [J]．经营管理者，2015（34）：30.
[6] 李凯，李捷，孙金山．税务事先裁定的国际经验及借鉴 [J]．国际税收，2016（4）：26-28.
[7] 刘芳．我国设立税收事先裁定制度的法理探究 [J]．东方企业文化，2014（10）：248.
[8] 刘磊，熊晓青，周妍．事先裁定制度研究 [J]．税务研究，2012（9）：42-48.
[9] 刘磊，熊晓青．事先裁定入法应该注意哪些问题 [N]．中国税务报，2015-02-06（B02）.
[10] 罗飞娜．香港税务事先裁定制度特点及其对内地的启示 [J]．税收经济研究，2015（4）：23-29.
[11] 施瑶，朱婷婷．经济学视角下的税收事先裁定 [J]．现代经济信息，2014（20）：352.
[12] 童剑．澳大利亚事先裁定有六道程序 [N]．中国税务报，2014-07-04（B02）.
[13] 王明世．创新税收治理模式引入事先裁定的设想 [N]．中国税务报，2014-10-22（B03）.
[14] 王明世．税务事先裁定程序规则的构建研究 [J]．税收经济研究，2015（1）：30-37.
[15] 吴东明，王洁瑾，蒋占贤．印度：事先裁定对税企双方具有同等约束力 [N]．中国税务报，2016-09-09（B05）.
[16] 吴东明，蒋占贤，王洁瑾．澳大利亚事先裁定经验能否为我所用 [N]．中国税务报，2016-12-09（B05）.
[17] 夏海军．“事先裁定”如何惠及更多企业 [N]．安徽日报，2013-12-02（010）.
[18] 夏海军．防范税务风险的“事先裁定” [N]．安徽日报，2013-12-02（010）.
[19] 夏海军，胡亚纬．“事先裁定”服务钢企重组 [N]．中国税务报，2014-01-10（B02）.
[20] 熊晓青．事先裁定热点问题研究 [J]．国际税收，2016（4）：06-09.
[21] 虞青松．构建税务事先裁定制度 [N]．中国社会科学报，2013-11-20（A07）.
[22] 虞青松．税收事先裁定权限应集中到税务总局 [N]．中国税务报，2014-09-03（B07）.

［23］虞青松．事先裁定不只是纳税服务手段［N］．中国税务报，2015－11－06（B02）．
［24］虞青松，张剀．税收事先裁定的组织建构初探［J］．税务研究，2016（6）：92－96.
［25］永泉，海波，亚纬．安徽国税局向大企业提供事先裁定服务［N］．中国税务报，2013－11－25（A03）．
［26］曾思红．香港税收“事先裁定”介绍及启示［J］．涉外税务，2002（4）：44－47.
［27］赵敬贤，姚小丹．国外事先裁定主要有两种模式［N］．中国税务报，2016－07－29（B05）．
［28］张建忠．美国税收事先裁定的实践及经验［J］．税收经济研究，2016（3）：52－56.
［29］张建忠，卢秋声．税收事先裁定国际经验及借鉴［J］．财会通讯，2017（11）：120－122.
［30］张松．在我国设立税收事先裁定制度的探讨［J］．税务与经济，2013（2）：1－4.
［31］朱大旗，姜姿含．税收事先裁定制度的理论基础与本土构建［J］．法学家，2016（6）：120－132.
［32］朱诗南，冯泽华．试论我国税收事先裁定制度的构建［J］．商，2015（44）：157－158.
［33］朱为群，谭郁森．论中国引进税务事先裁定制度的必要性和可行性［J］．现代经济探讨，2012（6）：89－92.
［34］朱彦，程卫东，杨进平．借助事先裁定，享受协定待遇［N］．中国税务报，2016－01－29（B05）．
［35］祝樱．事先裁定：纳税人的“定心丸”［N］．中国税务报，2015－02－06（B02）．

2　我国税务法庭相关问题研究

阮家福　詹　怡

【摘要】党的十八届三中全会通过了关于深化财税体制改革的决定，司法改革和税制改革成为其中的重中之重。随着我国税务案件的复杂化、专业化、大量化的特点越来越显著，学术界对是否设立税务法庭以及税务司法独立性存在着争议。一方面，税务法庭的设立能够更好适应时代发展的需求，满足依法治税的需要，更好保护纳税人的合法权益；另一方面，设立税务法庭也存在着很多顾虑，既不能一味参照国外经验而忽视国情的差异，也不能忽视实际问题，不考虑财政负担等。本文主张在建立税务法庭的问题上，考虑现实存在的问题，借鉴国外优秀经验，从而更好地促进我国税务司法专门化的进程。

【关键词】税务法庭　税收案件　税务司法专门化

【作者简介】阮家福，湖北经济学院教授
詹怡，湖北经济学院学生

一、税务法庭的性质

在税务司法专门化趋势的驱动下，税务法庭的成立是最能从形式上体现税务司法专门化的。纵观全球税务法庭设立的情况，美国、德国、加拿大等国家设立了专门的法院来解决涉税争议；丹麦和韩国等国家将税务法庭设置在财政部；法国、瑞典、澳大利亚并没有税法法庭，而是在法庭中设置税务法官，隶属于民事法庭或者行政法庭。在我国，没有明确规定税务法庭的概念和内涵，相关学者从税务司法专门化的角度主张税务法庭应隶属于司法系统，而从我国现有实际情况来看，我国税务案件的处理是归属于行政法庭的。

二、税务法庭设立的关键影响因素——税务行政案件的处理

（一）税务行政案件的概念

我国法院处理行政纠纷和争议的法律制度包括行政诉讼、刑事诉讼以

及民事诉讼，其中行政诉讼案件根据指标划分为城建、资源、公安、劳动和社会保障等十多种，税务行政诉讼案件就是其中的一类。税务行政诉讼案件是指公民等纳税人与税务机关及其工作人员之间的争议。当然，税务诉讼案件不仅仅包含税务行政诉讼案件，还包括税务刑事案件（偷税、抗税、骗税等违法行为）和税务国家赔偿案件，本文仅从税务行政诉讼案件的角度来分析税务法庭的必要性，因为其他两类税务案件占所有诉讼案件的比例低且税务行政诉讼案件是最能反映征纳关系的，是税收司法的最重要的表现形式。

（二）税务行政案件现状

表1是根据《中国法律年鉴》而整理的有关税务行政案件的具体审判情况，其中税务行政收案在2010—2012年基本维持在400件左右，增长比例不超过10%；2013年降到362件，比上一年下降16%；2014年又回到400件左右，在2015年增长到636件，比上一年增长60%。仅从绝对量增减的角度来看，可以判断未来税务行政案件收案数量会逐渐增长，增长比例虽不稳定但是主要趋势是逐渐增多的，由此可说明税务法庭设立的必要性。

表1　2010—2015年税务案件情况统计表

年份	2010	2011	2012	2013	2014	2015
行政总收案（件）	129 133	136 353	129 583	123 194	141 880	220 398
税务收案（件）	398	405	436	362	398	636
税务结案（件）	402	399	384	393	389	565
维持（件）	31	21	25	30	40	17
驳回（件）	26	25	22	40	34	85
撤诉（件）	245	225	191	198	137	149
撤销（件）	14	9	17	15	34	26
撤诉占收案（%）	61.56	55.56	43.81	54.70	34.42	23.43
撤销占收案（%）	3.52	2.22	3.90	4.14	8.54	4.09
税务收案占总收案（%）	0.31	0.30	0.34	0.29	0.28	0.29

注：表内数据根据《中国法律年鉴》（2010—2015年）整理。

从法律年鉴披露的数据来看，2015年行政总收案为220 398件，行政撤诉案件为42 925件，占比为19.48%；而税务行政案件占总行政收案的

0.29%，税务行政撤诉案件占税务行政案件的23.43%，高于总行政撤诉案件占比平均水平，从数据的比较上可以看出税务行政案件撤诉率较高。撤诉率高的现象表明法院还未对案件进行司法审判，大多数案件当事人就因为某些原因而放弃诉讼。2010年撤诉率达到61%说明一大半的税务行政诉讼案件没有进入司法审判阶段，虽然2015年降至23%，但比例还是略高。

2010—2015年，税务行政撤销案件的数量占税务行政收案的4%左右，最高为8.54%，最低为2.22%，这说明我国税务机关败诉率较低。导致我国税务机关败诉率低的首要原因就是我国的税务行政复议制度不完善。税务行政复议指的是纳税人以及扣缴义务人等税务当事人，为了保护自己的合法权益向上一级别行政机关提出申请，认为其税务行政行为侵犯了自己的合法权益，请求上一级行政机关做出裁决的行为。我国税务行政复议机关是隶属于国税部门的内部机构，这就导致行政复议机关缺乏独立性，大多数行政复议机关在面对涉税争议时没有独立的决定权，需要请示税务机关，税务机关的干涉使得纳税人很难通过行政复议来保护自己的合法权益。

三、国外税务法庭经验借鉴

通过上述对税务法庭相关概念的阐述，虽然很难准确描述税务法庭所面临的问题，但是可以看出我国建立税务法庭所面临的问题会很多。

从对比法的角度出发，在借鉴别国税务法庭经验基础上再来探讨我国税务法庭建设性和可行性的问题是比较科学的。纵观全球，税务法庭的组织模式基本分为三类：成立专门的税务法院、将税务法庭归属于其他部门、不设立税务法院也不成立税务法庭只在审判庭上保留税务法官。这三种模式在一定程度上代表了一部分国家在税务司法专门化的道路上所进行的探索，其中美国、日本、法国分别是这三种模式的典型代表。

（一）美国——联邦税务法院

1. 美国联邦税务法院概况

美国成立专门的税务法院，将其作为独立的司法机关。美国的税务法院一开始属于美国税务局（IRS）的内设机构，后来作为解决税务争议的司法机关慢慢脱离出来成为具有特殊性、独立性的法院，其宗旨是为纳税人提供无政府倾向性偏见的税务争议解决机制。美国税务法院的设立在历史上经历了四个阶段：1920年，复议审查委员会作为美国税务局内部设立的分支机构成立，但该委员会作为内部机构，最终代表的是税务局，破坏了公众的信任；1924 年，美国国会决定设立独立于美国税务局和财政部的行政机构——税务上诉委员会，该委员会被视为非正式程序的行政机构，负责处理所得税等方面的争议；1942 年，国会将税务上诉委员会更名为税务法院，但仍是独立的行政机构，直到 1946 年《联邦行政程序法》的颁布，税务法院的判决是否受行政程序法规制的问题得到确切关注；1969 年，税务法院正式成为宪法第一条下拥有立法权的法院，行政程序法不再适用于税务法院的审判程序和管辖。美国税务法庭是联邦税务法庭，采用单一机构设置，主要是为了适应美国联邦税务的集权化管理体系。纳税人可以选择四个初审法院提起诉讼：联邦区法院、美国联邦索赔法院、美国税务法院或该院的小额案件法院。税务法院常任法官有 19 名，由总统任命，所有法官都具有较高的税务专业素养，具备税务法官所需要的专业能力。

当纳税人支付了美国税务局要求的税款之后，如果要求返还缴纳的税款，既可以向美国地区法院起诉，也可以向美国联邦索赔法院起诉；在纳税人拒绝支付税款的情况下，美国税务法院作为一审法院才具有审理此类税法问题的管辖权。税务法院作为联邦法庭，具有处理税务纠纷、通知纳税人缴款责任、宣告某些税务判决等权利。小额案件法庭的审判程序是非正式的，其判决不得上诉，受理案件的标的必须在 5 万美元以下，这些案件审理及时且费用便宜。

2、借鉴——美国稽查阶段的司法救济

美国税务法院以处理未足额申报税务案件为其主要业务，当纳税人向美国税务局提交了自行评估的纳税申报表之后，税务局认定其为未足额申报并向纳税人发出通知单。纳税人在 90 天内向税务法院提起诉讼并以此为一个“禁止期”而不受税务局任何限制，税务法院对税务争议进行取证并重新审查，以独立的审判地位有权裁决纳税人最终税款的正确数目，在税务法院确定此案件为未足额申报之后，美国国税局才能正式进入征收程序。因此，税务法院是纳税人在美国税务局确定税款前唯一的司法救济途径。

美国税务法院是经历了一个漫长曲折的发展过程而建立起来的，是一项巨大的系统的司法体系建设工程，并不仅仅是设立一个独立的税务审判机构。美国税务法院在稽查阶段对纳税人的司法救济值得我国借鉴的有两点：①美国国税局在对纳税人税收争议进行核定时，更注重的是法律审核，而忽略税务案件的专业性。税务法院在国税局最终审核确认之前进行专业性的稽查，更符合稽查阶段的事实认定也更能体现权威性和公正性。②如果纳税人向美国地区法院或者美国联邦索赔法院进行起诉，必须在缴清所欠税款的基础上；这意味着国税局的税收征收程序已经完成，纳税人只能提起退税的诉讼，从本质上没有保护纳税人的权益。美国税务法院在纳税人还未清缴税款时对未足额申报案件进行稽查，从稽查阶段给予纳税人最有利的司法救济，既保证了纳税人的权益又保证了税款的及时入库，具有极高的公平性。

（二）日本——国税不服审判所

1. 日本国税不服审判所概况

日本没有设置专门的税务法庭，但是日本设有专门处理财税案件的机构——国税不服审判所。国税不服审判所成立于1970年，是独立于国税局和税务署之外，以公正的第三方的立场，对纳税人的合法权益进行救济的行政复议机构。国税不服审判所在东京设有总部，同时在仙台、名古屋等12个城市设有支部，在长野、京都等7个城市设有支所。国税不服审判所所长，经财务大臣批准由国税厅厅长任命，原则上独立行使权利。所长、首席法官和关键部门中的其他官员由司法部门人员担当，一般任期两年，任期内的身份为国税厅人员，任职期满后回到原司法工作岗位。但其实，大多数国税审判官是从国税局和税务署中借调的，社会对于其能否保持中立持有疑问，所以，日本政府正在采取措施，增加律师、税务师等民间人士担任国税审判官的数量。

日本国税不服审判制度本质上是“二级复议”体制的体现，所谓“二级复议”包括提出异议和审查申请两个阶段。当纳税人就税务机关做出的处罚通知向税务署提出异议之后，税务署就提出的异议进行事实调查，在调查期间，原处罚仍然具有效性和执行力，若调查结果符合纳税人提出的异议理由则撤销处罚，若不符合则维持原有处罚。纳税人对税务机关所做出的决定不服可以继续向国税不服审判所提出二次“审查申请”，国税不服审判所再进行裁决。

2. 借鉴——日本税务行政救济制度

就我国司法现有发展程度来说，很多学者推崇日本的税务行政复议制度。日本坚持重新调查前置、行政复议前置、上诉不加刑、原处分不停止执行等原则，此外，为了使纳税人能够了解权利救济制度的相关内容，日本国税厅和国税不服审判所通过网站提供了行政复议案例等信息，从而公平、公正、迅速地救济纳税人的正当权益。当纳税人就税务决议提出争议时，税务署在调查期间，原有处罚仍具有执行力，这和我国的纳税义务前置有很大的相似性，如果取消纳税义务前置则会给税务征收工作带来很大的阻碍，不利于国家税收的征管。但同时，纳税义务前置也会在一定程度上损害纳税人的合法权益，特别是出现税收争议的情况下。鉴于此，我们应该借鉴日本税务行政复议制度相关规定：不服行政机关处罚的，原则上要选择先复议，然后对复议不服再提起诉讼，且是在先行纳税或提供相应担保后才有权提出复议；但纳税人也可以不经复议而直接提起行政诉讼，这就给那些确实无力纳税或提供有效担保的纳税人提供了寻求法律救济的途径。但要说明的是，对不经复议而直接提起行政诉讼的案件应该有一套严格的资格认定程序。

（三）法国、瑞典——保留独立的税务法官

法国、瑞典等国既不设立专门的税务法院也不将独立的税务法庭设置在行政部门内部，只保留处理税务案件的税务法官并将税务法官归属在民事或行政法庭中。法国的行政法院通常审理税收争议，民事法庭通常审理有关印花税、消费税等相关的私人或法人之间的诉讼。法国的双规制法院系统虽有不完善之处，但单从民事法庭比行政法庭更有能力处理税收问题这一点来说也值得延续下来。瑞典的税务机关和行政法院对税收案件都具有管辖权，都由税务法官进行审理。保留税务法官的做法与独立的税务法庭相比，形式上缺乏独立性，但这促进了税务人才的培养和税务司法专门化的进程，由精通税务的税务法官来处理税务纠纷更能够切实保护纳税人的利益，保证国家征税的有效性。而这对我国税务人才培养也具有很大的借鉴意义。

四、小结

税务法庭的设立是税务司法专门化的一个重要表现形式，对于公正合理地解决税务争议有着重要的意义。随着税务案件逐渐多样化、复杂化、专业化，设立税务法庭成为我国学术界呼声较高的一种选择。一方面，税务法庭能够满足依法治税的时代要求；另一方面，税务法庭能够促进税务行政复议制度的发展。

但是设立税务法庭并不是仅仅设立独立的审判庭那样简单，我国税务法庭的设立面临着很多现实问题。目前我国税务案件的处理是属于行政法庭的，税务行政案件撤诉率较高，税务行政复议制度依附于税务机关，行政复议机关缺乏独立性。且设立税务法庭也并非一朝一夕能够完成的，需

要在借鉴学习国外先进经验的基础上，结合我国具体国情加以应用。美国在稽查阶段的司法救济体现了权威性和公正性，从根本上保护了纳税人的利益，一定程度上也体现了依法治税的基本要求，值得借鉴；日本的国税不服审判制度体现了日本在税务行政上的救济，这和我国的纳税义务前置有相似之处但更为完善，值得我国借鉴，以促进我国税务行政复议制度的发展；在税务人才的培养上，我国可以借鉴法国、瑞典保留独立的税务法官的做法，这能更好地促进税务司法专门化。如此循序渐进，借鉴经验，完善不足，可能是我国税务法庭建立的最佳途径。

参考文献：

[1] 李大庆，侯卓．我国税务司法专门化之路径取向——兼论税务法院之设立［J］．云南社会科学，2015（3）：117－123.

[2] 吕楠楠．中国税务法庭构建问题研究［D］．长春：吉林财经大学，2010.

[3] 史正保．构建我国税收司法组织机构体系的设想［J］．西部法学评论，2008（6）：105－110.

[4] 王婷．论税务法庭在我国的设立［D］．西安：西北大学，2008.

[5] 张阳．论我国税收执司法衔接的完善［J］．税务与经济，2005（4）：65－67.

[6] 翟继光．试论税务法庭在我国的设立［J］．黑龙江省政法管理干部学院学报，2003（4）：98－99.

[7] 廖仕梅．设立税务法院的必要性和可行性［J］．地方财政研究，2017（4）：88，92，98.

[8] 曹映平．我国税收争议处理机制建设的建议［J］．湖南税务高等专科学校学报，2016，29（3）：20－21.

[9] 申继乐．非法收入可税性之案例分析［D］．上海：华东政法大学，2016.

3 关于我国设立税务法庭问题的探讨——基于国际经验借鉴的视角

薛 钢 李尚远

【摘要】随着我国市场经济的深入发展，涉税纠纷数量日益增加、复杂程度日益加深。为了保护纳税人合法权益，维护税法权威，本文作者结合我国国情，在国内外相关研究的基础上，提出在现阶段成立税务专案小组，并从长远角度考虑建设税务法庭的建议，以维护税收司法权威，保障纳税人合法权益。

【关键词】税务行政诉讼 税务法庭 国际比较

【作者简介】薛钢，中南财经政法大学财政税务学院副院长，教授
李尚远，中南财经政法大学财政税务学院，硕士

一、我国设立税务法庭的必要性

经过多年发展，我国逐渐形成了一套由调节、仲裁、复议、诉讼等制度构成的行政纠纷解决体系。很多情形下，行政赔偿要依附于行政复议或者行政诉讼程序。作为行政纠纷解决机制的一个独特分支，涉税行政争议解决机制已经构建起由以涉税行政复议和涉税行政诉讼为主，其他纠纷解决制度为辅的体系。目前该机制在化解税务行政纠纷、保护纳税人权益、维护国家税收制度等方面起到了积极有效的作用，但是，从完善税收法律体系、提高涉税争议处理效率、全面实现公平正义等角度来看，仍需要进一步完善。在此背景下，我国设立税务法庭的必要性已经显现出来。

（一）税收法治发展的必然要求

税收法治是全面推进依法治国、建设中国特色社会主义法制体系的重要组成部分，是税收现代化的基本目标。建立权力的制约和监督机制，既可保障国家税权的实现，又能有效约束公权力，实现征纳主体双方关系的和谐。税收法治是一个综合系统工程，要以税务立法、税务执法、税务司法相辅相成、相互制约为基础。从法律适用角度，要做到税收程序法和税

收实体法并重，同时实现法律适用主体的连续性和确定性，从而保障税收法治在司法领域的有效实施。税收司法作为保障税收法治实现的重要环节，其主要功能就是保障纳税人合法权利，通过法律制约和监督税务机关的公权力，防止其滥用公权力侵害纳税人的合法权益。正如古罗马法谚所言“凡权利皆应有救济，无救济的权利不是权利”，税务法庭作为实现税收司法公正的主体，是纳税人权利救济的最后保障。在此背景下，税务法庭的存在和设立就更加凸显出必要性。同时，鉴于涉税争议专业性强、涉税纠纷解决周期长等特点，通过设立与民事、刑事、行政审判庭相似的税务案件审判庭，可以更好地分配和利用司法资源，让专业的人处理专业的案件。

（二）纳税人合法权益的有效保障

综合分析近年的统计数据，纳税人提起的税务行政诉讼案件数量较少。造成这种现象的原因是多方面的，制度设计方面的原因是“清税前置”制度，给纳税人通过诉讼实现权利救济设置了障碍，对纳税人造成了不公。从表 1 可以看出，2010—2015 年，法院判决撤销税务机关具体行为的平均比例为 4. 35%，税务机关的败诉率最高为 2014 年，为 8. 5%，最低是 2011 年，败诉率仅有 2. 2%。

表 1　2010—2015 年全国税务行政诉讼情况

年份	2010	2011	2012	2013	2014	2015
收案（件）	398	405	436	362	398	636
驳回（件）	26	25	22	40	34	85
撤诉（件）	245	225	191	198	137	149
撤销（件）	14	9	17	15	34	26
撤销占收案的比例（%）	3. 5	2. 2	3. 8	4. 1	8. 5	4. 0

在目前的法律环境下，税务机关如此低的败诉率是一种不正常的现象。首先，基于中国目前的行政复议制度，税务行政复议机关在处理行政复议案件中独立性、专业性不足，难以保持中立。复议机关所做出的复议决定大多以维持原机关所做出的具体行政行为为主，纳税人在实务中很难通过行政复议来获得合理的权利保护。其次，《行政复议法》规定，行政复议原则上采取书面审查的方法，我国目前尚未制定出与税务行政诉讼相匹配的涉税纠纷调解制度，以致在税务行政争议解决实践中调解及和解等

多元纠纷化解机制未能很好地发挥作用，税务行政案件主要通过行政复议与诉讼方式解决。最后，单纯依靠《税收征收管理法》保护纳税人合法权利的力度是不足的，税收争议在一定程度上反映着国家与纳税人之间的利益冲突，为了维护一方的利益而限制或牺牲另一方的利益是不可取的。目前实行的“清税前置”制度，虽然可以保证税款及时足额入库，保障国家税收收入，并且减轻法院办案执行的压力，但是与我国现行宪法及相关法律规定存在矛盾，在实践操作中存在弊端，难以实现公平正义。因此，从维护法律的一致性和保护纳税人权利角度来看，设立专门的税收法庭是有必要的。

（三）处理大量涉税专业性案件的需要

由于现行《税收征收管理法》在解决涉税争议时主要通过行政复议和行政诉讼两种手段，没有其他辅助办法，缺乏广泛和可替代性的涉税纠纷解决机制，以致很多税收争议久拖不决。目前，我国涉税争议的非诉讼纠纷解决机制和其他法治国家相比差距仍然较大。现代国家治理中解决纠纷的一些方法，比如，和解、调解、简易程序、非讼程序和仲裁等方式在税务行政争议解决机制中没有得到充分的应用，没有在涉税争议解决过程中引入中立的第三方参与，以致为数众多的涉税争议，原本可以采取低成本、高效率、非对抗的手段来有效解决，却没有合适的方法选择。

近年来大量涉税案件①的出现使得法院没有足够人力、物力保证案件及时得到审理，进而纳税人权利得不到应有的保护；同时，由于税收争议案件复杂程度高、专业性强，人民法院在审理大量涉税争议案件时，通常要依靠向税务机关咨询专业问题，难以做到独立审理，公正裁判，在一定程度上将争议问题的解释认定权让渡给争议主体之一的税务机关，从而使得司法权在一定程度上受到行政权的侵蚀，使得税务案件审判权的天平无形中倾斜，对纳税人的合法权益造成了侵害，十分不利于纳税人权利的保护。

知识产权法院自2014年设立至今，已经成功地解决了知识产权案件审判专业性的难题，对专业性案件的审判问题做出了有益的探索和实践。因此，为了解决涉税争议案件专业性强的问题，可以由最高人民法院批准在各中级人民法院下设税务审判庭，其建制与中级人民法院的刑事审判庭、民事审判庭以及行政审判庭相同。

---

① 例如2012年的法兰西水泥（中国）与蒲城县国税局的案件。廖仕梅．反担保责任免除是否应缴纳企业所得税［J］．税务研究，2016（1）：125－129.

二、税务审判机关的国际比较与借鉴

（一）德国

在德国司法体系中，德意志联邦宪法法院地位最高，除此之外的德国法院划分为普通法院与专门法院。普通法院主要负责民事案件与刑事案件，专门法院包括劳动法院、专利法院、财税法院、社会法院、军事法院、惩戒法院以及行政法院。

其中，财税法院在性质上介于行政机关与司法机关之间，法院审理财税案件以《财税法院法》为根据。全国设立了19个财税法院，大致可以将这些财税法院分为联邦财税法院与州财税法院，并实行两审终审制。州法院负责受理一审案件，对于州法院审判结果不服的纳税人可以选择上诉至联邦财税法院。在德国，针对涉税案件，法律规定一律采取复议前置程序。纳税人只有不服原税务机关或者上级税务机关的行政复议决定时才能够向德国财税法院提起诉讼。德国财税法院的受理范围主要包括纳税人对于涉税案件行政复议结果不服而上诉至国家税务机关的案件。针对此类案件，法院可以采取调解方式结案。另外，如果涉税案件（例如偷税行为）达到一定数额并触犯刑律，则转交普通法院审理。若出现财税法院与普通法院管辖权的争议，则由德意志联邦法院联合委员会来决定管辖权。

（二）日本

日本于1970年成立国税不服审判所，是涉税案件的专门审查裁决机关。作为日本最高国税机关——国税厅的下设机关，国税不服审判所是相对独立的，其人员构成也完全独立于各级国税征收机关。国税不服审判所负责对纳税人的审查请求做出相应裁决。在人员组成方面，由审判所所长、首席国税审判官、副审判官、审查官、管理员等构成。纳税者如果对涉税案件审判结果不服（例如不服课税处分），在接到处分通知书的第二天起可以书面形式向原处分厅的长官提出抗诉，也可以口头阐述意见，并且纳税人还有权选聘代理人。国税不服审判所收到答辩书后，将指定担当审判官（1名）、参加审判官（2名）、担当官（具体负责事务调查）。并对审查请求人发出参加审判人员构成的通知，同时送付答辩书的副本。审查请求人在接到答辩书副本后，可以对答辩书提出反论，提出必要的证据，也可以向国税不服审判所提出征收期限的推迟、扣押财产的解除等要求。担当审判官参考审查请求人的请求，可以酌情向相关部门提出征收的推迟、扣押的解除等要求，最终根据调查结果做出裁决，并向审查请求人、原处分厅送交裁决书。如果纳税者对国税不服审判所的最终裁决还是持有异议，则可以进行下一步司法诉讼。

（三）美国

税务法院是美国涉税案件审判的一个特色解决机制。在美国，税收刑事案件由司法部代表联邦政府向法院起诉，纳税人如果不愿意通过行政途径寻求救济，可以选择直接起诉至美国联邦税务法院（Tax Court of the United States）。联邦税务法院与联邦权利申诉法院都是全国范围的法院，受理范围为在美国各地有住所的纳税人的相关涉税案件，涉税案件的司法管辖权则是根据国会相关规定由税务法院审理。联邦税务法院只负责特定的税务案件，其中包括与遗产税和所得税等税种有关的欠税案件，以及连带责任救济与正当征收程序等方面的案件。

由于大部分税务案件具有很高的专业性，美国税务法院一般仅由一名法官独任审判且不设陪审团。针对某些特定案件，首席法官审查需要相关判决报告，如果认为有必要，则需将该报告提交给全体法官审查再做出判决。另外，纳税人在向税务法院提起诉讼时，不必事先缴纳税款和滞纳金，因此美国税务法院的起诉门槛更低，更加有利于保障纳税人的合法权益。

三、中国税务法庭设立的构想

通过对德国、日本、美国等发达国家的涉税案件审判机构进行比较分析，各国在涉税案件处理机构以及处理程序的各个细节方面各有不同，但是通过研究分析可以发现，各国对涉税案件的审判有以下几个方面的相同之处。

首先，对于涉税案件的范围问题，这些国家大部分把涉税刑事案件的审判管辖权排除在外，其设立的税务法庭等机构只受理涉税民事案件和行政案件，但是同时又制定相关法律使得这些涉税案件审判机构能够与一般法院对接，假如纳税人对这些涉税案件审判机构的判决不服，可以选择上诉至二审法院，对于二审法院判决结果仍然不服的甚至可以继续上诉至最高法院。然后，对于涉税案件的审判程序问题，出于及时、效率和便捷的原则，各国的税务法庭等审判机构大都将处理涉税案件的程序按案件大小划分为一般程序与简易程序。以加拿大为例，12 000 元以下的涉税案件适用简易程序。最后，法官选任方面，德、日、美各国税务法官的选任条件都比较严格。例如，美国联邦税务法院的所有法官都要求具备法律职业博士学位（JD），且多从大学法律教授、资深法官、检察官和律师中挑选任命。值得注意的是，各国无论是在涉税案件审判机构的设置还是在涉税案件审判的处理程序上，都注重对纳税人合法权益的保护，尽量降低涉税案件的受理门槛，并且给予纳税人一定的自由的程序选择权利，在程序上最大限度地保障纳税人的合法权益。

各国在涉税案件审判机构设置方面的经验能够为我国涉税案件处理机构及处理程序的设置提供很好的借鉴。结合我国国情，学界对于建立涉税案件审判机构普遍持赞同态度，但是在如何构建机构及处理程序方面存在一定分歧。部分学者认为，应该在人民法院体系内另外再专门建立一个税务法院体系，选任一批精通税务与法律的专业化人才，税务案件的处理范围为全国范围，并且涉及案件包括大部分与税务密切相关的民事、行政以及刑事案件。这种设置避免了纳税人对于税务机关同时担任执法者和裁决者的质疑，从而促进依法治税，保证在审判涉税案件时的公平性，纳税人的合法权利也能得到充分保障。但是结合我国国情来看，这个设置存在一些问题，我国目前经济发展阶段下，并不能仅仅因为税收案件对专业化的要求高就设置独立的税务法院体系。我国《人民法院组织法》就曾一度删除了森林法院、铁运法院、法律法院等，现阶段建立一套独立的税务司法系统是一个耗费成本巨大的工程。从国家统计局发布的统计年鉴提供的数据可知，我国近5年全国范围内的涉税案件大致在每年2 000起左右。以2016年为例，2016年度公开途径可以收集到的全国各级人民法院受理税务行政诉讼案件共368件，相应税务行政裁判文书共506份，其中有237个案件只经过一审，131个案件经过一审和二审，15个案件经过一审、二审和再审①。可见，目前来说，立刻建立一个独立而完整的税收法院体系并配备相关工作人员会浪费大量人力物力，同时还会造成机构臃肿以及税务法律专业高级人才的紧缺。

因此，本文认为，在现阶段，为了应对涉税纠纷等案件，可以先建立税务专案小组，既能提升税收司法的完善程度又能培养一批精通税务与司法的专业型人才，而且以税收专案小组的形式既不会带来沉重的财政支出负担，也能够在处理各种涉税案件时具备相当的灵活性，为中长期建立税收法庭积累经验并奠定良好的基础。从中长期发展角度考虑，可以在我国现有的人民法院体系基础上，在法院内部设立税务审判庭以

① 2010—2015年《中国统计年鉴》，http：//www. stats. gov. cn/tjsj/ndsj/。

专门处理涉税案件，同时取消复议前置以降低涉税案件受理门槛，切实保障纳税人的合法权益。该税务法庭位同民事审判庭、行政审判庭、刑事审判庭，从根本上解决涉税案件复杂且专业性要求高的难题，切实保障纳税人的诉权，实现涉税审判的公平、公正并彰显司法正义。以下将从税务法庭的性质、管辖范围、受案范围和审理程序等方面提出建设我国税务法庭的具体构想。

（一）税务法庭的性质

税务审判法庭在性质上应属于人民法院的专业法庭之一，税务法庭的建制可以参照民事审判庭、刑事审判庭、行政审判庭设置。由于涉税争议案件专业性强、涉案规模和涉案金额普遍较大等特点，根《人民法院组织法》及相关规定，基层人民法院不宜设立税务法庭，而应该从中级人民法院开始逐级设立税务法庭。涉税争议案件与区域经济发展水平、市场开放环境具有高度相关性，考虑到当前我国区域经济发展水平的差异，在经济欠发达地区、涉税争议案件数量和发生频率较低的地区可以暂时不设立税务法庭，或者设立跨区域的税务法庭，防止司法资源的浪费以及诉讼成本的增加。因此，在设立税务法庭过程中，应充分考虑各地区的实际情况，一切从实际出发。

（二）税务法庭的管辖范围

在我国，人民法院的审判管辖可以分为地域管辖和级别管辖，从横向和纵向确定一个具体案件的管辖权归属。在地域管辖方面，根据《中华人民共和国民事诉讼法》《中华人民共和国行政诉讼法》及相关规定，地域管辖实行“原告就被告”原则。笔者主张涉税争议案件一般情况下由被告所在地法院管辖，经过行政复议的案件可以由原机关或复议机关所在地法院管辖，其他特殊情况可以另行依法规定。根据诉讼法学一般原理以及法理学相关知识，人民法院审判管辖权可以分为地域管辖权与级别管辖权。在级别管辖方面，由于涉税案件案情相对比较复杂，涉案金额大，同时有些案件又经过了税务机关的行政复议前置程序，因此应当由中级人民法院作为一审法院，由中级人民法院税务审判庭来承担审判工作；对于涉案金额巨大、社会影响力大的案件由省或直辖市高级人民法院作为案件的初审法院；对于涉案金额特别巨大，在全国范围内社会影响力特别大的涉税案件，应当由最高人民法院作为该案件的初审法院，同时最高人民法院的判决为终审判决。

（三）税务法庭的受案范围

税务法庭的受案范围可以借鉴德国、日本、美国等国，设置为主要受理涉税民事与涉税行政案件，而排除涉税刑事案件的管辖权。鉴于刑事案件审判的特殊性，对于该类案件应由人民法院刑事审判庭统一受理才能在最大程度上彰显司法公平与正义。一方面，税务法庭受理的民事纠纷应该主要在纳税人与税务代理人之间、纳税人与扣缴义务人之间、纳税人与税务担保人以及涉税第三人之间，同时还可以涉及税收代位权与撤销权的争议。该类涉税案件的审判依据为《中华人民共和国担保法》《中华人民共和国税收征收管理法》《中华人民共和国民法通则》《中华人民共和国物权法》，以及与这些法律相关的司法解释和实施细则。另一方面，税务法庭受理行政案件应该包括纳税人与税务相关行政机关之间针对税收保全措施、征纳行为或是行政处罚决定相关的涉税案件。该类涉税案件的审判依据为《中华人民共和国税收征收管理法》《中华人民共和国行政诉讼法》以及与这些法律相关的司法解释和实施细则。

（四）税务法庭的审理程序

针对审理程序，可以参考发达国家，将涉税案件按照涉案大小划分为一般程序和简易程序案件进行审理。涉案金额较大的案件选择适用一般程序审理，而涉案金额较小的案件则适用简易程序审理。适用一般程序的案件，其法律依据可以参考《行政诉讼法》《民事诉讼法》等相关规定。针对合议庭组成方面，一般程序审理的案件应该按照诉讼法的相关规定组成合议庭，进行合议审理。另外，对于那些涉案金额较小的案件，可以适用独任审判制而不需要采取合议庭，从而最大限度减少司法成本，提高司法效率。

参考文献：

[1] 廖仕梅．反担保责任免除是否应缴纳企业所得税［J］．税务研究，2016（1）：125－129.

[2] 袁森庚，周忠明．试析某税务稽查局税务行政处罚败诉案［J］．税务研究，2015（10）：110－114.

[3] 李大庆，侯卓．我国税务司法专门化之路径取向——兼论税务法院之设立［J］．云南社会科学，2015（3）：117－123.

[4] 周俊芝．关于设立税务法庭的探讨［J］．商，2014（19）：137.

[5] 张秋华，吕楠楠．关于我国设立税务法庭的探讨［J］．长春师范学院学报，2011，30（3）：30－33.
[6] 吕楠楠．中国税务法庭构建问题研究［D］．长春：吉林财经大学，2010.
[7] 王鸿貌．我国税务行政诉讼制度的缺陷分析［J］．税务研究，2009（7）：63－67.
[8] 翟继光．试论税务法庭在我国的设立［J］．黑龙江省政法管理干部学院学报，2003（4）：98－99.

4　对一起税务行政诉讼案件的几点思考

曹静韬　王家其

【摘要】甲公司诉A县地方税务局稽查局一案历经一审、二审、再审，判决结果两次翻转，引起了社会各界的广泛关注。这一案件引发的思考主要包括：稽查局的职责界定、偷税行为的认定和税收司法体系的专业性。对上述问题的思考与认识，既要严格遵循我国现有的法律法规，又要结合我国税收征管及税收司法的现状。更为重要的是，上述三个方面的思考，需要将税收立法、执法和司法状况结合在一起，综合考量我国的法律法规、税收征管实践及税收司法状况。以此为基础和主线，本文结合该案例的实际情况分析了我国税收领域存在的几个主要问题，并提出了相应的建议。

【关键词】税务行政诉讼　案件　思考

【作者简介】曹静韬，首都经济贸易大学财政税务学院教授
王家其，首都经济贸易大学财政税务学院2017级硕士研究生

一、案情介绍

2011年，A县地方税务局稽查局对甲橡塑有限公司2008年至2010年度的税务进行检查，发现甲公司存在如下问题：①2008年至2010年三年少缴纳城镇土地使用税234 683.77元；②未按规定申报缴纳已代扣的工资薪金所得个人所得税10 253.06元；③未按规定代扣代缴工资薪金所得个人所得税73 412.15元；④在将500万元未分配利润调整为资本公积金后，再用其转增注册资本，未按规定代扣代缴个人所得税100万元。

2012年9月，甲公司补缴了2008年到2010年的城镇土地使用税234 683.77元及滞纳金131 440.21元。2013年12月12日，A县地税稽查局向甲公司送达了税务处理决定书、税务行政处罚事项告知书；2013年12月19日，A县地税稽查局向公司出具长地税稽罚〔2013〕4号税务行政处罚决定书。2014年1月10日，甲公司缴纳了2009—2010年未按规定申报缴纳已代扣的工资薪金所得个人所得税10 253.06元及罚款5 126.53元、

缴纳了2009—2010年未按规定代扣代缴工资薪金所得个人所得税73 412.15元及罚款36 706.08元。甲公司对A县地税稽查局出具的长地税稽罚〔2013〕4号税务行政处罚决定书中针对上述第①项违法行为做出的罚款117 341.89元的决定和针对上述第④项违法行为做出的罚款50万元的决定不服，向A县人民法院（以下简称“一审法院”）提起行政诉讼。

一审法院经审理认为，A县地税稽查局稽查时，针对甲公司存在的违法事实，经调查核实后，其出具的税务行政处罚决定书，事实清楚、证据充分、程序合法、适用法律正确，因此判决驳回原告甲橡塑有限公司的诉讼请求。

甲公司对一审法院做出的一审判决不服，因此向市中级人民法院（以下简称“二审法院”）提请上诉。二审法院经审理认为，A县地税稽查局在本案中出具的行政处罚属于超越职权，一审法院部分事实认定不当，判决撤销一审行政判决，撤销A县地税稽查局做出的税务行政处罚决定书。

A县地税稽查局对二审法院做出的二审判决不服，向市中级人民法院提出申诉。市中级人民法院再审认为，A县地税稽查局出具的税务行政处罚决定书事实清楚，证据充分，程序合法；甲公司的诉讼请求缺乏事实和法律依据；原一审判决认定事实清楚，适用法律正确；原二审判决适用法律错误，判决不当，应予纠正。因此判决撤销二审行政判决、维持一审行政判决。至此，A县地方税务局稽查局胜诉。

二、案情思考之一：稽查局的职责界定与税务机关职责的划分

本案在社会上引起了较大的争论与反响，其中，争议的主要焦点是A县地税稽查局是否具有查处本案甲公司税收违法行为的职权问题。我国的《税收征管法实施细则》第九条规定：“税收征管法第十四条所称按照国务院规定设立的并向社会公告的税务机构，是指省以下税务局的稽查局。稽查局专司偷税、逃避追缴欠税、骗税、抗税案件的查处。”这一规定，一方面肯定了稽查局具有行政处罚主体的资格，另一方面也明确界定了稽查局的职责范围。“专司”一语是指“专门从事某些工作”，从而将其他工作排除在外。尽管《税收征管法实施细则》第九条第二款又进一步规定：“国家税务总局应当明确划分税务局和稽查局的职责，避免职责交叉”，但这一条款的立法意图是将稽查局与其他税务机构的职责区分开来，其重点在于强调：上述“偷税、逃避追缴欠税、骗税、抗税案件的查处”职责应专属于稽查局，国家税务总局应通过明确的职责划分，避免其他税务机构重复行使这些职责。由此看来，我国的《税收征管法实施细则》已经清晰

界定了稽查局的职责范围。

但是，在国家税务总局发布的一些文件中，对于稽查局的职责，也有着另外的表述。最典型的就是国家税务总局2003年2月发布的《关于稽查局职责问题的通知》（国税函〔2003〕140号）。这一文件规定："稽查局的现行职责是稽查业务管理、税务检查和税收违法案件查处；凡需要对纳税人、扣缴义务人进行账证检查或者调查取证，并对其税收违法行为进行税务行政处理（处罚）的执法活动，仍由各级稽查局负责。"这一文件对稽查局职责的表述显然将稽查局的职责范围由"专司偷税、逃避追缴欠税、骗税、抗税案件的查处"扩大到了更为一般的"对税收违法行为进行税务行政处理（处罚）"，与《税收征管法实施细则》第九条的规定存在明显冲突。尽管在国家税务总局后来发布的《税务稽查工作规程》（国税发〔2009〕157号）中，对稽查局的职责表述又重点强调了"稽查局具体职责由国家税务总局依照《税收征管法》《税收征管法实施细则》有关规定确定"，但在现实中，税务局与稽查局职责交叉、重叠的现象却不同程度地在各地存在，这使我们不得不重新思考税务机关职责的划分问题。

出于管理便利等方面的考虑，我国的税务管理系统中设置了多种类型的机构。这些机构各司其职，在税收征管的不同领域发挥着重要的作用。但是，在税收征管的一些领域，却仍然存在职责划分不清，不同机构之间职责交叉、重叠等问题。这一案件无疑掀开了这一问题的"冰山一角"：在税收违法行为的检查与处罚、特别纳税调整的管理主体等多个领域，我国税务机构职责交叉等问题仍然不同程度地存在。要解决这一问题，首要的是遵循法定原则，将法律法规中已经明确界定的相关机构职责落实"到位而不越位"；其次是要遵循效率原则，重新审视并合理界定不同机构之间的职责，并建立富有效率的衔接与合作机制，将征税成本和纳税成本降至最低；最后是遵循公平原则，通过职责的合理界定与征管制度的不断完善，使所有的纳税人公平地纳税，为经济和社会的发展创造公平的税收环境。

三、案情思考之二：偷税行为的认定及其主观要件

根据我国的《税收征管法实施细则》，只要纳税人的税收违法行为构成"偷税、逃避追缴欠税、骗税、抗税"，就属于稽查局的职责范围。与之紧密关联的一个问题是：本案中，甲公司的上述四项税收违法行为是否属于偷税行为？

根据我国《税收征管法》及相关法律法规，甲公司上述第②③④项行

为并不属于偷税范畴。首先，甲公司未按规定申报缴纳已代扣的工资薪金所得个人所得税 10 253.06 元。这一行为违反了我国《税收征管法》第 68 条的规定。根据这一规定，“纳税人、扣缴义务人在规定期限内不缴或者少缴应纳或者应解缴的税款，经税务机关责令限期缴纳，逾期仍未缴纳的，税务机关除依照本法第四十条的规定采取强制执行措施追缴其不缴或者少缴的税款外，可以处不缴或者少缴的税款百分之五十以上五倍以下的罚款”。其次，甲公司未按规定代扣代缴工资薪金所得个人所得税 73 412.15 元、将 500 万元未分配利润调整为资本公积金后再用其转增注册资本未按规定代扣代缴个人所得税 100 万元。这两项行为违反了我国《税收征管法》第 69 条的规定。根据这一规定，“扣缴义务人应扣未扣、应收而不收税款的，由税务机关向纳税人追缴税款，对扣缴义务人处应扣未扣、应收未收税款百分之五十以上三倍以下的罚款”。

对于甲公司上述第①项行为是否属于偷税，也需要进一步确认其主观要件。《中华人民共和国税收征收管理法》第 63 条规定：“纳税人伪造、变造、隐匿、擅自销毁账簿、记账凭证，或者在账簿上多列支出或者不列、少列收入，或者经税务机关通知申报而拒不申报或者进行虚假的纳税申报，不缴或者少缴应纳税款的，是偷税。”其中，“伪造、变造、隐匿、擅自销毁账簿、记账凭证，或者在账簿上多列支出或者不列、少列收入，或者经税务机关通知申报而拒不申报”之行为本身就体现了纳税人偷税的“主观故意”。但是，对于其中的“进行虚假的纳税申报”，还需要税务执法机构考虑纳税人是否“主观故意”这一主观要件。一般而言，认定纳税人有无偷税的故意，主要从其主观条件、业务水平和行为时的具体情况等方面综合分析判断，如果纳税人是因不懂税法或者一时疏忽而没有按时申报纳税，或者是因管理制度混乱，账目不清，人员职责不清或调动频繁而漏报、漏缴税款的，都不应属于偷税。

事实上，在国家税务总局对若干个案的批复中，也有着对偷税主观要件的要求，例如，《国家税务总局办公厅关于呼和浩特市昌隆食品有限公司有关涉税行为定性问题的复函》（国税办函〔2007〕513 号）认为：“《税收征管法》未具体规定纳税人自我纠正少缴税行为的性质问题，在处理此类情况时，仍应按《税收征管法》关于偷税应当具备主观故意、客观手段和行为后果的规定进行是否偷税的定性。税务机关在实施检查前纳税人自我纠正属补报补缴少缴的税款，不能证明纳税人存在偷税的主观故意，不应定性为偷税。”《国家税务总局关于税务检查期间补正申报补缴税款是否影响偷税行为定性有关问题的批复》（税总函〔2013〕196 号）中认为："纳税人未在法定的期限内缴纳税款，且其行为符合《中华人民共和国税收征收管理法》第六十三条规定的构成要件的，即构成偷税，逾期后补缴税款不影响行为的定性。纳税人在稽查局进行税务检查前主动补正申报补缴税款，并且税务机关没有证据证明纳税人具有偷税主观故意的，不按偷税处理。"再如，《国家税务总局关于北京聚菱燕塑料有限公司偷税案件复核意见的批复》（税总函〔2016〕274号）认为："根据你局提供的材料：一、除本案所涉及稽查外，未对该企业进行过其他稽查立案处理；二、除本案所涉违规列支行为外，未发现该企业成立以来存在其他违规列支行为；三、本案所涉该企业为部分管理人员购买的商业保险已在当期代扣代缴了个人所得税。据此，从证据角度不能认定该企业存在偷税的主观故意。综上，我局同意你局的第二种复核意见，即不认定为偷税。"尽管这三个文件对偷税主观要件的具体要求并不相同，但其无疑都强调了偷税的"主观故意"特点。

在本案中，甲公司作为办理了税务登记的纳税人，应主动申报缴纳税款，甲公司在经税务机关通知申报后，没有如实计算缴纳城镇土地使用税，导致其少缴城镇土地使用税。如果甲公司可以提供充足的证据证明其并没有偷税的"主观故意"，即缺乏偷税的主观要件，其行为就不属于偷税。但是，如果按照国家税务总局上述批复中的标准，甲公司既没有"在实施税务检查前采取补救措施"，也没有提供其不具有偷税"主观故意"的充分证据，因此其行为应属于偷税。然而，由于国家税务总局上述批复适用范围的有限性，其并不能直接应用于本案。因此，要认定甲公司的上述行为是否属于偷税，还需要在其主观要件上做更多的检验与衡量。

四、案情思考之三：涉税案件特点与税收司法体系的完善

本案从2014年5月30日的一审判决到2014年10月15日的二审判决，再到2015年9月6日的再审判决，历时不到一年半，判决结果却两次翻转，完全不同，而且每一次的判决结果都引起社会的广泛关注。案件的社会影响很大，对税务机关的实际工作影响也非常大。这既反映出社会对税收问题的极大关注，也从一个侧面反映出我国目前的司法力量在涉税案件上的专业水平不足。

与其他案件不同，涉税案件有很强的专业性，它对审判人员、律师的专业要求非常高，要求他们不仅具有法律方面的专业知识，而且还需跨专业掌握会计、财政、经济等多方面的知识，还要非常熟悉税收征管实务。另外，涉税案件的影响范围非常广阔且影响力巨大。与单纯的民事案件和

单纯的行政、刑事案件不同，涉税案件同时涉及个人、社会公众、国家的利益，是社会各界关注的焦点领域和敏感话题，因此，涉税案件往往更需要税收专业团队的技术支撑。

针对这一状况，结合我国目前的税收司法状况，首先，我们亟须培养一批谙熟税收专业知识的司法人员。由于当前相当一部分法官、检察官、律师偏重于法学专业，缺乏足够的经济学专业知识和素养，使得其在处理涉税案件时，往往注重对法律条文的直接引用，缺乏对法律条款包含的经济含义的深入分析和深刻体验，从而不能准确把握涉税案件的处理尺度。而提升司法人员税收专业知识和素养，可以减少案件审查法律适用错误等情形的发生。其次，需要改善税务机构与司法人员之间的衔接与沟通机制。税务机构与司法人员之间对税收专业问题理解存在差异，会对涉税案件审判结果的准确、公正与否带来非常大的影响。而在二者之间建立起良好的衔接与沟通机制，不仅能够促进双方的专业交流，更好提升对涉税案件的专业认识，而且可以进一步促进税收执法与税收司法之间的衔接沟通。最后，需要建立专业的税务法庭，以专业的税收司法团队、有效的运作机制和良好的平台，为涉税案件的专业化审理提供便利的条件和良好的环境。

参考文献：

[1] 刘天合．税案观察：税局越权处罚导致败诉案［EB/OL］．http：//blog. sina. com. cn/s/blog_ 73b428330102vnha. html.

[2] 徐战成．如何理解偷税的主观故意？——从总局三个批复说起［EB/OL］. http：//www. shui5. cn/article/60/104223. html.

5　税务法庭建设的国际经验与借鉴

马蔡琛　桂梓椋

【摘要】税务司法组织的专门化是当前国际趋势，随着“依法治税”的推进，税务案件逐渐增多，如何有效规范地处理涉税案件也愈发受到学界的重视。本文通过对国际上税务法庭建设经验的比较分析，提出了相应建议。

【关键词】税务法庭　税收司法　国际税收

【作者简介】马蔡琛，南开大学经济学院教授，博士生导师
桂梓椋，南开大学经济学院硕士研究生

“财赋者，邦国之本。”税收作为国家财政收入的主要来源，其重要性不言而喻。税收司法作为保护纳税人合法权利和国家征税权力的必要屏障，起着非常重要的作用。随着依法治税的推进，税务案件的增多，对于税务案件处理的要求也会逐步提高。以 2014 年涉税违法案件为例，全国共入库税款查补收入 1 722 亿元，同比增长 21.4%；查处百万元以上案件 7 302 件，同比增长 9.5%；查补税款 386 亿元，同比增长 24.5%①。在涉税案件较为复杂时，司法部门将不得不向税务部门寻求解释，如此一来，势必面临税收立法权和税法的解释权都集中在税务部门的尴尬局面，于是税务法庭的设想由此产生。税务司法的专门化，从本质上看是现代司法发展的必然趋势，有利于提高纠纷解决的效率。税务法庭是进一步完善我国的税收司法体系的重要举措，目的不仅在于维护纳税人的合法权利，也是为了进一步规范和改进税收执法，约束税收行政人员的行为。

司法组织专门化是国际趋势，许多国家均设立专门的审查机构，以及时、有效地解决税务纠纷，保护纳税人合法权益，因此综合分析国际税务法庭的相关经验是非常有必要的。

---

① 2014 年全国税务部门组织税收收入情况，http：//www.chinatax.gov.cn/n810214/n810631/c1489513/content.html。

一、税务法庭问题的国内外研究进展

国外的税务司法专门化实践早在20世纪二三十年代便已经开始，发展至今已经有了较为成熟的经验。总的来说，税务司法的实现可以划分为三种组织模式，分别是税务法院、税务法庭、税务法官，虽形态各异，但都发挥着有效作用。有的国家为了更加专业和集中地处理税务案件，设立了独立的司法机构，如美国①、加拿大、德国等；也有部分国家在原有的司法结构下，建立了税务法庭，如澳大利亚、芬兰等；还有的国家只设立了税务法官，如英国。

国外学者对于税务法院的讨论，早期主要集中在专门化法院的建立方面，最早关于税务法庭的讨论可以追溯到20世纪40年代。Pearce F. L.（1940）认为，专门化法庭上诉过程中的层层审核对于得出最终正确判决结论是有意义的②。Erwin N. Griswold（1944）首先提出了用建立专门化法庭的方法来处理税务案件③。Robert C. Brown（1948）探讨了税务法院的性质，指出税务法院虽然叫作法院，但是只是一个拥有司法职能的法庭，并不是独立的执行机构④。

大约在20世纪60年代之后，随着小额税务诉讼程序实践的推进，学者们开始关注小额税务案件的处理。Worthy K. M.（1970）⑤和Haderlein T. M. 等（1971）⑥认为，小额税务司法给纳税人提供了能够更为快捷和低成本地处理税务争议的方法，使得纳税人有机会真正保障自己的权益。Hitford W. C.（1984）指出，应该在小额税务法庭向少许税务机关提供更多资源，在确保公平听讯的情况下，赋予会计师和投资协议小组权力，并应该允许其在本法院代表其客户来精简不必要的法庭诉讼。税务法院的这

① 美国税务法院的前身是“美国税务上诉委员会”，它是美国国会在1924年的“梅隆税收法案”中设立的，目的在于应对日益增加的税收复杂性相关诉讼，以听取所有上诉，评估额外的收入和遗产税。

② PEARCE F L. Trends in Federal Tax Procedure［J］. Journal of Accountancy（pre－1986），1940，69（5）：369.

③ GRISWOLD E N. The Need for a Court of Tax Appeals［J］. Harv. L. Rev.，1943（57）：1153.

④ BROWN R C. The Nature of the Tax Court of the United States［J］. U. Pitt. L. Rev.，1948（10）：298.

⑤ WORTHY K M. The tax litigation structure［J］. Ga. L. Rev.，1970（5）：248.

⑥ HADERLEIN T M，CUNNINGHAM R J，NAVEEN R S，et al. Small Casesin the Tax Court［J］. American Bar Association Journal，1971，57（12）：1235－1237.

种资源分配反映出通过公平的争议程序来合法化税制的需要[①]。

近年来，国外学者关注的问题更加具体，通常结合某国税法改革的具体措施或案例进行分析，研究主要集中于以下几个主题。

一是税务法庭可能遇到的问题和障碍，如 Damle S. V.（2005）指出，专门化是民法法院的一个独特特征，专门化法院可能会在融入普通法框架时遇到障碍；铃木潮（2006）指出，税务法庭并不能真正公平地解决税务纠纷，它在处理税务纠纷时是有争议的[②]；Miles S.（2015）借鉴了外国司法管辖区专业税务裁决的经验，评估了新西兰现有制度专业化的效能，并考察了税法的性质是否适合专业化，得出的结论是，在税务方面的更大的司法专业化是不利的。Tran－Nam B. 等（2016）指出纳税人解决税务争议时存在的高昂诉讼费用可能成为税务争议解决制度有效性的障碍，特别是在采用专业（法律、税务或会计）协助的情况下[③]。二是税务法院裁决标准，Fahey D. L.（2009）和 Lederman L.（2014）等指出，司法诉讼法院和地方法院应该使用相同的司法审查标准，对税务法庭上诉进行不同的处理反倒会复杂化上诉审查。三是税务法院的性质，Lederman L.（2007）认为，如果税务法院的性质及地位不明确，可能会导致税务法院不能承担与其职能相匹配的责任[④]。Burke J. M.（2010）认为，税务法院独立于行政立法部门，是政府司法部门的一部分[⑤]。四是税务法院法官的任命选拔问题，Danshera Cords（2012）指出，应该允许任期届满但希望被再任命的税务法官被再次任命，除非该空置职位已有另一名被提名人[⑥]。五是税务特例主义（Tax Exceptionalism）问题，Hickman K. E.（2005）指出，现在趋势是反对法律的独特化[⑦]。Johnson S. R.（2013）认为，由于在监管背景下拒绝税务特例，法院可能会将一般行政法理论带入多个税务领域，对政府

① WHITFORD W C. The Small－Case Procedure of the United States Tax Court：A Small Claims Court That Works［J］. Law & Social Inquiry，1984，9（4）：797－828.

② 鈴木潮．国税不服審判所の意義と実態［J］．関西学院経済学研究，2006（37）：117－129.

③ TRAN－NAM B，Walpole M. Tax disputes，litigation costs and access to tax justice［J］. Journal of Tax Research，2016，14（2）：319.

④ LEDERMAN L. Tax Appeal：A Proposal to Make the United States Tax Court More Judicial［J］. Wash. UL Rev.，2007，85：1195.

⑤ BURKE J M，FRIEL M K. Understanding federal income taxation［M］. Lexis Nexis，2010.

⑥ DANSHERA CORDS. Tax Court Appointments and Reappointments：Improving the Process［J］. U. Rich. L. Rev.，2012，46：501，542.

⑦ HICKMAN K E. The Need for Mead：Rejecting Tax Exceptionalism in Judicial Deference［J］. Minn. L. Rev.，2005，90：1537.

可能产生不利影响[①]。也有学者，如 Puckett J. M.（2015）和 Magidenko G.（2012）认为，直接给税务特例主义“判死刑”是不对的，结构性税务特例主义可能是有益处的，税法应该在一定程度上具有灵活性。

我国对税务法庭的探讨相比国外其他国家要晚，大约到 1994 年税制改革前后才开始有学者关注到相关问题。围绕建立专门的税务法庭的必要性，社会各界众说纷纭，褒贬不一。

早期研究阶段，我国学者主要结合我国的法制环境，通过探讨国外已有的涉税诉讼案件处理方式，分析在我国设立税务法院的必要性及现实可行性。张学瑞（1989）介绍了美国的情况，通常情况下，对一些税务纠纷案件单靠税务机关（国内收入署）的行政裁量得不到解决，可以将案件诉诸美国税务法院、美国地区法院或美国索赔法院。纳税人可以无须先行给付争议税款而直接向税务法院起诉，但是当案件最终裁决时，若纳税人败诉，就将继续交付所涉及的争议税款及其利息。如果纳税人选择地区法院或索赔法院起诉，就必须先行缴付争议税款[②]。姜景亮（1996）分析了税务法庭建立的消极影响并提出解决税务纠纷的根本在于税务人才的培养，建立临时的巡回税务法庭是解决矛盾的有效措施，而建立税务法庭并无必要[③]。杜萌昆（1996）分析了西方国家对涉税诉讼案件的处理方式，提出我国目前对税务争议、税务违章和税务违法案件都是由普通法院（人民法院）审理的，但是从税收法律关系上说涉税诉讼案件由专门法院审理更为合适[④]。唐登山（1998）指出，我国的法制环境和人员素质均有利于设置税务法院和税务检察院，且从我国司法机关的组织体系看，税务法院、税务检察院从人民法院和人民检察院中分离出来有相应依据[⑤]。冀保旺（1999）通过分析加拿大税务司法制度的特点，指出我国应该规范税收立法，完善税收执法的公正性和合法性，还可以借鉴美国的税务警察制度加大对税务罪犯的打击力度[⑥]。

虽然是否应该建立税务法庭仍然处于争议之中，没有统一的答案，但我国学者将探讨的重心已经逐步转向了如何设计更加合理的税务诉讼案件解决制度，学者们的主要关注点集中在以下几个方面。

在税务法庭的建立形式方面，主要有三种观点。大部分的学者认为，

① JOHNSON S R. Reasoned explanation and IRS adjudication [J]. Duke L J, 2013, 63: 1771.
② 张学瑞. 美国税务案件司法管辖概况 [J]. 税务研究, 1989 (5): 57-58.
③ 姜景亮. 关于建立税务法庭问题的探讨 [J]. 现代情报, 1996 (6).
④ 杜萌昆. 在我国建立税务法院或行政法院的探讨 [J]. 国际税收, 1996 (7): 10-11.
⑤ 唐登山. 关于我国设置税务检察院和税务法院的研究 [J]. 税务研究, 1998 (10).
⑥ 冀保旺. 加拿大税务司法体系的特点及启示 [J]. 国际税收, 1999 (8): 36-39.

直接建立税务法庭或税务法院，如朱大旗（2007）指出，较之税务法庭，设立专门的税务法院更有利于现阶段税收司法案件的处理，更有利于纳税人权利的保护，更有利于税收司法独立的保障①。李大庆（2015）指出，我国的税务司法是整个税收法治体系中的一个薄弱环节，税务司法制度改革应当注重财税体制与司法体制协同创新，以探索设立跨行政区划的人民法院为契机，坚持税务司法专门化的理念，逐步设立专门的税务法院来保障纳税人获得充分和便利的司法救济②。也有部分学者主张可以先设立委员会或者税务法庭作为过渡，后转为税务法院。如陈张莉（2012）通过分析我国税收救济体系中存在的问题，结合美国税务法院的相关制度设计经验，提出了先设立全国税收复议委员会，再转型至税务法院③。廖仕梅（2017）指出，税务法院的设立可以采取两步走的方式，先设立税务法庭，再设立税务法院，同时建立科学的管理体制和审理机制④。

在税务法庭的具体设计方面，翟继光（2003）认为，税务法庭在性质上应该属于专业法庭，各级人民法院均应设立，其受案范围包括税务方面的民事和行政案件，管辖分为地域管辖和级别管辖⑤。宋槿篱等（2005）主张，由于我国财政资金的分配存在地区差异，各地区可视不同情况设立税务法庭，我国税务法庭应纳入司法系统作为审判机关的一个独立庭与民事庭、刑事庭和行政庭并列，管辖的范围，既应该包括税务行政诉讼，也应该包括税务刑事诉讼⑥。苏如飞（2016）指出，应根据税源分布的现实，按照经济区域组建税务法院系统并确定管辖范围，这样可以避免司法区域与行政区域重合而带来弊端，避免地方保护和行政干预，通过实行税务法院跨区域单列，从而保障税收司法的独立。这也符合我国涉税诉讼案件地区分布、城乡分布不均衡的特点，保证税务案件的案源，有利于税务法院的良好运转⑦。孙隆英（2017）认为，在我国权力机关中，税务机关作为行政部门负责制定税收政策，组织并实施税收征管；法院作为司法部门负责民事、刑事、行政等各类争议的解决，化解社会纠纷与矛盾。由于税收

---

① 朱大旗，何遐祥．论我国税务法院的设立［J］．当代法学，2007，21（3）：17－22.

② 李大庆，侯卓．我国税务司法制度改革的契机与展望——以税务法院为中心［J］．国际税收，2015（10）：63－66.

③ 陈张莉．我国税务法院的设立：必要性及功能设计——以美国税务法院观察为视角［D］．北京：北京大学，2012.

④ 廖仕梅．设立税务法院的必要性和可行性［J］．地方财政研究，2017（4）：88－92.

⑤ 翟继光．试论税务法庭在我国的设立［J］．黑龙江省政法管理干部学院学报，2003（4）：98－99.

⑥ 宋槿篱，凌曼．设立税务法庭的理性思考［J］．税收征纳，2005（5）：15－15.

⑦ 苏如飞．从税权配置看跨行政区划税务法院设立［J］．经济研究参考，2016（59）：29－31.

征管的需要，使这两个原本独立的部门产生了交集，如何加强对法院执行中涉税事项的监管成为税务机关应重点关注的问题[①]。

税务法庭的国际经验借鉴方面，李妍（2009）对美国、德国、日本等国家的税务法庭制度进行了简要的分析后指出，我国组建税务法庭的重要性和必要性已经得到社会普遍认可，但是综合考虑各种因素来看，税务法庭的建立应该伴随着国人税法意识的增强、税收立法的完备和税务案件数量的增加，而不能急于一时[②]。池生清（2015）认为，美国税务法院纳税人诉权保障最大化与程序分流最优化相结合，我国税务诉讼制度迫切需要的不是技术层面的修修补补，而是必须从价值立场、诉讼类型、程序结构、程序分流等方面进行整体反思与重构[③]。

二、税务法庭的国际经验

我国目前税务法庭建立的实践经验较为匮乏，因而国际经验和制度对我国具有一定的参考价值，可以供我们在改革过程中甄别、吸收和借鉴。下面针对运作类型、法官体系和小额案件处理程序三个问题做出比较分析，为我国的税务法庭建立提供参考。

（一）运作类型

各国税务法院运作类型依据其处理税务案件的方式主要有以下两种。

第一种，基于区域的税务法庭。它的优点是由于区域税务法庭往往对本区域较为了解，并且在取证调查上不需要耗费过多的人力物力。但是需要注意区域划分，如果按照行政区域进行划分，可能产生经济发达区域税务案件集中甚至过载的现象。德国的财政法院设有两级，包括州财政法院（District fiscal court）和联邦财政法院（Federal fiscal court）。联邦财政法院是根据《基本法》第95条设立的五个联邦最高法院之一，是联邦在税收和海关事务中的最高法院；而州财政法院则分设在各州，负责税务案件的一审。联邦财政法院只通过法律解释确保法律的适用和执行的一致性，州财政法院既负责调查案件的相关事实，也负责正确地解释和适用法律[④]。

---

① 孙隆英. 构建涉外案件“税务机关+法院”税收征管协作机制的设想［J］. 中国税务，2017（1）：62－63.

② 李妍. 对我国设立税务法院的考量［J］. 辽宁师范大学学报：社会科学版，2009，32（4）：26－30.

③ 池生清. 论美国税务法院的纳税人诉权保障［J］. 税务研究，2015（11）：80－83.

④ 胡翔. 德国税务司法制度特点及借鉴［J］. 国际税收，2016，（9）：73－75

第二种，巡回税务法院。法官们每年在全国的某些城市巡回处理税务案件，汇集意见反馈给总部，这种巡回的工作方式可以灵活地处理各地的税务纠纷，方便法官结合地方实际做出审判意见，也为法官之间的交流提供了便利。比如，美国的税务法官全年平均会对每个州的一到两个城市进行巡回，听取纠纷，他们有时会在审讯地点发表工作意见，但通常会返回华盛顿，写下提交给税务法院院长的意见。加拿大税务法庭负责听取联邦政府与纳税人之间的争议，总部设在渥太华，但法官们全年在约60个地点进行巡回和集会，处理税务案件①。

此外，还有极少数税务法庭的案件听取是依据案件所涉及的税种不同进行区分的。其优点在于可以分类型对税务案件进行处理，有利于结合该税种的特点高效地处理案件，在一定程度上可以降低案件审理难度，但是可能导致不同科室的工作量不平衡。比如，巴西的税务行政理事会（Conselho Administrativo de Recursos Fiscais，CARF）是隶属于经济部的行政法院，负责分析纳税人和国家税务局对区域司法小组（Delegacia Regional de Julgamento，DRJ）发布的决定提出的上诉。CARF分为三个科室，分别负责不同税种的税务案件。每个科室分为四个分庭，每个分庭分为两至四个小组。另外CARF还有一个特殊的机构叫作高级税务上诉委员会（Superior Chamber of Tax Appeals，CSRF），负责审查为CARF组成的各部门的决定②。

（二）法官体系

1. 法官体系的构成及工作职责

各国税务法院的法官人数均较少，各种类型的法官分工及责任明确。美国税务法院的法官共有19名，法官们可以得到年满70岁或任期届满的高级法官以及由税务法院总法官任命的特别审判法官的协助。特别审判法官职能类似于美国地方法院裁判官的职务，可以听取超额支付高达5万美元的案件。此外，税务法庭的19名法官每位有两名法律顾问，每位高级法官和特别审判法官有一名法律顾问。加拿大税务法院的法官由首席法官、副首席法官和大约20名其他法官组成，此外还设有若干书记官。书记官负责协助法官处理加拿大各地的上诉、安排听证会的文书工作，并就法院的

① Courts and Other Bodies Under Federal Jurisdiction，http：//www. justice. gc. ca/eng/csj – sjc/ccs – ajc/03. html。

② Overview on Federal Administrative Tax Disputes in Brazil，http：//www. acc. com/legalresources/quickcounsel/federal – administrative – tax – disputes – in – brazil. cfm。

做法和程序向纳税人提供专家指导和咨询意见①。德国联邦财政法院有 11 个审判庭，60 名法官。州财政法院有 18 个审判庭，每个州财政法院的审判庭通常由三名职业法官和两名荣誉法官组成②。荷兰最高法院（Hoge Raad）的税务庭由 11 名税务法官，以及四名监督组成③。

2. 法官的选任资格

设立严格规范的用人标准是各国的统一做法。日本的国税审判官需担任过律师、税务师、公认会计师、大学教授或副教授、法官或检察官，并具有国税方面的学识经验；或者为行政职俸给表或税务职俸给表规定的八级以上或者相当于八级以上的公务员，并具有国税方面的学识经验；再或者是经国税厅长官确认具有前两项学识经验的人士④。加拿大要求法官必须拥有普通法或民法学位及国家认证委员会颁发的资格证书，对税法和商业交易有着充足的了解并且完成了税法课程，熟练使用英语或法语进行书面及口语交流，具备法律相关工作经验，并优先考虑加拿大公民⑤。德国要求法官必须具有两年以上法律工作经验，并且能够通过两次国家统一组织的大型考试。

3. 法官的任命和再任命

由于任命与再任命会直接影响到纳税人对于税务系统的信任程度，如果纳税人对税务系统失去信心，他们就不太可能遵守纳税规则。各国法官基本都是由国家高层管理者直接任命，任期多为十年左右，少数国家为永久任期。美国的 19 名税务法院法官直接由总统任命，任期 15 年并经参议院确认。澳大利亚的税务总监由总督任命，任期七年。加拿大税务法院的首席法官、副首席法官和其他法官均由内阁提名，总督任命，任期永久。对于法官的再任命问题，由于新的法官不会像有经验的法官那样有效率有经验地处理复杂的案件，因此再任命制度的确立是非常有必要的⑥。美国的做法是如果法官的任期届满，不会被自动续任。如果任期将满的法官有意愿接受再任命，可以在任期届满前 6 ~ 9 个月内以书面形式告知总统。澳

---

① 冀保旺．加拿大税务司法体系的特点及启示［J］．涉外税务，1999（8）：36 – 39.

② https：//www. bundesfinanzhof. de/gericht/organisation/rechtsprechung。

③ WATTEL P J. Tax Litigation in Last Instance in The Netherlands：The Tax Chamber of the Supreme Court［J］. Bulletin for International Taxation，2016，70（1/2）：43 – 51.

④ 见日本《国税通则法施行令》第 31 条。

⑤ Statement of Merit Criteria，http：//cas – cdc – www02. cas – satj. gc. ca/portal/page/portal/tcc – cci_ Eng/About/Law_ Clerk/merit。

⑥ CORDS D. Tax Court Appointments and Reappointments：Improving the Process［J］. U. Rich. L. Rev. ,2011（46）：501.

大利亚的税务总监在任期届满后，也可以被重新任命。在退休及职务革除上，美国任职15年后不接受再次任命的法官可以全薪退休，若“低效率，忽视职守或在职事务中的渎职”，可以由总统对其革除职务。

（三）小额案件处理程序

为了给纳税人提供处理税法案件的简化和相对非正式的途径，为高效地解决小额涉税纠纷提供有效解决办法，许多国家均设置了小额案件诉讼程序，比如，美国的小额索赔法庭（Small Claim Court），澳大利亚的小额税务索赔法庭（Small Taxation Claims Tribunal，STCT）①，巴西的联邦小额索赔法庭（Juizado Especial Federal）和小型索赔法庭，加拿大的非正式申诉程序（Informal Procedure of the Tax Court of Canada，TCC）等。

值得我们关注的方面有两个。

一是小额税务案件的判定标准，各国均有明确的条例规定小额税务案件的涉税金额上限。以美国为例，美国小额索赔法庭规定的小额税务案件必须符合以下标准：①在任何一个纳税年度或纳税事宜中，该案件不得涉及超过5万美元的争议②，包括据称由纳税人扣除的任何提议的税收和/或处罚；②引起小额税务的争议必须归还所得税、遗产或礼品税、或错税消费税；③纳税人必须选择小额诉讼程序，税务法庭不得反对允许案件作为小额税务案件进行。此外，如果小额诉讼程序显示争议金额超过5万元的限额（例如通过追究刑罚），法院必须撤销小案件地位③。巴西的小额索赔法庭分为联邦小额索赔法庭以及属于国家司法机构的小型索赔法庭。后者可细分为两类法院：特别民事法庭和特别刑事法院。特别民事法庭的民事索赔涉及最多40个月最低工资或约合1万多美元，特别刑事法院可以处理涉及小规模犯罪行为的索赔④。加拿大的非正式诉讼程序要求满足以下条件：①所有相关金额的合计（不含利息）为25 000美元或以下；②根据所得税152（1.1）条确定的损失金额为50 000美元以下；③上诉的唯一主

---

① 2015年7月1日，“2015年法庭合并法”废除了STCT的概念，将其合并到了AAT中，自此之后STCT所处理的申请由AAT税务和商业司听取。

② 1969年小额税务诉讼程序确立之初至今几乎没有发生变化。1998年，为扩大使用小额税务诉讼程序，国会将限制从1 000美元大幅提高到5万美元。

③ 见美国法典U. S. C § 7463。

④ 见巴西法典Law No. 9，099/1995（in Portuguese），http：//www. planalto. gov. br/ccivil_ 03/leis/l9099. htm。

题是根据所得税法评估的利息金额①。

二是小额诉讼的成本费用不能过高。实际上，如果纳税人解决小额税务争议需要付出的成本超过了可以获得的赔偿，有很大可能会出现有罪不罚现象，即纳税人解决税务争议的意愿被解决冲突的高昂成本“烧毁”。以各国申请费为例，加拿大根据一般程序提出上诉的一方，在提出上诉时必须支付以下申请费：①所涉金额少于5万美元的案件申请费用为250美元；②所涉金额在5万美元以上但少于15万美元的案件申请费用为400美元；③所涉金额为15万美元或以上的案件费用为550美元，而非正式程序没有申诉申请费用。澳大利亚的小额税务诉讼申请费用非常低，仅为77美元，如果胜诉不会退还②。英国的一级税务室（First - tier Tax Chamber）没有申诉申请费用③。

三、对中国税务法庭建设的启示与借鉴

（一）建立合理的司法辖区和层级

由于我国目前税收与税源相背离的情况较为严重，如果完全按照行政区域划分来确定税务法庭的辖区可能会导致涉税案件较为集中的区域设立的税务法庭工作量大，难以应付的局面。我国可以综合前文所述的三种税务法院运作类型的特点，借鉴美国、加拿大、德国的做法，结合区域经济发展状况及经济结构等特点设立跨行政区划的司法辖区，设置固定地点由法官进行巡回，并在每年的固定时间进行法官集会交流。巡回法官最大的好处在于可以最大限度地避免行政干预，减小地方权力膨胀撼动司法权威的可能性，进而保障案件审理的公平性，也能够加强法官之间经验的沟通，提高对与已处理案件相似的案件的理解。

（二）建立专业的税务司法队伍

我国最高人民法院《关于全面深化人民法院改革的意见》指出，要“推进法院人员的正规化、专业化、职业化建设”。税务法庭因为其专业性，要求法官不仅应该具有法律知识，还必须具有相应的税收、会计、贸

① “Full History of the Court”, http://cas - cdc - www02. cas - satj. gc. ca/portal/page/portal/tcc - cci_ Eng/About/Full_ history。

② “the Taxation and Commercial Division: Tribunals Amalgamation Act 2015 (Cth)”, https://www. legislation. gov. au/Details/C2015A00060。

③ MAPLES A J. Resolving Small Tax Disputes in New Zealand—Is There a Better Way [J]. J. Australasian Tax Tchrs. Ass'n, 2011 (6): 96.

易等经济知识，特别是应该具有税务专业方面的知识和一定的行政工作经验。因而，建立税务法庭应该先做好专业人才储备培养工作，税务专业人才是税务审判力量的重要支撑。若税务法庭的建立只是空有制度，缺乏可行性，也会影响到司法公信力。因此应当培养选拔具备税法和税务专业知识的税务法官和专职的税务律师，以集中力量审理税务案件。

在法官体系的构成方面，应当做到分工责任明确，且法官体系不宜过于庞大。目前国际上通常的做法是主法官配合若干名助手或监督共同完成审判工作，整个系统中的工作人员加在一起不超过百人。若将这一系统引入到我国，应当考虑到全国范围内司法辖区的划分和辖区数量，在此基础上，每个辖区的税务法庭配备一名主法官，视辖区工作强度设置两名以上的副法官，并给每名副法官配备1~2名法律监督。

在法官资格的选拔方面，可以综合参考加拿大、德国、日本的法官选任方法，不仅要经过国家组织的考试，有税务、法律（尤其是税法）的相关学历背景，还须具备两年以上的法律工作经历。这种制度可使那些法律基础扎实、实践能力过硬的高素质人群走上法官岗位，成为职业法官。也可以选拔出具有持续学习能力的法官，保证法官的综合素质足以应付不断变化的法规，并随着工作经验的增长不断提升工作效率。

在法官的任命与再任命方面，法官的任命可以考虑采用由最高人民法指定，经由全国人民代表大会通过的方式。考虑到我国国情，任期不宜像加拿大那样采取终身制，可以综合借鉴美国、澳大利亚等国经验，采用10年任期制。再任命程序是必要的，可确保有资格、经验丰富的税法法官得到保留，并防止由于任命期经过一段固定的时间后导致的不必要的空缺。但是也需要考虑到再任命如果被滥用，也可能导致法庭的有效运作受到干扰。此外，渎职行为应当明确地进行界定，不能正常履行职责的法官应该受到应有的处罚，比如革职。

（三）建立小额涉税纠纷解决机制

小额诉讼程序在一定程度上可以合理配置司法资源，实现对案件的繁简分流，并使大众接近司法。

在小额税务的审查标准方面，应当注意两点：一是小额诉讼的准入门槛不宜过高，否则小额诉讼便失去意义，不仅不能简化税务法院的处理程序和降低工作强度，还会影响纳税人进行申诉的积极性，进而可能直接动摇税务司法的公信力。二是应当考虑结合区域特征，做到小额涉税纠纷门槛因司法辖区的经济水平而异。以加拿大的做法为例，安大略省索赔金额限制为25 000美元，而魁北克省的索赔金额限制为15 000美元①。

在小额税务诉讼的成本费用方面，一定要考虑到成本费用与税务诉讼门槛的关系。如果成本费用过高，将使得纳税人认为所需投入的成本过高，而更倾向于直接放弃申诉的机会。无论争议的数额如何，税务局可确保利用其数量庞大的具有丰富工作经验的人员来处理案件，但是纳税人很少有信心或有能力代表自己来进行争辩。如果纳税人的申请和提供的材料不符合规定的程序要求，税务局可以在法庭上对纳税人的文件提出质疑。此外，争议只涉及少量的金额并不意味着问题不复杂。因此，纳税人很可能需要提供法律支持的服务，这是需要考虑到的争议成本。

参考文献：

[1] DUBROFF H, HELLWIG B J. The United States Tax Court: An Historical Analysis [M]. Government Printing Office, 2014.

[2] 张晓华，党文正．借鉴国际经验加强税收法制建设［J］．内蒙古财经学院学报，2000（1）：68－73.

[3] 刘恒利．借鉴国外经验构建我国税收司法制度［J］．山西财经大学学报，2007（S2）：110.

[4] 魏雪梅．实现税收法治的国际经验借鉴［J］．税务研究，2017（2）：62－66.

[5] 李大庆，侯卓．我国税务司法制度改革的契机与展望——以税务法院为中心［J］．国际税收，2015（10）：63－66.

① "Small Claims Court – Increase in monetary limit from $10, 000 to $25, 000 – Ministry of the Attorney General", https://www.attorneygeneral.jus.gov.on.ca/english/courts/scc/scc_increase_limit.php。

6　借助司法力量解决税款“执行难”的思考

费茂清　季　勇　方裕玺　黄克木　余小娟

【摘要】 税款“执行难”是税务机关面临的普遍问题。税款执行是税收征管、纳税服务等税务机关所有工作的核心，其既关乎纳税遵从，又关乎征税遵从。在“依法治国”和“依法治税”的大背景下，借助司法机关的力量，合法、有效地解决税款执行难问题，是推进“依法治税”过程中极具现实意义的尝试，这种有益尝试的成功经验亦极具推广价值。

【关键词】 司法力量　解决　税款执行难

【作者简介】 费茂清，西南财经大学财税学院
季勇，四川邛崃市地税局局长
方裕玺，四川邛崃市地税局副局长

依法治税是税收工作的灵魂所在，是税务工作必须坚持的原则，是每一位税务干部必须秉持的理念。依法治税不仅要求税务机关依照法律法规对税收进行征收管理、开展纳税服务，同时要求纳税人按照法律法规缴纳税款、报送涉税资料、申请行政复议、提起行政诉讼等。税收直接影响纳税人的利益，纳税人产生不理解、抵触、对立情绪时有发生，这给税款征收带来了“执行难”的问题。

当前，宏观经济形势尚未根本好转，纳税人经营情况复杂多变，税款执行难更加突出。借助司法力量解决税款执行难问题，是在依法治税的背景下，基于税收共治理念，运用法治思维解决税收难题的有益尝试。

本文从税款执行难的成因，税款未依法执行的风险，司法机关协助税款执行的法理依据以及成功实践方面展开讨论。

一、税款执行难的成因

导致税款执行难的原因非常复杂，既涉及宏观经济形势，也有微观的直接原因；既有纳税人的主观因素，也有生产经营环境不可控等客观原因；既与税务机关的征收管理和纳税服务相关，也与税收法律法规是否完善相关。

（一）经济不景气使纳税人资金面困难

宏观经济的疲软导致纳税人经营环境欠佳，各经营主体的悲观预期使得生产经营及投资的活跃度不够，整体的生产经营困难延缓了资金周转速度。从单个经营主体角度看，表现为销售的困难和收款的困难；从纳税人角度看，表现为产生了应税行为，可能因不能收回债权或经营亏损而无法履行纳税义务；从税务机关角度看，表现为税款“执行难”。

（二）“营改增”使地税机关管税手段有所削弱

“营改增”前，纳税人有纳税义务未能履行，地税机关可通过停止提供发票而迫使其履行纳税义务，这对那些必须使用发票的纳税人尤其有效；“营改增”后，发票促征手段丧失，地税机关得寻找其他有效征管手段。

（三）既有税收法律手段未能有效运用

《中华人民共和国税收征收管理法》及《中华人民共和国税收征收管理法实施细则》（以下简称《税收征管法》及《实施细则》）赋予税务机关对欠缴税款可采取保全、强制等措施，可实施代位权、撤销权等。但在实际工作中，因为法律人才的缺失、实践经验不足，税务机关往往不轻易动用上述强制手段；在社会监督、行政执法内部督审、纪律检查较真碰硬和司法部门反渎职等全方位强监管的情况下，基层税务机关出于“怕出错、担责”“避免征纳关系恶化”“怕负面舆情”等方面的考虑，选择只发文书或公告等相对温和的手段，而不愿实施强制措施，由此导致各地税务机关行政强制行为普遍不多。

（四）强制执行的相关法条限制了高效操作

依据现行《税收征管法》及《实施细则》，税收强制执行，对实施主体、条件、对象、程序、方式等方面有严格规定，独自完成流程需要大量的人力和时间，且任何疏漏都有可能影响执行的合法性，甚至出现推翻税务机关的执行决定，并要求税务机关承担责任的后果。

二、税款未依法执行的风险

税款不能依法及时入库将给税务人员及税收工作带来非常大的风险和隐患。

（一）税务工作人员触犯刑律，承担执法过错责任的风险

依据《中华人民共和国刑法》（以下简称《刑法》）第404条规定，“税务机关的工作人员徇私舞弊，不征或者少征应征税款，致使国家税收遭受重大损失的，处五年以下有期徒刑或者拘役”。《国家税务总局税收执法过错责任追究办法》等也有规定，税款未及时入库导致损失的，基层税务执法人员将承担相应责任，甚至构成犯罪。

（二）税务机关和税务人员面临审计整改、追责的风险

金税三期系统对欠缴税款自动计算滞纳金，对非法欠缴税款未及时追征将进行自动核查报警。在内部督察制度日益强化的背景下，相关税务人员及税务机关将面临内部督改并被问责；在中央与地方审计、中央与地方财政的审计监督日益强化的背景下，相关税务机关将面临审计整改与追责，相关税务人员将承担玩忽职守或渎职等纪律或法律责任。

（三）税务行政复议、诉讼增加和被追偿的风险

随着纳税人维权意识的增强，《行政强制法》等法律法规的实施，税收强制行为更加规范，不规范强制执行引起行政复议、诉讼及追偿的风险增大。

（四）税款、滞纳金累加导致无法及时入库的风险

因为税款没有及时追缴入库，税款滞纳金不断增加，出现“越拖欠税款，滞纳金越多；滞纳金越多，越拖欠税款”的恶性循环，越不执行，执行的成本和难度越大。

（五）弱化税收强制性特点的风险

欠缴税款及滞纳金未及时强制执行，给纳税人形成“国家税款能拖欠”的错觉，纵容其逃避税款的心态，弱化了税收强制性，可能造成更多企业的效仿。

三、司法力量协助税款执行的法理依据

虽然司法机关属于司法系统，而税收执法在性质上是行政执法，两者分属不同的序列，但从法理上而言，司法机关应当积极协助税务部门履行执法职责。

（一）税务、法院联合执行可实现执法优势互补

实施强制执行，司法机关无疑具备更有力的专业手段、更丰富的实践经验，相比较而言，行政机关在这方面有所欠缺。2011 年颁布实施的《中华人民共和国行政强制法》（以下简称《行政强制法》）第 53 条规定："当事人在法定期限内不申请行政复议或者提起行政诉讼，又不履行行政决定的，没有行政强制执行权的行政机关可以自期限届满之日起三个月内，依照本章规定申请人民法院强制执行。"对没有行政强制执行权的行政机关，明确可以申请法院强制执行。但《税收征管法》及《实施细则》赋予税务机关对税收的行政强制执行权，而对于税务机关的处罚决定，《税收征管法》则明确可以申请法院强制执行："当事人对税务机关的处罚决定逾期不申请行政复议也不向人民法院起诉、又不履行的，作出处罚决定的税务机关可以采取本法第四十条规定的强制执行措施，或者申请人民法院强制执行。"依据前述法条，在优先顺序上，应是先由税务机关自行强制执行，后申请人民法院强制执行；在主次关系上，主要由税务机关自行执行，申请法院执行则是辅助。据此，法院普遍倾向于支持主张由税务机关自行行使强制执行权。在税务机关强制执行缺乏有力手段、缺乏丰富经验的情形下，这些法条与主张使强制执行时有落空，总体效果欠佳。相反，若税务机关与法院联合执行，法院向税务机关提供强制执行的手段、经验等方面的支持，可弥补税务机关在行使强制执行权时的短板；税务机关也可以向法院提供财务、经济、税收方面的专业知识，使法院在审理经济类案件时，更清楚地知晓案件是否涉及税收问题，使案件的审理、判决更加客观、公正。可见，两者的协作可以实现双方的优势互补。

（二）司法力量协助税款执行是综合治税的具体体现，有助于提高税收征管质效

司法机关是综合治税成员单位，《税收征管法》及《实施细则》对各部门的协税护税已有规定："各有关部门和单位应当支持、协助税务机关依法执行职务。"税务机关熟悉税收经济活动，熟悉经济活动的税法适用，司法机关熟悉强制手段选择，熟悉强制程序。从对涉税经济行为的管理角度，司法机关与税务机关配合协作，有利于提高纳税人的税法遵从度，从而提高税收管理质量和效率。

（三）司法力量协助税款执行有助于为财政收入提供更有力的保障

税务机关组织的税收收入是各级财政收入的重要保障，而司法机关的

运行经费主要来自各级财政。从这个角度看，司法机关虽不是征税人，更不是纳税人，但是是享税人，有义务协助税务机关实施有效的税收征管，尤其是落实税款执行。从税收收入保障的角度看，司法力量的协助，可使税款执行更加有效，从而提高税收收入对财政收入的保障力度。

四、司法力量协助税款执行的探索

税款执行是纳税人履行纳税义务的最实质性的环节，如果没有税款执行，税收法律法规都将仅是一纸空文，税收征管也将流于形式。从税收征管流程的角度来看，税款执行是税收征管的最后一环；税款执行入库，意味着对某一应税行为的征管在实质上已经完成。

（一）重视司法力量对税收执法工作的助力

法院作为国家司法机关，具有强力的执法手段，对有涉税违法行为的纳税人而言，有强烈的威慑、震慑作用；司法机关协助税务部门强制执行税款，将会极大提高欠税追缴力度，并有效规避执法风险。

（二）构建与司法机关的协作制度

从以往司法机关与税务部门的协作情况来看，往往是局限在某个案件或事项上，需要临时沟通，依靠的多是人情关系，没有制度化的协作机制，没有长久的协作关系，甚至有的根本无法协作，不能真正长期有效地提升税收执法力度。建立与司法机关长期的协作机制和流程是客观需要，将部门间的人情沟通变为制度协作，将人为协调转变为制度规范、个案沟通转变为普遍约束，可实现司法力量与税收执法的有效衔接，良性互动。在具体实践上，可从四个方面着手：①税务机关为政府组织收入、发展地方经济做出了重大贡献，为提高其执法力度，解决执行难的问题，有理由争取地方党委、政府出面协调并支持；②以《税收征管法》第五条第三款规定："各有关部门和单位应当支持、协助税务机关依法执行职务"为沟通配合的法理依据；③每年"综合治税"工作一直由税务机关对各部门实施考核，可将具体的协作举措列入考核指标；④采取多种方式主动与司法机关进行互助合作，在司法机关支持税务机关的同时，税务机关也可以在经济案件中为其提供税务方面的咨询。

（三）有效利用司法力量提高执行力

在与司法机关的协作中，着重提高信息交换频率，固化执法协作流程，选好执法协作角度。

1. 公安机关提前介入税收违法查处

在对欠缴税款的追征中，可利用公安机关提前介入，对欠税人起到必要震慑的作用，并实现催收。由于公安机关对欠税人一旦立案，将不可免除其刑事责任；一旦追究刑事责任，则会导致企业陷入困境，影响税收延续性。所以，建议与公安机关建立对税案执行的提前沟通协作机制，以追缴税款作为协作的主要目的。按照《税务稽查工作规程》第 60 条，在稽查过程中，对税收违法行为涉嫌犯罪的，填制《涉嫌犯罪案件移送书》移送公安部门，公安部门介入侦查，经查如案件事实尚不够追究刑事责任的，及时退回税务机关。

2. 欠税信息交换与欠税提请执行

法院每年执行财产案件数量呈逐年上升趋势，如果法院在执行环节未及时协助追缴欠税，有可能造成税款永久流失，税务人员可能因此被追究玩忽职守的责任。因此，可按照《税收征管法》第 45 条的规定，税收优先于无担保债权，税务机关获得法院处置欠税企业财产信息时，对符合强制执行条件的，应及时申请法院就拍卖金额抵缴税款。税务部门应建立与法院欠税信息的交换机制和欠税提请执行机制，保证税款的及时追征，同时有效规避税收执法风险。

3. 以执行罚款为前提申请法院执行税款

依据《税收征管法》第 41 条、第 88 条规定，税务机关仅能申请法院强制执行罚款，税款及滞纳金的保全、强制执行措施原则应由税务机关行使。同时，基层人民法院根据《行政强制法》，普遍不再受理税务机关的税务强制执行申请。针对这种情况，可从如下两方面切入：①以强制执行罚款为切入点，向法院提出执行当事人罚款的申请，法院依法裁定协助执行，对其财产进行查封；②法院根据《税收征管法》第五条“各有关部门和单位应当支持、协助税务机关依法执行职务”的规定，对查封当事人财产中超出罚款部分协助清缴欠税与滞纳金。

（四）形成从上到下的协作工作机制

由于目前已经实现的税务与司法机关协作多在县一级，更高层面上的协作机制尚未形成，所以税务司法协作还未形成大面积、普遍化的效应。从提高纳税人的遵从度，凸显税收强制性特征，充分发挥税收保障财政收入、服务经济社会发展的职能作用的角度，建议从上到下形成普遍的工作机制，并在书面上予以明确，便于全面推开，形成普遍协作机制。

参考文献：

[1]《中华人民共和国刑法》，2015年8月29日十二届全国人大常委会十六次会议表决通过刑法修正案（九）。
[2]《中华人民共和国行政强制法》，2011年6月30日第十一届全国人民代表大会常务委员会第二十一次会议通过。
[3]《中华人民共和国税收征收管理法》，2015年4月24日全国人民代表大会常务委员会第十四次会议修正。
[4]《税务稽查工作规程》，2009年12月24日国家税务总局印发。